Dr. Ian Stevenson

# Veinte casos que hacen pensar en la reencarnación

1992

**Editorial Mirach, S. A.**
**Villaviciosa de Odón, 28670 MADRID (España)**

Título original: TWENTY CASES SUGGESTIVE
OF REINCARNATION.

© Ian Stevenson, 1988
© 1992 para todas las ediciones en lengua castellana:
MIRACH, S. A., Villaviciosa de Odón, Madrid, por
acuerdo con University Press of Virginia. Charlottesville.
Traducido por la segunda edición en inglés, revisada
y ampliada, por José Aguado.
© De la traducción: MIRACH, S. A.
Ilustración de la portada: Jan Semmel.

Depósito legal: M-4355-1992
I.S.B.N.: 84-87476-33-3

Impresión y encuadernación: Cofás, S. A. Polígono Industrial Callfersa. Nave 8.
Fuenlabrada (Madrid).

# Indice

# Prólogo

Entre las preguntas que se ha planteado desde el principio la investigación psíquica, está la supervivencia de la personalidad humana o alguna parte de ella, después de la muerte del cuerpo. Las pruebas de supervivencia, *a primera vista*, que ha tenido en cuenta la investigación psíquica han sido generalmente los casos de apariciones de muertos, experiencias extracorporales y comunicaciones recibidas a través de mediums y personas sensitivas, en las que se da a entender que proceden, directa o indirectamente, de alguna persona cuyo cuerpo ha muerto, aunque su mente o personalidad sobreviva.

La supervivencia que podemos imaginar ante estas pruebas no está encarnada; pero también se puede pensar, a pesar de esto, en que la supervivencia, si existe, podría tomar la forma de reencarnación, bien sea inmediatamente después de la muerte o tras un periodo de estado no encarnado. Esta idea no ha tenido mucha aceptación en occidente, pero su lógica ha hecho que piensen en ella algunos de los pensadores más eminentes. Entre estos, tenemos en la Antigüedad a Pitágoras, Platón, Plotinio y Orígenes, y, en los tiempos modernos, a Hume, Kant, Fichte, Schopenhauer, Renouvier, McTaggart, Ward y Broad.

En 1860 se publicó una obra monumental de un clérigo unitario erudito, el Rev. W. R. Alger, titulada *A Critical History of the Doctrine of a Future Life*. En ella considera, entre otras ideas de supervivencia, "la noción de que cuando el alma deja el cuerpo nace de nuevo en otro cuerpo, dependiendo su categoría, carácter, circunstancias y experiencias de cada existencia sucesiva de sus cualidades, actos y logros de sus vidas anteriores". Dice que en Oriente se cuentan por encima de seiscientos millones los adeptos a esta idea y, como justificación de "el alcance y el arraigamiento de esta creencia antigua y asombrosa", dice en 1880, en una edición aumentada de su obra, que la "teoría de la transmigración de las almas se adaptan de maravilla para dar una explicación del aparente caos de desigualdad moral, injusticia y diversos males que se encuentran en el mundo de la vida humana" (p. 475).

Pero está claro que todas estas virtudes de la hipótesis de la reencarnación no son tampoco una prueba de que sea cierta, ya que el mundo puede estar efectivamente tan lleno de injusticia, desigualdad y maldad como parece que está.

Entonces, si nos preguntamos cuál *sería* la verdadera prueba de que existe la reencarnación, la única respuesta que encontramos parece que es la misma que hay para la pregunta de por qué cualquiera de nosotros sabe que ha vivido antes algunos días, meses o años. La respuesta es que *recordamos* haber vivido en ese tiempo pasado, en un lugar y circunstancias determinados, y que se han realizado algunos actos y se han tenido ciertas experiencias.

Pero ¿puede decir alguien con la misma seguridad que recuerda haber vivido en la tierra una vida anterior a la actual?

Aunque no son frecuentes estos casos, hay algunos. La persona que lo dice suele ser casi siempre un niño, que al cabo de unos años olvida estos recuerdos y, cuando puede dar detalles de la vida anterior que dice recordar, que se comprueban con una investigación responsable y que él no ha podido aprender por medios normales en esta vida, nos encontramos ante el problema de justificar la veracidad de esos recuerdos, si no admitimos que efectivamente ha vivido esa vida anterior que recuerda.

Los veinte casos de esos recuerdos aparentes y generalmente comprobados, que el Dr. Stevenson personalmente ha investigado, presentado y analizado en el presente *Proceedings* de la American Society for Psychical Research, no dan solución a esta pregunta; pero llaman la atención del lector y, por esa razón, son tan interesantes e importantes como otros casos más numerosos que hacen pensar en una existencia no encarnada, a los que la investigación psíquica le ha prestado una atención minuciosa y amplia.

C. J. Ducasse,
*Presidente del Comité de Publicaciones*
American Society for Psychical Research

# Prefacio a la segunda edición

Este libro se publicó por primera vez en 1966, como volumen n°. 16 de *Proceedings* de la American Society for Psychical Research. Estaba, y sigue estando, dirigido, ante todo, a los científicos de cualquier disciplina que puedan encontrar su contenido valioso e interesante; pero amplios sectores del público han manifestado un interés cada vez mayor por esta obra y, con el fin de atender esta demanda, se ha preparado una nueva edición con los editores actuales.

La publicación de una nueva edición ha dado oportunidad de añadir material procedente de las últimas entrevistas, en dieciocho de los veinte casos. Estas últimas entrevistas se produjeron con diversos intervalos después de las investigaciones originales, pero en cada uno de lo dieciocho casos se ha mantenido, al menos, una entrevista, con un margen de tiempo mínimo de ocho años con las primeras. En algunos casos, las últimas entrevistas se han mantenido después de más de diez años de las primeras.

Esta edición tiene también información nueva que permite comprender mejor la xenoglosia recitativa de Swarnlata Mishra. Cuando se publicó la primera edición, las canciones y danzas de Swarnlata no se habían identificado todavía definitivamente; pero ya se ha conseguido, al menos con dos canciones, esta identificación y la expongo, junto con las posibilidades de que las hubiese aprendido por medios normales.

El texto de la primera edición de este libro lo han leído bastantes personas relacionadas directamente con los casos, bien sea como sujetos, familiares o intérpretes que han colaborado en la investigación de los casos. Me satisface poder decir que ninguno de estos lectores ha señalado ninguna falta importante en el informe que hago de los casos en que ellos están implicados. No obstante, me han advertido (o he descubierto yo mismo) algunos errores de menor importancia, como la ortografía de los nombres y otros detalles, que he corregido en la presente edición.

En cuanto a la interpretación de los casos, tengo poco que añadir a lo que se dice en el Análisis General. Es mejor reservarlo para incluirlo en la sección de Análisis de un nuevo libro de informes de casos, que tengo en preparación. Tampoco tengo nada de qué retractarme. Me limito a insistir en que estos casos *hacen pensar* en la reencarnación y nada más. Todos los casos tienen sus fallos, lo mismo que sus informes. Ningún caso en particular ni todos ellos en conjunto ofrecen ninguna prueba de reencarnación. La única conclusión, aunque muy importante, que saco de ellos es que conviene seguir estudiando casos similares. Si alguien quiere tomarse ese trabajo, pensaré que están recompensados mis esfuerzos.

I. S.

*División de Parapsicología,*
*Departamento de Psiquiatría,*
*Universidad de Virginia*
*Charlottesville, Virginia 22901*
*Agosto de 1973*

# Agradecimientos

Durante el año que he estado preparando esta monografía he pasado a estar en deuda con mis colegas, por su generosa ayuda.

Hay personas que han colaborado en general en todo lo relacionado con las investigaciones. Por su ayuda financiera inicial y por los ánimos que me ha dado, estoy agradecido a la Srª. Eileen J. Garret, Presidente de la Parapsycology Foundation. Las últimas revisiones del material se realizaron cuando estuve en Zurich, Suiza, becado por la Commonwealth Fund, a cuyos directores estoy muy agradecido por su ayuda. Al Sr. Francis Story le debo el valioso intercambio de información sobre casos y su importante colaboración en mi primer viaje a Ceilán y en el segundo que hice a la India, acompañándome en ambas ocasiones en mis investigaciones y aportándome nuevos datos con sus correspondientes análisis. No es menor la deuda que tengo con el Dr. Jamuna Prasad, Diputado Director de Educación de Uttar Pradesh, que actuó como intérprete principal en mi segundo viaje a la India y que, con sus colaboradores, hizo un trabajo extraordinario para qué las traducciones fuesen lo más fidedignas posible. El Dr. Karl Müller y el Profesor P. Pal me enviaron mucha información valiosa e ideas sobre casos de reencarnación que habían estudiado ellos. Me han servido de mucho las sugerencias y los consejos del Dr. Karlis Osis y del Sr. Arthur W. Osborn. El Dr. Robert W. Laidlaw ha colaborado mucho dándome ánimos. D. José Martín y el Sr. Resat Bayer me han ayudado mucho en el estudio de casos, todavía no publicados, que se han sumado al conocimiento que tengo acumulado sobre casos del tipo que consideramos aquí y, por tanto, a la presente monografía.

La publicación de esta monografía debe mucho al aliento y la ayuda que he recibido desde el principio de mis investigaciones del Profesor C. J. Ducasse. El prólogo que ha escrito a incrementado esta deuda. Le agradezco también todas las sugerencias que ha ido haciéndome después de una lectura completa del manuscrito. También debo mi agradecimiento al Dr. Gardner Murphy, que ha leído el manuscrito cuando era un simple borrador y en la revisión final, haciéndome valiosas sugerencias. Su interés constante e instructivo por mi obra ha sido muy importante, porque en algunas ocasiones su interpretación de los datos difería de la mía. El Dr. J. G. Pratt ha leído todo el manuscrito y me ha hecho comentarios que he tenido en cuenta.

Por la concienzuda atención que ha puesto en muchas revisiones del manuscrito, quiero dar las gracias a mi ayudante de investigación, Sr². Betty Heavener. Y a la Sr². Laura A. Dale, encargada de publicaciones de la American Society for Psychical Research, le presento mi afectuoso agradecimiento por el cuidado trabajo editorial que ha realizado en las últimas etapas de la edición.

Vaya también mi agradecimiento a los sujetos de los casos y a los numerosos miembros de sus familias y demás testigos que han cooperado con tanta eficacia en mis investigaciones y cuya frecuente y generosa hospitalidad sólo puedo pagar tratando de transmitir con la mayor veracidad lo que ellos me dijeron sobre sus experiencias.

Finalmente, no puedo evitar dar las gracias a dos personas cuyos deseos de mantenerse en el anonimato no pueden impedirme que les manifieste mi agradecimiento por su ayuda y por los ánimos que me dieron, sin lo que no hubiese podido terminar esta obra.

Algunas de las personas nombradas y otras muchas han colaborado en el trabajo que figura en secciones concretas de esta monografía, como sigue:

## India

Estoy agradecido al Profesor P. Pal, del Itachuna College, de Bengala Occidental, tanto por haberme facilitado sus informes de los casos de Sukla y Swarnlata como por ayudarme en el segundo día de mi investigación en el caso de Sukla; al Sr. Sudhir Mukherjee, de Meerut, U. P., India, por servirme de intérprete durante diez días de mis investigaciones en la India, en 1961; al Sr. Subash Mukherjee, por coordinar en la India algunos detalles de las investigaciones y la traducción de documentos importantes; al Profesor B. L. Atreya, Profesor Emérito de Filosofía de la Universidad Hinduista de Benarés, U. P., India, por haber puesto a mi disposición correspondencia y declaraciones juradas de los casos de Parmod Sharma y Ravi Shankar; a Mme. Robert Gaebelé, Conservadora de la Biblioteca Pública y Archivos de Pondicherry, India, por haberme proporcionado información sobre el caso de Mallika y por concertarme entrevistas con personas relacionadas con este caso; al Sr. H. N. Banerjee, del Departamento de Parapsicología de la Universidad de Rajasthan, en

Jaipur, que me hizo de intérprete al estudiar los casos de Jasbir y Prakash, en 1961, y tuvo la amabilidad de poner a mi disposición documentos y notas, tomadas o recopiladas por él, para el caso de Swarnlata; al Dr. Jamuna Prasad, Diputado Director de Educación de U. P., que fue el intérprete principal en el estudio de tres casos, en 1964; al Sr. R. S. Lal, al Sr. Vishwa Nath, a la Sr². Chandra Prakash, al Sr. Ram Deo y al Sr. S. K. Singh, todos pertenecientes al departamento de Psicología, dirigido por el Dr. Prasad, que colaboraron como intérpretes para el estudio de algunos casos en 1964. El Sr. Jagdish Chandra ha puesto generosamente a mi disposición un material extenso y valioso sobre casos antiguos que se han dado en la India.

## Ceilán

Quiero dar las gracias al Sr. E. C. Raddalgoda, de Kotte, por hacer de intérprete en entrevistas mantenidas con testigos cingaleses; al Dr. William A. Coates, que fue Profesor de Inglés de la Universidad de Ceilán, en Peradeniya (después estuvo en el Departamento de Lenguas y Lingüística Modernas de la Universidad de Rochester) por su colaboración en mis investigaciones del verano de 1961; al Venerable Ananda Maitreya, Profesor de Filosofía Budista de Vidalankara Pirivena, Colombo, por comunicarme información sobre el caso de Wijeratne y facilitarme entrevistas con los testigos de este caso; al Sr. Siri Perera, de Colombo, por conseguirme una copia certificada de la transcripción del juicio contra Ratram Hami en 1928; al Venerable Piyadassi Thera por facilitarme información del caso de Gnanatilleka.

## Brasil

Estoy agradecido a Waldomiro Lorenz, de Porto Alegre, Rio Grande do Sul, que preparó mis entrevistas con testigos de los dos casos que se exponen aquí. En muchas ocasiones hizo de intérprete y puso a mi disposición las notas que tenía del caso de Marta. La Sr². Cordelia Anuda, de Sao Paulo, me ayudó para que pudiese hablar con la Sr². Ema Bolze Moreira, en Sao Joao Novo, e hizo de intérprete en esta entrevista.

## Alaska

La Dr². Louisa E. Rhine y la Sr², Sydney Loosli me comunicaron información sobre el primer caso de los que figuran en esta sección. La

Sr<sup>a</sup>. Loosli, el Sr. Cyrus Peck (Secretario de la Alaska Native Brotherhood), el Sr. Charles Klevgard (del Departamento de Servicio Social, Mt.
Edgecumbe Native Hospital, Sitka, Alaska), y el Sr. George Hall (histo-
riador de Sitka) me ayudaron mucho facilitándome entrevistas en Alaska.
Al Sr. Hall, al Dr. Marius Barbeau (National Museum of Canada, Ottawa, Ontario), al Dr. Erna Gunther (Departamento de Antropología de la
Universidad de Washington, Seattle), a la Dr<sup>a</sup>. Frederica de Laguna (Departamento de Antropología del Bryn Mawr College, de Bryn Mawr,
Pennsylvania), al Sr. Robert Pace (Departamento de Sociología y Antropología, Wake Forest College, Sinston-Salem, Carolina del Norte) y al
Sr. William L. Paul, Sr. (Presidente Emérito de la Alaska Native Brotherhood) les debo también mi agradecimiento por poner a mi disposición
un material abundante y útil sobre la historia, costumbres y creencias de
los indios Tlingit y sus vecinos. También doy las gracias a la Sr<sup>a</sup>. Olga
Podtiaguine, por traducir (del ruso al francés) parte de los informes de
Veniaminov sobre Alaska y los Tlingits.

## Líbano

El Dr. Sami Makarem (Departamento de Estudios Arabes de la Universidad de Beirut) me ayudó mucho como intérprete en Agosto de 1964
y me facilitó valiosa información sobre los drusos y su religión. Los Srs.
Clement Abushdid y Wadih Rabbath fueron mis intérpretes en las investigaciones de Marzo de 1964. El Dr. Mustafa Khalidy tuvo la amabilidad
de presentarme a miembros de la comunidad Drusa de Beirut. Su Emi-
nencia el Seikh Mohammed Abu-Shakra, el Dr. Naif Hassan y el Sr. Anis
S. Rawdah también me facilitaron información sobre la religión drusa.

I. S.

*Junio de 1966*

# Agradecimientos por la ayuda prestada para la preparación de la segunda edición

Muchas personas ya mencionadas siguieron ayudándome después de la publicación del trabajo original en que se basa este libro. Sigo agradecido con ellos; aunque no voy a repetir aquí sus nombres. Ha habido también varias personas que han colaborado en las últimas entrevistas o han contribuido por otros medios a la preparación de la segunda edición. Quiero mencionar de forma especial a las siguientes personas:

## India

El Dr. L. P. Mehrotra, el Sr. K. S. Rawat y el Sr. Parmeshwar Dayal, que actuaron de intérpretes y ayudantes en mi investigación.

La investigación de las canciones de Swarnlata requirió tanto trabajo y tiempo como si fuese un caso distinto. Por eso considero totalmente justificado mencionar el nombre del Profesor P. Pal, por su incansable ayuda para recopilar información sobre estos detalles importantes del caso de Swarnlata.

## Ceilán

El Sr. Godwin Samararatne y el Sr. Amaraseeri Weeraratne, que hicieron de intérpretes; el Sr. V. F. Guneratne, que me ayudó con generosidad, facilitándome las últimas entrevistas con Wijeratne y me puso al corriente del desarrollo de su caso; al fallecido Profesor K. N. Jayatilleke, al Sr. H. S. S. Nissanka y al Dr. G. Karunaratne, que me ayudaron en las últimas entrevistas con Gnanatilleka.

## Alaska

La Sra. Betty Hulbert, que mantuvo, en representación mía, una segunda entrevista final con Henry Elkin.

Es para mí un placer, al mismo tiempo que una obligación, repetir mi agradecimiento a la Sr\*. Laura A. Dale, encargada de publicaciones de la American Society for Psychical Research, que ha puesto en esta segunda edición tanto interés y profesionalidad como puso en la primera.

Finalmente, quiero dar las gracias a mis secretarias, La Sr\*. Carole Harwell y la Sr\*. Cynthia Henderson, por su infatigable dedicación para mecanografiar las adiciones y correcciones de la segunda edición.

# Veinte casos que hacen pensar en la reencarnación

# I       Introducción

En 1960 publiqué una exposición y un análisis de casos que hacen pensar en la reencarnación.[1, 2] La mayoría de los que se estudian en aquellos artículos se han publicado ya de alguna forma y sólo pude dar detalles de uno que investigué yo personalmente: el de Henriette Weisz-Roos. En estos artículos expresaba mi esperanza de que el estudio de otros casos de este tipo pudieran contribuir a ampliar el conocimiento de la investigación psíquica sobre la supervivencia de la personalidad humana después de la muerte física. Desde entonces he tenido varias oportunidades de investigar, solo o con otros colegas, muchos casos de personas que afirman recordar una vida anterior. Aquí presento algunos resultados de dichos estudios.

En el censo internacional de casos que hacen pensar en la reencarnación que estoy realizando, tengo recogidos cerca de seiscientos.[3] De estos, mis colegas y yo hemos investigado personalmente un tercio y hemos obtenido información de los demás por datos publicados anteriormente o por otras comunicaciones. Los veinte casos que se presentan en este volumen son una muestra representativa de los que he investigado personalmente. En esta colección he incluido ejemplos de casi todos los

---

1.– Stevenson, I.: "The Evidence for Survival from Claimed Memories of Former Incarnations, Part I, Review of the Data", *Journal A.S.P.R.*, Vol. 54, abril, 1960, pp. 51-71.

2.– Stevenson, I.: "The Evidence for Survival from Claimed Memories of Former Incarnations, Part II, Analysis of the Data and Suggestions for Further Investigations", *Journal A.S.P.R.*, Vol. 54, julio, 1960, pp. 95-117.

3.– Espero que los lectores sigan enviándome relatos de casos que hacen pensar en la reencarnación, sobre todo cuando se trate de personas que quieran participar en un examen detallado de sus experiencas. Puedo asegurar que, si así lo desean, mantendré en el anonimato a las personas que participen en estos estudios. Mientras preparaba la segunda edición de este libro (1973) aumentó el número de casos censados en un doce por ciento. También ha aumentado mucho más la proporción de los casos que hemos atendido mis compañeros y yo.

subtipos de casos de renacimiento. Algunos los he examinado a fondo, al poco tiempo de producirse los hechos; pero hay otros que, por alguna razón, no los he estudiado con tanta profundidad. Hay unos bastante ricos en detalles y otros en los que sólo ha habido algunos aparentes recuerdos aislados. Del mismo modo, los lectores verán algunos casos avalados por varios testigos, mientras que para otros sólo he encontrado uno o dos. Pero presento deliberadamente lo mismo estos casos más débiles que los más fuertes, para dar al lector una imagen de los tipos de casos que *pueden hacer pensar* en la reencarnación. En mi conclusión final mantengo que *algunos* son algo más que una sugerencia de la reencarnación y, en mi opinión, aportan una prueba considerable de ella. Pero no digo que todos los casos sean así y soy consciente de que algunos son muy flojos, tanto en sus detalles como en su autenticidad.

Del resto de los casos de toda la colección, cerca de treinta son ricos en detalles, además de estar considerados como los diez mejores de este grupo. Los restantes son casos menores, en los que faltan los abundantes detalles o la posibilidad de comprobación que tienen los demás. Su distribución geográfica es, aproximadamente, la siguiente: casi la mitad de los cerca de seiscientos casos proceden del sureste de Asia (India, Ceilán, Tailandia y Burma); la mayoría de los restantes, del oeste de Asia (Turquía suroriental, Siria y Líbano), Europa y Brasil. Sólo unos cuantos proceden de los Estados Unidos y de Canadá, siendo una excepción Alaska, donde se han dado muchos.

Esto significa que la incidencia de los casos registrados varía según las culturas; aunque no quiere decir *necesariamente* que las condiciones culturales sean lo único que influye en ellos. Creo que muchos de estos casos requieren sólo un mínimo de interpretación paranormal de los datos. Con ello, al presentar estos datos, aparece mi propia opinión en primer lugar, cosa que sólo excuso con los grandes esfuerzos que he realizado para poner estos datos de los informes al margen de mis propias conclusiones. Espero que esto dé al lector libertad para hacer su propia interpretación de este material. Pero no quiero pasar por alto la relación tan importante que hay entre las influencias culturales y los casos recogidos, un tópico que desarrollaré más adelante cuando estudie y exponga otros casos de este tipo.

Entre los casos que todavía estoy investigando tengo más ejemplos de todos los tipos que figuran aquí, aunque, como es natural, haya más de unos que de otros. Por ahora sólo estoy investigando otro caso de "encarnación de intercambio", si se puede aplicar esta expresión al caso de Jasbir (ver pp. 40-62).

Además, los casos que dan mayores pruebas de la reencarnación suelen ser los espontáneos. El material más importante suele aparecer fuera del laboratorio, bajo circunstancias en las que no se puede ejercer un control ni siquiera mediano. Algunos de los primeros y más minuciosos investigadores de las pruebas de reencarnación utilizaron la hipnosis para hacer que regresasen los sujetos en el tiempo hasta supuestas "vidas anteriores". De Rochas[4] y después Björkhem[5], por mencionar sólo dos investigadores, han publicado sendos informes de una serie de experimentos de este tipo. Desgraciadamente, los resultados de estos experimentos, aunque son sugestivos, no han llegado a ninguna conclusión y, en general, son decepcionantes, principalmente porque es difícil controlar el acceso del sujeto a la información encarnada en la "personalidad anterior". Las "personalidades" evocadas normalmente durante las regresiones a una "vida anterior" inducidas por hipnotismo parecen formadas por una mezcla de varios ingredientes, entre los que pueden figurar la personalidad actual del sujeto, sus expectativas de lo que piensa que quiere el hipnotizador, sus fantasías sobre lo que cree que fue su vida anterior y quizá también elementos de origen paranormal.

Cuando pensamos que hemos identificado unos elementos paranormales concretos en la "personalidad anterior" evocada bajo regresión hipnótica, todavía tenemos que ver si podemos darles una justificación mejor con nuestros conceptos de la telepatía o la clarividencia, por influencia de alguna personalidad desencarnada o por la reencarnación (estas decisiones también nos las encontramos en los casos espontáneos de los niños). La verosimilitud de la forma de ser de la "personalidad" evocada nos da una orientación segura para llegar al origen de la personalidad o a sus distintos componentes. Y, excepto en los niños muy pequeños o en el caso de un tipo de comunicación de información muy extraño, encontramos grandes dificultades para descartar las fuentes normales de información en las informaciones de la "vida anterior". Sin embargo, en algunos de los casos conocidos bajo hipnosis aparece un material o un comportamiento que no podemos justificar si no es con alguna hipótesis paranormal. Yo mismo he investigado un caso de este tipo en el que el sujeto hablaba una lengua extranjera[6] que, como era evidente, no pudo haber

---

4.– Rochas, A. de: *Les vies succesives*, Chacornac Frères, París, 1924.

5.– Björkhem, J.: *De Hypnotiska Hallucinationerna*, Litteraturförlaget, Estocolmo, 1943.

6.– Stevenson, I.: "Xenoglosia: A Review and Report of a Case", *Proc. A.S.P.R.*, Vol. 31, 1974, pp. 1-268 (publicado también por The University Press of Virginia, Charlottesville, 1974).

aprendido por medios normales. Los futuros experimentos, especialmente los realizados con niños y los que han dado como resultado la demostración de habilidades insólitas y no aprendidas, como el conocimiento de lenguas extranjeras, podrían ser una valiosa contribución a este tema.

Mientras tanto, las pruebas más prometedoras de la reencarnación las encontramos en los casos espontáneos, en especial entre los niños. Sin embargo, el estudio y la evaluación de estos casos es tan difícil como los de otros tipos de casos espontáneos que se dan en la investigación psíquica y, naturalmente, están expuestos al mismo tipo de críticas.[7]

## Métodos de estudio para casos espontáneos del tipo de reencarnación

Al estudiar los casos espontáneos, los investigadores psíquicos han utilizado durante décadas los métodos de los historiadores y los abogados y, en ocasiones, de los psiquiatras, para reconstruir hechos pasados. En la mayoría de los casos espontáneos los sucesos principales ya han ocurrido antes de que llegue un investigador al lugar donde se producen. Cuando ya está allí el investigador, casi todo depende de su capacidad como entrevistador para conseguir y analizar los testimonios. En estas investigaciones no se debe presuponer alegremente la habilidad del entrevistador.

Sin embargo, aun concediendo al entrevistador la capacidad suficiente, una de las mayores dificultades de todas las investigaciones está en la falta de fiabilidad de los recuerdos (e incluso de las percepciones) de los sujetos y los testigos, que pueden omitir o añadir varios detalles del caso, alterando así, a veces desmesuradamente, la representación exacta de los hechos reales. Estas alteraciones de la memoria pueden aparecer por deficiencias de la inteligencia de la persona investigada o por errores causados por sus deseos o temores, cuando se enfrenta a algo que tiene para

---

7.– En cuanto a las críticas del caso espontáneo, ver: West, D.J.: "The Investigation of Spontaneous Cases", *Proc. S.P.R.*, Vol. 48, 1948, pp.264-300; Dingwall, E.J.: "British Investigations of Spontaneous Cases", *International Journal of Parapsychology*, Vol. 3, 1961, pp. 89-97; Scriven, M.: "New Frontiers of the Brain", *Journal of Parapsychology*, Vol. 25, 1961, pp.305-318. Y, en cuanto a las críticas a las críticas, ver: Salter, W.H.: "A Commentary on 'The Investigation of Spontaneous Cases'", *Proc. S.P.R.* Vol. 48, 1948, 301-305; Carrington, H.: "The Investigation of Spontaneous Cases", *Journal S.P.R.*, V. 34, 1948, 306-307 (correspondencia); Prince, W.F.: "Human Experiences", *Bulletin*, Boston Society for Psychic Research, Nº 14, 1931, y Nº 20, 1933; Stevenson, I.: *Journal of Parapsychology*, Vol. 26, 1962, 59-64 (correspondencia); Stevenson, I.: "The Substantiality of Spontaneous Cases", *Proc. Parapsychological Assoc.*, Vol. 5, 1968, pp. 91-128.

él un significado emocional. Pero, si nos preguntamos cómo detectamos estas diferencias que hay con los "hechos reales" en cualquier investigación, tenemos que reconocer que lo hacemos por comparación de lo que ha dicho un informador con lo que ha dicho o escrito otro sobre el mismo hecho. En la ciencia, e incluso en el laboratorio, no podemos prescindir de algún tipo de testimonio humano y lo que hay que hacer es comprobar y mejorar ese testimonio en vez de descartarlo. Los abogados y los historiadores procuran conseguir documentos escritos en el momento de los hechos o poco después de que hayan ocurrido; aunque saben que esos escritos no dan más credibilidad a estos documentos que a la persona que lo escribe y que un documento escrito por un testigo de poca confianza tiene menos valor que el testimonio de alguien en quien se confía. En realidad, los historiadores y los abogados tendrían poco que hacer aquí.

En el estudio de estos casos he intentado seguir estos métodos tradicionales de la ley, la historia y la investigación psíquica. Desgraciadamente, se han dado en esta serie dos fallos que son habituales en muchos casos de este tipo investigados con anterioridad. En primer lugar, con dos excepciones (Swarnlata Mishra e Imad Elawar), las declaraciones de los sujetos (normalmente niños) no se anotaron por escrito antes de pretender comprobarlas. En segundo lugar, el reconocimiento que hacía el niño de la gente y los lugares de la supuesta vida anterior no era observado (con algunas excepciones como el caso de Imad Elawar) por personas no relacionadas (o sea, de actitud imparcial) con las dos familias implicadas. Por tanto, ante la frecuente falta de oportunidades de hacer una observación directa de los hechos importantes, ocurridos con anterioridad, he recogido el testimonio del mayor número de testigos que he podido entrevistar y, en muchas ocasiones, he interrogado a los mismos testigos varias veces con intervalos de uno o varios años. Algunas veces también he podido comparar los resultados de mis investigaciones con los de las de otras personas imparciales que han estudiado un caso y en cuya capacidad he confiado.

Tras recoger todos estos testimonios, pude comparar, unos con otros, los informes dados por los distintos miembros de una familia o comunidad, así como con los testimonios de los mismos hechos facilitados por personas pertenecientes a otra familia o comunidad. También pude comparar las declaraciones realizadas en un momento dado por una persona con las que hizo esa misma persona en otro momento a mí mismo o a otro investigador. Esto nos lleva al tema de la fiabilidad de la información obtenida así, un tópico importante que trataremos más adelante. Pero quiero añadir y recalcar que la información verbal sólo constituía una parte de los datos disponibles en estos casos, pues con frecuencia tuve la oportunidad de observar directamente el *comportamiento* del sujeto y personas que lo rodeaban y el de las personas de la familia de su personalidad anterior. También puedo señalar que, en estos casos, el comportamiento del niño se ajustaba perfectamente a lo que me contaban los testigos sobre él y su ambiente. Esto hizo que aumentase mi confianza en lo que me contaban sobre los aspectos informativos de los casos, o sea, lo que el niño decía recordar, cuyas afirmaciones no siempre pude oír de primera mano, sino que sólo las pude conocer por sus padres y otros testigos. La identificación de estos niños con la personalidad anterior me parece que es una de las características más importantes de estos casos. Esta presencia física, con componentes de una fuerte carga emocional, trasciende la simple exposición oral que hace el niño de información sobre otra persona que vivió antes. En mi opinión, estos rasgos de conducta que vemos en los casos aumentan considerablemente su autenticidad e incrementan en gran medida las oportunidades de que disponemos para el estudio de la personalidad humana.

## Detección y tratamiento de posibles errores en la recopilación de datos

Ya que el valor de los casos de este tipo depende de la exactitud del testimonio de los testigos y del informe de lo que dicen haber visto u oído, he prestado mucha atención a la consideración de la exactitud de los testimonios de los casos que he estudiado.

A falta de documentos escritos, contamos con una acumulación de testimonios confirmados de varios testigos que intentan recordar los mismos hechos o parecidos. Por tanto, he intentado buscar el mayor número posible de testigos distintos del mismo caso. Al relacionar el testimonio de varios testigos diferentes, o el de un mismo testigo en momentos distintos, he encontrado irregularidades en cerca del diez por ciento de todos ellos. Esta incidencia, inferior a lo que yo esperaba cuando empecé estos estudios, aumenta mi confianza en la exactitud de los informadores, ya que, en general, la información que dan de lo que ha sucedido en cada caso parece veraz. Es más, las discrepancias se dan más, casi siempre, en los detalles secundarios que en los hechos básicos. Los testigos pueden estar de acuerdo, por ejemplo, en que el niño reconoció a un deudor concreto que le debía dinero a la personalidad anterior, pero no coinciden en la cantidad adeudada. O pueden estar de acuerdo en la causa de la muerte de una persona, pero no coincidir en cuándo ocurrió. Sin embargo, algunos detalles son decisivos, por lo que no quiero dar a entender que podamos pasar por alto todas las discrepancias que haya en los detalles. Sólo quiero insistir en que la mayoría de ellas se dan más en los detalles que en lo esencial de los hechos.

Sin embargo, al tratar las discrepancias que hay en el testimonio de los casos de este tipo, encontramos un problema difícil. Por un lado, algunos testigos inmediatamente (o poco a poco) demuestran que son de poca confianza al aparentar tener un conocimiento de los hechos que en realidad no tienen; parece injusto permitir que el testimonio de una persona así anule el de otro informador de mucha más confianza, sólo porque discrepa con él. Por otro lado, no sería justo con el lector si descartase todos los testimonios discordantes, ya que con ello podría, aunque inconscientemente, eliminar algunos datos del caso. Sin embargo, me parecía que la eliminación total de algunos datos en los que se dan testimonios discrepantes debilitaría las pruebas de paranormalidad de los casos y que añadir estos datos discrepantes a los que ya tienen un testimonio de peso haría que pareciesen equivocadamente más ricos de lo que son. Por tanto, llegué a la conclusión de que podía eliminar con toda seguridad la mayoría de los datos en los que aparecía un testimonio discrepante; aunque mantuve algunos, ofreciendo en cada caso un comentario sobre él.

Ultimamente he prestado al análisis de las discrepancias individuales mucha más atención que antes y he visto que es mejor explicar cada caso con la mayor amplitud posible. Esto resultó más fácil con dos intérpretes que cuando sólo tenía uno. Y entonces me di cuenta de que algunas discrepancias se debían a errores de interpretación, ya que las traducciones variaban algo (o mucho) en algunas ocasiones. También se daban discrepancias porque los testigos no entendían una pregunta concreta y respondían a algo completamente distinto de lo que se les preguntaba. Había otras también que se debían a la falta de atención o de memoria de los testigos. Al analizar las discrepancias durante las entrevistas o poco después de ellas he podido "guardar" algunos datos importantes que, de no ser así, se hubiesen perdido. Esto ha confirmado mi convicción de que la eliminación de esos datos discrepantes, cuando los he suprimido, en vez de dar más fuerza a los casos, se la ha quitado.

Con raras excepciones, todos los testimonios registrados proceden de testigos directos. En algunas ocasiones he recogido las declaraciones de un testigo indirecto, pero lo he indicado en el informe de los casos.

A continuación daré unos detalles precisos de las tres posibles fuentes principales de los errores que aparecen en los informes y de las medidas tomadas para reducirlos o eliminarlos, como factores importantes que quitan valor a los informes de los casos.

## Traducciones y Posibles Errores de los Intérpretes

Conozco el francés y el alemán bastante bien y algo de español y portugués; pero no me considero con un conocimiento de las lenguas asiáticas, como el árabe o el hindí, que me permita utilizarlas en el trabajo. La influencia negativa de los intérpretes en los registros anotados ha sido más frecuente en los casos de India, Ceilán y Líbano.

De los siete casos de la India, necesité intérpretes para el estudio de cinco (en el caso de Swarnlata casi todos los testigos hablaban inglés y en el caso de Mallika hablaban principalmente francés). Para estos cinco casos tuve, por lo menos, dos y, a veces, hasta tres intérpretes. En 1964 tuve dos intérpretes conmigo: uno traducía mientras yo tomaba notas en inglés; el otro comprobaba la traducción y también tomaba notas en hindí, que después comparábamos con las que tenía yo en inglés.

En los tres casos ceilandeses tuve dos intérpretes (al mismo tiempo) para un caso (Wijeratne) y un intérprete para los otros dos, aunque en uno de estos dos casos (Gnanatilleka) uno de los testigos principales hablaba inglés.

En el caso de Imad Elawar, en Líbano, tuve tres intérpretes en momentos diferentes.

En resumen, para nueve de los once casos de Asia en los que necesité intérpretes, tuve al menos dos, que solían trabajar conmigo en momentos diferentes. He detectado algunas discrepancias atribuibles a errores de traducción, pero confío en que estos errores afecten a un grupo pequeño e insignificante de los informes de los casos.[8]

## Métodos de registro y posibles errores

Se han podido escapar otros errores durante el proceso de recogida de datos de los testigos o en mis observaciones de su comportamiento. Suelo tomar notas escritas según habla el testigo o el intérprete. En estas investigaciones prefiero este método al de la grabación magnetofónica, ya que (a) una grabadora suele inhibir, en un principio, al testigo, haciéndolo olvidadizo o reservado delante de ella, hasta que empieza a utilizarla; y (b) dado lo difícil que es tener una entrevista privada en el Este

---

8.– En los informes siguientes he puesto algunos detalles sobre la investigación de los casos, incluidos los intérpretes.

(pues normalmente hay varias personas reunidas para dar su testimonio a la vez), algunas veces el magnetófono no da la información adecuada, pues no se sabe siempre quién es el que habla. Después, al oír las cintas, es prácticamente imposible recordar correctamente a quién pertenece cada voz. Además, las cintas no proporcionan la ortografía correcta de los nombres, entre otras cosas: por ejemplo, si baja repentinamente el volumen de la voz, se pierden muchas veces detalles de la información. Por tanto, pienso que las notas escritas son, en cualquier caso, esenciales y no veo ninguna razón por la que no se deba confiar en las notas tomadas mientras el testigo habla (en algunos casos –como, por ejemplo, cuando un testigo hablaba en un coche– las circunstancias no lo han permitido y he tenido que tomarlas al llegar al hotel, unas horas más tarde o, en raras ocasiones, al día siguiente).

Mi confianza en la exactitud de las notas tomadas durante las entrevistas se ha visto reforzada por algunas experiencias que tuve en Turquía. Durante el estudio de unos casos, en marzo de 1964, tomé mis habituales notas, intentando captar el mayor número posible de detalles. Al mismo tiempo, el Sr. Resat Bayer, que me ayudaba como intérprete, también grabó las entrevistas (con algunas excepciones) en un magnetófono portátil. Más tarde, envié al Sr. Bayer una copia de todas las notas y las comparó cuidadosamente con el material grabado en las entrevistas, para ver si se habían omitido o alterado detalles. En esta comparación se vio que no cometí errores importantes al tomar las notas y el Sr. Bayer sólo encontró unas pocas discrepancias insignificantes en los detalles. La más seria fue que anoté que un niño tenía entre dos años y medio y tres de edad, cuando, según la grabación, era entre dos y dos y medio. Sin duda alguna, faltan en las anotaciones algunos detalles que están en las cintas, porque en algún momento yo estaba escribiendo lo que se acababa de oír, cuando el intérprete empezaba a decir otra cosa. Pero lo más importante de esta comparación fue comprobar que no había añadido en mis notas nada que no figurase en las grabaciones.

En el importante trabajo de interrogar a los testigos, calcular su exactitud, y detectar omisiones y discrepancias significativas, tuve la suerte de contar con la ayuda del Sr. Francis Story,[9] que me acompañó a Ceilán en 1961 y a la India en 1964. Su participación activa en el estudio de los casos dio la oportunidad de discutir el testimonio, las discrepancias y las

---

9.– La muerte de Francis Story, en abril de 1971, privó a estas investigaciones de un trabajador infatigable que combinaba el entusiasmo por todo tipo de estudios con una gran capacidad para examinar críticamente los casos individuales.

dudas que se presentaban mientras el material seguía estando fresco. Y pienso que esta colaboración redujo las posibilidades de error u omisión por mi parte, al registrar cualquier punto importante tratado durante las entrevistas.

## El lenguaje aparentemente precoz atribuido a los sujetos

Algunos lectores de la primera edición de este libro se han mostrado escépticos ante la capacidad de unos niños pequeños para expresarse con frases tan largas y complejas como las que sus padres les han atribuido y yo he registrado aquí. Esto parece tener su explicación. Pienso que hay dos razones principales por las que las frases de un sujeto parecen en ocasiones más largas y complejas de lo que puede esperarse de un niño de su edad.

En primer lugar, muchos de los sujetos son precoces hablando –tanto por su pronunciación como por su riqueza de vocabulario– y algunos han asustado un poco a sus padres por las frases y palabras insólitas que han pronunciado a tan temprana edad.

En segundo lugar, en cambio, hay otros casos en los que los padres me han dicho frases pronunciadas por un niño, tan bien desarrolladas que, para construirlas, se necesitaría tener un buen dominio del lenguaje. Supongamos que un sujeto empieza a decir frases cortas entre uno o dos años, como hacen la mayoría de los niños. Muchos de los sujetos de estos casos intentan describir entonces las vidas anteriores que recuerdan, casi al mismo tiempo que empiezan a comunicarse con palabras; pero, antes de tener la soltura suficiente para transmitir sus ideas correctamente. Muchas veces no pronuncian bien las palabras, utilizan gestos para suplir lo que quieren decir o aplican incorrectamente una palabra que conocen a un objeto cuyo nombre ignoran. La primera pronunciación que hizo Imad Elawar de Khriby como "Tliby" y juntar dos dedos para indicar una escopeta de dos cañones son ejemplos de los dos primeros tipos de expresión. La referencia de Marta Lorenz a "cabras, pero no son cabras" es un ejemplo del tercer tipo. Cuando el niño desarrolla la capacidad plena del habla, entre los dos y los cuatro años, casi siempre repite (con frecuencia muchas veces) lo que intentó decir antes, pero, al final, acaba diciéndolo con más claridad. Normalmente, los padres me han dicho estas últimas frases del niño. Por eso, aunque el sujeto pueda haber empezado a hablar de la vida anterior a una edad muy temprana o haya intentado hacer comentarios sobre ella, las declaraciones que he anotado se deben a expresiones posteriores y más apropiadas de las mismas ideas.

Al mencionar las frases de los sujetos he utilizado en algunas ocasiones las comillas. Se debe entender que estas comillas se refieren a una traducción (en la mayoría de los casos) de lo que los padres (u otro informador) dicen que ha dicho el niño. Sin embargo, el lector debe añadir alguna frase del tipo "o palabras por el estilo" cuando lee estos encomillados.

## Errores de memoria, por parte de los testigos

Ahora vamos a tratar del importantísimo factor de la fiabilidad de la memoria de los informadores. Suponiendo que encontremos un elevado nivel de coincidencia entre los diferentes testigos en los principales sucesos de un caso (como sucede en éstos), ¿qué confianza podemos tener en que el testigo haya llegado a esta coincidencia con imparcialidad y no se haya dejado influenciar por una tradicional oleada de credulidad ni haya formado una larga historia partiendo de un pequeño núcleo pueril? Es muy posible que cada uno de los que forman el grupo diga, sin pensárselo mucho, que ha oído o visto lo que no es, algo así como cuando el populacho, por miedo y credulidad, llevaba la misma ropa que el emperador o, por poner un ejemplo real, cuando se puso de moda llevar una vuelta en los pantalones, porque al mayordomo del rey Eduardo VII se le olvidó un día quitar la vuelta que le había dado a los cañones de los pantalones del rey para limpiarle los zapatos. Esto gustó a los modistas y se empezaron a llevar los pantalones con una vuelta en los cañones.

En resumen, nos encontramos ante una posibilidad de que haya errores *intencionados* en la memoria y en los informes. Yo diría que las principales pruebas contra esta posibilidad de que se produzca una contaminación masiva (o incluso limitada) de las ideas está en las actitudes, marcadamente diferentes, de los diversos testigos ante los casos correspondientes. En Occidente hay críticos poco informados que creen que, como todos (o casi todos) los orientales creen en la reencarnación, no hay nadie inmune a aceptar cualquier historia que huela a ella, por muy inverosímil que pueda parecer a los demás. Es cierto que está muy difundida por Oriente la creencia en la reencarnación y que hay mucha credulidad hacia todo lo relacionado con estos temas; pero, cuando se trata de casos concretos, vemos que las distintas personas involucradas suelen adoptar posiciones diferentes. En primer lugar, suelen creer de forma general que el hecho de recordar vidas anteriores predestina a uno a morir joven, por lo que los padres suelen aplicar medidas drásticas y hasta crueles para evitar que su hijo hable de una vida anterior. Además de esto, si un niño asegura que es de otro pueblo donde ha sido más feliz o demuestra tener costumbres muy distintas de las de su familia, está creando un serio problema, tanto para su familia como para él mismo. Y no debemos tampoco olvidar que muchos de estos niños amenazan con irse a la otra casa y, en algunas ocasiones, hasta llegan a hacerlo (caso de Prakash y Parmod). Algunas veces, tanto los niños como sus padres se han beneficiado de la publicidad que supone decir que se recuerda una vida anterior; pero lo más normal es que encuentren esta publicidad como una carga terrible y un trastorno: no ganan nada con ella y pierden mucha intimidad. Nos confirma esa tendencia de los padres a evitar la publicidad el hecho de que muchas veces se conocen los casos gracias a otros testigos, como vecinos que recuerdan la edad del niño cuando empezó a hablar de una vida anterior. Como término medio, hay un intervalo de tres a cinco años entre las primeras manifestaciones del niño (ver tablas pp. 390-391) y el conocimiento del caso fuera del círculo de la familia. He visto en repetidas ocasiones que los padres se han resistido (a veces durante años) a las insistentes peticiones del niño de ir al otro pueblo, donde decía que había vivido antes. Si tenemos en cuenta todas estas circunstancias que pueden influir en las razones que mueven a los testigos de los casos, hemos de rechazar la teoría de que todas las coincidencias de opiniones que favorezcan una explicación paranormal se deben a errores intencionados en los recuerdos de los testigos, ya que la intención de muchos testigos interviene para distorsionar su informe de los acontecimientos en un sentido completamente opuesto al de una explicación paranormal o reencarnacionista. Muchas veces los testigos procuran dar su testimonio para declarar que un niño ha dicho algo que ellos saben que lleva consigo la posibilidad de que el niño los deje o, por lo menos, prefiera vivir con otra familia.

Hay otras dos características de los testimonios que me parece que les dan más fiabilidad. La primera es que, si los testigos estuviesen alterando los informes de forma significativa y por separado, tendríamos que esperar mayores divergencias entre testimonios de diferentes testigos. ¿Cómo se entiende que el testigo A, si se está inventando su historia, ajuste su fantasía hasta hacer que coincida con las declaraciones del testigo B, por no decir del C, el D y todos los demás? Es más lógico pensar que unos testigos influyan en otros que suponer que han inventado por separado sus informes y que da la casualidad de que van a parar al mismo punto. Pero está claro que, aunque *algunos* testigos pudieron (y así fue casi con seguridad) tener influencias recíprocas, en otras ocasiones no fue posible, porque se mantenían en los extremos opuestos del caso (como en los de Prakash y Ravi Shankar). Es más, la existencia de *algunas* discrepancias descarta cualquier tergiversación de los hechos. En segundo lugar, los testigos eran tan sinceros al hablarnos de los errores y confusiones del niño como al comentar sus aciertos (ver especialmente los casos de Swarnlata e Imad, como ejemplos de estos errores).

Para terminar, no voy a decir que no se hayan producido errores voluntarios en los testimonios de estos casos; pero sí aseguro que estos errores no pueden justificar todas las coincidencias (o discrepancias) que he encontrado en los testimonios de los diferentes testigos.

## Información conseguida en las últimas entrevistas mantenidas con los sujetos y sus familias

Por interés y por amistad, estuve en contacto con algunos sujetos de estos casos después de las investigaciones iniciales que realicé en los años 1961-1964 y, al preparar la nueva edición de este libro, traté de visitar a todos los que pude, para conseguir información directa sobre la evolución posterior de los sujetos, que eran niños cuando los conocí, o sobre el rumbo que había tomado la vida de los que ya eran adultos. Por fin logré ver de nuevo a todos, menos dos, la mayoría de ellos entre los años 1970 y 1973, excepto uno (Sukla Gupta), a quien vi en 1969. Mallika Arounougam se había trasladado de Pondicherry y, a pesar de mis pesquisas por encontrarla, no conseguí dar con ella. Los padres de William George, Jr. no quisieron colaborar en más investigaciones. Todos los demás y sus familias parecían contentos de volver a verme y respondieron a preguntas muy importantes con su habitual paciencia.

El tiempo transcurrido entre las primeras investigaciones de los casos y las últimas entrevistas fue muy variable. El intervalo más corto, ocho años, se dio en el caso de Sukla Gupta, mientras que el más largo, veinte años, fue el de Wijeratne. En los demás casos, el tiempo transcurrido entre la primera y la última entrevista (antes de la preparación de este libro) oscilaba entre nueve y diez años. En algunos casos, mantuve otras entrevistas con los sujetos y miembros de sus familias durante los años que transcurrieron desde que los conocí hasta la última entrevista.

## Método de presentación de datos utilizado en estos informes

En los informes de los casos que siguen, he tenido que resumir y combinar parte de la información que han dado los distintos testigos. Esa es la razón de que generalmente haya empezado el informe de un caso con una pequeña historia de su desarrollo. Al preparar estos resúmenes, he combinado y copiado el testimonio de un número de testigos; pero, cuando llegamos a las tablas de lo que han dicho los testigos sobre las declaraciones y reconocimientos hechos por los sujetos y lo que han dicho otros testigos sobre la comprobación de estos primeros datos, he puesto exactamente lo que han dicho ellos. No quiero decir que haya puesto sus mismas palabras (pues he procurado ser conciso y, además, algunos testigos han utilizado términos distintos para describir el mismo hecho), sino que para cada dato que figura en estas tablas tengo una nota (casi siempre puesta en el momento en que se producían los hechos) con lo que decía sobre el tema cada uno de los testigos presentes. Ya que, como he dicho, casi siempre asistían a las entrevistas varias personas, los demás testigos solían dar, de forma explícita o tácita, su conformidad o disconformidad a lo que decía el testigo principal. Por eso, en líneas generales, pude contar con varios testigos secundarios para cada dato registrado, aunque he preferido centrar mi atención en el testigo principal, que me parecía en mejor posición para observar los acontecimientos que contaba. Pongo mis notas originales a disposición de cualquier investigador responsable que quiera compararlas con el material impreso en este libro.

En cada uno de los casos he puesto (en el informe del caso) información y comentarios sobre la posibilidad de que haya habido una transmisión de la información al sujeto por medios normales de comunicación, así como de fraude y criptomnesia. He reservado un análisis general de las hipótesis paranormales aplicables a estos casos para una sección final que figura después de los informes de los casos; pero he considerado que es mejor comentar algunos puntos importantes cuando el lector tiene todavía en su mente los datos, aunque después se repita en el Análisis General que hay al final.

La descripción de las carreteras y otros medios de comunicación entre los lugares correspondientes a cada caso y las observaciones que se refieran a ellos se basan en las condiciones en que estaban entre 1961 y 1964. Desde entonces han cambiado mucho los medios de comunicación en algunos lugares mencionados.

He puesto la información obtenida en las últimas entrevistas en secciones separadas de cada informe, después de los comentarios que hago de cada caso. De esta forma, el lector podrá enjuiciar el caso (con la ayuda que puedan ofrecerle mis comentarios) basándose en la investigación original, sin tener en cuenta la información de los últimos relatos.

En los informes de los casos que hay a continuación empleo en muchas ocasiones la frase "la personalidad anterior", queriendo referirme a la persona fallecida, con la que el sujeto dice identificarse. Esta frase parece menos altisonante que "la supuesta personalidad anterior" o "la pretendida personalidad anterior". Al mismo tiempo, no afirma ni niega las pretensiones del niño de que su personalidad actual es una continuación de "la personalidad anterior". Este es el tema central planteado por los datos, que volveré a tratar después en el Análisis General. Del mismo modo, al hablar de las declaraciones atribuidas al niño, suelo decir simplemente "sus recuerdos", en vez de "sus ostensibles recuerdos de una vida anterior". Las declaraciones que se atribuyen al sujeto son una especie de recuerdos y de lo que se trata es de saber si esos recuerdos proceden de algo que han oído o conocido por medios normales, de alguna experiencia paranormal o de experiencias de una vida anterior.

He cambiado por pseudónimos todos los nombres de los sujetos y testigos de los casos de Alaska, para protegerlos de una posible publicidad desagradable. En el resto de las secciones, sólo he cambiado un nombre (el de Imad Elawar) y he dejado que todos los demás informadores testifiquen con sus nombres reales.

## Planes para futuras investigaciones e informes

Espero que, a la vista de las dificultades encontradas al estudiar estos casos y de los medios utilizados para vencerlas, no pensará nadie que estoy satisfecho con los métodos actuales. Me considero en la obligación de mejorar el estudio de estos casos, como me sea posible. Además de mejorar los métodos, preferiría estudiar los casos cuando están más recientes de lo que estaban los que figuran aquí cuando accedí a ellos. Esto es difícil de lograr, porque, como ya he dicho, las familias que tienen un hijo con estas cualidades suelen evitar toda publicidad y no les gusta contar a otras personas lo que dice el niño. Espero, sin embargo, que, si se detectan mejor los casos, llegue a tener noticias de algunos en los que se pueda iniciar la investigación inmediatamente después de que el niño haya hecho sus manifestaciones y antes de que se hayan comprobado. En dos casos de esta colección (Swarnlata e Imad) se tomaron notas por escrito antes de comprobarlos. En otro (Prakash) llegué al lugar de los hechos principales a las pocas semanas de su comprobación y pude empezar su estudio con datos todavía recientes; pero en otros casos empecé a estudiar los testimonios meses, o incluso años, después de producirse los hechos originales.

Las limitaciones lógicas que se encuentran al estudiar casos de este tipo, incluso en las circunstancias más favorables, podrían hacer que pensásemos en otros medios de conseguir más pruebas importantes. Ya he mencionado la posibilidad de que en el futuro se hagan más experimentos y estén mejor controlados, recurriendo a la hipnosis y utilizando a niños como sujetos. Además, he empezado a estudiar las características generales que se repiten en un gran número de casos espontáneos de reencarnación. Tengo en proyecto evaluar la autenticidad de todos los casos de mi colección y pretendo comparar las características de los casos menos investigados con las de otros, cuya autenticidad es más fiable, aplicando un método que ideó Hart para estudiar los casos de apariciones.[10] Si veo que los esquemas de los casos mejor comprobados se repiten en los menos comprobados, podré esperar que aumente mi confianza en la información disponible en éstos últimos. Entonces estudiaré el mayor número de casos, empezando por hacer esquemas y sacar deducciones de todo el material disponible. Por otro lado, si este análisis no consigue ofrecer esquemas similares entre los casos mejor justificados y los que están peor, puedo tener una base para distinguirlos en el futuro.

Seguiré trabajando para valorar casos de esta índole, tratando de aplicar las diversas teorías que puedan dar una justificación, del mismo modo que trataré de crear otras nuevas que se ajusten a los datos disponibles mejor que cualquiera de las hipótesis actuales. Y seguiré tratando de imaginar y describir los casos ideales que, si los encuentro, puedan permitir sacar juicios exactos entre teorías opuestas, intentando también descubrir y estudiar estos casos decisivos.

---

10.– Hart, H.: "Six Theories About Apparitions". *Proc. S.P.R.*, Vol. 50, 1956, 153-239.

II        Siete casos que nos hacen
          pensar en la reencarnación,
          en la India

## Introducción

La idea de la reencarnación es un principio importante del hinduismo, practicado por la mayoría de los habitantes de la India. El hinduismo es la religión más antigua del mundo, remontándose sus orígenes al
cuarto milenio a. de C. Sus doctrinas y prácticas de hoy no difieren
mucho de las de hace miles de años.[1] Los argumentos de los misioneros y conquistadores musulmanes y cristianos han tenido poco impacto
entre los indios, que casi todos siguieron profesando el hinduismo. En
la introducción de esta monografía he aludido a las complejas relaciones que conectan la creencia en la reencarnación en determinadas culturas y la aparición de casos que parecen corroborar esta creencia. Sólo
quiero añadir que la viabilidad del hinduismo hoy puede deberse a los
frecuentes informes de la India sobre experiencias que parecen ofrecer
pruebas de la reencarnación. Casos como los que describo a continuación han debido suceder en la India durante siglos. Su existencia la
asumen o insinúan de forma general muchas escrituras y mitos hindúes. Si sabemos que en nuestros días se dan en la India muchos casos
de reencarnación, podemos pensar que es posible, y tal vez demostra-
ble, que estos casos se hayan producido con la misma frecuencia durante siglos. Cualesquiera que sean su importancia y la interpretación

---

1.– Se puede encontrar información y bibliografía sobre el hinduismo y las creencias
hindúes en los siguientes libros: Radhakrishnan, S.: "Hinduism", en *The Legacy of India*
(Ed. G.T. Garratt), Oxford University Press, Oxford, 1937; Coomaraswamy, A.N.: *Hinduism and Buddhism*, Philosophical Library, Nueva York; Sen, K.M.: Hinduism, Penguin Books, Ltd., Harmonsworth, 1961; Nikhilananda, Swami: Self-Knowledge: *An En-
glish Translation of Sankaracharya's Atmabodha with Notes, Comments, and Introduc-
tion*, Ramakrishna-Vivekananda Center, Nueva York, 1946; Prabhavananda, Swami con
la ayuda de Manchester, F.: *The Spiritual Heritage of India*, Doubleday and Company,
Inc., Nueva York, 1963; *Bhagavad-Gita* (este libro está considerado como un evangelio
del hinduismo. Es una exposición antigua y exacta de las ideas hindúes sobre la reencarnación).

correcta que les demos, su mera *existencia* ha proporcionado, tanto al hinduismo como al budismo, una corriente continua de aparente soporte empírico.

La primera investigación que conozco es un caso ocurrido en la India a principios del siglo XVIII. El emperador Aurangzeb oyó hablar de él y, aunque era musulmán, se interesó e hizo traer a los testigos a su presencia para interrogarlos. El caso tenía algunas características, como las marcas de nacimiento, que he encontrado en los modernos.[2] Desde principios del siglo XX se han investigado casos aislados o pequeñas series, algunas veces con bastante meticulosidad. Sin embargo, las investigaciones sistemáticas de casos que hacen pensar en la reencarnación en la India sólo han empezado hace pocos años.

En el verano de 1961 estuve en la India y Ceilán para estudiar unos casos que hacían pensar en la reencarnación. Investigué, a distinto nivel, unos dieciocho, en la India. De éstos, cuatro eran relativamente antiguos, los recuerdos y las investigaciones originales ocurrieron hacía veinte o treinta años. Espero publicar las investigaciones de estos casos más antiguos con la información de las vidas posteriores de los sujetos, en un informe aparte. En muchos casos la insuficiencia de datos ha impedido la verificación de los recuerdos aparentes; en otros, los datos disponibles resultaban insuficientes para formar un juicio razonable, y en la actualidad se sigue investigando otro grupo de casos que se publicarán más tarde.

En 1964 volví a la India y revisé a fondo, con dos nuevos intérpretes y un segundo observador, los casos de Prakash, Jasbir, Ravi Shankar y Parmod. Durante esta segunda visita a la India también investigué otros, tanto nuevos como antiguos, cuyos informes aparecerán en próximas publicaciones.

Este informe describe siete casos prácticamente recientes y, respecto al comportamiento de los niños, aún de actualidad. La mayoría de los casos son ricos en detalles y, en mi opinión, los mejor atestiguados e investigados de los más recientes que se han dado en la India. No son básicamente diferentes de muchos casos más antiguos ya publicados, algunos de los cuales ya he revisado.[3] Su valor está en que se les ha

---

2.– Sin embargo, este caso no fue la primera declaración de recuerdos de una vida anterior que conocí en la India. Tulsi Das, el poeta hindú que escribió el Ramayana, habla en su gran obra de un recuerdo de una vida anterior con pocos detalles (sin verificar). *The Ramayana of Tulsi Das* (trad. de F.S. Growse), Ram Narain Lal, Allahabad, 1937, 7ª ed., p. 652.

3.– Stevenson, I.: "The Evidence for Survival from Claimed Memories of Former

aplicado una investigación más profunda y esto ha permitido, en mi opinión, analizar las distintas hipótesis, con la seguridad de que para este análisis se cuenta con la mayoría de los datos disponibles de un caso concreto, que es algo muy importante para elegir entre estas hipótesis.

## Historia habitual de los casos que hacen pensar en la reencarnación

Desde hace tiempo, la historia de los casos que hacen pensar en la reencarnación en la India (y en cualquier otro lugar) siguen un esquema prácticamente convencional. El caso aparece normalmente cuando un niño pequeño de dos a cuatro años empieza a hablar a sus padres o hermanos de una vida que tuvo en otro lugar y en otro tiempo. El niño suele sentir una atracción muy fuerte hacia los hechos de esa vida y con frecuencia insiste ante sus padres para que le dejen volver a la comunidad en la que afirma haber vivido anteriormente. Si el niño hace bastantes afirmaciones concretas sobre la vida anterior, los padres (que normalmente son reticentes) empiezan a investigar su veracidad. Con frecuencia, o casi siempre, no se suele intentar esa comprobación hasta varios años después de que el niño empiece a hablar de la vida anterior. Si se lleva a cabo alguna verificación, los miembros de las dos familias se visitan y preguntan al niño si reconoce lugares, objetos y personas de su supuesta existencia anterior. Entonces, el caso suele llamar mucho la atención en las comunidades implicadas y llega hasta los periódicos. En el pasado sólo hay unos pocos casos, como el de Shanti Devi,[4, 5] que han sido investigados por personas independientes[6] ajenas

---

Incarnations, Part I, Review of Data", *Journal A.S.P.R.* Vol. 54, abril, 1960, pp. 51-71; y "The Evidence for Survival from Claimed Memories of Former Incarnations, Part II, Analysis of the Data and Suggestions for Further Investigations", *Journal A.S.P.R.*, Vol. 54, julio, 1960, pp. 95-117.

4.– Gupta, L.D., Shrama, N.R. y Mathur, T.C.: *An Inquiry into the Case of Shanti Devi*, International Aryan League, Delhi, 1936.

5.– Bose, S.C.: *A Case of Reincarnation*, Ligate, Satung, S.P., 1952.

6.– Creo que es importante señalar que, en las décadas de los 20 y los 30, aparecieron varios informes de investigaciones de casos indios que hacen pensar en la reencarnación, realizados por personas objetivas. Ver, por ejemplo (además de las notas 4 y 5): Sen, I: "Kumari Shanti Devi and Reincarnation", *Chitrapat*, 4 de julio de 1936, Delhi; Sen, I.: "Shanti Devi Further Investigated", *Proceedings Indian Philosophical Congress*, ca. 1937; Sahay, K.K.N.: *Reincarnation: Verified Cases of Rebirth After Death*, edición propia, Bareilly, ca. 1927 (tiene un informe del caso del hijo del autor y seis de otras familias que investigó); Sunderlal, R.B.S.: "Cas apparents de réminiscences de vies antérieures". *Revue Métapsychique*, julio-agosto, 1924, pp. 302-307.

a las familias del sujeto. He intentado paliar esta deficiencia con la elaboración del censo internacional de casos que hacen pensar en la reencarnación que ya he mencionado y, en la medida de lo posible, procurando estudiar directamente los casos con personas familiarizadas con la investigación psíquica.[7] Espero tener la oportunidad de investigar más casos en los que la familia del niño no haya intentado todavía comprobar nada, para poder observarlo antes, durante y después de la comprobación de las declaraciones más importantes hechas por el niño. Los casos de Swarnlata (en este grupo) y de Imad Elawar (en el Líbano) se acercan bastante a este ideal.

## Métodos de investigación

Puesto que ya he expuesto mis métodos generales de investigación en la introducción, no voy a repetir aquí su descripción, sino que me limitaré a dar algunos detalles relacionados con los casos concretos. Primero hablaré del tiempo invertido en entrevistar a los testigos. En estas cifras no figura la recopilación de bastante información sobre algunos casos, como la correspondencia mantenida antes y después de mis visitas a los lugares de los hechos, en algunas ocasiones, como con Swarnlata, Sukla y Ravi Shankar.

### 1. El Caso de Prakash

En 1961 invertí dos días en el estudio del caso con Sri H.N. Banerjee, que me ayudaba como intérprete. En 1964 volví a revisarlo, dedicándole otros dos días para entrevistar a antiguos y nuevos informadores. Durante las entrevistas principales de 1964, realizadas en Kosi Kalan y Chhatta, el Dr. Jamuna Prasad fue el intérprete principal y Sri Chandra Prakash el ayudante. En una entrevista en Nueva Delhi actuó como intérprete Sri Inder Datt.

### 2. El Caso de Jasbir

En 1961 invertí un día en la investigación de este caso con Sri H.N. Banerjee, que hacía de intérprete. En 1964 lo comprobé e invertí tres días y medio. En esta ocasión el Dr. Jamuna Prasad fue el intérprete principal y Sri R.S. Lal el segundo intérprete y quien tomaba las notas.

---

7.– Stevenson, I.: "Criteria for the Ideal Case Bearing on Reincarnation", *Indian Journal of Parapsichology*, Vol. 2, 1960, pp. 149-155.

### 3. El Caso de Sukla

El Profesor P. Pal investigó este caso en profundidad en 1960. Tardé dos días en investigarlo en 1961. En el primer día tuve como intérprete a Sri S.K. Daw, un guía turístico del gobierno de la India. En el segundo día se unió a mí el Profesor Pal, que actuó de intérprete. El Profesor Pal ha seguido en contacto con este caso y ha tenido la gentileza de enviarme más información sobre algunos de sus detalles.

### 4. El Caso de Swarnlata

En 1961 tardé cuatro días en investigar este caso. No necesité intérpretes para la mayoría de las entrevistas, ya que los testigos principales hablaban inglés bastante bien. Con unos pocos testigos actuó como intérprete Sri M.L. Mishra, padre de Swarnlata. El Profesor P. Pal estudió el caso en 1963 y amablemente ha puesto todas sus notas a mi disposición.

### 5. El Caso de Ravi Shankar

Inicié la información de este caso en 1961, durante una visita al Profesor B.L. Atreya, de Benarés. Atreya no preguntó directamente a las personas relacionadas con el caso, sino que recogió declaraciones escritas, mediante cartas con bastantes testigos (aparecen al final del informe del caso). El Dr. Jamuna Prasad y Sri R.S. Lal (con Sri H.N. Banerjee) tardaron un día en investigar directamente el caso en 1962. Sri Lal ha puesto amablemente a mi disposición sus notas de las entrevistas que realizó. Más tarde mantuve correspondencia directa con el padre del niño muerto para confirmar algunos detalles. En 1964 investigué directamente el caso, invirtiendo un día y medio en su estudio. Sri Ram Deo actuó como intérprete principal, ayudándole Sri S.K. Singh.

### 6. El Caso de Mallika

Este caso lo investigó en 1960-61 Mme. Robert Gaebelé, que vivía en Pondicherry y estaba en contacto frecuente con las personas implicadas en él. Pasé un día en Pondicherry, dedicando medio al estudio de este caso, del que había varios testigos. Hablé con Mme. Gaebelé y con uno de los testigos en francés. El testigo me sirvió de intérprete con otro testigo que hablaba Tamil y no sabía ni francés ni inglés.

### 7. El Caso de Parmod

Para este caso contaba con varios testimonios escritos que me envió el Profesor Atreya, algunos traducidos por Sri Subash Mukherjee. En

1961, su hermano, Sri Sudhir Mukherjee, actuó como intérprete duran-te mi estudio del caso, en el que invertí dos días. En 1962, Sri Subash Mukherjee recogió más declaraciones de algunos de los testigos y tuvo la amabilidad de traducírmelas. En 1964 dediqué un día y medio al caso, con la ayuda del Dr. Jamuna Prasad, como intérprete principal, y de Sri Vishwa Nath, como ayudante.

Además de tener dos intérpretes en 1964 para el estudio de los ca-sos de Jasbir, Ravi Shankar, Prakash y Parmod, tuve, como ya he di-cho, la suerte de contar con la colaboración del Sr. Francis Story, que me acompañó durante las investigaciones de los casos de Ceilán en 1961. El Sr. Story observó con objetividad a los testigos y los intérpre-tes (además de a mí mismo) y en ocasiones dirigió la entrevista hacia unos puntos importantes que se habían descuidado. Durante las entre-vistas tomé notas en inglés, según se traducía, y el intérprete ayudante tomaba notas en hindí. Después comparábamos nuestras notas y discu-tíamos en profundidad los detalles del caso, analizando cualquier dis-crepancia que se hubiese producido. Este sistema nos permitió compro-bar posteriormente los puntos dudosos o importantes antes de dejar la zona.

El Sr. Story y el Dr. Jamuna Prasad han revisado mis informes de los cuatro casos en los que me ayudaron en 1964.

## Informes de los casos

### EL CASO DE PRAKASH

*Resumen del caso y su investigación*

En abril de 1950 un niño de diez años llamado Nirmal, hijo de Sri Bholanath Jain, murió de viruela en la casa de sus padres, en Kosi Kalan, una ciudad del distrito de Mathura, Uttar Pradesh. En el día de su muerte había estado delirando e irritable. Dijo dos veces a su ma-dre: "Tú no eres mi madre. Tú eres una Jatni. Me voy con mi madre". Según decía esto señalaba hacia Mathura y hacia otro pueblo pequeño, llamado Chhatta, que estaba en la misma dirección, pero no mencionó el nombre de ninguna de estas localidades (Chhatta está a seis millas de Kosi Kalan en la carretera de Mathura). Murió poco después de hacer estas extrañas observaciones.

En agosto de 1951, la esposa de Sri Brijlal Varshnay trajo al mundo a un niño, al que llamó Prakash, en Chhatta. De pequeño lloraba mucho más que los demás niños, pero, aparte de esto, no mostró ningún comportamiento anormal hasta que cumplió cuatro años y medio. En ese momento empezó a levantarse a media noche y a salir corriendo de la casa hacia la calle. Cuando se paraba, solía decir que "vivía" en Kosi Kalan, que su nombre era Nirmal, que quería ir a su antigua casa. Decía que su padre era Bholanath. Durante cuatro o cinco noches seguidas, se despertaba y empezaba a correr y, después, con menos frecuencia, pero siguió haciéndolo durante todo un mes. Dio la lata a su familia para que lo llevaran a Kosi Kalan con tanta insistencia que un día de 1956 (por ver si se callaba) su tío paterno lo montó en un autobús que iba en dirección contraria, hacia Mathura; pero Prakash se dio cuenta enseguida del error y gritó que quería ir a Kosi Kalan. Entonces su tío lo subió al autobús que iba allí y lo llevó. Fue a la tienda de Sri Bholanath Jain, pero no la reconoció, quizás porque estaba cerrada en ese momento por ausencia de Sri Jain, y, por esta misma razón, no encontró a la familia Jain durante esta visita. Sin embargo, esta familia se enteró de su viaje a Kosi Kalan.

En 1956, cuando tenía unos cinco años, Prakash tenía recuerdos muy vivos de su vida como Nirmal. Recordaba los nombres de los familiares y amigos de Nirmal que en su segunda visita a Kosi Kalan, cinco años después, ya había olvidado. Al regresar de Kosi Kalan por primera vez siguió importunando a su familia con su deseo de volver a ir. Adoptaron varias medidas para que se olvidara de Nirmal y Kosi Kalan. Entre estas medidas estaba dar vueltas en sentido contrario a las agujas del reloj en un torno de alfarero, quizá para debilitar su recuerdo, y algunas veces hasta le pegaban. Después de algún tiempo parecía que había olvidado su deseo de volver a Kosi Kalan o, al menos, no hablaba abiertamente de él.

En la primavera de 1961, a uno de los hijos más jóvenes de Sri Bholanath Jain, Jagdish (el hermano mayor de Nirmal), se le murió uno de sus hijos, un niño de tres años y medio. Sri Jagdish Jain se trasladó poco después de Delhi, donde había vivido, a Kosi Kalan. En Kosi Kalan oyó hablar del niño de Chhatta que dijo que su nombre era Nirmal y que era el hijo de Bholanath Jain. A principios del verano de 1961, Sri Bholanath Jain estuvo en Chhatta con su hija Memo, en viaje de negocios. Allí conoció a Prakash, quien lo reconoció como su "padre". Prakash también reconoció en parte a Memo, confundiéndola con otra hermana de Nirmal llamada Vimla. Le pidió a Sri Bholanath Jain que lo llevara a Kosi Kalan. Fue a la estación de autobuses a despedir a Sri Jain y a Memo y les pidió que lo llevasen con ellos. Algunos días después, la madre de Nirmal, la hermana mayor, Tara, y su hermano, Devendra, visitaron a Prakash en Chhatta. Prakash lloró de alegría cuando vio a la hermana mayor de Nirmal, Tara. Pidió a su padre que lo llevara a Kosi Kalan. La familia Jain convenció a los padres de Prakash para que le dejase ir otra vez a Kosi Kalan. Una vez allí, Prakash siguió el camino desde la estación de autobuses hasta la casa de los Jain. Cuando llegó, dudó ante la puerta, que había cambiado completamente después de la muerte de Nirmal. En la casa, Prakash reconoció a otro hermano de Nirmal, a dos tías y a algunos vecinos, así como varias partes de la casa en la que Nirmal había vivido y muerto.

La familia de Nirmal estaba convencida de que había renacido como Prakash. Desgraciadamente, la segunda visita a Kosi Kalan y el encuentro con los miembros de la familia Jain reactivó con gran fuerza el anhelo de Prakash de ir allí. Volvió a empezar a escaparse de casa y su padre volvió a pegarle para que olvidase esta idea o, por lo menos, no la pusiese en práctica.

Tuve la suerte de poder investigar este caso por primera vez en julio de 1961, tres semanas después de la segunda visita de Prakash a Kosi Kalan, cuando los acontecimientos todavía estaban frescos en la mente de los informadores. Los sentimientos en ambas familias todavía eran fuertes. Algunos miembros de la familia Varshnay concibieron la idea de que la familia Jain quería tener a Prakash en adopción permanente. En mi primera visita a ambas ciudades me acompañó Sri Jagdish Jain de Kosi Kalan para ir a ver a la familia Varshnay de Chhatta; pero su presencia en mi equipo hizo que nos identificasen con la familia Jain y encontramos en Chhatta bastante animosidad contra nosotros. En esta ocasión, cuando Prakash vio a Sri Jagdish Jain, sonrió con gran júbilo y disfrutaba cuando Jagdish lo llevaba en brazos por la calle a su casa (todavía era un niño pequeño y se le podía llevar con facilidad). Pero, después de interrogar a los adultos de la familia Varshnay, cuando me dispuse a hablar con Prakash, me extrañó verlo poco comunicativo. Sospeché que su padre le había dicho que no nos dijera nada y, al día siguiente, cuando volví para una segunda reunión con Sri Varshnay, se confirmó mi sospecha.

En 1964 me recibió la familia Varshnay con mucha más cordialidad, tal vez porque me conociesen mejor porque las fuertes emociones producidas por las anteriores amenazas de marcharse de Prakash habían disminuido considerablemente. La familia estaba mucho más abierta a mis preguntas y pude escuchar el testimonio de la madre de Prakash, a la que no entrevisté en 1961. Sin embargo, en 1964 no tuve oportunidad de ver el comportamiento de Prakash y su familia en presencia de los miembros de la familia Jain, como lo tuve en 1961.

## Datos geográficos importantes y posibles medios de comunicación normales entre las dos familias

Kosi Kalan y Chhatta son ciudades que están a unas seis millas y se encuentran en la carretera principal entre Delhi y Mathura. Chhatta, con una población de unos 9.000 habitantes, es el centro administrativo de la comarca, pero Kosi Kalan, con una población de unos 15.000 habitantes, es el centro comercial. Tanto la familia Jain como la Varshnay han estado frecuentemente en la otra ciudad, pero los miembros de ambas familias han negado haber tenido trato o conocimiento de la otra antes de la primera visita de Prakash a Kosi Kalan en 1956 y, como ya he dicho, las familias no se conocieron en esa ocasión. Sri Varshnay me aseguró que Prakash no había salido nunca de Chhatta antes de su primera visita a Kosi Kalan en 1956. También supe que Nirmal sólo estuvo una vez Chhatta y en esa ocasión fue de paso, cuando iba a Mathura en un viaje de turismo. Las familias Jain y Varshnay son de subcastas ligeramente diferentes y esto ha podido dificultar un poco que se hayan conocido o hayan establecido amistad.

## Personas entrevistadas durante las investigaciones.[8]

En Kosi Kalan entrevisté a:
Sri[9] Bholanath Jain, padre del fallecido Nirmal (entrevistado sólo en 1961, muerto en 1963).
Srimati Parmeshwari Jain, madre de Nirmal.
Memo, hermana pequeña de Nirmal.

---

8.– Los lectores occidentales pueden notar que las mujeres, como las madres de los sujetos, de las que se puede esperar que sepan lo que decían cuando eran pequeños, tienen generalmente un papel menor en el testimonio del caso. Además, en la India y en Ceilán suele ser difícil entrevistar a las mujeres, pues no acostumbran a relacionarse con hombres que no pertenezcan a su familia. En consecuencia, en muchas ocasiones he tenido que confiar en las pruebas que me daban los hombres de las familias, aunque siempre que he podido he entrevistado también a las mujeres.

9.– "Sri" es un título cortés que se da a los hombres adultos en la India y equivale aproximadamente a "Sr.". "Srimati", para las mujeres casadas, sería nuestro "Sra.". A las mujeres casadas se les llama también "Kumari" y los hombres, "Kumar".

Sri Jagdish Jain, hermano mayor de Nirmal.
Devendra, hermano pequeño de Nirmal.
Sri Ramesh Jain, vecino de la familia de Sri Bholanath Jain.
Sri Basantlal Chaudhari, ex-alcalde de Kosi Kalan.
Sri Chandra Bhan, vecino de la familia de Sri Bholanath Jain.
Sri Jaswant Singh.
Sri Chiranji Lal, hermano de Sri Basantlal Chaudhari, comerciante de Kosi Kalan.
Sri Tek Chand, comerciante de Kosi Kalan.

El testimonio de Sri Harbans Lal de Kosi Kalan se obtuvo en una entrevista realizada en diciembre de 1964 por Sri Chandra Prakash, psicólogo del distrito de Agra.

En Chhatta etrevisté a:
Sri Brijlal Varshany, padre de Prakash.
Srimati Brijlal (Shanti Devi) Varshnay, madre de Prakash.
Sri Ghan Shyam Das Varshnay, hermano mayor de Sri Brijlal Varshnay.
Prakash, hijo de Sri Brijlal Varshnay.

En Delhi entrevisté a:
Srimati Tara, esposa de Sri Daya Chand Jain y hermana mayor de Nirmal (entrevistada sólo en 1961).
Srimati Omvati Devi, hermana mayor de Prakash, casada.

Todos los informadores que aparecen en esta lista fueron entrevistados en 1964, excepto cuando se indica lo contrario, y muchos también lo fueron en 1961.

## Declaraciones y reconocimientos realizados por Prakash

En la tabla he puesto un resumen de las frases y reconocimientos hechos por Prakash respecto a su afirmación de ser Nirmal renacido. Aunque se indica en las tablas el grado de parentesco que hay entre los distintos informadores, los lectores pueden consultar la lista de informadores y el resumen del caso ya dado cuando consulten tanto esta tabla como las de los demás casos.

De los datos expuestos, del 1 al 8 ocurrieron antes de iniciar la comprobación; del 9 al 12, en las primeras visitas de la familia de Nirmal a

Chhatta en 1961, y del 13 al 34, en la segunda visita de Prakash a Kosi Kalan, unas semanas después.

## Informes y observaciones sobre el comportamiento de las personas implicadas

La identificación que tenía Prakash con la personalidad anterior de Nirmal era mucho más fuerte que en la mayoría de los casos de la India que he estudiado. La familia Varshnay confirmó categóricamente esta identificación que tanto les había molestado, sobre todo los intentos de Prakash de escaparse a Kosi Kalan. Prakash insistió en que se le llamara Nirmal y algunas veces no respondía cuando se le llamaba Prakash. Le dijo a su madre que no era su madre y se quejó de la mediocridad de la casa en la que vivían. Habló de la tienda de "su padre", del cajón que tenía en la caja fuerte y de los miembros de su familia anterior. Muchas veces se ponía a llorar y no comía cuando le daba por pedir que lo llevasen a Kosi Kalan. Un día cogió un clavo grande y se puso a andar en dirección de Kosi Kalan. Su familia fue a buscarlo y lo encontró a media milla de distancia. Cuando le preguntaron qué era el clavo, Prakash respondió: "Es la llave de mi cajón".

De un modo parecido, la familia Jain también notó esta fuerte identificación en las lágrimas de Prakash cuando estuvo con ellos y en sus ruegos a Sri Bholanath Jain para que volviese a llevarlo a Kosi Kalan. A partir de 1961, fue disminuyendo poco a poco la desconfianza que había entre las dos familias, surgida por los temores de la familia Varshnay de que la familia Jain pudiera adoptar de algún modo a Prakash. Mejoraron las relaciones y las dos familias se intercambiaron regalos. Los Varshnay permitieron entonces que Prakash visitara en algunas ocasiones a la familia Jain en Kosi Kalan. En 1964 pensaban que Prakash había dejado de ir a Kosi Kalan, pero me enteré allí de que había seguido yendo a hurtadillas. Debió hacer novillos en la escuela e ir hasta allí en autobús. Cuando visitaba a la familia Jain era aceptado y bien recibido.

Observé la cara de alegría que puso Prakash al ver a Jagdish, el hermano mayor de Nirmal, cuando estuve en Chhatta en 1961, y cómo cambió y se puso taciturno después de que su padre le dijera que no hablase con nosotros. Y también vi los fuertes recelos de la familia Varshnay, en especial de la abuela de Prakash, al sospechar que yo pretendía que la familia Jain adoptara a Prakash. Esta señora llegó a proponer que los aldeanos nos dieran una paliza por nuestra supuesta

## Tabla

*Resumen de las declaraciones y reconocimientos hechos por Prakash*

| Datos | Informadores | Comprobación | Comentarios |
|---|---|---|---|
| 1.– Su nombre era Nirmal y vivía en Kosi Kalan. | Brijlal Varshnay, padre de Prakash Omvati Devi, hermana mayor de Prakash Shanti Devi Varshnay, madre de Prakash | Bholanath Jain, padre de Nirmal Jagdish Jain, hermano mayor de Nirmal | |
| 2.– Su padre se llamaba Bholanath | Omvati Devi Brijlal Varshnay | Bholanath Jain | |
| 3.– Tenía una hermana llamada Tara. | Omvati Devi Brijlal Varshnay | Tara Chand Jain, hermana mayor de Nirmal | |
| 4.– En Kosi Kalan tenía unos vecinos llamados Tek Chand, Ramesh y Narain. | Jagdish Jain (no mencionado por la familia Varshnay) | Jagdish Jain | Narain murió casi al mismo tiempo que Nirmal, por lo que este dato no sería una información corriente que se pudiera conocer rápidamente por medios normales. |
| 5.– Su casa de Kosi Kalan era "pukka", en contraste con su casa actual, "kachcha". | Shanti Devi Varshnay | Diferencias verificadas por él mismo en los viajes a Kosi Kalan y Chhatta | La casa de la familia Varshnay en Chhatta era de paredes de barro (kachcha), mientras que la de la familia Jain en Kosi Kalan era de ladrillo (pukka). |
| 6.– Su padre tenía cuatro tiendas y, de ellas, | Shanti Devi Varshnay | Jagdish Jain | La familia Jain tenía cuatro tiendas, a saber: una, de ropa; otra, donde vendían efectos de |

| Datos | Informadores | Comprobación | Comentarios |
|---|---|---|---|
| una era de cereales; otra, de ropa, y un supermercado. | | | escritorio, y dos, de alimentación. Poco después de morir Nirmal, la familia Jain vendió dos tiendas y se quedó con otras dos. |
| 7.- Su padre de Kosi Kalan vendía camisas. | Bolanath Jain (no mencionado por los Varshnay) | Bholanath Jain | Sri Bholanath Jain tenía un almacén de mercancías generales, incluso camisas. |
| 8.- Tenía un cajón en la caja fuerte. | Brijlal Varshnay | Jagdish Jain | Cada hermano tenía un cajón en la caja de caudales con su propia llave. Sri Jagdish Jain dijo que en una de sus visitas a Kosi Kalan, Prakash llevaba un clavo que decía que era la llave de su cajón de la caja. |
| 9.- Reconocimiento del padre de Nirmal como "su" padre. | Bolanath Jain Memo Jain, hermana menor de Nirmal | | Esto ocurrió en Chhatta. Hay algunas discrepancias en el testimonio, como en la ocasión en la que Prakash reconoció a "su" padre, pero el informe coincide en que lo hizo. |

1.– En esta tabla y en las siguientes, en la columna de *Informadores* figuran los testigos de lo que hizo o comentó el sujeto en relación con la vida anterior. En la de *Comprobación* figuran los informadores que han dado datos para comprobar la exactitud de lo que el sujeto decía o hacía. Si se trata de reconocimientos, he dejado normalmente la columna de *Comprobación* en blanco, ya que la persona que hace de informador del reconocimiento (casi siempre un testigo directo) sabe si se hizo correctamente por el sujeto los detalles del reconocimiento, como circunstancias especiales, personas que estaban presentes y si al hacer las preguntas se le deba alguna orientación o se le preguntaba solamente el nombre. He añadido información sobre estos temas en los *Comentarios* de la columna de la derecha. Esta columna tiene también otros datos. Mientras no se diga lo contrario, las declaraciones y reconocimientos hechos por el sujeto están comprobados como válidos para la personalidad anterior.

| Datos | Informadores | Comprobación | Comentarios |
|---|---|---|---|
| 10.– Reconoció a Memo, hermana de Nirmal, como Vimla. | Bolanath Jain Memo Jain | Incorrecto como nombre de Memo, pero Vimla es el nombre correcto de la otra hermana. | Memo no había nacido cuando Nirmal murió. Es posible que la confusión se deba a que Memo tenía entonces la misma edad que tenía Vimla cuando murió Nirmal. Las discrepancias que hay en el testimonio se encuentran en la forma de presentar a Prakash a Memo. Memo testificó en 1964 que, después de que Prakash los reconociera a ella y al padre (de Nirmal), Sri Bholanath Jain se volvió hacia ella y le dijo: "Este es tu hermano". Entonces Prakash cogió a Memo de la mano y dijo: "Hermana Vimla". |
| 11.– Preguntó a Memo por Jagdish y Tara, el hermano y la hermana de Nirmal. | Memo Jain | Memo Jain | |
| 12.– Reconocimiento de la madre de Nirmal. | Parmeshwari Jain, madre de Nirmal | | Cuando Srimati Parmeshwari, con Tara y Devendra, visitó a Prakash en Chhatta, éste se sentó en las rodillas de Tara y dijo llorando, indicado a Srimati Parmeshwari: "Esta es mi madre". |
| 13.– Llamó a Tara, la hermana mayor de Nirmal, por su nombre cuando la vio. | Tara Chand Jain Devendra Jain, hermano menor de Nirmal | Tara Chand Jain | El nombre que dio y la emoción que mostró. |

| Datos | Informadores | Comprobación | Comentarios |
|---|---|---|---|
| 14.– Reconocimiento de Devendra, hermano menor de Nirmal. | Devendra Jain | | Este reconocimiento tuvo lugar en Chhatta. "Devendra" era el apodo de la familia, pero también es el nombre por el que se conocía a este niño en la comunidad. Se preguntó a Prakash: "¿Lo conoces?" y dijo: "Es mi hermano menor, Devendra". |
| 15.– Reconocimiento del camino de la estación de autobuses a la casa de Sri Bholanath Jain. | Tara Chand Jain Brijal Varshnay | | La distancia es de media milla, con varios cruces. Srimati Tara Jain intentó confundir a Prakash indicándole giros incorrectos. En 1964, Srimati Omvati Devi, la hermana de Prakash que lo acompañó por este camino, negó que Prakash hubiese seguido el camino porque fuese con ellos el hermano de Nirmal (Devendra). En 1961, unas semanas después de esto, Srimati Tara Jain creía que Prakash había señalado el camino. Así lo dijo Sri Brijal Varshnay, otro miembro del grupo, en su testimonio de 1964. |
| 16.– Duda al entrar en la casa de la familia Jain. | Devendra Jain | | La entrada a la casa había cambiado mucho después de morir Nirmal y la puerta principal utilizada por la familia estaba bastante desplazada a un lado, en relación con su situación en vida de Nirmal. |
| 17.– Reconoció a Jagdish, hermano de Nirmal. | Jagdish Jain | | Prakash reconoció a Jagdish entre la multitud (en la casa de los Jain) diciendo: "Este |

31

| Datos | Informadores | Comprobación | Comentarios |
|---|---|---|---|
| 17.– *(Continuación)* | | | es mi hermano". En 1964 Sri Jagdish Jain dijo que Prakash también dijo su nombre; pero en 1961 no recordaba este detalle. Los miembros de la familia Varshnay coincidieron en que Sri Jagdish Jain fue antes a Chhatta y Prakash lo reconoció, pero él (y otros testigos de Kosi Kalan) insistía en que Prakash lo reconoció en Kosi Kalan y que a Chhatta fue después. |
| 18.– Reconocimiento de Sri Ramesh Jain como vecino que tenía una tienda pequeña "enfrente de la nuestra". | Ramesh Jain Jagdish Jain | | Unos vecinos fueron a ver a Prakash a casa de los Jain. Sri Bholanath Jain señaló a Ramesh y preguntó a Prakash: "¿Quién es ése?" Prakash contestó: "Ramesh". Cuando se le preguntó: "¿Dónde está su tienda?", contestó: "Es una tienda pequeña que está enfrente de la nuestra". En 1964 Sri Ramesh Jain tenía todavía la pequeña tienda, enfrente de la de los Jain, pero desde hacía unos años no solía ir a ella y paraba más tiempo en Bundi, en Rajasthan, una ciudad lejana. Por eso, resultaba difícil que cualquier habitante normal y corriente de Kosi Kalan relacionara a Sri Ramesh Jain con esta tienda. Sri Ramesh Jain estaba en Kosi Kalan cuando Prakash estuvo allí en 1961 y también en 1964. |

| Datos | Informadores | Comprobación | Comentarios |
|---|---|---|---|
| 19.– Conocimiento de la situación de la tienda de Sri Chandra Bhan. | Chandra Bhan Jagdish Jain | | Según Sri Chandra Bhan, Prakash lo reconoció como uno "de nuestros vecinos de la tienda", pero no dijo su nombre. Según Sri Jagdish Jain, Prakash no reconoció a Sri Chandra Bhan pero dio la situación correcta de su tienda. La tienda de Sri Chandra Bhan estaba al lado de una de los Jain. |
| 20.– Reconocimiento de la tienda del tío de Nirmal, Narain. | Jagdish Jain | | Esta tienda estaba cerca de la tienda principal de los Jain, pero Narai, que era el dueño, había muerto cuando Prakash hacía estos reconocimientos. |
| 21.– Reconocimiento de Sri Chiranji Lal y declaración de su trabajo. | Chiranji Lal, comerciante de Kosi Kalan | | Prakash saludó espontáneamente a Sri Chiranji Lal como si supiera quién era. Sri Chiranji Lal dijo entonces: "¿Sabes quién soy?" Prakash dijo: "Eres Chiranji. Yo soy el hijo de Bholaram" (sic). Sri Chiranji Lal preguntó entonces a Prakash cómo lo había reconocido y Prakash le dijo que solía comprar azúcar, arroz y harina en su tienda. Sri Chiranji Lal ya no tenía la tienda al por menor cuando se produjo este encuentro, pero la tuvo antes y Nirmal compraba allí. |
| 22.– Conocimiento de la situación de la tienda de Sri Tek Chand. | Tek Chand, comerciante de Kosi Kalan Jagdish Jain | | Prakash dijo en presencia de Sri Tek Chand: "Al lado de nuestra tienda estaba la de Teku". La tienda de Sri Tek Chand estaba |

| Datos | Informadores | Comprobación | Comentarios |
|---|---|---|---|
| 22.– (Continuación) | | | antes al lado de la de Sri Bholanath Jain, pero la trasladó a otro barrio poco antes de que muriera Nirmal. Sri Jagdish Jain dijo que Prakash también reconoció a Sri Tek Chand, pero éste último no pensaba así. |
| 23.– Reconocimiento de Chameli, la tía de Nirmal. | Parmeshwari Jain Memo Jain | | La reconoció como "tía", sin llamarla por su nombre. |
| 24.– Reconocimiento de Chiranji, la tía de Nirmal. | Memo Jain | | No reconocida por su nombre, pero identificada también como "tía". Sin embargo, Prakash preguntó por la suegra de Chiranji Lal, cuyo nombre (Dadi) dijo. Dadi había jugado con Nirmal. "Dadi" es un nombre genérico que se da a la abuela materna, pero los indios utilizan en ocasiones estos nombres genéricos para hablar a o sobre el otro interlocutor, aunque la palabra utilizada no sea la apropiada para describir la relación del que habla con la persona mencionada. |
| 25.– Reconocimiento de la habitación en que Nirmal había dormido en la casa de los Jain. | Bholanath Jain Jagdish Jain | Bholanath Jain | |

| Datos | Informadores | Comprobación | Comentarios |
|---|---|---|---|
| 26.– Reconoció la habitación en la que Nirmal había muerto en casa de los Jain. | Bholanath Jain<br>Jagdish Jain | Bholanath Jain<br>Parmeshwari Jain | Cambiaron a Nirmal del lugar donde solía dormir a esta habitación poco antes de morir. |
| 27.– Reconocimiento de las letrinas del tejado de casa de los Jain. | Bholanath Jain<br>Jagdish Jain | Bholanath Jain | Típico de las casas de dos pisos de Kosi Kalan, pero no de las casas pequeñas de Chhatta. Los niños utilizan los tejados de estas casas como letrinas. En el tejado de la casa de los Jain, Prakash señaló hacia una esquina y dijo: "Ahí es donde tenía la letrina". |
| 28.– En la tienda de los Jain dijo que había una caja negra, de madera, que había traído de Agra para guardar el dinero. | Bholanath Jain<br>Jagdish Jain | Bholanath Jain | En 1964 Jagdish Jain no recordaba si esta caja era "negra" o sólo "oscura". La palabra hindí "kala" se traduce unas veces como "oscuro" y otras como "negro", por lo que un cambio en la traducción puede ser la causa de la posible discrepancia. |
| 29.– Reconocimiento del cajón que tenía Nirmal en la caja de caudales de la familia. | Jagdish Jain | | Ver el comentario del dato nº. 8. |
| 30.– Reconoció una cadena de diamantes, como perteneciente al abuelo de Nirmal. | Jagdish Jain | | Cuando le enseñaron la cadena de diamantes, Prakash dijo: "Es de mi abuelo". |

| Datos | Informadores | Comprobación | Comentarios |
|---|---|---|---|
| 31.– Tenía dos camisetas. | Jagdish Jain | | Es cierto que la familia Jain ha guardado dos camisetas y otras ropas de Nirmal. |
| 32.– Reconocimiento de un carrillo en la casa de los Jain. | Parmeshwari Jain | | Prakash dijo "Solía jugar con esto". Nirmal solía jugar con este carrillo. |
| 33.– Reconocimiento de Sri Harbans Lal como el recaudador de impuestos. | Harbans Lal | | Sri Bholanath Jain señaló a Sri Harbans Lal, que estaba entre la multitud, y dijo: "¿Lo conoces?" Prakash dijo: "Sí, venía a recoger el dinero". Información y declaraciones escritas de Sri Harbans Lal, facilitadas por Sri Chandra Prakash, Psicólogo del Distrito de Agra, durante una entrevista, en diciembre de 1964. |
| 34.– Reconocimiento del médico de la familia Jain. | Brijlal Varshnay | | Este hombre fue a casa de los Jain y, cuando Prakash lo vio, dijo: "Es el médico". Dato no mencionado por los testigos de la familia Jain. |

alianza con la familia Jain para que Prakash se fuera con ellos. La familia Jain también habló de la oposición de los Varshnay para que se viesen ambas familias. La familia Varshnay siempre se negó a la comprobación y sólo aceptó para callar a Prakash. En cambio, la familia Jain se mantuvo indiferente a la verificación durante cinco años, desde que oyeron hablar por primera vez de las afirmaciones de Prakash cuando fue a Kosi Kalan en 1956. Su interés por conocerlo se reavivó en 1961 tras un encuentro accidental con Prakash en Chhatta. Todos estos esquemas de comportamiento del caso, muchos de los cuales he visto yo mismo, no parecen muy de acuerdo con la teoría de que ambas familias montaron el caso como una farsa. Estas son las lagunas de la información proporcionada por Prakash y los posibles errores y divergencias de los informadores, que, si se hubiesen añadido para dar mayor naturalidad al fraude, requerirían de estas personas unas cualidades de actor de teatro que no están a su alcance. Además, en mis visitas a Kosi Kalan, una gran multitud de gente del pueblo rodeaba a mi equipo y se dieron cuenta enseguida de nuestro interés. Lógicamente, todo lo relacionado con el caso era de dominio público. Cualquiera que tuviese noticia de algún indicio de fraude o de que las familias se hubiesen conocido antes, podía haberse adelantado y decir lo que sospechaba, pero nadie lo hizo. En 1964 no encontré más pruebas de comunicación directa entre las dos familias anteriores a 1961 que las que había visto en mi primera visita.

## Comentarios sobre la posibilidad de que Prakash tuviese conocimientos paranormales

Dejando a un lado por un momento los elementos emocionales del comportamiento de Prakash, podemos preguntarnos sobre la probabilidad de que un niño de diez años recibiese por medios normales el tipo de información que demostró conocer, tanto cuando la familia Jain fue a Chhatta como cuando él estuvo en Kosi Kalan. Se puede suponer que durante el difícil camino que hay entre la estación de autobuses y la casa de los Jain en Kosi Kalan se guiase por los murmullos de la multitud; pero no tenemos ninguna prueba de ello. Al contrario, tenemos noticias de que su hermana intentó despistarlo. Más difíciles de explicar son los reconocimientos correctos que hizo Prakash de los numerosos miembros de la familia Jain y de sus vecinos, dando en ocasiones los nombres correctos, así como la relación que había entre ellos, y otras características. Dos de las personas que reconoció eran mujeres de Purdah.[10] Además, Prakash conocía las habitaciones de la casa de los Jain, sus objetos y su utilidad. Es más, demostró tener un conocimiento correcto de la casa y algunas tiendas, tal como estaban en vida de Nirmal, pero desfasado en el tiempo para la fecha de su viaje a Kosi Kalan. Estos datos, y su error al confundir a Memo (que no había nacido cuando murió Nirmal) con Vimla, la otra hermana de Nirmal, hace pensar que tenía un conocimiento de acontecimientos pasados adquirido previamente, en vez de haberlo recibido recientemente por la información que pudiera tener de personas y lugares de Kosi Kalan.

## Evolución posterior de Prakash

No vi a Prakash entre 1964 y 1971. En noviembre de 1971 volví a verlo en Aligarh, U.P., en casa de su tío materno.

Prakash tenía por entonces unos veinte años. Siguió estudiando hasta 1971; pero, cuando suspendió el 10º curso dos veces, dejó la escuela y se trasladó (en el verano de 1971) de Chhatta a Aligarh, donde vivía bajo la supervisión de su tío materno, aunque realmente no estaba en su casa. Trabajaba como vendedor. Siempre me ha parecido que Prakash era una persona inteligente y creo, aunque no tengo ninguna base, que es capaz de acabar la enseñanza media, pero que no ha recibido el empuje que parece que necesitan los jóvenes de esta edad para continuar en la escuela y aplicarse en sus estudios. Su salud en general era buena. Por cierto, no ha tenido viruela, la enfermedad por la que murió Nirmal, la personalidad previa de este caso (la viruela todavía está extendida en la India). Me pareció un poco taciturno de carácter o, al menos, serio.

Me dijo que no volvió a pensar espontáneamente en la vida anterior, sino que sólo la recordaba cuando se le preguntaba o cuando tenía alguna razón concreta (un viaje a Kosi Kalan sería, naturalmente, uno de estos estímulos). Dijo que aún recordaba lo que había rememorado de la vida anterior. En resumen, afirmaba que sus recuerdos de la vida anterior no se habían desvanecido. Le pregunté sobre algunos nombres relacionados con Nirmal y me dio las respuestas correctas. No recordó cómo se llamaba la madre de Nirmal, pero su nombre no figuraba en

---

10.– A las mujeres que practican el purdah sólo las ven sus maridos, sus hijos y los familiares masculinos cercanos. Se ocultan de la mirada del público, bien sea recluyéndose en su casa o, si tienen que salir, con velos. Sus facciones son desconocidas para los extraños y es casi imposible que las reconozcan las personas que no pertenezcan a la familia más cercana.

los recuerdos que tenía de la infancia (ver la Tabla). Sin embargo, la exactitud de las respuestas de Prakash no confirmaba su opinión de que sus recuerdos *originales* no se habían desvanecido porque siguió visitando Kosi Kalan con relativa frecuencia. De hecho, dijo que iba a Kosi Kalan una o dos veces al mes. Desde que se mudó a Aligarh, hacía cuatro meses, iba a Kosi Kalan cada vez que volvía a Chhatta a visitar a su familia. Los padres de Nirmal habían muerto y Prakash iba a Kosi Kalan, principalmente, para ver a Jagdish Jain, el hermano mayor de Nirmal, que seguía teniendo negocios allí. Prakash fue a verlo justo dos semanas antes de mi encuentro con él, con motivo de la fiesta del gran Diwali, un importante acontecimiento religioso hindú que se celebra en otoño. Estas visitas frecuentes a Kosi Kalan mantendrían vivos los recuerdos de Prakash, al menos los nombres de los miembros de la familia, de los que se hablaría con frecuencia, aunque no los viese en estas visitas.

Llegué a pensar que tal vez hayan influido las visitas de Prakash a Kosi Kalan en sus estudios en la escuela; pero no parece ser así, porque decía que sólo estaba dos o tres horas en Kosi Kalan cada vez que iba a ver a la familia de Nirmal.

Le pedí a Prakash que, si podía y quería, me dijese dónde le gustaría renacer. Me dijo que no le gustaría volver a nacer (en occidente esta observación se puede interpretar como un indicio de una depresión clínica acompañada de un deseo de morir, pero en la India el deseo de no volver a nacer es algo generalizado e, indudablemente, una aspiración positiva de los devotos hindúes). Cuando le pregunté si, en caso de que volviese a nacer, hubiese preferido renacer en Chhatta o en Kosi Kalan, dijo que en Chhatta. Es difícil evaluar esta respuesta, ya que le formulé la pregunta en presencia de su tío materno y pude ponerlo en un aprieto para decir abiertamente que prefería la familia de Kosi Kalan a la de Chhatta. Sin embargo, la respuesta pudo indicar los verdaderos sentimientos de Prakash. Debemos recordar que Nirmal, cuando iba a morir, negó de un modo casi tajante a su madre de Kosi Kalan e indicó que iba a renacer en "mi madre". Al decir esto extendía el brazo en dirección a Mathura y Chhatta (que está entre Kosi Kalan y Mathura). No hay ninguna razón para dudar que Prakash era querido en su familia; pero también está claro que estuvo, y seguía estando en 1971, muy apegado a la familia de Nirmal de Kosi Kalan. Por las observaciones y la actitud de su tío de Aligarh, como el hecho de que Prakash no viviese en su amplia casa, saqué la impresión de que posiblemente Jagdish Jain estaba tomando por Prakash, al pasar de la adolescencia a la independencia del adulto, un interés mayor y más afectuoso que su propio tío. Si es así, esto podría explicar bien el apego continuo de Prakash por la familia de Kosi Kalan, al margen de los restos de cariño que viniesen de la vida anterior.

## El caso de Jasbir

### Resumen del caso y su investigación

En la mayoría de los casos de reencarnación la personalidad anterior había muerto algunos años antes del nacimiento de la actual. El intervalo varía, pero la media, en los casos indios, es de cinco años. El caso actual tiene la extraña característica de que la personalidad anterior, con la que se identifica el sujeto, no murió hasta tres años y medio *después* del nacimiento del "cuerpo físico de la personalidad actual". Se debe recordar este dato básico al leer el informe del caso. Volveré a este punto más tarde, en el Análisis General, donde también mencionaré otros casos similares.

En la primavera de 1954 se pensó que Jasbir, el hijo de tres años y medio de Sri Girdhari Lal Jat, de Rasulpur, distrito de Muzaffarnagar, Uttar Pradesh, había muerto de viruela. El padre de Jasbir pidió a sus hermanos y a otras personas del pueblo que le ayudaran a enterrar a su hijo "muerto";[11] pero, como ya se había hecho de noche, decidieron dejar el entierro para el día siguiente. Al cabo de unas horas, Sri Girdhari Lal Jat empezó a notar algunos movimientos en el cuerpo de su hijo que, poco a poco, resucitó por completo.[12] Pasaron unos días antes de que el niño pudiera volver a hablar y algunas semanas para que pudiera expresarse con claridad. Cuando recuperó la facultad del habla mostró un cambio notable en su comportamiento. Afirmaba que era el hijo de Shankar, del pueblo de Vehedi, y que quería ir allí. No quería comer nada en casa de los Jat, argumentando que pertenecía a una casta superior, la de los brahmanes. Esta obstinada negativa a comer lo

---

11.– Aunque en la India se suelen incinerar los cuerpos de los adultos, los de los niños menores de cinco años se entierran. Los cuerpos de los que mueren de enfermedades infecciosas, como el cólera o la viruela, no se queman, sino que se entierran o se echan al río.

12.– Pregunté a los habitantes de Rasulpur por sus métodos de comprobación de una muerte. Se basan en el cese de la respiración, la apertura de la boca y el enfriamiento del cuerpo.

habría llevado con toda seguridad a una segunda muerte si una amable señora brahmán, vecina de Sri Girdhari Lal Jat, no hubiera cocinado para Jasbir al modo brahmán. Esto lo hizo durante año y medio. El padre de Jasbir le daba los alimentos para que preparase las comidas. Pero, algunas veces, su familia lo engañaba y le daba comida que no había preparado la mujer brahmán. Al descubrir el engaño y ante las presiones de su familia, empezó a prescindir de sus rígidas costumbres alimenticias brahmanes para amoldarse al resto de la familia en sus comidas normales. El periodo de resistencia duro unos dos años.

Jasbir empezó a dar más detalles de "su" vida y muerte en el pueblo de Vehedi. Contaba, en especial, cómo en un cortejo nupcial que iba de un pueblo a otro había comido unos dulces envenenados y decía que se los había dado un hombre al que le había dejado dinero. Empezó a marearse y se cayó del carro en el que iba, dándose en la cabeza un golpe que le produjo la muerte.

El padre de Jasbir me dijo que había intentado evitar que se conociesen en el pueblo los comentarios y la conducta de su hijo; pero se filtraron las noticias. La cocina especial al estilo brahmán que se preparaba para Jasbir la conocían, como es natural, los brahmanes del pueblo y con el tiempo (al cabo de tres años) llamó la atención a un miembro de este grupo, Srimati Shyamo, una brahmán de Rasulpur que se había casado con un hombre de Vehedi, Sri Ravi Dutt Sukla. En raras ocasiones (cada siete años) volvía a Rasulpur. En uno de estos viajes, en 1957, Jasbir la reconoció como su "tía".[13] Ella contó el incidente a la familia de su marido y a los miembros de la familia Tyagi de Vehedi. Los detalles de "su" muerte y otros hechos narrados por Jasbir coincidían perfectamente con los detalles de la vida y muerte del joven de veintidós años Sobha Ram, hijo de Sri Shankar Lal Tyagi, de Vehedi. Sobha Ram murió[14] en mayo de 1954 en un accidente qur tuvo con un carro, como lo contaba Jasbir y de la manera que él decía, aunque la familia Tyagi no sabía nada de ningún presunto envenenamiento ni de que debiesen dinero a Sobha Ram, antes de oír los comentarios de Jasbir. Después de esto empezaron a tener en cuenta la posibilidad del envenenamiento.

---

13.– En la India, se puede tratar con un apelativo de parentesco a una persona que no sea de la misma familia, pero sí del mismo pueblo. Por eso, un joven del mismo pueblo puede llamar "tía" a una mujer mayor amiga de la familia.

14.– Al haber pocos registros de nacimientos y defunciones en los pueblos indios, no hemos podido saber con exactitud el tiempo transcurrido entre la muerte de Sobha Ram y la resurrección de la "muerte" y la transformación de la personalidad de Jasbir. Un

Posteriormente, Sri Ravi Dutt Sukla, marido de Srimati Shyamo, fue a Rasulpur y oyó lo que decían de las declaraciones de Jasbir y lo conoció. Entonces el padre de Sobha Ram y otros miembros de su familia fueron allí y Jasbir los reconoció y dijo el grado de parentesco que tenían con Sobha Ram. Unas semanas después, por iniciativa del jefe de una fábrica de azúcar que había cerca de Vehedi, un vecino de este pueblo, Sri Jaganath Prasad Sukla, llevó a Jasbir allí y lo apeó del coche cerca de la estación de ferrocarril, pidiéndole que lo llevase al cuadrángulo de los Tyagi.[15] Jasbir lo hizo sin problemas. Después lo llevaron a la casa de Sri Ravi Dutt Sukla y desde allí siguió el camino, cambiando varias veces de calle, hasta la casa de los Tyagi. Se quedó unos días en el pueblo y demostró a los Tyagi y a otros vecinos que conocía con detalles a la familia Tyagi y sus asuntos íntimos. Lo pasó muy bien en Vehedi y volvió a Rasulpur de mala gana. Jasbir siguió yendo de vez en cuando a Vehedi y solía pasar allí varias semanas o más tiempo, en verano. Seguía queriendo vivir en Vehedi y se sentía solo y aislado en Rasulpur.

En el verano de 1961 estuve en Rasulpur y en Vehedi y entrevisté a trece testigos. Volví en 1964 y estudié de nuevo el caso con otros intérpretes, entrevistando a la mayoría de los testigos anteriores y a algunos nuevos.

escrito de la familia Tyagi de Vehedi fijaba la muerte de Sobha Ram a las once de la noche del 22 de mayo de 1954. La meticulosidad del Dr. L.P. Mehrotra nos permitió comprobar esta fecha, con una pequeña discrepancia. En 1972, el Dr. Mehrotra encontró a la familia de la novia de Nirmana en cuya boda estuvo Sobha Ram. Ellos pusieron en el Registro de Invitaciones la fecha del viernes, 21 de mayo de 1954. Los informadores decían que Sobha Ram murió en el tercer día de la boda, a las ocho y media de la tarde. De aquí se deduce que la fecha es el 23 de mayo y no el 22, como tiene anotado su familia; pero no creo que la fecha de la salida de Sobha Ram de la boda la tuviese escrita la familia de los novios, por lo que estamos confiando en sus recuerdos. Tampoco eran testigos directos de la hora exacta de la muerte de Sobha Ram. No había ningún registro de la muerte de Sobha Ram en el hospital de Vehedi, porque llegó cadáver y no ingresó; pero la semejanza de las anotaciones independientes hechas por las dos familias hace que pensemos que la muerte de Sobha Ram debió suceder el 22 o 23 de mayo. Creo más probable la primera fecha.

Desgraciadamente, la familia Jat no tenía ninguna anotación sobre la presunta muerte y transformación de Jasbir. El mejor testimonio sitúa este hecho en abril o mayo de 1954; pero no pude conseguir una fecha más precisa ni la coincidencia de todos los testigos en cuanto al mes.

15.– En los pueblos y las ciudades de la India, las familias que disponen de medios económicos tienen, además de una casa, un "cuadrángulo" que está formado por una o varias habitaciones resguardadas que los hombres de la familia utilizan como lugar de reunión o sala de estar al aire libre. El cuadrángulo suele estar separado de la casa.

## Datos geográficos importantes y posibles medios de comunicación normales entre las dos familias

Rasulpur (1.500 habitantes) es un pueblo pequeño, a doce millas al suroeste de la capital del Distrito de Muzaffarnagar, Uttar Pradesh. Vehedi (2.000 habitantes) es otro pueblo que está a ocho millas al norte de Muzaffarnagar. Ambos están apartados de las carreteras principales y sólo se puede llegar a ellos por caminos de tierra. Los habitantes de cada uno de ellos suelen ir a la capital del distrito; pero normalmente no tienen ocasión de ir de un pueblo al otro. Viajar entre estos dos pueblos, a una distancia de doce millas, resulta bastante difícil. La diferencia de castas entre las dos familias implicadas reducía aún más la posibilidad de contacto. Los miembros de cada familia implicada en este caso atestiguaron que no conocían para nada a la otra hasta el momento de la comprobación de las declaraciones de Jasbir. Efectivamente, tanto ellos como los demás vecinos aseguraban que apenas habían oído el nombre del pueblo de la otra familia. Pude enterarme de que había solamente dos personas de Vehedi que habían estado en Rasulpur antes del cambio de personalidad de Jasbir. Se trataba de Sri Ravi Dutt Sukla y su mujer Shyamo que, como ya he dicho, es de Rasulpur. Recordaré que fueron las primeras personas de Vehedi que conocieron la transformación de Jasbir y su declaración de ser Sobha Ram renacido. Me enteré de que, aunque Shyamo era de Rasulpur, toda su familia (excepto un pariente, bastante lejano) había muerto. Por tanto, iba muy poco a Rasulpur y, en realidad, no había estado allí desde cinco años antes de su viaje de 1957, cuando Jasbir la reconoció. La transformación de Jasbir se produjo tres años antes de esta visita, en 1954. Los viajes de Sri Ravi Dutt Sukla a Rasulpur eran todavía menos frecuentes que los de su mujer y tampoco había estado allí desde, al menos, cinco años antes de 1957. Supe que Sobha Ram iba de vez en cuando a Nirmana, una ciudad situada a tres millas al norte de Rasulpur, donde los Tyagi tenían familia, y fue volviendo de Nirmana cuando cayó del carro y se hizo la fatal herida en la cabeza. Como Nirmana está cerca de Rasulpur (mucho más cerca que Vehedi), también es posible que algunas personas de Rasulpur, que iban a Nirmana, pudiesen haber conocido a Sobha Ram allí; pero no me enteré de ningún contacto de este tipo.

En Rasulpur sólo pude encontrar a dos hombres que realmente habían estado en Vehedi. Uno de ellos había vivido en Vehedi hacía muchos años y había conocido a Sobha Ram, pero no tuvo noticias de su muerte hasta cuatro o cinco meses después de que sucediera y, por tanto, mucho después de que Jasbir empezara a afirmar que había sido Sobha Ram. Cuando se enteró de la muerte de Sobha Ram, no conocía todavía el cambio de comportamiento de Jasbir. Este informador (Sri Niran Jan) siguió yendo a Vehedi después de que volviera a vivir en Rasulpur, a intervalos de seis a veinticuatro meses, y era amigo de Sri Girdhari Lal Jat, el padre de Jasbir. Siempre negó haber hablado con la familia Jat sobre Sobha Ram.

Otro vecino de Rasulpur, más viejo, había estado en Vehedi y había oído hablar de Sobha Ram, pero no lo conoció personalmente ni se enteró de la muerte de Sobha Ram hasta después del cambio de Jasbir. Tampoco tenía contacto directo con la familia de Sobha Ram.

La fatal fiesta de boda a la que fue Sobha Ram y el accidente que sufrió en el camino de vuelta sucedió más cerca de Muzaffarnagar que de Vehedi; pero Sobha Ram no murió hasta después de unas horas, cuando la comitiva había regresado a Vehedi. No hay ninguna razón para pensar que la noticia de su muerte (considerada por entonces completamente accidental) se extendiera por los pueblos de alrededor. La familia Jat y otros habitantes de Rasulpur afirmaban que no tuvieron ninguna noticia de Sobha Ram hasta que Jasbir empezó a hacer sus extraordinarias declaraciones.

## Personas entrevistadas durante la investigación

En Vehedi, el pueblo de Sobha Ram, entrevisté a:
 Sri Shankar Lal Tyagi, padre de Sobha Ram.
 Sri Raghbir Singh Tyagi, tío de Sobha Ram.
 Sri Santoshi Tyagi, tío de Sobha Ram.
 Sri Mahendra Singh Tyagi, hermano menor de Sobha Ram.
 Sri Surajmal Tyagi, hermano menor de Sobha Ram.
 Sri Baleshwar Tyagi, hijo de Sobha Ram.

En Rasulpur, el pueblo de Jasbir, entrevisté a:
 Jasbir, hijo de Sri Girdhari Lal Jat.
 Sri Girdhari Lal Jat, padre de Jasbir.
 Srimati Rajkali, esposa de Sri Girdhari Lal Jat y madre de Jasbir.
 Sri Paltu Singh, hermano de Sri Girdhari Lal Jat y tío de Jasbir.
 Sobha Singh, hermano mayor de Jasbir.
 Sri Mahipal Singh, primo de Jasbir.
 Angan Pal, primo y compañero de Jasbir, hijo de Sri Paltu Singh

Sri Bhim Sen, vecino que no pertenece a la familia Jat y es hijo de la mujer brahmán que solía cocinar para Jasbir.

Sri Ved Pal Varma Shastri, vecino que no pertenece a la familia Jat.

Inder Pal, hermano mayor de Jasbir.

Sri Niran Jan.

Sri Asha Ram, alcalde de Rasulpur.

Sri Hridaya Ram, ex-alcalde de Rasulpur.

En Muzaffarnagar, entrevisté a:
Sri Ravi Dutt Sukla, antiguo vecino de Vehedi y viudo de Srimati Shyamo, natural de Rasulpur.

En Kudda, entrevisté a:
Sri Jaganath Prasad Sukla, sobrino de Sri Ravi Dutt Sukla.

Todos ellos fueron entrevistados en 1964 y muchos también en 1961.

Sri R.S. Lal entrevistó y obtuvo el testimonio de Sri Birbal Singh Tyagi, primo de Sobha Ram, en enero de 1965.

## Declaraciones y reconocimientos hechos por Jasbir

En la tabla doy un resumen de las declaraciones y reconocimientos hechos por Jasbir sobre la vida de Sobha Ram.

Los datos 1 a 12 proceden de las manifestaciones hechas por Jasbir antes de que se intentaran verificar, cuando aún no había habido ningún contacto entre las familias Tyagi y Jat; del 13 al 27, de las manifestaciones hechas a o sobre los distintos miembros de la familia Tyagi que fueron a Rasulpur; del 28 al 38, de las manifestaciones o el comportamiento de Jasbir en su primera visita a Vehedi. No sé cuándo se produjo el dato 39, pero tuvo lugar cuando las dos familias ya habían tenido algún contacto.

## Informes y observaciones sobre el comportamiento de las personas implicadas

Como ya he dicho, cuando Jasbir sufrió el cambio de personalidad, después de haber salido de su aparente muerte, se negó a comer con la familia Jat. Una amable señora brahmán le preparó la comida durante año y medio con los alimentos que le suministraba su padre; pero, tras este periodo, Jasbir empezó a ser menos rígido con sus costumbres alimenticias y comió de nuevo con la familia. En otros aspectos, la identificación de Jasbir con Sobha Ram parecía conservar la misma intensidad, hablando en presente al hacer sus declaraciones, como, por ejemplo, "yo soy el hijo de Shankar, de Vehedi".

Sri Girdhari Lal Jat decía que, cuando Jasbir empezó a hablar después de su enfermedad, notaron un cambio en su vocabulario. Decía, por ejemplo, "haveli" y no "hilli", para decir casa, y "kapra" y no "latta", para decir vestidos. Los altos niveles de la sociedad, como los bramanes, utilizan las primeras palabras y los niveles bajos, las otras. Aquéllas son, por decirlo de alguna manera, más "aristocráticas".

Jasbir sentía (incluso en 1964) una fuerte unión con la familia Tyagi de Vehedi. Intentó escapar de Rasulpur para ir a Vehedi por lo menos una vez. Parece ser que pensaba de sí mismo que era un adulto y al principio decía abiertamente en Rasulpur que tenía mujer e hijos. Con el tiempo, las burlas y las reprimendas hicieron que controlara sus palabras; pero seguía pareciéndole natural pensar en Vehedi y en las posesiones que tenía allí. Una vez, cuando tenía unos seis años, su madre cayó enferma y le dijo que, si la familia necesitaba dinero para el tratamiento, él lo tenía en una chaqueta, en Vehedi. Jasbir mostró afecto por toda la familia Tyagi, pero a quien parecía querer más era a Baleshwar, el hijo de Sobha Ram. Cuando Jasbir estuvo en Vehedi, él y Baleshwar durmieron juntos en la misma cama, algo que es raro que hagan dos extraños, pero normal para un padre y un hijo. Cuando Baleshwar iba a la escuela por la mañana, Jasbir se quejaba. Si alguien de Vehedi hacía un regalo a Jasbir, se lo daba a Baleshwar.

Tanto los Tyagi como los Jat coincidían al decir que Jasbir estaba contento en Vehedi. Cuando alguien de Rasulpur iba a Vehedi a recogerlo tras una visita a los Tyagi, él se resistía y a veces lloraba. Por otro lado, Jasbir estaba solo y algo marginado en Rasulpur. Durante mi visita en 1961 me di cuenta rápidamente de que no jugaba con los demás niños, sino que era reservado y estaba aislado. Aunque hablaba voluntariamente con el intérprete, siempre tenía una expresión triste en su cara tranquila, hermosa y con hoyuelos. Sri Girdhari Lal Jat dijo durante esta visita que, antes de su cambio de personalidad, a Jasbir le gustaban los juguetes y jugar, pero que después dejaron de interesarle.

En 1964 no había disminuido el aislamiento de Jasbir y parecía, probablemente, más deprimido. Le faltaba animación a la expresión de su cara. Aunque en esta ocasión habló más que en 1961, no parecía muy ilusionado de hacerlo y permaneció a la espectativa en nuestras entrevistas, incluso en las que manteníamos con él, en vez de participar activamente.

Los miembros de la familia Jat reconocieron que, cuando Jasbir empezó a hablar de su vida anterior en Vehedi, no lo creían y algunos incluso le regañaban. El rechazo de Jasbir a su familia, en especial a su comida, y su desdén hacia ellos, como miembros de una casta inferior, debe haber contribuido a su alejamiento. Parece que, tras la verificación de las afirmaciones de Jasbir, su familia lo respetó más. En 1964, parecía que le tenían cariño y demostraban tener sentimientos más cordiales hacia él, pero su frialdad hacia ellos persistía claramente.

Aunque la familia Jat y otros habitantes de Rasulpur nos recibieron cordialmente, no mostraron ningún entusiasmo por las visitas de Jasbir a Vehedi. Los Tyagi empezaron estas visitas al saber que Jasbir los echaba de menos. En 1964 Jasbir no había ido a Vehedi desde hacía dos años, pero uno de los Tyagi, Sri Surajmal Tyagi, fue a verlo a Rasulpur dos meses antes de mi segunda visita. Cuando se fueron, Jasbir lloró. Los Tyagi creían que a los Jat no les gustaba que Jasbir fuese con ellos y, en 1961, los Jat no le dieron permiso para que fuera a Vehedi a una boda, al parecer, por temor a que su afecto por los Tyagi se reforzara. Una vez que estuvo enfermo Sri Shankar Lal Tyagi, buscaron a Jasbir para que fuera a verlo a Vehedi, pero su familia no le dejó. También se negaron a que Jasbir conociera a la viuda de Sobha Ram. Sri Jaganath Prasad Sukla también dio testimonio de la reticencia de la familia Jat a dejar que Jasbir fuera a Vehedi. Decía que, para poder convencer al padre de Jasbir para que permitiese la primera visita, tuvo que sobornarlo con una concesión para sus negocios agrícolas, que él podía otorgarle como agente del gobierno.

Quizá los lectores, lo mismo que me sucedió a mí, quieran conocer lo que dice Jasbir que pasó entre la muerte de Sobha Ram y la resurrección de Jasbir con los recuerdos de Sobha Ram. En cuanto a esto, Jasbir dijo en 1961 que, tras la muerte (como Sobha Ram) se encontró con un sadhu (hombre santo) que le dijo que "se encarnara" en el cuerpo de Jasbir, hijo de Girdhari Lal Jat. Pero en 1964 los recuerdos que tenía Jasbir de este periodo empezaron a ser confusos e hizo varias observaciones que estaban en contradicción con otras pruebas. Parece que entonces intentaba complacer a quienes le estaban presionando para que diera detalles de este periodo. Sin embargo, respecto a los recuerdos de la vida de Sobha Ram, parecía que no ocurría lo mismo. Sus declaraciones coincidían, en general y en la mayoría de los detalles, con lo que había dicho antes. He hecho este comentario respecto al estado de Jasbir en 1964, pero no como prueba del valor de aquellos testimonios. Por entonces, lo que decía podía ser una amalgama de sus propios recuerdos de la vida anterior y de lo que había oído decir a los demás sobre sus primeras manifestaciones de estos recuerdos. No he considerado nada de lo que dijo Jasbir en 1961 y 1964 como prueba de las hipótesis paranormales del caso.

Aunque la muerte aparente de Jasbir ocurrió en abril-mayo de 1954, cerca de la fecha de la muerte de Sobha Ram, no tenemos noticias de que el cambio de personalidad de Jasbir se produjese inmediatamente en la noche en que pareció que su cuerpo había muerto y resucitado. En las semanas siguientes Jasbir estaba aún grave con viruela, era casi incapaz de comer y no podía expresar nada de ninguna personalidad. El cambio de personalidad pudo suceder repentinamente o poco a poco, durante las semanas que siguieron a la aparente muerte de Jasbir.

## Comentarios sobre la posibilidad de que Jasbir tuviese conocimientos paranormales

Que Jasbir conocía detalladamente la vida y la muerte de Sobha Ram parece completamente lógico, según la serie de afirmaciones hechas y los reconocimientos realizados; pero, al reconocer a las personas, decía algunos nombres espontáneamente, lo que disminuye la posibilidad de que estuviese orientado por insinuaciones o sugerencias, que pueden dar origen a falsos reconocimientos en cuanto se comete un fallo.

Aunque los dos pueblos distan sólo veinte millas en línea recta, están bastante alejados si se tiene en cuenta su distancia a las carreteras principales, las condiciones de transporte y las diferencias de castas que separan los distintos grupos de la India. El aislamiento de algunos pueblos indios con los demás no lo pueden entender por completo los lectores occidentales, a no ser que imaginen ciudades separadas por cientos de millas. Hay mayor índice de tráfico por habitante entre Nueva York y San Francisco que entre dos pueblos, como Rasulpur y Vehedi, aunque estén más cerca. Si las personas a las que entrevisté dijeron la verdad, no veo ningún medio por el que Jasbir pudiese haber aprendido de un modo normal lo que sabía de la vida de Sobha Ram. Y no veo ninguna razón para dudar de que los testigos a los que entrevisté no dijeran la verdad. Con ligeras discrepancias, las declaraciones de cada informador coincidían con las de los demás, incluso cuando se repitió el mismo testimonio tres años después.

Como prueba de autenticidad podría indicar los fuertes rasgos de comportamiento del caso. La identificación de Jasbir con Sobha Ram, que se manifiesta en su placer al estar con los Tyagi en Vehedi y en el aislamiento que sentía en Rasulpur, nos da algunas de las características más claras e importantes del caso. Las reacciones de las dos familias implicadas eran las que correspondían a este comportamiento: sus lágrimas y otros sentimientos lo confirmaban.

Tanto Rasulpur como Vehedi son pueblos pequeños donde los asuntos de cualquiera pueden ser un acontecimiento público. En mis visitas se reunían multitudes de curiosos mirones que sabían cuál era mi objetivo; pero nadie se atrevió a insinuar que se tratase de un fraude o que se hubiese obtenido la información por medios normales. Tampoco puedo pensar en ningún motivo para el fraude, aunque se tratase de una compañía de actores consumados. Ambas familias, en especial la familia Jat, tenía la vida descompuesta por las declaraciones de Jasbir sobre lo que recordaba de Sobha Ram. Si Jasbir, un niño de tres años y medio, inventó todo esto al recuperarse de una enfermedad grave, se ganó unas vacaciones agradables en Vehedi, pero a costa de un serio distanciamiento con su propia familia de Rasulpur.

Investigaciones meticulosas hechas en los dos pueblos no lograron descubrir a ninguna persona que hubiese actuado como medio normal para comunicar información entre la familia de Sobha Ram y la de Jasbir. Ya he mencionado las pocas personas que conocí que habían tenido contacto con los dos pueblos y las dos familias. Sólo una de ellas parece haber conocido en realidad personalmente a Sobha Ram y a la familia de Girdhari Lal Jat. Pero este hombre, Sri Niran Jan, no demostraba tener información detallada sobre Sobha Ram o su familia ni la posibilidad de pasar a Jasbir toda la información que tenía. Realmente él no se consideraba depositario de la información que había demostrado tener Jasbir sobre la vida de Sobha Ram y creo que es muy difícil que hubiese podido comunicarle por medios normales una información adecuada. Queda la posibilidad de que él, u otro habitante de Rasulpur que hubiese estado en contacto con la familia Tyagi en Nirmana, si no en Vehedi, pudiese haber actuado como puente telepático para que Jasbir hubiese conectado, si tuviera los poderes necesarios, con las mentes de la familia Tyagi que poseían la información oportuna. Pero esta hipótesis lleva nuestra idea de la telepatía más allá de los límites de los casos conocidos avalados por pruebas objetivas. Además, esta hipótesis no justifica por sí misma la fuerte identificación de Jasbir con Sobha Ram. Sin embargo, trataré este aspecto en una sección posterior.

## TABLA

*Resumen de las declaraciones y reconocimientos hechos por Jasbir*

| Datos | Informadores | Comprobación | Comentarios |
|---|---|---|---|
| 1.– Era el hijo de Shankar de Vehedi | Girdhari Lal Jat, padre de Jasbir<br>Rajkali, madre de Jasbir | Shankar Lal Tyagi de Vehedi había perdido un hijo cuando Jasbir empezó a decir estas cosas. | |
| 2.– Era un brahmán, no un jat | Girdhari Lal Jat<br>Rajkali | | La familia Tyagi de Vehedi eran brahmanes. Los jat son de una casta inferior. La mayoría de los brahmanes son estrictos en sus costumbres alimenticias, que rigen la comida que toman y el modo de prepararla. Quizá Jasbir hubiera muerto de hambre si no se le hubiera dado comida de este tipo. |
| 3.– Su nombre era Sobha Ram | Girdhari Lal Jat<br>Angan Pal, primo de Jasbir | Shankar Lal Tyagi | No parece que Jasbir haya mencionado el nombre real de la personalidad anterior a ningún otro testigo. |
| 4.– Había una alcantarilla debajo de la aldea en la que vivía. | Paltu Singh, tío de Jasbir | Visto por mí mismo en mis visitas a Vehedi. | Una alcantarilla llevaba el agua por debajo de las vías del tren, en Vehedi. En Rasulpur no había alcantarilla. |
| 5.– Había una higuera sagrada delante de su casa | Paltu Singh | Se me indicó en Vehedi el lugar donde estaba la higuera sagrada. | Había una higuera sagrada delante de la casa de los Tyagi en Vehedi. Se cortó hacia 1962. Pero (en contraste con el precedente) este dato no resulta muy importante, ya que |

| Datos | Informadores | Comprobación | Comentarios |
|---|---|---|---|
| 5.– (Continuación) | | | las higueras sagradas también abundan en Rasulpur. |
| 6.– La mujer de Sobha Ram era de Molna | Shankar Lal Tyagi, padre de Sobha Ram | Shankar Lal Tyagi | La viuda de Sobha Ram volvió a Molna, la aldea de su padre, tras la muerte de Sobha Ram. |
| 7.– Tenía un carro que utilizaba para ir a las bodas. | Paltu Singh | Me enseñaron los carros, que estaban en un cobertizo de la casa de los Tyagi, en mi visita a Vehedi | En 1964 la familia Tyagi aún tenía el carro utilizado por Sobha Ram y otros miembros de la familia para ir a las bodas. |
| 8.– Murió cuando volvía de Nirmana de una fiesta de boda | Mahipal Singh, primo de Jasbir<br>Jasbir | Santoshi Tyagi, tío de Sobha Ram | Sobha Ram fue a Nirmana a buscar a la novia para la boda y volvía al pueblo del novio cuando cayó del carro. Nirmana es una aldea que está a unas tres millas al norte de Rasulpur. |
| 9.– Lo envenenaron en la fiesta y el veneno estaba en unos pasteles que comió | Mahipal Singh<br>Rajkali<br>Jasbir | Sin verificar (ver comentario) | La familia Tyagi sospechaba; pero no tenía ninguna prueba definitiva de que hubiesen envenenado a Sobha Ram en la boda. Jasbir también nombró al presunto asesino, pero yo no he puesto su nombre. Además, la familia Tyagi no sabía si Sobha Ram había comido pasteles antes de morir, pero afirmó que había tomado algunos beteles. |

51

| Datos | Informadores | Comprobación | Comentarios |
|---|---|---|---|
| 10.– Murió después de caer del carro | Mahipal Singh<br>Ved Pal Varma Shastri<br>Hidraya Ram, antiguo alcalde de Rasulpur | Santoshi Tyagi | La causa aceptada de forma general de la muerte de Sobha Ram fue la herida que se hizo en la cabeza cuando cayó del carro de las bodas al volver de la fiesta de Nirmana. |
| 11.– El carro en que volvía de Nirmana, de la fiesta de la boda, lo llevaban un buey blanco y otro negro | Hidraya Ram<br>Mahipal Singh | Shankar Lal Tyagi | El testimonio que dio Sri Mahendra Tyagi era distinto, ya que afirmaba que los bueyes eran blancos. |
| 12.– Reconocimiento de la carretera que va a Vehedi. | Rajkali | | Cuando tenía cuatro años, Jasbir estaba con su madre cerca de Muzaffarnagar y, señalando en la dirección de Vehedi, dijo: "Mi pueblo está en esa dirección". |
| 13.– Reconocimiento de Srimati Shyamo como "tía" | Rajkali<br>Jaganath Prasad Sukla<br>Paltu Singh | | Jasbir utilizaba el término familiar "Tai" (esposa del hermano del padre) en vez de "Phoopi" (hermana del padre). La expresión "Tai" sería la apropiada para la relación de Sobha Ram con Srimati Shyamo en Vehedi, ya que Srimati Shyamo se había casado con un "hermano" mayor (término ambiguo en la India) del padre de Sobha Ram. Pero, desde que Srimati Shyamo vino de Rasulpur, era una "hermana" (de nuevo impreciso) de Girdhari Lal Jat, el padre de Jasbir. Por tanto, debió haberla llamado |

| Datos | Informadores | Comprobación | Comentarios |
|---|---|---|---|
| 13.- *(Continuación)* | | | "Phoopi" (ver nota n° 13 a pie de página). Todos los informadores fueron testigos indirectos de este hecho. Srimati Shyamo murió antes de mi primera visita de 1961. |
| 14.- Reconocimiento de Sri Ravi Dutt Sukla | Ravi Dutt Sukla | | Jasbir dio en Vehedi el nombre correcto, "Tau", para la relación de Sobha Ram con Sri Ravi Dutt Sukla. |
| 15.- Había un tamarindo delante del cuadrángulo | Ravi Dutt Sukla | Yo mismo vi el tamarindo, en Vehedi | El tamarindo estaba en terreno de otro señor, pero se encontraba enfrente del "cuadrángulo" de los Tyagi. Sri Ravi Dutt Sukla fue testigo indirecto de esto y del dato número 16. Cuando fue a Rasulpur, los vecinos del pueblo le preguntaron si podría confirmar estas y otras afirmaciones de Jasbir. |
| 16.- En la casa de los Tyagi había un pozo que tenía la mitad fuera de la casa y la otra mitad, dentro | Ravi Dutt Sukla | Se me enseñó este insólito pozo, único de este tipo en Vehedi | |
| 17.- Reconocimiento de Sri Shankar Lal Tyagi, diciendo su nombre correcto | Shankar Lal Tyagi Inder Pal, hermano de Jasbir Bhim Sen, vecino de Rasulpur | | Después de ver de lejos a Sri Shankar Lal Tyagi, Jasbir vio a Inder Pal y le dijo: "Ha venido mi padre. Es de Vehedi". Srimati Rajkali (no es una testigo de este reconocimiento) dijo que Jasbir fue a casa después |

53

| Datos | Informadores | Comprobación | Comentarios |
|---|---|---|---|
| 17.– *(Continuación)* | | | de ver a Sri Tyagi y le dijo que tuviera preparada comida de brahmanes para su padre, que había venido. |
| 18.– Tenía un hijo llamado Baleshwar | Shankar Lal Tyagi | Shankar Lal Tyagi | Sri Shankar Lal Tyagi preguntó a Jasbir sobre los miembros de la familia, cuando fue por primera vez a Rasulpur. |
| 19.– Tenía una tía, Ram Kali | Shankar Lal Tyagi | Shankar Lal Tyagi | |
| 20.– Su madre se llamaba Sona | Shankar Lal Tyagi | Shankar Lal Tyagi | |
| 21.– Tenía una hermana llamada Kela | Shankar Lal Tyagi | Shankar Lal Tyagi | |
| 22.– Su suegra se llamaba Kirpi | Shankar Lal Tyagi | Shankar Lal Tyagi | |
| 23.– Reconocimiento de Sri Santoshi Tyagi | Santoshi Tyagi | | Se pidió a Jasbir que identificase a Sri Santoshi Tyagi y él dijo: "Es mi tío". |
| 24.– La mujer de Sobha Ram se llamaba Sumantra | Shankar Lal Tyagi | Shankar Lal Tyagi | |

| Datos | Informadores | Comprobación | Comentarios |
|---|---|---|---|
| 25.– Cuando murió tenía diez rupias en una chaqueta negra, dentro de una caja | Santoshi Tyagi, que oyó decir que había dicho esto a "alguien" que había ido a Rasulpur a ver a Jasbir. | Santoshi Tyagi | |
| 26.– Reconocimiento de Surajmal, hermano menor de Sobha Ram | Surajmal Tyagi Girdhari Lal Jat | | El testimonio que dio Surajmal sobre este hecho fue que Jasbir lo reconoció de este modo: Alguien preguntó a Jasbir "¿Quién es?" y Jasbir dijo "Es mi hermano", y dijo el nombre de Surajmal. En una ocasión Surajmal dijo que sucedió en Vehedi, pero en otra dijo, al igual que Sri Girdhari Lal Jat, que fue en Rasulpur (posible error de transcripción). El padre de Jasbir también dijo que reconoció correctamente a Surajmal como su "hermano menor". |
| 27.– Reconocimiento de un vecino de la familia Tyagi que medió en una disputa entre los Tyagi y unos vecinos | Angan Pal Paltu Singh | | Este hombre fue a Rasulpur, donde Jasbir lo reconoció, y se lo contó a Angan Pal. Este último se lo dijo a su padre, que habló con este vecino que, a su vez, le ratificó que había mediado en una ocasión en una disputa entre las dos familias. |
| 28.– Un perro mordió a Sobha Ram en una casa a la que fue para | Angan Pal | Shankar Lal Tyagi | |

| Datos | Informadores | Comprobación | Comentarios |
|---|---|---|---|
| alquilar una cuna para una fiesta boda. | | | |
| 29.– Reconocimiento de tío Prithvi, tío materno de Sobha Ram, cuando fue a Rasulpur | Hidraya Ram | Shankar Lal Tyagi | El tío Prithvi llegó de improviso a Rasulpur. Jasbir lo vio y corrió espontáneamente hacia él diciendo: "Mama" (tío materno). Más tarde, Jasbir dijo que Prithvi le había devuelto (como Sobha Ram) algún dinero que le había dejado. La familia de Sobha Ram no pudo confirmar que se hubiese saldado la deuda, pero Jasbir también dijo dónde encontrarían el dinero, y allí estaba. Parece que éste es el dinero de que se habla en el dato número 25. Hay algunas discrepancias en el testimonio sobre la cantidad real de la deuda y el dinero encontrado. |
| 30.– Reconocimiento, en Vehedi, del camino que hay que recorrer desde cerca de la estación del ferrocarril hasta la casa de los Tyagi | Jaganath Prasad Sukla | | Jasbir fue directamente a casa de los Tyagi. La distancia era de unas 200 yardas. Era la tercera casa de la calle, yendo desde la estación. Había un grupo de personas que seguía a Jasbir; pero se mantuvieron detrás de él y no hicieron ninguna indicación. |
| 31.– Reconocimiento de Baleshwar, hijo de Sobha Ram | Baleshwar Tyagi, hijo de Sobha Ram Jaganath Prasad Sukla | | Un reconocimiento que se hizo sólo por su forma de actuar. Jasbir mostró mucho afecto hacia el niño, abrazándolo y haciéndole |

| Datos | Informadores | Comprobación | Comentarios |
|---|---|---|---|
| 31.- (Continuación) | | | regalos, pero Baleshwar Tyagi no podía recordar que lo reconociese por el nombre. |
| 32.- Reconocimiento de la tía de Sobha Ram | Jaganath Prasad Sukla | | Jasbir dio el grado de parentesco correcto (Tai) de Sobha Ram con esta persona. Sri Jaganath Prasad Sukla fue un testigo indirecto de este dato; dice que no conoce los detalles de este reconocimiento. |
| 33.- Recuerda a los vecinos con los que los Tyagi no tenían buenas relaciones | Shankar Lal Tyagi | Shankar Lal Tyagi | El comportamiento correcto de no hablar con estas personas con las que los Tyagi habían discutido. |
| 34.- Reconoció a Sri Ram Swaroop Tyagi, cuñado de Sobha Ram | Shankar Lal Tyagi | | Sri Ram Swaroop Tyagi preguntó a Jasbir "¿Quién soy yo?" y Jasbir contestó "No te he olvidado, eres mi cuñado". |
| 35.- Reconocimiento de Sri Birbal Singh, primo menor de Sobha Ram | Shankar Lal Tyagi Birbal Singh Tyagi | | Sri Birbal Singh fue a la habitación en la que estaba Jasbir. Jasbir lo vio y le dijo espontáneamente: "Ven, Gandhiji". Alguno de los presentes dijo: "Este es Birbal". Jasbir respondió: "Nosotros le llamamos 'Gandhiji'". A Sri Birbal Singh se le llamaba familiarmente Gandhiji porque tenía las orejas grandes y se parecía a Mahatma Gandhi. El testimonio de Sri Birbal Singh Tyagi sobre este hecho y el número 38 lo tomó Sri |

| Datos | Informadores | Comprobación | Comentarios |
|---|---|---|---|
| 35.– (Continuación) | | | R.S. Lal en una entrevista que tuvo lugar en Meerut en enero de 1965. |
| 36.– Reconoció a Sri Mahendra Singh Tyagi, hermano menor de Sobha Ram | Mahendra Singh Tyagi | | Alguien preguntó a Jasbir "¿Quién es?" y Jasbir contestó "Es mi hermano pequeño". |
| 37.– Reconocimiento de las tierras de Vehedi pertenecientes a la familia Tyagi | Mahendra Singh Tyagi | | Llevaron a Jasbir al campo y le preguntaron qué tierras eran de su familia. Las propiedades de familiares en la India suelen estar divididas en parcelas diseminadas y cada una está rodeada por las de otras familias. |
| 38.– Reconocimiento del abuelo de Sobha Ram, Sri Raja Ram. | Birbal Singh Tyagi | | Se pidió a Jasbir que lo identificara y dijo: "Este es mi abuelo, Rai Sahib". Sri Raja Ram era conocido como Rai Sahib. |
| 39.– El buey blanco de Sobha Ram tenía los cuernos largos; el negro, cortos | Shankar Lal Tyagi | Shankar Lal Tyagi | Sri Raghbir Singh Tyagi, tío de Sobha Ram, dio un testimonio discrepante en este punto, asegurando que el buey blanco tenía cuernos pequeños y el negro, largos. Esta discrepancia puede deberse a la confusión entre si los cuernos curvos son más largos o más cortos que los rectos, por la diferencias de opinión entre si se mide tomando la distancia que hay en línea recta desde la raíz hasta la punta o la longitud total del cuerno. |

Por último, quiero volver a llamar la atención sobre el hecho de que la transformación de Jasbir tuvo lugar relativamente pronto, cuando tenía unos tres años y medio. Antes parecía un niño normal, si no se tiene en cuenta alguna dificultad para hablar. Recordemos que el periodo de transformación de la personalidad de Jasbir coincidió con la recuperación de su cuerpo de una aparente enfermedad mortal. Al principio de la convalecencia no se veía casi ningún detalle de manifestación de la personalidad y, por tanto, es imposible establecer cuánto tiempo duró el cambio; pero todo duró como mucho unas semanas, o tal vez menos tiempo. Además, nos enfrentamos a un cambio profundo de la personalidad, del que forma parte una negación a consumir la comida de su familia, porque pertenecía a una casta inferior. El caso difiere mucho de los de los demás niños que recuerdan vidas anteriores durante un periodo de varios años y, por esta razón, se funde en mayor o menor grado la personalidad anterior con la actual, que se encuentra en fase de desarrollo.

## Evolución posterior de Jasbir

No vi a Jasbir entre Agosto de 1964 y Octubre de 1971. Mientras tanto, el Dr. Jamuna Prasad y su equipo, que estudiaban la relación que había entre los esquemas de conducta de los sujetos y las personalidades anteriores de los seis casos de reencarnación de la India, habían visto a Jasbir y su familia y tuve noticias de él a través de ellos.

En 1971 Jasbir y su familia se fueron a vivir a Kaval, un pueblo que está a tres millas al este de Muzaffarnagar (con anterioridad se habían mudado de Rasulpur y vivido en un pueblo llamado Ghola, al sur de Muzaffarnagar, y volvieron a trasladarse de Ghola a Kaval en 1968). Tuve una larga conversación con Jasbir y sus padres, Girdhari Lal Singh y su esposa, Rajkali, en Kaval.

Jasbir, que nació a finales de 1950, siguió en la escuela hasta el décimo curso, pero no superó los exámenes y en 1969 dejó los estudios. En 1971 ayudaba a su padre a cultivar las tierras. No estaba del todo contento con su vida de campesino y esperaba conseguir un trabajo en una oficina, cosa difícil sin el certificado de la escuela secundaria.

Jasbir siguió yendo a Vehedi. Sus padres decían que iba cada tres o cuatro meses y él me dijo que había estado allí dos meses antes de mi visita. En esta ocasión estuvo en Vehedi dos meses y medio trabajando en los campos de la familia Tyagi. El padre de Sobha Ram, Shankar Lal Tyagi, vivía todavía. Los Tyagi consideraban a Jasbir como un miembro de la familia. Le consultaron sobre la boda del hijo de Sobha Ram y estuvo en ella. También le consultaron sobre el matrimonio de una de las hijas de Sobha Ram. Cuando pregunté a Jasbir por quién sentía más cariño, si tenía preferencias por alguien, en Vehedi, él me contestó que por el padre de Sobha Ram y sus hijos (la madre de Sobha Ram murió hacía muchos años, antes que Sobha Ram).

Jasbir negó que se hubieran desvanecido sus recuerdos de la vida anterior. Dijo que recordaba claramente la caída del carro a la vuelta de la boda (como Sobha Ram) en el pueblo de Nirmana. También mencionó el lugar exacto donde cayó del carro (Dabal Pathak), un detalle que no recuerdo que comentara con anterioridad. Seguía creyendo que lo había envenenado en la ceremonia de la boda un hombre al que Sobha Ram había dejado dinero y que no se lo quería devolver. Este hombre, según Jasbir, pensaba que ya no tendría la deuda si mataba a Sobha Ram (no he mencionado antes su nombre y no veo ninguna necesidad de hacerlo ahora). El hombre en cuestión pagó después a Jasbir (no a la familia de Sobha Ram) 600 rupias. En 1971 Jasbir dijo que ésta era la cantidad de la deuda, aunque en 1961 me había hablado de una cantidad de 300 o 400 rupias. No debemos ver en el pago de esta considerable suma a Jasbir una confesión de culpabilidad por parte del mencionado envenenador, pero sí debemos considerarlo como una prueba de su convicción de que Jasbir era, de hecho, Sobha Ram renacido, ya que los herederos legales de Sobha Ram eran *sus* hijos y no Jasbir.

Jasbir conservó una serie de costumbres y actitudes propias de brahmanes. Seguía creyendo que los bramanes eran un grupo superior a las demás castas. Aún no comía en platos de barro. Para complacerlo, su familia le cocinaba la comida en cacerolas de metal y le dejaba comer primero.[16] Todavía llevaba al cuello el cordón sagrado, que es una prenda distintiva de la casta superior (los Jat no llevan este hilo). Sin embargo, tal vez diese el indicio más llamativo de seguir apegado a la casta brahmán cuando le pedí su dirección correcta. Antes de dármela me dijo su nombre completo y me advirtió que le mandara el correo a: ¡Jasbir Singh Tyagi, hijo de Girdhari Lal Jat! De este modo reconocía la realidad de la paternidad de su cuerpo, pero, al mismo tiempo, decía que era miembro de la casta de su vida anterior.

---

16.– Los brahmanes insisten en que se cocine su comida en cacerolas de metal. Los miembros de las demás castas, sobre todo los jats, pueden cocinar en cacerolas de barro. Como signo de distinción, los miembros de las castas inferiores invitan a los brahmanes a comer primero cuando comen juntos y los brahmanes ortodoxos esperan este respeto.

El apego de Jasbir a la casta brahmán no fue ninguna objeción para que se casara con una muchacha jat. De hecho, decía que esperaba casarse pronto y que se casaría con una muchacha del grupo jat.

Le pregunté si tenía alguna idea de lo que sucedió con la mente o la personalidad que había ocupado el cuerpo de Jasbir hasta su muerte aparente por viruela y antes de que la mente de Sobha Ram ocupara su cuerpo. El me dijo que no lo sabía, y yo tampoco lo sé. He preguntado de vez en cuando por la zona en la que vivía si había un niño que dijese que en una vida anterior había sido Jasbir de Rasulpur, que murió de viruela con tres años; pero nunca he encontrado ningún rastro de este niño.

Jasbir decía que seguía viendo todavía algunas veces en sueños al sadhu (hombre santo) no encarnado que había dicho (de niño) que él (como Sobha Ram) había conocido después de la muerte de Sobha Ram. Recordarán que Jasbir dijo que este sadhu había aconsejado al descarnado Sobha Ram que "se encarnara" en el cuerpo de Jasbir, que estaba aparentemente muerto. Jasbir habló con cierto recelo de estos últimos contactos con el sadhu y daba la impresión de que podía estar violando confidencias al mencionarlo. Sin embargo, dijo que el sadhu le daba predicciones acertadas sobre futuros acontecimientos de su vida. Una vez, no sé exactamente cuándo, el padre de Jasbir propuso, y hasta forzó, un matrimonio que ni él ni la pretendida novia querían. En un punto de las dolorosas negociaciones para este matrimonio, el sadhu aseguró a Jasbir (en sueños) que la novia no las llevaría hasta el final y, de hecho, no lo hizo, con lo que se rompieron los planes de la boda y Jasbir se libró. De la actitud de la muchacha se puede sacar una deducción que justifique, en este caso, la premonición de Jasbir. Digo esto solamente como ejemplo de las predicciones que dijo que recibía del sadhu en sueños.[17]

La conducta de Jasbir ha cambiado mucho desde 1964. En la primera edición de este libro dije que estaba algo desplazado en su familia.

---

17.– Desde que estudié por primera vez el caso de Jasbir en 1961, he encontrado más declaraciones de sujetos que dicen recordar que, durante el estado no encarnado posterior a la muerte, conocieron a unos hombres santos (sadhus, en la India) que los llevaron a la casa en la que iban a nacer en la próxima encarnación y, en algunos de estos ejemplos, los sujetos han seguido estando en contacto con el hombre santo después de renacer. Las declaraciones de recuerdos de estas experiencias son bastante comunes en Thailandia y Burma. La información que obtuve en el estudio de los casos de estos países me preparó para el comentario que hacía Jasbir de que aún "veía" en sueños al sadhu de su caso; pero yo no lo estimulé para que me lo contase, sino que me lo dijo espontáneamente y sin que yo le preguntara.

Su actitud altiva de superioridad hizo que tomaran represalias y le regañasen, llegando a formarse una muralla entre Jasbir y ellos. En 1964 me di cuenta de que estaba deprimido; pero en 1971 se había convertido en un joven sonriente y seguro de sí mismo. Pienso que deberíamos atribuir en gran parte este cambio a sus padres, que hicieron todo lo posible por adaptarse a una situación que les había resultado a veces muy difícil y, al final, ayudaron a Jasbir a que se adaptara a ellos. En 1971 Jasbir dijo que sus hermanos mayores, que habían sido bastante hostiles ante sus pretensiones de superioridad, lo aceptaban plenamente en la familia. A pesar de esta clara mejoría en sus relaciones con la familia de Girdhari Lal Jat, Jasbir sentía que la familia Tyagi le demostraba más cariño.

La situación económica de Jasbir en 1971 era difícil, tal vez precaria. Su familia era menos próspera que los Tyagi y pensaba que había bajado de nivel socioeconómico al cambiar de una vida a la otra. Los hindúes piensan que estos cambios se deben a alguna conducta pecaminosa en una vida anterior, sin que tenga que ser por fuerza la última. Jasbir no podía pensar en que Sobha Ram hubiera podido cometer ningún delito para merecerse esta "degradación", sino que lo veía como la voluntad de Dios y había hecho todo lo posible para aceptar las circunstancias en las que se encontraba. Me parece que lo había conseguido. Aunque la vida de campesino que tenía por delante sería muy difícil, con un trabajo duro y una situación incierta, se enfrentaba al futuro con buen talante.

## El caso de Sukla[18]

### *Resumen del caso y su investigación*

Sukla, hija de Sri K.N. Sen Gupta del pueblo de Kampa, Bengala Occidental, nació en marzo de 1954. Cuando tenía año y medio y apenas podía hablar era frecuente verla con un tarugo o una almohada a los que llamaba "Minu". Cuando se le preguntaba quién era "Minu", Sukla decía "Mi hija". En los tres años siguientes siguió hablando de

---

18.– Otro informe de este caso es el de Pal, P.: "A Case Suggestive of Reincarnation in West Bengal", *Indian Journal of Parapsychology*, Vol. 3, 1961-62, pp. 5-21. En las secciones del resumen del caso y de las observaciones sobre la posibilidad de contacto entre las dos familias de este informe he incluido alguna información que aparece en el

Minu y de "él", refiriéndose a su marido de la vida anterior.[19] Decía que "él", Minu, Khetu y Karuna (los dos últimos eran hermanos pequeños de su "marido") estaban en Rathtala, en Bhatpara. Bhatpara está a once millas de Kampa por la carretera de Calcuta. La familia Gupta conocía un poco Bhatpara; pero nunca habían oído hablar de un barrio llamado Rathtala, en Bhatpara, ni de nadie que tuviera los nombres que decía Sukla.

Sukla empezó a tener bastantes ganas de ir a Bhatpara y decía que, si no la llevaban, iría sola. Afirmaba que podía ir hasta la casa de su suegro. Sri Sen Gupta habló del asunto con algunos amigos y se lo comentó a un compañero del ferrocarril en el que trabajaba. Este hombre, Sri S.C. Pal, vivía cerca de Bhatpara y tenía familia allí. Por estos familiares, Sri Pal supo que una persona llamada Khetu vivía en un distrito de Bhatpara llamado Rathtala. Es un barrio pequeño y se llama así porque allí se guarda un coche (rath) para la imagen de un dios. Sri Pal supo después que el hombre llamado Khetu había tenido una cuñada, una tal Mana, que había muerto hacía unos años (en enero de 1948), dejando una niña llamada Minu. Cuando Sri Pal le contó esto al padre de Sukla, decidió hacer un viaje a Bhatpara, que se realizó de acuerdo con la otra familia, cuyo cabeza era Sri Amritalal Chakravarty.

En el verano de 1959, cuando tenía algo más de cinco años, Sukla y su familia fueron a Bhatpara donde Sukla los guió a la casa de su supuesto suegro, Sri Maritalal Chakravarty. Allí reconoció y dijo el nombre correcto de una serie de personas y objetos. Posteriormente, los miembros de la familia Chakravarty visitaron a Sukla y a su familia en Kampa. También fueron a verla los miembros de la familia (Pathak) con la que Mana se había criado. Srimati Pathak era la tía materna de

---

del Profesor Pal. Sin embargo, en la tabla de las declaraciones y reconocimientos de Sukla sólo he incluido los testimonios que obtuve directamente en el verano de 1961, con la excepción de aquellos en los que se indica lo contrario. Así pueden comparar los lectores los dos informes del caso. Ya que en un relato se dan detalles o declaraciones de algunos testigos que no aparecen en el otro, los lectores sólo pueden conseguir una visión completa del caso estudiando ambos informes.

19.– En la India hay bastantes reticencias a utilizar los nombres en familia. Con frecuencia se refieren a los demás por la relación que tienen. Las mujeres y las niñas indias, sobre todo, no llaman a sus maridos por su nombre, sino de forma indirecta, como "él" o "el padre de Minu" (nombrando a una hija). Además, en presencia de sus maridos y otros hombres mayores, las mujeres indias suelen apartar la mirada o miran al suelo como señal de respeto. Es un gesto muy significativo y, como casi siempre supone un movimiento conjunto de la cabeza y los ojos, es fácil de apreciar por los presentes. Este comportamiento es también un signo de reconocimiento del marido o de un familiar.

la personalidad anterior. Después, Sukla estuvo unas cuantas veces en Bhatpara. El encuentro de Sukla con su supuesto marido anterior, Sri Haridhan Chakravarty, y su supuesta hija anterior, Minu, produjo emoción en Sukla y aumentó su deseo de volver a estar con ellos. A diferencia de otros niños de este tipo, como Prakash y Jasbir, nunca expresó el deseo de estar con la otra familia permanentemente; pero sí quería que la visitara Sri Haridhan Chakravarty y se quejaba cuando no venía.

El Profesor P. Pal estuvo en Kampa y en Bhatpara en varias ocasiones, en 1960, e investigó a fondo los antecedentes y las posibilidades de contacto entre las dos familias principales del caso. También comparó el testimonio de cada informador con los de los demás. De estas investigaciones hizo un informe detallado. En 1961 estuve dos días en la zona viendo los dos pueblos y entrevistando a la mayoría de los informadores del Profesor Pal, así como a algunos nuevos. En 1962 el Profesor Pal volvió a la zona para ver cómo evolucionaba el caso.

## Datos geográficos importantes y posibles medios de comunicación normales entre las dos familias

Bhatpara es un pueblo que está a unas treinta millas al norte de Calcuta, por la carretera principal. Kampa está a unas once millas más al norte, apartado de la carretera principal. El ferrocarril va paralelo a la carretera y además hay una línea de autobuses. Por eso es muy fácil ir de un pueblo al otro. Los miembros de las dos familias principales involucradas en el caso negaban haber conocido a la otra familia antes de empezar las investigaciones de las declaraciones de Sukla.

La familia de Sri Sen Gupta vivía antes a 150 millas de Bengala Oriental, pero se trasladó a la parte Occidental después del reparto de Bengala entre la India y el Pakistán en 1947. Después de haber vivido en otros lugares, Sri Sen Gupta y su familia se establecieron en Kampa hacia 1951. Sri Sen Gupta trabajaba en el ferrocarril y pasaba por Bhatpara en el tren. Sin embargo, es cierto que estuvo allí una vez haciendo en una escuela una demostración de magia, a la que es aficionado.

Las familias Chakravarty y Pathak viven desde hace tiempo en Bhatpara y es posible que los vecinos de este pueblo conociesen algunos asuntos privados suyos o los hubiesen averiguado los forasteros. La posibilidad de que haya un conocimiento paranormal en las afirmaciones de Sukla depende en gran parte del conocimiento que ha demostrado tener de los detalles personales de estas familias, desconocidos para los extraños, y del reconocimiento de algunos de sus miembros. Las familias Chakravarty y Pathak negaron rotundamente que hubieran tenido ningún contacto previo con la familia de Sri Sen Gupta. Además de que vivían en pueblos diferentes, las dos familias estaban separadas por la diferencia de castas, que en la India disminuye considerablemente la probabilidad de relaciones entre ellas.

Sin embargo, el Profesor Pal se enteró de que había dos personas que conocían a ambas familias. La primera, Sri S.C. Pal, ya mencionado, era compañero de Sri Sen Gupta, vivía cerca de Bhatpara y tenía familia allí. Al principio no conocía a la familia Chakravarty ni a la Pathak; pero, a través de sus familiares, los identificó como las personas a las que probablemente se refería Sukla. Sri Pal conocía a Sri Sen Gupta desde hacía un mes, cuando éste empezó a contarle las afirmaciones que hacía su hija sobre una vida anterior en Bhatpara. Sri Pal no ha estado nunca en la casa de Gupta. Sukla había hablado de una vida anterior en Bhatpara algunos años antes de que su padre conociera a Sri Pal y, por tanto, es prácticamente imposible que fuese una fuente de información para Sukla.

Sri Atul Dhar era otro compañero y gran amigo de Sri Sen Gupta desde hacía mucho tiempo. Sri Atul Dhar tenía un amigo que era primo de Sri Amritalal Chakravarty y algunas veces iba a su casa con su amigo. En estas visitas conoció superficialmente a Sri Haridhan Chakravarty y oyó hablar de su mujer, Mana, pero no llegó a conocerla. De sus asuntos personales sólo sabía que había algunos problemas entre Mana y la esposa de su suegro. Sri Atul Dhar no habló nunca de la familia Chakravarty con Sri Sen Gupta. Cuando Sri Sen Gupta le contó las declaraciones de Sukla sobre una vida anterior en Bhatpara, no tenía muy claro que se refiriese a la familia Chakravarty que conocía; "le dio la impresión" de que el Khetu mencionado por Sukla podía ser un miembro de la familia Chakravarty que conoció hacía años. Sri Atul Dhar instó a Sri Sen Gupta para que lo investigara; pero no participó en los primeros encuentros entre las dos familias. Acompañó a la familia Gupta, incluyendo a Sukla, en su segunda visita a Bhatpara en la que Sukla reconoció varios objetos, incluidos los saris que habían pertenecido a la difunta Mana. Sin embargo, Sri Atul Dhar no conocía para nada estas intimidades. Aunque no cabe ninguna duda de que Sri Atul Dhar conocía a las dos familias mejor que Sri Pal, creo que también se le puede excluir como fuente de la información adquirida por Sukla sobre la familia Chakravarty.

## Personas entrevistadas en las investigaciones

En Kampa entrevisté a:
Sukla, hija de Sri K.N. Sen Gupta.
Sri K.N. Sen Gupta, padre de Sukla.
Srimati Shriti Kanna Sen Gupta, madre de Sukla.
Srimati Nirod Bala Sen Gupta, abuela paterna de Sukla.
Sri Naraindra Nath Roy, hermano de Srimati Shriti Kanna Sen Gupta y tío materno de Sukla.

En Bhatpara entrevisté a:
Sri Amritalal Chakravarty, suegro de Mana.
La esposa de Sri Amritalal Chakravarty, madrastra del marido de Mana.
Sri Haridhan Chakravarty, hijo mayor de Sri Amritalal Chakravarty y marido de Mana.
Sri Kshetranath Chakravarty (conocido como "Khetu"), segundo hijo de Sri Amritalal Chakravarty y cuñado de Mana.
Sri Karuna Kumar Chakravarty (conocido como "Kuti") tercer hijo de Sri Amritalal Chakravarty y cuñado de Mana.
Sri Rishikesh Chakravarty, cuarto hijo de Sri Amritalal Chakravarty y cuñado de Mana.
Sri Dilip Kumar Pathak, primo de Mana.
Sri Gopal Pathak, hermano pequeño de Mana.
Srimati Reba Rani Pathak, esposa de Sri Suresh Chandra Pathak y la tía materna (por matrimonio) de Mana que la crió.
Sri Jatindranath Pathak, hermano de Sri Suresh Chandra Pathak y tío materno de Mana.
Minu, hija de Mana.
Sri Gopal Chandra Ghosh, amigo de la familia Chakravarty.

En la estación de Bali, Bengala Occidental, entrevisté a:
Sri S.C. Pal, amigo de Sri K.N. Sen Gupta, cuyas investigaciones hicieron que se verificasen las declaraciones de Sukla.

Después de mi visita en 1961, el Profesor P. Pal volvió a ver y a entrevistar a Sri Atul Dhar, enviándome posteriormente el informe de esta entrevista que pongo aquí.

## Declaraciones y reconocimientos hechos por Sukla

En la tabla doy un resumen de las declaraciones y reconocimientos hechos por Sukla respecto a sus afirmaciones de ser Mana renacida.

En esta tabla he omitido dos reconocimientos hechos por Sukla que tienen poca importancia para el caso, porque no se trataba de algo concreto de la vida de Mana. Por otro lado, al menos uno de estos reconocimientos, el de la máquina de coser utilizada por Mana, lo hizo llorando. Mana había trabajado mucho con esta máquina.

Los datos 1 a 6 ocurrieron (según mis noticias) antes de que las dos familias tuvieran ningún contacto; del 6 al 16, en la primera visita de Sukla a Bhatpara, cuando las dos familias se pusieron en contacto por primera vez; del 17 al 22, cuando Sri Haridhan Chakravarty, Srimati Pathak y Minu visitaron a Sukla y a su familia en Kampa, una semana después; el 23, cuando Sri Rishikesh Chakravarty visitó por su cuenta Kampa para poner él mismo a prueba a Sukla, y los datos 24 a 29 ocurrieron en otra visita de Sukla, con su padre y su madre a Bhatpara, dos semanas después de la primera.

## Informes y observaciones sobre el comportamiento de las personas implicadas

La tabla registra principalmente los aspectos cognitivos del comportamiento de Sukla respecto a sus afirmaciones de ser la difunta Mana renacida; pero las declaraciones de los testigos abundaron en detalles de las fuertes expresiones emocionales de Sukla y de otras formas de actuar de los familiares de Mana. Lo que más impresionó a los testigos fueron las lágrimas con las que Sukla recibió a Minu y la atención y el afecto que posteriormente le prodigó cuando la vio en otras ocasiones. Su estatura era desproporcionada para el papel de madre asumido por Sukla en el trato. La misma Sukla comentó que Minu había crecido y dijo: "Yo soy pequeña". A pesar de esta limitación, Sukla hizo perfectamente el papel de madre ante su amada hija.

El Profesor Pal[20] pudo ver un ejemplo del apego emocional de Sukla hacia Minu cuando Sri Dilip Kumar Pathak dijo a Sukla en Kampa (para probarla) que Minu estaba enferma con fiebre en Bhatpara. Entonces Sukla empezó a llorar y pasó mucho tiempo hasta que se convenció de que Minu estaba bien. En otra ocasión, cuando Minu estaba verdaderamente enferma y llegaron estas noticias a Sukla, se deprimió,

---

20.– Pal, P.: *Obra citada*, n. 18.

lloró y pidió que la llevaran a Bhatpara para verla. Su familia no la pudo tranquilizar hasta que la llevaron al día siguiente a verla, cuando ya había mejorado. Como ya he dicho, Sukla también lloraba cuando veía la máquina de coser con la que tanto había trabajado Mana.

El comportamiento con el marido de Mana, Sri Haridhan Chakravarty, era el de una mujer hindú hacia su marido. Por ejemplo, comía los restos de su plato pero no los de los demás (en la India una mujer termina la comida del plato de su marido después de que él haya comido, pero no come del de los demás).

Sukla estaba algo apartada de los demás niños de su familia y jugaba sola. No quería comer con ellos. Cuando tenía unos tres años (según su padre) solía decir: "¿Por qué tengo que comer contigo? Soy una brahmán" (los Chakravarty eran brahmanes, mientras que los Gupta eran de la casta bania). Era sensible y dejó la escuela cuando recibió más atención de la que deseaba, volviendo después en 1962. Sukla tenía una madurez superior a su edad y tendencia a la obstinación. Mana, según los que la conocieron, también tenía las mismas características.

Estas observaciones de los rasgos generales de ambas personalidades no dicen mucho como prueba de la paranormalidad de los aspectos informativos del caso, pero la obstinación de Sukla introduce otro detalle. Con excepción de un reconocimiento indirecto de la tía materna de Mana y una tendencia a reunirse en familia con los Pathak, Sukla no reconoció a los miembros de esta familia como lo hizo con la del marido de Mana. El Profesor Pal ha señalado en su informe que, incluso después de habérselos presentado abiertamente, no los reconoció igual que a la familia del marido de Mana. Tampoco pudo reconocer nada de la casa de los Pathak en la que Mana vivió toda su vida con excepción de unos pocos años. En resumen, Sukla no permitió que nadie la guiara en estos puntos. Opino que esto habla de la honestidad de los implicados porque, si alguien le hubiera dado la información sobre los Chakravarty, también se la hubiese podido dar sobre los Pathak, y no tendría ningún sentido reconocer a las personas de la familia del marido y no hacerlo con las de la familia en la que Mana se crió. Además, si Sukla fue capaz y tuvo motivos para imaginar el caso, pienso que habría tenido en cuenta reconocer a la familia que tuvo Mana en su infancia.

El padre de Sukla dijo que ella tenía facultades para la percepción extrasensorial y me contó tres episodios que parecían confirmarlo. En cada uno de ellos fue él mismo el "agente", cuando estaba fuera de casa y Sukla dijo correctamente a quién estaba viendo y cuándo regresaría a casa inesperadamente.

## Comentarios sobre la posibilidad de que Sukla tuviese conocimientos paranormales

El Profesor Pal mencionó en su informe las extensas investigaciones que realizó sobre la reputación de la integridad de las personas implicadas en el caso. Fue incapaz de descubrir ninguna prueba de que se tratase de un fraude. Durante mis investigaciones realizadas en la zona, muchas personas que estaban alrededor de los que entrevistaba conocían la finalidad de mi visita y ninguno dijo que se estaba cometiendo un fraude. Por el contrario, oí por mi conductor, que hablaba con los lugareños, testimonios espontáneos sobre la autenticidad del caso, confirmando mis noticias.

En este caso, puede ser que se orientase inconscientemente a Sukla en algunos de los reconocimientos que, al parecer, realizó. Hay seguridad de que ocurriese así en el dato número 9 y sospechas en los 10, 11, 13 y 23; pero, si aceptamos los testimonios, estas objeciones tienen poco peso ante los demás reconocimientos hechos por Sukla, como pueden ser los 6, 7, 12, 17, 26 y 29. Aunque el dato 17 es un reconocimiento indirecto, fue el más oportuno y apropiado para ver el extraordinario cariño de Mana hacia Minu que volvió a demostrar Sukla. Sin embargo, dejando a un lado los reconocimientos, Sukla demostró claramente que tenía un conocimiento detallado e imprevisible de la vida de Mana. Aunque no expresó el conocimiento de alguno de estos aspectos hasta después de que las familias se conocieran, ya había contado muchas cosas importantes a su familia antes de este contacto. Además, Sukla conocía a estas personas y estos hechos tal como eran en vida de Mana, y no en los tiempos recientes. Sabía, por ejemplo, que el hijo de Mana había muerto, pero no sabía que Dipu o las vacas habían muerto ni que el loro se había escapado.

## Desarrollo posterior de Sukla

No vi a Sukla entre agosto de 1961 y noviembre de 1969, cuando volví a visitar a ella y a su familia en Kampa. Sin embargo, durante todo este tiempo, el Profesor Pal siguió el caso con encuentros esporádicos o por correo con el padre de Sukla y otros miembros de la familia. En la información que aparece a continuación figuran datos que me ha facilitado el Profesor Pal, así como lo que he sabido yo mismo durante mi viaje a Kampa en 1969. También he recibido una carta de Sukla enviada en agosto de 1970.

## TABLA

*Resumen de las declaraciones y reconocimientos hechos por Sukla*

| Hecho | Informadores | Comprobación | Comentarios |
|---|---|---|---|
| 1.– Tenía una hija llamada Minu | Shriti Kanna Sen Gupta, madre de Sukla<br>Nirod Bala Sen Gupta, abuela paterna de Sukla | Haridhan Chakravarty tenía una hija, Minu, con su mujer, Mana, que había muerto | La primera comunicación de Sukla sobre una vida anterior fue que empezó a mecer un tarugo de madera que representaba el bebé de Mana. |
| 2.– Su cuñado se llamaba Khetu | Shriti Kanna Sen Gupta<br>Nirod Bala Sen Gupta | Vi a Kshetranath Chakravarty, cuñado de la difunta Mana, y hablé con él | Su nombre familiar era Khetu |
| 3.– Tenía otro cuñado llamado Karuna | Shriti Kanna Sen Gupta<br>Nirod Bala Sen Gupta | Vi a Karuna Chakravarty y hablé con él | Este hecho no aparece en el informe del Profesor P. Pal. Karuna siempre fue conocido y llamado por su apodo, Kuti; ni siquiera sus vecinos sabían que su verdadero nombre era Karuna. |
| 4.– Su Marido, Minu, y sus cuñados vivían en Rathtala en Bhatpara | Shriti Kanna Sen Gupta<br>Nirod Bala Sen Gupta | El sitio donde se guardaba el "rath" del dios estaba a unos 100 pies de la casa de Amritalal Chakravarty en Bhatpara, y cerca de la orilla del río. Vi estos edificios. | Declaración cierta cuando vivía Mana. Sri Haridhan Chakravarty vivía en 1961 a poca distancia de Rathtala y Minu vivía con su tío-abuelo, Sri Pathak, en el otro lado de Bhatpara. Un "rath" es un coche o carruaje grande en el que se coloca la imagen del dios en las procesiones. |
| 5.– Su marido y ella fueron una vez al cine y | Haridhan Chakravarty, marido de Mana | Haridhan Chakravarty | P. Pal tuvo todavía más detalles de este dato por la familia de Sukla. Fue una ocasión |

| Datos | Informadores | Comprobación | Comentarios |
|---|---|---|---|
| después tomaron un refresco | | | memorable, porque fue la única vez que Mana fue al cine en su vida y la madrastra de su marido se lo reprochó después a los dos. |
| 6.– Reconocimiento del camino para ir a casa del suegro de Mana, en Rathtala, en Bahtapara | Nirod Bala Sen Gupta K.N. Sen Gupta, padre de Sukla S.C. Pal, amigo de K.N. Sen Gupta Todos estos informadores acompañaron a Sukla en el camino | | Aunque el camino era recto, sin curvas, había varias casas y calles por las que Sukla pudo haber girado si no conociera el recorrido correcto. También hay un amplio cruce. Sukla iba delante de los demás. Sólo Sri Pal conocía el camino y estaba detrás de la niña. |
| 7.– Confusión de Sukla ante la entrada a la casa del suegro de Mana | K.N. Sen Gupta S.C. Pal | Amritalal Chakravarty, suegro de Mana | Después de la muerte de Mana se cerró una entrada que tenía la casa y la principal se movió hacia el lado exterior de la calle. La confusión de Sukla era normal, por los cambios. |
| 8.– Reconocimiento del suegro de Mana | K.N. Sen Gupta S.C. Pal | | Cuando la comitiva se acercó a la casa, Sri Amritalal Chakravarty salió inesperadamente a la calle. Cuando Sukla lo vio, bajó la vista, que es el comportamiento normal de respeto de una joven hacia un familiar masculino mayor. Sri Amritalal Chakravarty nos dijo que no vio nada anormal en el comportamiento de Sukla en este primer encuentro; pero él estaba en la calle mirando a |

71

| Datos | Informadores | Comprobación | Comentarios |
|---|---|---|---|
| 8.– (Continuación) | | | su hijo y quizá no se fijase bien en Sukla. Dijo que ella estaba guiando al resto de la comitiva. |
| 9.– Reconocimiento de Minu, la hija de Mana | Nirod Bala Sen Gupta Amritalal Chakravarty | | Alguien del grupo que había en la casa anunció la llegada de Minu antes de que la viera Sukla. Los signos significativos de reconocimiento por parte de Sukla fueron sus lágrimas cuando vio a Minu y su claro afecto hacia ella. En el texto hay más notas sobre su comportamiento. |
| 10.– Reconocimiento del marido de Mana | Haridhan Chakravarty Nirod Bala Sen Gupta | | Preguntaron a Sukla: "¿Puedes señalar a tu marido?" Había veinte o treinta personas en la habitación cuando Sukla señaló a Sri Haridhan Chakravarty como "el padre de Minu", una forma normal con la que una mujer hindú denomina a su marido. |
| 11.– Reconocimiento de Khetu, el cuñado de Mana | Haridhan Chakravarty Kshetranath (Khetu) Chakravarty, cuñado de Mana | | Lo reconoció al mismo tiempo que al marido de Mana. No identificó a Khetu por su nombre, sino que dijo que era "el tío de Minu". |
| 12.– Reconocimiento de Karuna, el cuñado de Mana | Karuna Kumar (Kuti) Chakravarty, cuñado de Mana | | Karuna acababa de entrar en la casa unos minutos antes de que le preguntara a Sukla: "¿Quién soy?" Ella dijo: "Karuna", y dijo también "Tumi", que significa cuñado |

72

| Datos | Informadores | Comprobación | Comentarios |
|---|---|---|---|
| 12.– (Continuación) | | | menor. Nadie lo llamó por su nombre durante los pocos minutos que estuvo en la casa. Además, siempre se le llamaba por su apodo, Kuti; ni siquiera los vecinos sabían que su verdadero nombre era Karuna. Las condiciones de este reconocimiento fueron mejores que las de los números 10 y 11, en los que las miradas del grupo pudieron haber dado alguna pista a Sukla. El reconocimiento del cuñado de Mana, Karuna, también era el que correspondía a la relación de Karuna con la difunta Mana. En la boda de Mana y Sri Haridhan Chakravarty, Karuna fue el padrino. |
| 13.– Reconocimiento de la esposa del suegro de Mana | Amritalal Chakravarty | | La abuela de Sukla le pidió que señalara a "su" suegra en un grupo de treinta personas. |
| 14.– No reconocimiento de Dilip Pathak, el primo de Mana | Dilip Pathak, primo de mana | | Sukla se comportaba con cierta familiaridad con Sri Dilip Pathak; pero no lo llamó por su nombre. Según el Profesor Pal, Sukla no llamó a ningún miembro de la familia Pathak por su nombre. Este comportamiento familiar es como el reconocimiento de una categoría, ya que un trato así es algo virtualmente prohibido y desconocido entre los niños y los adultos extraños. |

73

| Datos | Informadores | Comprobación | Comentarios |
|---|---|---|---|
| 15.– No reconocimiento de Sri Gopal Pathak, hermano de Mana | Jatindranath Pathak, marido de la tía materna de Mana | | Puede considerarse como otro reconocimiento parcial, ya que Sukla mostró familiaridad con Sri Gopal Pathak. |
| 16.– No reconoció ningún detalle de la casa de la familia Pathak | Jatindranath Pathak | | Mana vivió en esta casa mucho tiempo más de lo que lo hizo en la de los Chakravarty, con la que parecía que estaba completamente familiarizada. |
| 17.– Reconocimiento de Srimati Reba Rani Pathak, la tía materna de Mana | Nirod Bala Sen Gupta Reba Rani Pathak, tía materna de Mana | | Un reconocimiento indirecto. Sukla no la reconoció por su nombre. Cuando Srimati Pathak le preguntó "¿Con quién dejaste a Minu cuando moriste?" Sukla respondió: "Contigo". De hecho, antes de que muriese Mana, sus últimas palabras fueron preguntar a su tía quién cuidaría de Minu, y su tía respondió que lo haría ella. |
| 18.– Las comidas preferidas de su marido eran las gambas y el buli | Nirod Bala Sen Gupta | Nirod Bala Sen Gupta | Sukla dijo a su familia que preparasen esta comida cuando Sri Haridhan Chakravarty la visitó. Lo hicieron así y acertaron. |
| 19.– Dipu seguía viva | Reba Rani Pathak | Reba Rani Pathak | Cuando se le preguntó sobre Dipu, una niña de la familia Pathak, Sukla dijo que Dipu estaba todavía viva, pero, en realidad, había muerto después que Mana. Su declaración, por tanto, era correcta para el tiempo en que vivía Mana. |

74

| Datos | Informadores | Comprobación | Comentarios |
|---|---|---|---|
| 20.– Además de Minu, tuvo un niño pequeño, que había muerto | Reba Rani Pathak | Reba Rani Pathak | Preguntaron a Sukla si Minu era su única hija. Mana tuvo un hijo que murió antes de que naciera Minu. |
| 21.– Habló de tres saris que había tenido Mana | Reba Rani Pathak Haridhan Chakravarty | Haridhan Chakravarty | Hay discrepancias en las declaraciones sobre los colores de los saris, pero coinciden en que Sukla dijo correctamente que Mana tenía tres saris, dos de ellos eran de Benarés, un tipo bastante fino de sari. En realidad, Sukla conocía los saris mejor que Sri Haridhan Chakravarty, el marido de Mana. Los saris se guardaron en un baúl después de la muerte de Mana. |
| 22.– Vivió en Kharagpur | Minu, hija de Mana Haridhan Chakravarty | Haridhan Chakravarty | Alguien preguntó a Sukla: "¿Has vivido alguna vez fuera de Bhatpara?" Y ella respondió: "Sí, en Kharagpur". Sri Haridhan Chakravarty y Mana vivieron catorce meses en Kharagpur. En el informe del Profesor Pal se atribuye la pregunta a Minu, pero la pregunta y la respuesta son exactamente las mismas en las declaraciones que se me dieron a mí y en el informe del Profesor Pal. |
| 23.– Reconoció a Sri Rishikesh Chakravarty, otro cuñado de Mana | Rishikesh Chakravarty, cuñado de Mana Nirod Bala Sen Gupta | | Al llegar a la casa de los Gupta, en Kampa, Sri Rishikesh Chakravarty dijo que quería ver a la mujer de su hermano. Sukla pudo haber oído por casualidad esta observación. |

| Datos | Informadores | Comprobación | Comentarios |
|---|---|---|---|
| 23.– (Continuación) | | | Sin embargo, cuando le preguntaron quién era, lo identificó como el "tío de Minu". No identificó a un amigo que acompañaba a Sri Rishikesh a quien Mana no llegó a conocer. |
| 24.– La familia Chakravarty tenía dos vacas | Shriti Kanna Sen Gupta Amritalal Chakravarty | Amritalal Chakravarty | Ambas vacas habían muerto después que Mana. Según un testigo, Sukla dijo correctamente el color de las vacas. |
| 25.– La familia Chakravarty tenía un loro | Shriti Kanna Sen Gupta | Amritalal Chakravarty | El loro se escapó después de la muerte de Mana. |
| 26.– Tenía una palangana en una habitación privada de la casa de los Chakravarty | Shriti Kanna Sen Gupta | Shriti Kanna Sen Gupta | Sukla entró en esta habitación y vio que la palangana seguía allí. Era el dormitorio de Mana y no había estado en él en la primera visita. |
| 27.– Localización de los lugares en los que Mana y la esposa de su suegro solían sentarse en la cocina | Shriti Kanna Sen Gupta | Shriti Kanna Sen Gupta | No tiene ningún significado. La información pudo estar sugerida. |
| 28.– Localización del lugar en que estuvo la cuna de Minu en la habitación | Shriti Kanna Sen Gupta | Shriti Kanna Sen Gupta | |

| Datos | Informadores | Comprobación | Comentarios [*] |
|---|---|---|---|
| 29.– Identificación de los tres saris que pertenecieron a Mana, que estaban en un baúl | Shriti Kanna Sen Gupta Haridhan Chakravarty Gopal Chandra Ghosh, amigo de la familia Chakravarty | | Sukla identificó los saris de Mana en un montón de ropa que no era de ella. |

En 1969, Sukla, que tenía por entonces quince años, estaba en octavo curso. Su madre decía queno iba muy bien en la escuela. A su edad debería estar en el noveno curso y llevaba un año de retraso.

La expresión de los recuerdos de Sukla de la vida anterior siguieron activos entre los tres y los siete años. A partir de entonces, disminuyeron sus declaraciones espontáneas, al mismo tiempo que su relación con la familia anterior cambió de un apego muy fuerte a la indiferencia e incluso a un cierto grado de antipatía. Durante cerca de un año, después de que se conocieran las dos familias, Haridhan Chakravarty (marido de Mana) iba a ver a Sukla una vez a la semana. Después disminuyó la frecuencia de sus visitas, sobre todo por las objeciones que ponía su segunda mujer por ¡la atención que prestaba a la niña que creía que era su primera mujer renacida! Sin embargo, siguió viendo a Sukla, aunque con menos frecuencia, y ella siguió recibiéndolo bien hasta 1966, cuando tenía doce años. Mientras tanto, después de que Sukla cumpliera siete u ocho años, sus padres empezaron a disuadirla de que hablase de su vida anterior y dejó de hacerlo. Después, cuando alguien le preguntaba algo, se limitaba a sonreír.

La hija de Mana, Minu, y su familia no invitaron a Sukla ni a su padre a la boda (hacia 1967). Cualesquiera que fuesen los motivos por los que no lo hicieron, esto pudo aumentar el distanciamiento entre Sukla y su familia anterior. Fue por entonces, o quizás antes, cuando Sukla empezó a ser menos amable con Haridhan Chakravarty. Cuando Minu fue a verla con su marido en 1968, Sukla la recibió, pero se mostró, al menos después, descontenta y se quejaba de que la "molestase esta gente". Parece que Haridhan Chakravarty iba a ver de vez en cuando a Sukla hasta 1969, pero su madre dice que Sukla comentaba "¿Por qué tiene que volver?"

Hacia 1969 Sukla ya no hablaba espontáneamente de su vida anterior y se sentía molesta si alguien le preguntaba por ella. En 1970 me escribió: "No puedo recordar nada de la vida de Mana en Bhatpara".

Surjen dos preguntas: Primera: ¿Realmente ha olvidado Sukla los recuerdos de la vida anterior? Y, segunda: "Si ha olvidado estos recuerdos, ¿qué factores han contribuido a ello?

En la primera pregunta, la afirmación de Sukla es ciertamente de peso. Sin embargo, su madre pensaba en 1969 que Sukla aún tenía algunos recuerdos, pero que no quería hablar de ellos en público. Para avalar esta creencia, citó la objeción petulante de Sukla a las visitas de Haridhan Chakravarty. Pensaba que la frase de Sukla: "¿Por qué tiene que volver?" demostraba que seguía reconociendo el lugar que había tenido en la vida anterior. Desgraciadamente el padre de Sukla, K.N. Sen Gupta, no estaba en Kampa cuando los visité en 1969. Un primo suyo, K.C. Sen Gupta, dijo que había preguntado a Sukla un año antes sobre la vida anterior y que le dijo que la había olvidado; pero se lo preguntó con sorna y creo que su actitud hizo que Sukla no le confesase si realmente tenía recuerdos de la vida anterior. Confío más en las declaraciones del tío paterno de Sukla, P.N. Sen Gupta, que también estaba cuando la visité en 1969. Dijo que pensaba que Sukla había recordado su vida anterior hasta los diez años y que después la olvidó. Juntando todas las pruebas disponibles, y sopesándolas lo mejor que puedo, he llegado a la conclusión de que, hacia 1969-70, Sukla había olvidado por completo la vida anterior. Es casi seguro que antes de olvidarlos, pasó un periodo en que se reservaba los recuerdos que fuese conservando hasta aquella fecha.

En cuanto a los factores que hicieron que olvidara, pienso que el repetir y contar los recuerdos es un factor importante para que se mantengan frescos (esto pasa con *cualquier* recuerdo, no sólo con los de las vidas anteriores). Cuando los padres de Sukla la disuadieron de que hablara de la vida anterior y cuando la segunda mujer de Haridhan Chakravarty empezó a restringirle las visitas, tuvo pocas ocasiones de revivir y refrescar sus recuerdos. La madre de Sukla decía que estaba "avergonzada" de sus recuerdos y se daba cuenta de que destacaba entre sus hermanos y amigos, ya que ninguno de ellos decía que recordaba la vida anterior. Cito esta alusión para decir que cuando Sukla alcanzó la pubertad le resultaba molesto hablar abiertamente de que tenía un marido, ¡aunque fuese anterior! A los otros dos factores que he mencionado hay que añadir este tercero del pudor, que contribuye al olvido. Durante este periodo es probable que se formase un círculo vicioso entre el desvanecimiento de sus recuerdos y su actitud ante las visitas de Haridhan Chakravarty. Cuanto menos recordaba de la relación (anterior) con él, menos le gustaban sus visitas. Y paulatinamente empezó a verlas, al principio, innecesarias; después, embarazosas, y, al final, molestas.

En 1969 la madre de Sukla dijo que todavía se mantenía aislada de los demás niños. Pensaba que Sukla era más religiosa que otros niños de la familia; pero dijo que Sukla no había dicho nunca que fuese superior porque creyera que había sido una brahmán (su familia pertenece a la casta bania, y la familia anterior eran brahmanes). Sin embargo, su padre había dicho (en 1961) que, cuando Sukla tenía entre tres años y tres y medio, se negó a comer con los demás miembros de la familia en el suelo, porque ¡era una brahmán y ellos, no! Quizás su madre no escuchó estas observaciones o es más probable que en 1969 las hubiese olvidado. De todos modos pienso que habría recordado si Sukla hubiese tenido algún detalle, como el grado de consciencia de la casta bramán que mostraban Jasbir y otros dos sujetos (de cuyos casos publicaré informes más adelante), que recordaban vidas anteriores como brahmanes, aunque eran de castas inferiores.

En este caso hay un detalle de carácter médico que debemos citar por su importancia. Mana Chakravarty, según su marido, Haridhan Chakravarty, tenía granos en la nariz. Sukla también tenía granos en la nariz y era, según su madre, el único miembro de la familia, incluyendo los padres y los demás hijos, que tenía esta enfermedad, leve pero cierta. En 1967 el padre de Sukla contó a P. Pal que, cuando era niña, los granos le dejaron la nariz colorada y con hoyuelos, pero que no había vuelto a tener granos durante muchos años. Sin embargo, en 1969, su madre dijo que algunas veces volvían a salirle granos en la nariz.

## EL CASO DE SWARNLATA

### Resumen del caso y su investigación

Swarnlata es la hija de Sri M.L. Mishra. En 1961 él trabajaba como ayudante en la oficina del inspector de las escuelas del distrito, en Chhatarpur, Madhya Pradesh. Ella nació en Shahpur, distrito de Tikamgarh, Madhya Pradesh, el dos de marzo de 1948. Cuando Swarnlata tenía entre tres años y tres y medio, su familia vivía en Panna, también de Madhya Pradesh. Su padre se la llevó en un viaje a Jabalpur, una de las ciudades principales del estado, que está a unas 170 millas al sur de Panna. En el viaje de regreso, cuando pasaba por la ciudad de Katni (57 millas al norte de Jabalpur), Swarnlata pidió inesperadamente al conductor que girara para coger una carretera hacia "mi casa". Un poco después, cuando el grupo estaba tomando el té en Katni, Swarnlata dijo que podrían tomar un té mucho mejor en "su" casa, que estaba cerca. Estas afirmaciones dejaron perplejo a Sri Mishra y volvió a suceder lo mismo cuando posteriormente supo que Swarnlata contaba a los demás niños de la familia más detalles de una vida anterior en Katni como miembro de una familia llamada Pathak.

Después de dos años de residencia en Panna (aunque Swarnlata y su madre pasaban la mayor parte del tiempo en Shahpur con los padres de Sri Mishra), la familia se mudó a otra ciudad, Nowgong, en el distrito de Chhatarpur, también de Madhya Pradesh. Vivieron cerca de cinco años en Nowgong y se trasladaron al mismo Chhatarpur (que está a cuarenta millas al oeste de Panna). Durante su residencia en Nowgong, Swarnlata representaba ante su madre –y ante otras personas– danzas y canciones desconocidas que, por lo que pudiesen saber sus padres, no había podido aprender. Durante los años siguientes, Swarnlata reveló fragmentos de sus presuntos recuerdos, casi siempre a sus hermanos y hermanas, y algunas veces a sus padres. En 1958, Swarnlata, cuya familia se había mudado ya a Chhatarpur, conoció a la esposa del Profesor R. Agnihotri, que vino de la zona de Katni y a quien Swarnlata afirmaba haber conocido en su vida anterior en esa ciudad. Sri Mishra empezó a comprobar la exactitud de algunas de las muchas declaraciones que hacía su hija sobre una vida anterior en Katni. En septiembre de 1958, Sri Mishra anotó algunas de las afirmaciones de Swarnlata. En marzo de 1959, Sri H.N. Banerjee estuvo dos días en Chhatarpur investigando el caso; después viajó a Katni, donde conoció a la familia Pathak, a la que Swarnlata decía haber pertenecido en su vida anterior. Sri Banerjee anotó, antes de ir a Katni, cerca de nueve afirmaciones que había hecho Swarnlata sobre la casa de los Pathak, que confirmó al llegar allí. Antes de que Sri Barnejee fuera a Katni, la familia Mishra no sabía de qué familia Pathak hablaba Swarnlata. Sri Banerjee dijo que se guió por las afirmaciones de Swarnlata para encontrar la casa de los Pathak. Comprobó que estas declaraciones se ajustaban a la vida de Biya, la hija de una familia llamada Pathak, de Katni, que murió siendo la mujer de Sri Chintamini Pandy, de Maihar. Maihar es una ciudad que está al norte de Katni. Biya murió en 1939.

En el verano de 1959, algunos miembros de la familia Pathak y de la familia del marido de Biya fueron a Chhatarpur, donde Swarnlata los reconoció en las condiciones que describiré más adelante. Poco después de estas visitas, Swarnlata y su familia fueron primero a Katni y después a Maihar (y las ciudades de alrededor) donde la difunta Biya vivió la mayoría de su vida matrimonial y donde murió. En Maihar, Swarnlata reconoció a más personas y lugares y comentó los distintos cambios que se habían producido desde la muerte de Biya. Sri Mishra tomó algunas notas de estos reconocimientos poco después de que sucedieran. En el verano de 1961 estuve cuatro días en Madhya Pradesh y entrevisté a algunas personas implicadas en el caso, en Chhatarpur,

Katni, Sihora y Jabalpur. Swarnlata siguió visitando a los hermanos e hijos de Biya, hacia los que mostraba un gran afecto.

Swarnlata hizo declaraciones mucho más superficiales sobre otra vida que creía que tuvo después de su vida como Biya en Katni. Decía que, después de morir (en su vida como Biya), volvió a nacer como una tal Kamlesh, en Sylhet, Assam (ahora en Bangladesh), y que en esa vida murió con cerca de nueve años y entonces volvió a nacer en la familia Mishra. Algunas de las afirmaciones de Swarnlata sobre esta "vida intermedia" coincidían con la geografía y otros detalles de Sylhet. Sin embargo, no se pudo identificar a ninguna niña de esta zona cuya vida correspondiera a los pocos detalles que dio Swarnlata (la investigación resultaba difícil, ya que Sýlhet pertenecía al Pakistán del Este y ahora está en Bangladesh).

Las canciones y danzas de Swarnlata parecen pertenecer a las costumbres de Sylhet. El profesor Pal identificó el idioma de las canciones como bengalí, transcribiendo algunas para un estudio posterior. Sylhet está en una zona en que se habla bengalí, mientras que, en Madhya Pradesh, Swarnlata vivió siempre entre gente que hablaba hindí. Espero poder realizar con el tiempo un informe sobre estas canciones y sus característísiticas lingüísticas.[21] Ahora voy a centrarme en la vida que Swarnlata decía que había tenido como Biya, en Katni y en las ciudades de alrededor.

## Datos geográficos importantes y posibles medios de comunicación normales entre las dos familias

El sitio más cercano a Katni donde ha vivido la familia Mishra era Panna, que está a unas cien millas. Katni, Jabalpur y las ciudades de Maihar y Sihora, donde vivía la familia Pathak, estaban en un valle al sureste de Panna. Esa ciudad está en las montañas, mientras que Chhatarpur está mucho más al oeste, en el lado occidental de estas montañas. La distancia que separa las zonas de Katni-Jabalpur y Panna-Chhatarpur es lo suficientemente grande como para que haya una diferencia de dialectos entre ambas regiones. Jabalpur y Katni están en la línea principal del ferrocarril, mientras que por Panna y Chhatarpur no pasa el tren; pero sí hay autobuses que unen todas estas comunidades.

Las familias Mishra y Pathak han negado rotundamente haber tenido ningún conocimiento de la otra antes de que se pusieran en contacto

---

21.– Ver el informe detallado de estas canciones y danzas en la página 98.

para comprobar lo que decía Swarnlata. Cuando Sri Banerjee fue a Katni, la familia Pathak no conocía a la familia Mirsha ni sabía nada de lo que decía Swarnlata. Tampoco sabían que habían tenido amigos comunes, salvo dos excepciones.

La primera, como ya he señalado, era que la esposa del Profesor Agnihotri había conocido a Biya en la zona de Maihar-Katni; pero ni Swarnlata ni su familia habían conocido a la familia Agnihotri antes de que Swarnlata empezara a hacer sus declaraciones sobre Katni. Tanto Sri M.L. Mishra como Sri Agnihotri afirmaban que las familias no se habían visto nunca hasta que éste, que había oído hablar de las afirmaciones de Swarnlata sobre el recuerdo de una vida anterior, invitó a ella y a su padre a su casa para que hablase a sus amigos sobre la vida anterior. Por entonces Swarnlata se enteró de que Srimati Agnihotri había venido de la zona de Katni y que quería verla y fue también entonces cuando Swarnlata reconoció a Srimati Agnihotri. Esto sucedió en julio de 1958, cuando Swarnlata tenía diez años y llevaba hablando de su vida anterior desde los seis.

En segundo lugar, la madre de Swarnlata era de Jabalpur. Su apellido de soltera era Pathak, pero su familia no tenía nada que ver con los Pathak de Katni. Estos Pathak (los de Katni) tenían negocios en Jabalpur y uno de los hermanos de Biya, Sri Hari Prasad Pathak, tenía algún trato con una prima de la madre de Swarnlata, Srimati Mishra. La familia Mishra iba de vez en cuando de Panna o Chhatarpur a Jabalpur, pasando por Katni, y se puede pensar que Swarnlata aprendiera algo de la ciudad de Katni durante estos viajes. Por ejemplo, la familia Pathak era importante en la zona de Katni-Jabalpur y se puede suponer que había bastantes personas que sabían dónde estaba su casa. No se puede decir lo mismo de los detalles del interior, como los árboles y los balcones que había en la propiedad. Este conocimiento estaría restringido a un pequeño grupo de amigos de los Pathak y los detalles de su vida privada los conocería un número aún menor de personas de la familia. Swarnlata también dio información sobre los detalles de la estructura de la casa; pero tal como estaba unos años antes de que empezara a hablar de la vida anterior. Si por algún medio llegó a conocer algo de los Pathak, ese conocimiento tuvo que pasar inadvertido a sus padres, ya que ellos no sabían nada de esta familia cuando ella empezó a hablar de la vida anterior y, como Swarnlata no estuvo nunca lejos de casa si no era en compañía de ellos, es difícil imaginar cómo pudo haber aprendido algo sobre la familia Pathak por una persona informada sin que ellos (sus padres) recibiesen dicha información al mismo tiempo. Volveré a tratar este punto con detalle después de presentar las declaraciones y reconocimientos de Swarnlata.

## Personas entrevistadas en la investigación

En Chhatarpur entrevisté a:
Swarnlata
Sri M.L. Mishra, padre de Swarnlata
Sri Krishna Chandra Mishra, hermano (tres años mayor) de Swarnlata
Sri R.P. Sukla, Director del Colegio Maharaja de Chhatarpur
Sri B.M. Chaturvedi, del Colegio Maharaja de Chhatarpur
Sri R.S. Mishra, hermano mayor de Sri M.L. Mishra y tío de Swarnlata

En Katni, entrevisté a:
Sri Hari Prasad Pathak, hermano mayor de la difunta Biya, y a su esposa
Sri Rajendra Prasad Pathak, segundo hermano de Biya, y a su esposa
Sri Brij Kishore Pathak, cuarto hermano de Biya
Sri S.L. Koul

En Sihora, entrevisté a:
Sri Murli Pandey, hijo de la difunta Biya
Srimati Bindi, cuñada de Biya

En Jabalpur, entrevisté a:
Sri Mahendra Kumar Pathak, hijo de Sri Rajendra Prasad Pathak y sobrino de Biya.

Además, he podido mantener correspondencia con bastantes personas familiarizadas con el caso, como Sri R. Agnihotri. Sin embargo, sus testimonios se basan más en la *bona fides* de los testigos principales y demás personas relacionadas con el caso que en los detalles concretos de las declaraciones y reconocimientos de Swarnlata. El Profesor P. Pal puso a mi disposición las notas que tomó en el estudio del caso en 1963.

## Declaraciones y reconocimientos hechos por Swarnlata

En la tabla doy un resumen de las afirmaciones y los reconocimientos hechos por Swarnlata sobre su pretensión de ser Biya renacida. La tabla omite una serie de declaraciones y reconocimientos menos importantes, así como otros en los que hay discrepancias o vacíos en los testimonios. Los datos 1 a 18 son las declaraciones hechas por Swarnlata en Chhatarpur, antes de que las familias Mishra y Pathak se pusieran en contacto, y la mayoría fueron escritos antes de intentar comporbarlos; los hechos 19 a 23 se dieron en Chhatarpur cuando los miembros de las familias Pathak y Pandey fueron a ver a los Mishra; los hechos 24 a 37 sucedieron en el primer viaje de Swarnlata a Katni, en 1959; del 38 al 46 tuvieron lugar en una visita de Swarnlata a Maihar y a Tilora una semanas después; el 47 y el 48 ocurrieron durante un viaje a Jabalpur, en 1959, y el 49 sucedió en otra visita que se hizo a Maihar en 1960.

## Informes y observaciones sobre el comportamiento de las personas implicadas

La identificación de Swarnlata con Biya no era tan fuerte como la de personalidades anteriores de otros niños, aunque era bastante notable. Su padre se dio cuenta de que en Chhatarpur, con su familia actual, Swarnlata se comportaba como una niña, aunque era algo más seria y madura que los demás niños de su edad; pero en Katni, con los Pathak, se comportaba como una hermana mayor de la casa, y esto con hombres que tenían cerca de cuarenta años más que ella, como sucedía con los hermanos Pathak. Además, la aceptaron completamente como Biya renacida. Los hermanos Pathak y ella seguían la costumbre hindú del Rakhi, en la que los hermanos se intercambian regalos y renuevan su afecto recíproco. Cuando estuve en Katni en 1961 vi a Sri Brij Kishore Pathak disgustado y hasta enfadado porque Swarnlata no había ido a la ceremonia del Rakhi el año anterior. Decía que ella había vivido en su familia cuarenta años y con los Mishra sólo diez, por lo que pensaban que tenían más derecho sobre ella. Hasta ese punto habían aceptado los Pathak las afirmaciones de Swarnlata de ser Biya renacida. Quizá sea interesante decir que los Pathak están (para ser una familia india) bastante "occidentalizados". Sri R.P. Pathak decía que no había creído en la reencarnación hasta la visita de Swarnlata, que cambió su creencia.

Swarnlata cambiaba su comportamiento con los hijos de Biya según las circunstancias. Si estaban delante sus padres o personas mayores de su familia actual, se mostraba reservada; pero Sri Murli Pandey decía que, si Swarnlata estaba sola con él o con su hermano, se relajaba y los trataba con la familiaridad de una madre. El tenía trece años cuando Biya murió y, en 1961, tenía treinta y cinco. Tampoco veía este comportamiento impropio porque también creía que su madre había renacido. Sri Murli Pandey tampoco creía en la reencarnación hasta que conoció y observó a Swarnlata.

Swarnlata se emocionaba bastante y lloraba cuando veía a los miembros de la familia Pathak o se despedía de ellos. Incluso se entristecía y lloraba cuando pensaba en Katni y, cuando habló conmigo en 1961 sobre la vida anterior, se le saltaban las lágrimas. Muchas veces, cuando estaba sola, recordaba la vida en Katni y, en algunas ocasiones, añoraba estar allí y se ponía triste. Sin embargo, en líneas generales, sentía cariño por la familia Mishra y sus lealtades parecían mucho menos divididas que las de Jasbir y Prakash, por ejemplo. Según su hermano mayor, Krishna Chandra, en 1961 hablaba con menos espontaneidad de lo acostumbrado sobre la vida anterior; pero parecía que sus impresiones de la vida de Biya no se habían desvanecido, como sucedía con las imágenes similares de la mayoría de los niños de este tipo. Quizá se deba a la tolerancia y aceptación plenas de sus experiencias por parte de su familia actual. Los padres de Swarnlata retrasaron cualquier comprobación al principio y no buscaron ningún tipo de publicidad; pero se sentían afortunados de tener una hija inteligente, leal y piadosa y, a diferencia de las familias de otros niños, no hicieron nada para evitar que Swarnlata hiciera estas declaraciones o para que no tuviera amistad, cuando se pudo, con la familia Pathak.

## Comentarios sobre la posibilidad de que Swarnlata tuviese conocimientos paranormales

Como ya he comentado antes, hay una pequeña posibilidad de que Swarnlata y los Mishra hubieran conocido inconscientemente algunos hechos de la familia Pathak de Katni. Los Pathak (que tenían familiares y parte de sus negocios en Jabalpur) eran bastante conocidos en la zona y sus asuntos públicos se podían conocer con bastante facilidad. No hay ninguna prueba de que Swarnlata o su familia hayan adquirido este conocimiento; pero no podemos descartar esta posibilidad. Parece que la fuerza de la explicación paranormal se basa en (*a*) el conocimiento que tenía Swarnlata de los detalles de la familia y de la casa que no eran de dominio público, como que Biya tenía dientes de oro, un detalle que hasta los hermanos de Biya habían olvidado; (*b*) su reconocimiento de los miembros de las familias Pathak y Pandey, y (*c*) su conocimiento de cómo eran (en oposición a cómo son ahora) los lugares y las personas. Si sólo contamos sus reconocimientos atestiguados de personas (no de lugares), llegan a sumar veinte. Si creemos a los testigos que han sido interrogados a fondo, la mayoría de estos reconocimientos se dieron en tales circunstancias que Swarnlata se vio obligada a dar un nombre o a decir la relación que había entre Biya y la persona en cuestión. La pregunta no era "¿Soy tu hijo?", sino "Dime quién soy". Y se intentó confundirla en muchas ocasiones o se le decía que la respuesta no era correcta, pero normalmente los reconocía de inmediato.

Analizando las distintas posibilidades, lo primero que podemos considerar es una gran conspiración entre todos los testigos, en especial los Mishra, los Pathak y los Pandey. Pero una familia importante y con muchos intereses, como los Pathak, no se prestaría a participar en un engaño en el que tendrían que involucrar a muchos testigos, que podrían descubrirla más tarde. Si se tratase de un engaño, vendría del lado de Chhatarpur. Ningún testimonio de quien conoce a Sri M.L. Mishra en Chhatarpur me ha dado pie para sospechar que haya intentado tal cosa. Según sus propias declaraciones, durante bastante tiempo dudó de la autenticidad o veracidad de las afirmaciones de su hija y no hizo nada para verificarlas durante seis años. Cuando Sri Banerjee estuvo en la zona del caso en 1959, expresó su deseo de observar personalmente cualquier reconocimiento de la familia Pathak por parte de Swarnlata. Se disgustó cuando las dos familias se vieron sin decírselo para que estuviera presente. En una carta que me envió Sri Mishra el 6 de agosto de 1962 me decía que no quería que estuviera presente Sri Bajernee, porque temía que Swarnlata no realizara los reconocimientos y esto le perjudicaría públicamente. Podemos suponer que, de haber querido obtener algún beneficio con el fraude, hubiese tratado de involucrar a testigos imparciales que dieran fuerza y publicidad al caso.

Pero, aun suponiendo que hubiera fraude, debemos preguntarnos si alguien pudo haber guiado a Swarnlata en los reconocimientos. No podemos decir que haya sido así, pero nadie puede imaginar que se haya podido hacer rápida y fácilmente. Entonces, tenemos que preguntarnos quién pudo dedicarse a hacerlo. Sri M.L. Mishra, aparte de Swarnlata, era el único miembro de la familia que recibía alguna atención pública por el caso y ésta no siempre era agradable. Si tramó el

## TABLA

*Resumen de las declaraciones y reconocimientos hechos por Swarnlata*

| Datos | Informadores | Comprobación | Comentarios |
|---|---|---|---|
| 1.– Pertenecía a una familia llamada Pathak, de Katni | M.L. Mishra, padre de Swarnlata | Rajendra Prasad Pathak, hermano de Biya | La familia Pathak de Katni tenía una hermana, Biya, que murió en 1939. |
| 2.– Tenía dos hijos, Krishna Datta y Shiva Datta | M.L. Mishra | Murli Pandey, hijo de Biya | Biya tenía dos hijos llamados Murli y Naresh. Un pequeño error, posiblemente por asociación: Murli es el mismo nombre que Krishna, lo mismo que Pepe es el mismo nombre que José. Krishna Datta era el nombre del cuñado de Biya, que murió poco menos de un mes después de que Murli naciera. El suegro de Biya se llamaba Shankara Datta, que es el mismo nombre que Shiva Datta. Swarnlata recordó correctamente los nombres más tarde. Ver las notas sobre el reconocimiento de estos hijos más abajo. |
| 3.– Se había llamado Kamlesh | M.L. Mishra | Incorrecto | Parecía que Swarnlata mezclaba recuerdos diferentes. Posteriormente los separó y dijo que en una vida en Sylhet, Assam (ahora Bangladesh) se llamaba Kamlesh. |
| 4.– Se había llamado Biya | Krishna Chandra, hermano de Swarnlata | Rajendra Prasad Pathak | |

| Datos | Informadores | Comprobación | Comentarios |
|---|---|---|---|
| 5.– El cabeza de familia era Sri Hira Lal Pathak | M.L. Mishra | Incorrecto | El padre de Biya era Sri Chhikori Lal Pathak; su hermano mayor, y cabeza de familia a su muerte, era Sri Hari Prasad Pathak. El nombre que dio Swarnlata parece una fusión del del padre y el del hermano de Biya. |
| 6.– La casa de los Pathak era blanca | M.L. Mishra | Examiné la casa y los alrededores. Los datos 6 a 14 también los verificó Rajendra Prasad Pathak. Swarnlata decía la verdad en todos estos datos. | |
| 7.– La casa tenía cuatro habitaciones estucadas, pero el resto estaba peor rematado | M.L. Mishra | La misma del dato n°. 6 | Parece que después de la muerte de Biya se amplió y mejoró la casa. Esta declaración sobre la casa era cierta cuando Biya vivía, dieciocho años antes. |
| 8.– Las puertas eran negras | M.L. Mishra | La misma del dato n°. 6 | |
| 9.– Las puertas estaban sujetas con barras de hierro | M.L. Mishra | La misma del dato n°. 6 | |
| 10.– El suelo de la planta frontal de la casa era de bloques de piedra | M.L. Mishra | La misma del dato n°. 6 | |

| Datos | Informadores | Comprobación | Comentarios |
|---|---|---|---|
| 11.– La familia tenía un automóvil | M.L. Mishra | La misma del dato n°. 6 | Una posesión poco normal en la India en 1950, y mucho menos en 1930. |
| 12.– Había un colegio de niñas detrás de la casa | M.L. Mishra | La misma del dato n°. 6 | La escuela estaba a unas cien yardas de la parte trasera de la propiedad. No se podía ver desde la calle de la casa de los Pathak. |
| 13.– Se veía el ferrocarril desde la casa | M.L. Mishra | La misma del dato n°. 6 | Al otro lado de la calle, enfrente de su propiedad. |
| 14.– Se veían hornos de cal desde la casa | M.L. Mishra | La misma del dato n°. 6 | Los hornos de cal estaban en terrenos que lindaban con la propiedad. La descripción de la casa y su situación dadas por Swarnlata, como en los datos 6, 13 y 14, hicieron que Sri H.N. Banerjee la encontrase sin ayuda cuando fue a Katni, en marzo de 1959. |
| 15.– Su familia vivía en Zhurkutia Mohalla | M.L. Mishra | M.L. Mishra<br>Murii Pandey | "Mohalla" significa distrito de una ciudad. Anteriormente, el distrito en que estaba la casa de los Pathak era el de Zharratikuria. Por eso Swarnlata confundió un poco el nombre. El testimonio de Sri Murii Pandey lo obtuvo el Profesor P. Pal. |
| 16.– Tenía dolores de garganta y murió de una enfermedad de garganta | M.L. Mishra | Incorrecto | Según Sri Rajendra Prasad Pathak, Biya había tenido algunos problemas de garganta que se habían tratado. Murió algunos meses después de una enfermedad coronaria, por |

| Datos | Informadores | Comprobación | Comentarios |
|---|---|---|---|
| 16.– (Continuación) | | | ello Swarnlata se equivocó en este detalle. Los recuerdos aparentes de muchos casos de reencarnación incluyen detalles de los últimos días o meses de la vida de la personalidad anterior. También se da en los casos de Ravi Shankar, Parmod y Sukla. |
| 17.– La trató el Dr. S.C. Bhabrat, de Napiertown, Jabalpur | M.L. Mishra | Murli Pandey dió el nombre del médico que trató a Biya como S.E. Barat. Acompañó a su madre al médico de Jabalpur | La discrepancia en el nombre del médico puede deberse a un error en mi transcripción de los nombres que me dijeron o a una falta de memoria por parte de Swarnlata o de Sri Mishra. |
| 18.– Fue una vez a una boda en Tilora con Srimati Agnihotri y tuvo problemas para encontrar una letrina | M.L. Mishra Krishna Chandra | M.L. Mishra Krishna Chandra | Sri M.L. Mishra fue testigo indirecto de este hecho. Swarnlata recordó a Srimati Agnihotri este episodio. Srimati Agnihotri contó esta declaración de Swarnlata y su exactitud a Srimati Mishra. Srimati Mishra se la contó después a su marido. Swarnlata contó también este episodio a Krishna Chandra. |
| 19.– Reconocimiento de Sri Hari Prasad Pathak, hermano de Biya | M.L. Mishra Hari Prasad Pathak, hermano de Biya | | Sri Hari Prasad Pathak llegó sin previo aviso a casa de Mishra, en Chhatarpur. No se presentó a Sri Mishra. Swarnlata le llamó primero Hira Lal Pathak, pero lo reconoció como su hermano menor. Después le llamó correctamente "Babu", el nombre con que lo conocía Biya. |

| Datos | Informadores | Comprobación | Comentarios |
|---|---|---|---|
| 20.– Reconocimiento de Sri Chintamini Pandey, marido de Biya | Murli Pandey M.L. Mishra | | Sri Chintamini Pandey y su hijo Murli llegaron a Chhatarpur y ocultaron su identidad a los vecinos de esa ciudad. Se preparó un encuentro en el que se preguntó a Swarnlata el nombre de los presentes. Los dos visitantes anónimos estaban presentes junto a otros nueve hombres de Chhatarpur, unos conocidos por Swarnlata y otros, no. Cuando llegó a Sri Chintamini Pandey, dijo que lo conocía de Katni y Maihar y miró con timidez, como las mujeres hindúes lo hacen en presencia de sus maridos. También reconoció a Sri Chintamini Pandey en una fotografía de un grupo de nueve personas tomada cuarenta años antes. |
| 21.– Reconocimiento de Sri Murli Pandey, hijo de Biya | Murli Pandey M.L. Mishra | | Las condiciones son las mismas que las del dato nº. 20, salvo que Murli intentó engañar a Swarnlata y durante unas veinticuatro horas insistió en contra de lo que ella decía, repitiendo que no era Murli, sino otro. |
| 22.– No reconoció a un extranjero desconocido por Biya | Murli Pandey | | Las mismas condiciones de los datos 20 y 21. Murli se llevó a un amigo de la misma edad de su hermano Naresh e intentó, sin ningún éxito, persuadir a Swarnlata de que este amigo era Naresh, el hermano de Biya. |

| Datos | Informadores | Comprobación | Comentarios |
|---|---|---|---|
| 23.- Sri Chintamini Pandey cogió 1.200 rupias de una caja en la que ella guardaba el dinero | Murli Pandey | Murli Pandey | Swarnlata se lo dijo a Sri Chintamini Pandey, quien después se lo dijo a su hermano, y también dijo que nadie excepto Biya (su mujer) y él mismo sabían que había tenido este dinero. Había una diferencia de 200 rupias entre la cantidad que recordaba Swarnlata que se cogió y la cantidad que el marido de Biya recordaba haber cogido. Sri Murli Pandey fue un testigo indirecto de este hecho. |
| 24.- Reconoció a Sri Rajendra Prasad Pathak, hermano de Biya | Rajendra Prasad Pathak | | Swarnlata lo situó correctamente como su segundo hermano. |
| 25.- Reconocimiento de Sri Vishwambar Prasad Pathak, hermano de Biya | Rajendra Prasad Pathak | | Swarnlata lo situó correctamente como su tercer hermano. |
| 26.- Reconocimiento de Sri Brij Kishore Pathak, hermano de Biya | Rajendra Prasad Pathak Brij Kishore Pathak, hermano de Biya | | Swarnlata lo situó correctamente como su hermano menor. |
| 27.- Reconocimiento de la esposa de Sri Rajendra Prasad Pathak | Esposa de Rajendra Prasad Pathak | | Swarnlata lo situó correctamente como la mujer de su hermano menor. |

| Datos | Informadores | Comprobación | Comentarios |
|---|---|---|---|
| 28.– Reconoció a una sirviente de la familia | Rajendra Prasad Pathak<br>Krishna Chandra | | La reconoció diciendo "Es mi criada". |
| 29.– Reconocimiento del pastor de la familia | Brij Kishore Pathak<br>Krishna Chandra | | Presentado a Swarnlata como una prueba muy difícil de reconocimiento. Sri Brij Kishore Pathak intentó también persuadirla, sin éxito, de que el pastor había muerto. |
| 30.– Reconoció a Sri B.N. Chaturvedi, amigo de la familia Pathak | M.L. Mishra<br>Krishna Chandra | | Swarnlata comentó después que ahora llevaba gafas y, cuando vivía Biya, no. |
| 31.– Reconoció a la esposa de Sri Chaturvedi | Rajendra Prasad Pathak | | Swarnlata la llamó por el nombre familiar correcto, "Bhoujai". |
| 32.– Preguntas sobre la margosa que había delante de la casa | Rajendra Prasad Pathak | Rajendra Prasad Pathak | Había un árbol de margosa en la casa, pero, unos meses antes de la visita de Swarnlata, lo derribó una tormenta y lo quitaron. |
| 33.– Preguntas sobre el parapeto de la parte trasera de la casa | Rajendra Prasad Pathak | Rajendra Prasad Pathak | Se quitó este parapeto después de la muerte de Biya. |
| 34.– No aceptó que dijeran que Biya había perdido los dientes y reconoció que había tenido dientes de oro | Rajendra Prasad Pathak<br>M.L. Mishra | Rajendra Prasad Pathak<br>M.L. Mishra | Sri M.L. Mishra decía que Sri Brij Kishore Pathak intentó engañar a Swarnlata diciendo (en falso) que Biya había perdido los dientes. Swarnlata lo negó e insistió en que tenía dientes de oro. Los hermanos Pathak |

94

| Datos | Informadores | Comprobación | Comentarios |
|---|---|---|---|
| 34.– (Continuación) | | | no lo recordaban y consultaron a sus esposas, que dijeron que lo que Swarnlata afirmaba era verdad. Sri M.L. Mishra fue testigo indirecto de este hecho. |
| 35.– Reconoció a un vendedor de beteles | S.L. Koul, vendedor de beteles | | Swarnlata lo señaló entre la multitud y lo identificó por su profesión. |
| 36.– El padre de Biya llevaba un turbante | M.L. Mishra | M.L. Mishra (comprobado, pero sin objetividad) | Sri Chhikori Lal Pathak llevaba turbante, que no es una prenda de cabeza muy normal en esa parte de la India. Le enseñaron a Swarnlata un gorro y un sombrero y le preguntaron cuál era de su padre. Contestó que ninguno, que llevaba turbante. |
| 37.– Reconoció que el bara era el dulce preferido de Biya | Rajendra Prasad Pathak | Rajendra Prasad Pathak | Los Mishra no conocían esta comida. Swarnlata no la comió nunca, pero, cuando se la dieron en Katni, dijo: "Solía comer esto en mi vida anterior". |
| 38.– Reconocimiento de la hermana del marido de Biya | Murli Pandey Bindi, hermana del marido de Biya | | Sri Murli Pandey fue testigo indirecto. Srimati Bindi afirmó que Swarnlata la reconoció inmediatamente. Cuando Swarnlata entró en la cocina, Srimati Bindi dijo: "¿Me conoces?". Swarnlata contestó correctamente: "Eres la hermana de mi marido". |

95

| Datos | Informadores | Comprobación | Comentarios |
|---|---|---|---|
| 39.- Biya tenía otra cuñada que murió antes | Murli Pandey | Murli Pandey | Sri Murli Pandey fue un testigo indirecto. |
| 40.- Reconocimiento de la habitación de Biya en la casa de Maihar | Murli Pandey | | |
| 41.- Reconoció el camino al río en que se bañaban en Maihar | Murli Pandey | | |
| 42.- Reconoció a Sri Kedarnath Pandey, primo de Sri Chintamini Pandey | Murli Pandey | | Reconocido correctamente como el tío de Sri Murli Pandey en un grupo de cerca de cuarenta personas. Los datos 42 a 44 sucedieron cuando se pidió a Swarnlata que diera la vuelta a un grupo de personas que estaban sentadas en una habitación y que los reconociera uno por uno. |
| 43.- Reconocimiento de otra cuñada de Biya | Murli Pandey | | Reconocida como "hermana". La persona reconocida era la mujer del cuñado de Biya. |
| 44.- Reconocimiento de la comadrona | Murli Pandey Krishna Chandra | | Identificada también como la madre de un hombre muerto hacía muchos años. Swarnlata dio su nombre. En ese momento se conocía a la comadrona por otro nombre, pero Swarnlata la llamó como se la conocía anteriormente por la muerte de su hijo. |

| Datos | Informadores | Comprobación | Comentarios |
|---|---|---|---|
| 45.- Reconocimiento de habitaciones de la casa de Tilora | Murli Pandey | | Swarnlata reconoció la habitación en la que murió Biya. |
| 46.- Se da cuenta de que falta la veranda de la casa de Tilora | Murli Pandey | | La veranda se quitó después de la muerte de Biya. |
| 47.- Reconocimiento de Sri M.K. Pathak, hijo de Sri Rajendra Prasad Pathak | M.K. Pathak, hijo de Sri Rajendra Prasad Pathak | | Cuando entraron en la casa de Jabalpur, Sri R.P. Pathak señaló a su hijo y preguntó a Swarnlata: "¿Quién es éste?" Contestó rápidamente "Baboo", que era el nombre familiar de Sri M.K. Pathak. |
| 48.- Reconocimiento de la mujer de Sri Hari Prasad Pathak | M.K. Pathak, esposa de Sri Hari Prasad Pathak | | Swarnlata la reconoció como "la esposa del hermano". |
| 49.- Reconocimiento de otro hijo de Biya, Naresh | Murli Pandey | | Sri Murli Pandey intentó una vez más engañar a Swarnlata diciendo que Naresh era otro, llamado Bhola. Swarnlata insistió en que era Naresh. |

engaño, habría tenido que involucrar a su hijo mayor y a Swarnlata, y se habría arriesgado a que lo descubrieran. También tendríamos que preguntarnos, según esta teoría, dónde habría obtenido Sri Mishra algunas de las informaciones más personales que tenía Swarnlata sobre los asuntos privados de los Pathak, como cuando el marido de Biya le cogió las 1.200 rupias, o el incidente que tuvo con Srimati Agnihotri en la boda.

Podemos pensar que algún extraño que conociese Katni y a los Pathak pudo haber guiado a Swarnlata; pero, ¿quién pudo haber sido? y, lo que es más importante, ¿cómo pudo llegar hasta Swarnlata? Como sucede con todos los niños de la India, en especial con las niñas, sus movimientos estaban controlados por su familia. Nunca estuvo en la calle sola y nunca vio extraños en su casa a solas. ¿Cuál fue el punto de encuentro para las clases secretas sobre los Pathak? Esta suposición también queda descartada por su falta de lógica.

## Las canciones y las danzas de Swarnlata

Como ya he dicho, Swarnlata interpretaba danzas y canciones desconocidas en un lenguaje incomprensible para sus padres. Tenía cinco o seis años cuando empezó a hacerlo, o sea, aproximadamente un año después de que hablara por primera vez de una vida anterior en Katni, con cerca de tres años y medio.[22]

Swarnlata siempre interpretaba las canciones y las danzas al mismo tiempo: nunca unas sin las otras. Era como si las hubiera aprendido juntas y no pudiera (o no quisiese) separarlas. El Profesor P. Pal compartía esta impresión porque en una visita que hizo a Swarnlata y a su familia en 1963 observó que "le resultaba difícil recordar las letras de las canciones sin interpretar las danzas". Pudo interpretar estas canciones y danzas hasta 1971, cuando tuvo la amabilidad de bailar para mí. Aunque era incapaz de entender el lenguaje de las canciones, quedé muy impresionado por su voz y por la habilidad que tenía para bailarlas. Su padre, que vio esta interpretación conmigo, dijo que lo hacía exactamente lo mismo que siempre y que no había olvidado nada de lo que había hecho la primera vez, hacía muchos años. El Profesor Pal,

---

22.– Varían las estimaciones del padre de Swarnlata, Sri M.L. Mishra, sobre la edad que tenía cuando empezó a interpretar las canciones y las danzas. En una declaración escrita por entonces, hacia 1961, decía que tenía siete años; pero también pudo ser en el tiempo en que la familia estuvo viviendo en Nowgong y antes de que se mudaran a Chhatarpur.

que era mejor observador de estos aspectos de la interpretación, me escribió que "las melodías parecían ser correctas y las posturas apropiadas y atractivas". Swarnlata le repitió el baile tres veces para que pudiera transcribir las canciones.

El Profesor Pal, que nació en Bengala, indentificó las canciones como bengalíes y, al volver a su casa en Bengala Occidental, comprobó que dos de ellas procedían de poemas de Rabindranath Tagore. La tercera canción, indentificada también como bengalí, era de un poeta menor que el Profesor Pal no pudo identificar.

Los poemas de Tagore eran "Pôush Tôder Dak Diyecche", y "Ore Grihabâsi, Khôl Dûar Khôl". El Profesor Pal fue después a Visva-Bharati, una institución fundada por Tagore en Santiniketan, Bengala Occidental, donde vio una interpretación de una de las canciones del repertorio de Swarnlata: el segundo de los títulos que he dado, que era una canción de primavera. Se dio cuenta de que la música de esta interpretación era "prácticamente la misma" que la de Swarnlata. La otra canción que identificó era una canción de Tagore para la temporada de cosecha.

El texto de las canciones de Swarnlata, si se compara con las letras originales de los dos poemas de Tagore, parece idéntico, pero con algunas variaciones. A continuación doy la transcripción de las canciones hecha por el Profesor Pal junto a (para las dos canciones de Tagore) la versión original de los poemas y su traducción al español.

### Una canción de siega

| *Poema original de Tagore* | *Como la cantaba Swarnlata* |
|---|---|
| Pôush Tôder Dak Diyechhe, Ây Re Chale | Pôsheta Dâk Diyechhe Âyre Chute Ây Ây Ây |
| Ây Ây Ây | Dâlâ Ji Âj Bharachhi Tây Pâkâ |
| Dâlâ Je Târ Bharechhe Âj Pâkâ Fasale, | Fasale |
| Mari Hây Hây Hây | Ki Mari Hây Hây Hây |
| Haowâr Nesây Uthla Mete Dik | Mâthe Bânsi Shune Shune Âkâs |
| Badhurâ Dhâner Khete | Kesi Hôlô |
| Rôder Sôna Chhariye Pare Matir Ânchale, | Gharethe Mâ Ke Elô Balô |
| Mari Hây Hây Hây | Khôlô Khôlô Duâr Khôlô |
| Mâthe Bânsi Shune Shune Âkâs | Khôlô Duâr Khôlô |
| Khusi Hôlô | Hâoyer Nishây Uth Na Mithel |
| | Dekhbo Môrâ Dhâner Shishe |
| | Rôda Sôna Chhariya Pare Âjio |

Gharete Âj Ke Rabe Gô, Khôlô     Chhale
Duâr Khôlô                        Ki Mari Hây Hây Hây
Alôr Hânsi Uthlô Jege Dhâner
Sishe Sisir Lege
Dharâr Khusi Dhare Na Gô, Ai Je
Uthale
      Mari Hây Hây Hây

Traducción:
Poush[23] te llama. Ven, ven, ven, ven. Su cesta está repleta de uvas maduras. ¡Oh!, ¡oh!, ¡oh!, las hadas se divierten en los arrozales embriagadas con la fresca brisa. Los dorados rayos del sol se han esparcido por la falda de la tierra. Fijaos qué bello es.

El cielo se deleita oyendo las notas de los caramillos. ¿Quién puede quedarse hoy en casa? Abrid vuestra puerta. La sonrisa de los rayos del sol se enciende en las gotas de rocío de los haces de arroz. La tierra rebosa alegría. ¡Oh!, ¡oh!, ¡oh!

## Una canción de primavera

| *Poema original de Tagore* | *Como la cantaba Swarnlata* |
|---|---|
| Ôre Grihabâsi Khôl Dûar Khôl, | Ôre Giôbâsi, Khôl Duâr Khôl |
| Lâglô Je Dôl | Lâglô Je Dôlnâ |
| Sthale Jale Banatale Lâglô Je Dôl | Thale Jale Banatale Lâglô |
| Dûar Khôl, Duâr Khôl | Je Dôlnâ |
| Rângâ Hâsi Râsi Râsi Asoke | Rângâ Hâsi Hâsi Râsi Ansuki |
| Pâlashe | Palâshi |
| Rângâ Neshâ Meghe Meshâ | Rângâ Mengâ Mengâ Mesâ Pôese |
| Prôvat Âkâshey | Âkâsi |
| Nabin Pâtây Lâge Rângâ | Nabin Pâtây Lâgi Nabin Pâtây |
| Hillôl | Lâgi Bande Bi Dullal |
|     Duâr Khôl, Duâr Khôl | Khul Duâr Khul Ôre Giôbâsi |
| Benubôn Marmare Dôle Ghâse | Lâglô Je Dôlnâ |
| Ghâse | |
| Môu Mâchi Fire Yâchi Fuler | |
| Dakhinâ | |

---

23.– Poush es el décimo mes del calendario hindú. Coincide, aproximadamente, con nuestro mes de diciembre. Es la estación de la cosecha del arroz, en Bengala.

Pâkhây Bâjây Târ Bhikhârir
Binâ
Mâdhabi Bitâne Bâyu Gandhey
Bivol
    Duâr Khôl, Duâr Khôl

Traducción:
    Abrid las puertas los que estáis en casa. La brisa de la primavera mece las tierras, las aguas y los bosques. ¡Abrid de par en par vuestras puertas! ¡Abrid de par en par vuestras puertas! Los ramos de rojas flores de los árboles de Ashoka y Palash son como sonrisas en labios rojos. Hay un tinte rojo de embriaguez en los rostros de las nubes del cielo de la mañana. Hay una ola rojiza de alegría en el follaje nuevo. ¡Abrid de par en par vuestras puertas! ¡abrid de par en par vuestras puertas! Las altas yerbas ondean al murmullo de los cañaverales de bambú. Las abejas buscan el favor de las flores. El murmullo de sus alas es como la melodía de un violinista mendigo. En el cañaveral de Madhabi Creeper la brisa se satura de fragancia. ¡Abrid de par en par vuestras puertas! ¡abrid de par en par vuestras puertas!

*Otra canción de la primavera (origen desconocido)*

### Como la cantaba Swarnlata

    Bhômrâ Ây Âyre Mahua Bône
    Jhumur Jhumur Neche Pâkhâ Pâkhâ Ây
    Âpni Mône Bhômra Ây Âyre Mahuâ Bône,
    Fuler Savây Lâglô Pireet
    Sudur Bônâ Benu Bâje Ki Reet
    Bana Pari Hây Nupur Bâjây
    Apsu Makha Ai Ankher Kône

Traducción:
    Ven, abeja negra, al bosque de Mahua, emitiendo el tintineo de tus alas danzarinas. Ven gustosamente al monte de Mahua. Hay amor en la cosecha de las flores. ¡Con qué dulzura silva el bambú en el bosque lejano! El hada del bosque hace sonar los cascabeles de sus pies con los ojos llenos de lágrimas.

En cuanto a las variaciones de Swarnlata sobre los poemas originales de Tagore, el profesor Pal hizo en su informe este comentario.

Algunas de las palabras están poco claras, modificadas o cambiadas por Swarnlata, aunque la música, la medida y la melodía se mantienen prácticamente intactas, como sucede cuando alguien aprende de oído una canción en una lengua que no conoce. El cantante de quien la aprendió también pudo haber hecho una variación de la canción original, como suele suceder.

El Profesor Pal también observó que las danzas de Swarnlata que acompañaban a la canción de la primavera eran del estilo de Santiniketan que él mismo había visto cuando fue a Visva-Bharati. Esto hace pensar que Swarnlata aprendiese las canciones de oído y que después les aplicase las danzas sin ajustarse correctamente a las canciones iniciales.

Swarnlata decía que un amigo, Madhu, le había enseñado las canciones y las danzas en una vida anterior que recordaba, en la que era Kamlesh de Sylhet. Recordaré a los lectores que no se ha comprobado ninguna de sus declaraciones sobre su vida en Sylhet. Sin embargo, su relato de esta vida contiene muchos rasgos verosímiles, como detalles precisos de la geografía. Su afirmación respecto a las posibilidades de conocer y hablar el bengalí en Sylhet es bastante razonable. Aunque Sylhet está cerca de Assam, la gente de la zona habla principalmente bengalí (los nombres dados por Swarnlata en los recuerdos de esa vida, como Kamlesh, son poco normales en una familia bengalí; pero, aunque la familia anterior hubiera sido de otra raza, sus miembros pudieron tener amigos bengalíes y hablar esta lengua). Además, el Profesor Pal llegó a saber que, antes de la separación de la India, algunos niños de familias acomodadas de Sylhet habían estudiado en el Visva-Bharati, en Santiniketan, Bengala Occidental. Todos los años se celebra allí un Festival de Primavera, en el que un grupo de niñas interpreta la canción de la primavera de Tagore (una de las que cantaba Swarnlata). Por tanto, también es razonable suponer que Kamlesh, la personalidad anterior a la que se refería Swarnlata, conocía estas canciones de Tagore en bengalí por un amigo que las aprendió en el Visva-Bharati o en algún otro lugar.

Llegados a este punto, nos preguntamos si Swarnlata pudo haber aprendido estas canciones y danzas de un modo normal antes de que cumpliera (más o menos) cinco años, que es cuando empezó a interpretarlas. Por la correspondencia mantenida con los miembros del equipo de Visva-Bharati, que tienen los derechos de autor de las canciones de Tagore, tuve noticias sobre el acceso que puede tener a ellas el público en general. Esta institución dio el permiso para el uso de las canciones en películas, radio y discos. Por la Gramophone Company of India supe que una de las canciones se había grabado en 1940 y la otra, en 1947, aunque esta segunda grabación se retiró en 1949. Se puede pensar que las canciones estarían en las películas, en la radio y en los discos de la India durante la infancia de Swarnlata. Ella nació en marzo de 1948 y empezó a bailarlas hacia los seis años, en marzo de 1954.

Como ya he explicado, durante los primeros años de la vida de Swarnlata su familia y ella vivían en Shahpur (distrito de Tikamgarh), donde había nacido. Después se mudaron, primero a una ciudad llamada Panna, donde estuvieron unos dos años, y después a otra llamada Nowgong, en el distrito de Chhatarpur. Todos estos lugares están en Madhya Pradesh, un estado del centro-norte de la India en el que se habla hindí. Cuando M.L. Mishra trabajaba para el gobierno en Panna, Swarnlata vivió allí con él durante poco tiempo. Los otros dos años que él estuvo en Panna, Swarnlata y su madre vivían en Shahpur con los padres de Sri Mishra. La familia vivía en Nowgong cuando Swarnlata empezó a interpretar las canciones y las danzas. Siguieron en Nowgong durante unos cinco años y después se trasladaron a Chhatarpur, cuando Swarnlata tenía unos diez años (los vi, tanto en 1961 como en 1971, en Chhatarpur). Durante estos años, Swarnlata estuvo con uno de sus padres o con ambos, excepto un periodo de unos meses en que vivía con sus abuelos maternos en Jabalpur, que también está en Madhya Pradesh. Por entonces tenía unos tres años y medio.

Los Mishra no tuvieron gramófono ni radio hasta que Swarnlata tuvo cerca de ocho años, o sea, tres años después de que empezara a interpretar las canciones y las danzas (por entonces compraron una radio, pero todavía no tenían gramófono). Según dice Sri M.L. Mishra, Swarnlata no había ido nunca al cine hasta después de empezar a bailar las danzas. Parece cierto que ni él ni su mujer la habían llevado nunca (de hecho, en aquél tiempo no había cines en Shahpur, Nowgong ni Panna). No pueden asegurar que sus abuelos maternos no la hayan llevado alguna vez en los meses en que estuvo con ellos en Jabalpur, aunque lo consideraban difícil. Pudo haber ocurrido, si fue así, por lo menos un año antes de que Swarnlata interpretara las canciones y las danzas por primera vez ante su familia; pero, aunque los abuelos de Swarnlata la hubieran llevado al cine en Jabalpur, es difícil que viese una película bengalí, pues raras veces las ponen en las zonas de la India en que se habla hindí, por la sencilla razón de que la mayoría del público no las entendería. Es de suponer que las canciones bengalíes, como las de Tagore, sólo aparecerían en la películas bengalíes.

Queda la posibilidad de que Swarnlata hubiese aprendido las canciones y las danzas bengalíes por alguna persona que hablase esta lengua y que fuese amiga de la familia. Había algunos bengalíes viviendo en las zonas de Panna y Nowgong, pero ninguno era amigo de la familia Mishra antes de que Swarnlata empezara a interpretar sus canciones y danzas. No se puede pensar, dadas las circunstancias de la vida india, que Swarnlata hubiera ido a casa de un bengalí y aprendido las canciones y las danzas sin que sus padres conocieran estas visitas.

Se demuestra que los padres de Swarnlata tenían muy poco conocimiento del bengalí por el hecho de que hasta 1963 pensaban que sus canciones podían ser assamesas, una deducción a la que llegaron por el hecho de que Sylhet, donde Swarnlata dice que aprendió las canciones, está en el Bangladesh del norte y estaba en Assam (en aquella región hay personas que hablan assamés, pero es una lengua distinta al bengalí, aunque parecida). Una persona que conocían en Chhatarpur y hablaba bengalí había dicho, antes de esto, que el idioma de las canciones era "bengalí impuro". Y otro de Nowgong que también hablaba bengalí identificó el idioma como bengalí. A pesar de todo, seguían pensando que el idioma de estas canciones podía ser assamés.

Hay otros factores que hacen improbable, si no imposible, que Swarnlata hubiera aprendido las canciones y las danzas de un modo normal. En primer lugar, las diferencias que hay entre sus canciones y los poemas originales de Tagore no se habrían producido si los hubiese aprendido directamente de una persona que las conociese bien. Las discrepancias tienen más sentido si aceptamos la afirmación de Swarnlata de que Kamlesh, la personalidad anterior de la vida que dice recordar, las había aprendido de un amigo (Madhu), que pudo aprenderlas correctamente en Visva-Bharati. Las diferencias pudieron producirse tanto en la transmisión del amigo a Kamlesh como en la de los recuerdos de Kamlesh a Swarnlata; pero lo cierto que es que las había.

En segundo lugar, las canciones y las danzas son habilidades y las habilidades sólo se pueden aprender con la práctica.[24] No creo que

---

24.– Como muestra de mi coincidencia con Polanyi, en que una habilidad sólo se puede adquirir con la práctica, y con Ducasse, en que no se puede transmitir por percepción extrasensorial entre personas vivas, ver I. Stevenson: "Xenoglossy: A Review and

Swarnlata haya aprendido estas canciones y danzas con sólo observar pasivamente cómo las ejecutaban otros en una película, o en la radio o en un disco; pero no dejo de admitir que, aunque todo hace pensar lo contrario, de algún modo pudo ver estas canciones y danzas antes de interpretarlas. Tuvo que haberlas ensayado para alcanzar la habilidad que demostró ya la primera vez que reveló esta facultad ante su familia. Al considerar su interpretación como la manifestación de una habilidad, me fijo más en los recuerdos que mostraba de las canciones y las danzas que en el hecho de que las canciones estuvieran en bengalí. El hindí y el bengalí son lenguas indoeuropeas de origen sánscrito. Pueden tener diferencias como las que hay entre el sueco y el noruego y, hasta cierto punto, las personas instruidas pueden entenderse en cualquiera de las dos lenguas. Lo importante de que las canciones estén en bengalí es que parece difícil que Swarnlata las hubiese podido oír directamente a personas vivas en la parte de la India donde vivía, pues había muy pocas personas que hablasen bengalí y ninguna de ellas tenía amistad con su familia.

Llego a la conclusión de que las canciones y danzas responden a los componentes paranormales del caso y forman parte de sus características más fuertes.

Añadiría que Swarnlata sólo mostraba en estas canciones una xenoglosia recitativa. El Profesor Pal le habló en bengalí en un intento de comprobar si conocía este idioma, pero no lo comprendió. Tampoco podía traducir al hindí para su familia las canciones que cantaba.

## Desarrollo posterior de Swarnlata

No vi a Swarnlata entre agosto de 1961 y noviembre de 1971. Sin embargo, durante este periodo me carteaba de vez en cuando con ella y con su padre. Como me mantuve en contacto con ellos por este medio, los diez años transcurridos no interfirieron en que tuviéramos una reunión más amistosa cuando su familia y ella me recibieron en Chhatarpur en 1971. Swarnlata tenía entonces veintitrés años. Después me escribió una carta larga (en agosto de 1972), que utilizaré en el próximo informe, en la que me aclaraba algunos puntos de sus experiencias.

En los estudios iba bien: primero sacó el título de Bachiller en Ciencias y después siguió estudiando, consiguiendo en 1969, con buenas

---

Report of a Case", *Proc. A.S.P.R.*, Vol 31, 1974, pp. 1-268 (publicado también por The University Press of Virginia, Charlottesville, 1974).

notas, el título de Master en Ciencias Botánicas. En 1971 consiguió el empleo de profesora de Botánica en un instituto de Chhatarpur. Quería seguir estudiando para hacer el doctorado; pero se veía imposibilitada por el escaso número de becas disponibles para realizar estudios superiores en la India.

En los diez años que pasaron desde la última vez que la vi, se convirtió en una mujer hermosa de porte grave y hasta ligeramente melancólico. En las horas que pasé con su familia hablaba con poca espontaneidad, pero pienso que se debía a la reserva que muestran muchas mujeres indias hacia los hombres que no son de su familia —y hacia muchos que lo son. Cuando su padre se lo pidió, interpretó una de las canciones y danzas bengalíes que dice haber aprendido en la vida de Sylhet. Yo no había visto antes ninguna interpretación, pero su padre decía que la representación era siempre la misma y que no había olvidado nada de lo que hizo por primera vez ante su madre hacía mucho tiempo, cuando tenía cinco o seis años.

Cuando le pregunté si conservaba los recuerdos de la vida anterior que tenía cuando era niña, me respondió que no había olvidado nada. En la carta que ya mencioné me escribió: "Las cartas y las personas que vienen de Katni me hacen recordar los hechos de la vida anterior [allí]. Algunas veces, cuando canto las canciones de la vida en Sylhet, recuerdo el ambiente del lugar (...) Cuando estoy absorta en cualquiera de las vidas pasadas me olvido de la existencia de la vida actual, pero sólo durante un momento y vuelvo de nuevo a las circunstancias presentes (...) Cuando deseo alguna cosa concreta que no tengo, aparece en mi mente un acontecimiento [equivalente] de la vida pasada y así me consuelo porque he tenido esa cosa en mi vida anterior (...). En resumen, el ambiente es el factor más poderoso para recordar las vidas pasadas".[25] La actitud de Swarnlata hacia el recuerdo de objetos, como pueden ser los de lujo, que tenía en una vida anterior es lo contrario de lo que se ve en muchos sujetos que recuerdan vidas anteriores de circunstancias socio-económicas mejores a la actual. Con frecuencia se quejan y se enfadan o satirizan a sus padres por su pobreza. Swarnlata, por el contrario, encontraba que los recuerdos de las circunstancias de las vidas anteriores la tranquilizaban y mitigaban cualquier privación que pudiera sentir.

---

25.– He cambiado el orden de las partes de esta cita y he recompuesto un poco la carta, sin cambiar el significado, para que el lector siga con más facilidad las declaraciones de Swarnlata.

Seguía visitando a los Pathak e iba a verlos una vez al año. Todavía participaba con los hermanos de Biya en la ceremonia anual del Rakhi. En su carta (ya mencionada) me escribía: "Comparto con ellos [los Pathak de Katni] sus alegrías y sus penas (...) En algunas ocasiones estoy un poco preocupada cuando no recibo noticias (...) suyas". Swarnlata ponía también en la misma carta un ejemplo de percepción extrasensorial con un miembro de la familia Pathak. Me escribía: "Hace poco tuve un sueño en el que mi hermano [anterior] Sri Hari Prasad Pathak (el hermano mayor de Biya) dejaba la casa [de Katni] y tenía un humor bastante raro. Al cabo de una semana oí que había fallecido y fui a Katni a llorar su muerte. Por entonces tenía frescos todos los acontecimientos de la vida anterior".

En 1972, el padre de Swarnlata pensaba que debía concertar su matrimonio y que si lo hacía debería consultar a la familia Pathak. Swarnlata parecía dispuesta al matrimonio, pero esperaba poder seguir estudiando. En 1973 recibí una carta del padre de Swarnlata anunciándome su boda el 27 de mayo de 1973.

En mi encuentro con la familia de Swarnlata, en 1971, su padre me dijo que había otros miembros de la familia que recordaban vidas anteriores y que en 1961 no me comentó estos casos porque sabía que había venido a Chhatarpur a estudiar el de Swarnlata y no quería distraer mi atención del plan de trabajo. Sin embargo, en 1971 me resumió algunos casos más de su familia. Su mujer, Savitri Devi, y él tenían ocho hijos y seis de ellos habían tenido algunos recuerdos de vidas anteriores, aunque ninguno con tantos detalles como Swarnlata (además, al menos tres miembros de las generaciones anteriores, incluido Sri M.L. Mishra, también los habían tenido). Parece ser que, después de escuchar las narraciones de algunos de sus hijos sobre las vidas anteriores, H.L. Mishra ya había oído bastantes y no dejó que una de sus hijas, Snehlata, hablase de lo que quería contar a la familia sobre *su* vida anterior. Por esto se sabe poco de ella. Sin embargo, cuatro de sus hijos tenían recuerdos de vidas anteriores, como personas relacionadas de algún modo con H.L. Mishra o su mujer (Swarnlata también decía que habían estado con una de sus hermanas en una vida anterior, pero o no especificó cuál era o había olvidado los detalles).

Yo tenía bien claro que se podían pasar varios días en Chhatarpur ocupándose exclusivamente del estudio de los demás casos de la familia Mishra. Espero que mis colegas de la India y yo podamos investigarlo con mayor profundidad en el futuro. Pienso que son dignos de figurar aquí, porque creo que hay muchos más casos en la India (y en otros países) en los que un niño recuerda algunos (o posiblemente muchos) detalles de una vida anterior, pero, al no tener ninguno sensacional, como un asesinato, o porque los padres no quieren investigarlo o verse envueltos en ningún tipo de publicidad, se ignoran las declaraciones del niño y él va olvidando poco a poco lo que recordaba. Las investigaciones llevadas a cabo en la India en los últimos años han sacado a la luz varias familias que tenían más de un hijo que recordaba una vida anterior y también casos en que la personalidad anterior era otro miembro de la misma familia.

Aunque en la mayoría de los casos de la India que conozco el sujeto *no* es un miembro de la familia de la personalidad anterior, todavía estamos limitados al estudio de los casos que se nos dan a conocer de una manera más o menos espontánea. Con una investigación más concienzuda o una búsqueda sistemática de casos en una zona determinada –por ejemplo, en un pueblo o en una ciudad pequeña– se podría demostrar que la coincidencia de que el sujeto y la personalidad anterior sean miembros de la misma familia es, en la India, mucho mayor de lo que podemos ver en los casos de que disponemos ahora.

## EL CASO DE RAVI SHANKAR

### Resumen del caso y de su investigación

El 19 de enero de 1951, a Ashol Kumar, conocido familiarmente como Munna, el hijo de seis años de Sri Jageshwar Prasad, un barbero del distrito de Chhipatti, en Kanauj, una ciudad de Uttar Pradesh cercana a Kanpur, lo engañaron dos vecinos cuando estaba jugando y lo asesinaron brutalmente con un cuchillo o una navaja. Munna era el único hijo de Sri Jageshwar Prasad y parece que el móvil del crimen fue el deseo de eliminar a su heredero para que uno de los asesinos (un familiar) pudiese recibir sus bienes. Uno de los presuntos asesinos (Jawahar) era barbero (como Sri Jageshwar Prasad) y el otro (Chaturi) era lavandero. Alguien de la zona vio a Munna salir con estos hombres y esto llevo a su arresto y a la confesión oficiosa de uno de ellos (Chaturi). La cabeza del niño, mutilada y separada del tronco, y algunas de sus ropas que aparecieron posteriormente, fueron identificadas por el padre. El presunto asesino que había confesado retiró posteriormente la declaración, después de haber sido acusado oficialmente. Como no había testigos del crimen, se paralizó el proceso y los presuntos y confesos asesinos quedaron en libertad.

Algunos años después, llegó a los oídos de Sri Jageshwar Prasad que un niño nacido en otro distrito de Kanauj en julio de 1951 (seis meses después de la muerte de Munna) decía que era el hijo de Jageshwar, un barbero del distrito de Chhipatti, y que había dado detalles de "su" asesinato, diciendo quiénes eran los asesinos, el lugar del crimen y otras circunstancias de la vida y la muerte de Munna. El niño, que se llamaba Ravi Shankar, hijo de Sri Babu Ram Gupta, pedía a sus padres varios juguetes que decía que tenía en la casa de su vida anterior. La madre y la hermana mayor de Ravi Shankar confirmaron más tarde que hacía estas declaraciones cuando tenía dos o tres años. Posteriormente el maestro de Ravi Shankar oyó las narraciones del niño sobre el asesinato cuando tenía algo menos de seis años.

Cuando Sri Jageshwar Prasad oyó hablar de estas declaraciones, fue a casa de Sri Babu Ram Gupta para obtener toda la información posible. Sri Babu Ram Gupta se molestó por esta intrusión y parece que tenía miedo de que Sri Jageswar Prasad se llevara a Ravi Shankar, sobre todo porque el niño hablaba mucho de "sus" juguetes anteriores. Sri Babu Ram Gupta no habló con Sri Jageshwar Prasad.

Sin embargo, más tarde, Sri Jageshwar Prasad pudo ver a la madre, que le dejó hablar con Ravi Shankar. Según Sri Jageshwar Prasad, el niño, pasado un tiempo, lo reconoció como su padre en la vida anterior y también le hablo de la vida de Munna. En este encuentro, Ravi Shankar contó a Sri Jageshwar Prasad el asesinato (de Munna), que coincidía con lo que habían podido saber de los hechos por la confesión retractada de uno de los asesinos, la inspección del lugar del asesinato en el río y el cuerpo mutilado. Este encuentro tuvo lugar el 30 de julio de 1955, cuando Ravi Shankar tenía cuatro años. En el mes de marzo siguiente de 1956, el maestro de Ravi Shankar escribió (en una carta al Profesor B.L. Atreya) algunas de las declaraciones del niño sobre la vida anterior.

El padre de Ravi Shankar siguió oponiéndose a que se tratara el caso y pegaba severamente al niño para que dejase de hablar de su vida anterior. En 1956, el maestro de Ravi Shankar pudo ver los efectos de las palizas que el padre daba al niño. Notó que Ravi Shankar tenía miedo a hablar de su vida anterior. Sri Babu Ram Gupta tuvo discusiones con sus vecinos por insistir en que todos olvidasen el incidente (algunos habían confirmado a Sri Jageshwar Prasad que Ravi Shankar había hablado de una vida anterior). Sri Babu Ram Gupta hasta llegó a mandar a Ravi Shankar lejos del distrito durante más de un año y, después de esto, murió.

Además de tener miedo a su padre, Ravi Shankar también tenía miedo de los asesinos de Munna. Una vez que vio a uno de ellos, temblaba de miedo, y tal vez también de rabia, ya que expresó su intención de vengar el asesinato. También le dijo a su maestro (en 1956) que en general tenía miedo de todos los barberos y lavanderos y que corría cuando veía alguno.

La madre de Ravi Shankar testificó que el niño tenía en el cuello una marca lineal que se asemejaba a la herida de un cuchillo. Dijo que se dio cuenta de esta marca cuando tenía tres o cuatro meses. La marca parece congénita.

Cuando Ravi Shankar hablaba del asesinato de la vida anterior, decía que la marca del cuello era de la herida del homicidio. Al crecer, la marca fue cambiando paulatinamente de posición hasta que, en 1964, estaba en la parte superior del cuello, justo debajo de la barbilla. Por aquél tiempo también se había atenuado.

Después de que Sri Jageshwar Prasad se quedara satisfecho al ver que Ravi Shankar conocía perfectamente el asesinato de su hijo, quiso reanudar los cargos legales contra los presuntos asesinos que, por falta de testimonio, habían quedado en libertad cinco años antes. Pero esto, al parecer, no era posible, no sé bien si por el tiempo que había transcurrido o porque los tribunales no querían reconocer el testimonio de Ravi Shankar.

En 1956 el Profesor B.L. Atreya mantuvo correspondencia con Sri Jageshwar Prasad sobre el caso y recogió varios testimonios escritos de otros testigos, como el de Sri Shriram Mishra, el maestro que tenía Ravi Shankar en Kanauj. El Profesor Atreya no entrevistó personalmente a ningún testigo. Los documentos que puso a mi disposición parecían justificar una investigación más profunda; por tanto, en 1962 el Dr. Jamuna Prasad, Sri R.S. Lal y Sri H.N. Banerjee fueron al lugar del caso y entrevistaron a varios testigos. Sri Lal puso a mi disposición las traducciones de las notas tomadas en el lugar.

Como ya he dicho, el padre de Ravi Shankar murió por entonces. Desgraciadamente, Sri Jageshwar Prasad y su mujer estaban fuera de Kanauj en 1962, cuando se realizó la investigación, pero se consiguió la confirmación de algunos testimonios por los vecinos de la familia.

Posteriormente (1963-1965) mantuve correspondencia directa con Sri Jageshwar Prasad, que me respondió a algunas preguntas sobre detalles del caso.

En 1964 visité en persona el lugar de los hechos y entrevisté a muchos testigos que ya había entrevistado el Dr. Jamuna Prasad, así como a algunos nuevos. Sri Jageshwar Prasad estaba también fuera de Kanauj, pero la correspondencia que mantenía con el Profesor Atreya y conmigo y las declaraciones de otros testigos pudieron paliar, aunque no por completo, su ausencia.

## Datos geográficos importantes y posibles medios de comunicación normales entre las dos familias

Por las declaraciones de varios testigos se deduce que las dos familias implicadas tenían un ligero conocimiento personal de la otra antes de que Sri Jageshwar Prasad intentara verificar las declaraciones de Ravi Shankar en 1955. Al parecer, sólo "se conocían de vista". Srimati Ramdulari Ram Gupta, la madre de Ravi Shankar, decía que Sri Jageshwar Prasad no había estado nunca en su casa, antes de ir aquel año para la verificación. La familia de Ravi Shankar había oído hablar del asesinato de Munna cuatro años antes, como casi todas las personas de la ciudad de Kanauj. Srimati Ramdulari Ram Gupta fue a la casa del niño asesinado a dar el pésame. Negó haber conocido a la familia antes del asesinato. Sri Jageshwar Prasad reaccionó con gran dolor y rabia ante el crimen y la mente de su mujer quedó perturbada tras la tragedia. Sri Jageshwar se empeñó en llevar a los culpables a la justicia. Al parecer hablaba bastante del asesinato por la ciudad; pero con su forma de actuar hacía que otras personas se callasen, por miedo a ir a los tribunales como testigos o a enemistarse con los asesinos, aún en libertad. En 1962, el Dr. Jamuna Prasad y sus colegas vieron a la familia de Ravi Shankar con bastante reticencia para hablar del asesinato de Munna y de las afirmaciones de Ravi Shankar, que aseguraba que era Munna renacido, y sus temores no disminuyeron cuando los visité en 1964. Los motivos que tenían para esta reticencia eran que no querían ningún problema con la justicia y que también temían que Ravi Shankar pudiera dejarlos para vivir con Sri Jageshwar Prasad, de quien hablaba bastante. Pero, aunque la familia de Ravi Shankar hablaba poco de Munna, Ravi Shankar, de pequeño, insistía bastante en su anterior vida.

En vista de las actitudes descritas, creo improbable que Ravi Shankar supiera algo sobre Munna por lo que hubiese podido oír a su familia sobre el asesinato. Pero, al margen de esto, no hay seguridad de que la familia de Ravi Shankar pudiera conocer detalles privados de la vida de Munna, como sus juguetes, aunque tuvieran noticia del asesinato de un niño que se llamaba así. Algunas cosas que sabía Ravi Shankar eran de dominio público; pero la mayoría, no.

La información que tenía Ravi Shankar sobre la vida de Munna, que, según parece, era prácticamente desconocida por sus padres, nos abre la posibilidad de que el niño pudiera haberla oído a Sri Jageshwar Prasad o una persona de su distrito que no conocieran sus padres. Sin embargo, esto parece improbable cuando recordamos que Ravi Shankar empezó a hablar de la vida anterior cuando tenía menos de tres años o, según un testigo, cuando apenas tenía dos. En la India. un niño de esta edad suele estar siempre en su casa bajo la vigilancia de su madre. La casa de Sri Jageshwar Prasad está como a media milla de la de Sri Babu Ram Gupta y para ir de una a otra hay que cambiar mucho de calles. No hay ninguna razón para suponer que un niño como él haya podido ir tan lejos de su casa para llegar a la de Sri Jageshwar Prasad, sin que lo supiera su madre, ni conocer las pertenencias de Munna (ver la tabla) sin que lo supiesen los padres de éste, que las guardaban en su casa.

## Personas entrevistadas o que han testificado por escrito sobre el caso

De la familia y los vecinos de Munna, el hijo asesinado de Sri Jageshwar Prasad, del barrio de Chhipatti de Kanauj, testificaron las siguientes personas:

> Sri Jageshwar Prasad, padre de Munna (declaraciones escritas en cartas al Profesor B.L. Atreya. Declaraciones adicionales en cartas que me envió a mí).
> Srimati Mano Rama, madre de Munna
> Sri Asharfi Lal Rajput, vecino de Sri Jageshwar Prasad
> Sri Swaroop Rajput, vecino de Sri Jageshwar Prasad
> Sri Kishori Lal Verma, vecino de Sri Jageshwar Prasad

De la familia y vecinos de Ravi Shankar, hijo de Sri Babu Ram Gupta del distrito de Haziganj de Kanauj, testificaron las siguientes personas:

> Ravi Shankar
> Srimati Ramdulari Ram Gupta, viuda de Babu Ram Gupta, madre de Ravi Shankar
> Sri Uma Shankar, hermano mayor de Ravi Shankar

Maheswari, hermana mayor de Ravi Shankar, nacida en 1942 (entrevistada sólo en 1962)

Sri Raj Kumar Rathor, vecino de Sri Babu Ram Gupta

Umkar, compañero de clase de Ravi Shankar

Sri Shriram Mishra, maestro de Ravi Shankar (las narraciones que le hizo Ravi Shankar fueron atestiguadas por otro profesor y otras tres personas y escritas por el Profesor B.L. Atreya el 30 de marzo de 1956).

Además he utilizado una declaración escrita que dio Sri Kali Charan Tandon, un vecino de Kanauj, al Profesor B.L. Atreya, el 31 de marzo de 1956. En ella se ve que conoce las declaraciones hechas por Ravi Shankar.

## Declaraciones y reconocimientos hechos por Ravi Shankar

Cuando, en 1962, el Dr. Jamuna Prasad y Sri R.S. Lal hablaron con Ravi Shankar, que por entonces tenía once años, había olvidado casi todos los hechos de su vida anterior. En realidad, no podía recordar ni las declaraciones que había hecho de la vida anterior ni que las había hecho. Sin embargo, decía que, cada vez que veía a Chaturi o a Jawahar, los presuntos asesinos de Munna, sentía miedo; pero decía que no conocía a estas personas y que no sabía por qué le daban miedo. Del mismo modo, decía que conocía el barrio de Chhipatti de Kanauj, pero que no sabía por qué.

En la tabla doy un resumen de las declaraciones y reconocimientos de Ravi Shankar, además de los testimonios que dan fe de estos y otros comentarios. De los distintos datos, según los testigos, al menos dieciséis sucedieron antes de que se conociera ningún miembro de las dos familias; el resto, cuando se conocieron o después.

Debo decir que he encontrado en el testimonio de este caso una discrepancia importante que no he podido resolver. Sri Asharfi Lal Rajput y Sri Kishori Lal Verma (ambos vecinos de Sri Jageshwar Prasad) y Sri Raj Kumar Rathor (un vecino de Ravi Shankar) testificaron que Ravi Shankar fue una vez a casa de Sri Jageshwar Prasad con su padre. Las declaraciones que hicieron estos testigos en 1962 y en 1964 eran similares, aunque había discrepancias sobre quién acompañaba a Ravi Shankar en la visita; pero la madre y el hermano mayor de Ravi Shankar y el padre (Sri Jageshwar Prasad) y la madre de Munna niegan que haya existido tal visita (el padre de Ravi Shankar murió antes de la investigación de 1962). Cuando pregunté a Ravi Shankar sobre este punto, al principio no se acordaba; pero después me dijo que "pudo haber ido cuando era pequeño". He considerado, entre otras, las dos posibilidades siguientes, ante esta discrepancia: Primero, que a Ravi Shankar lo llevasen en secreto a casa de Munna en un momento en que Sri Jageshwar Prasad estaba ausente, pues salía con frecuencia de Kanauj por negocios. El padre de Ravi Shankar (que se oponía rotundamente a cualquier contacto entre las dos familias) pudo haber querido tener esta visita en secreto, y la madre de Munna, que era una enferma mental desde que perdió a su hijo, quizás estuviera recluida en una habitación y no tuvo por qué ver al niño necesariamente. Por otro lado, los vecinos pudieron haber confundido la visita que hizo Ravi Shankar a otra casa, donde vio y reconoció a la abuela de Munna (ver el hecho número 26 de la tabla), con la de la casa de Sri Jageshwar Prasad.

## Apariencia que tenía la marca de nacimiento en 1964

Cuando lo vi en 1964 era un muchacho bien desarrollado que parecía tener buena salud, aunque un poco bajo para la media de su edad: trece años. Tenía algunas señales tenues en la cara, pero no eran nada anormales y daba la impresión de que eran cicatrices pequeñas de heridas de poca importancia.

Debajo de la barbilla, hacia la derecha, observé una marca recta que cruzaba el cuello en dirección transversal. Era de unas dos pulgadas de largo y de 1/8 a 1/4 de pulgada de ancho. El pigmento en esa zona era más oscuro que el del tejido de alrededor y tenía el aspecto de una cicatriz. Parecía una cicatriz vieja de una herida de arma blanca. Como ya he dicho, esto era lo que quedaba de una marca bastante grande que tenía, de niño, más abajo, en el el cuello, a un tercio de distancia entre el extremo del esternón y la barbilla.

## Informes y observaciones sobre el comportamiento de las personas implicadas

Las declaraciones de varios testigos justifican nuestra conclusión de que Ravi Shankar estaba completamente identificado con Munna. Su familia y vecinos testificaron sobre sus repetidas reclamaciones de los juguetes de Munna, que decía que estaban en su otra casa, y de su deseo de que lo llevasen a esa casa. Decía que necesitaba los juguetes.

Se quejaba de que la casa en la que vivía no era "su casa". Al menos una vez, cuando se le reprendió, se escapó de su casa diciendo que quería ir a la otra. Con frecuencia hablaba en familia del asesinato de Munna con espontaneidad, contándoselo también a los vecinos y a otras personas, pero después de las palizas de su padre lo hacía pocas veces y de mala gana.

En 1962 dijo que tenía miedo de los dos hombres que lo mataron (a Munna), aunque no podía explicar por qué les tenía miedo. Su madre confirmó que tuvo mucho miedo cuando vio por primera vez y reconoció a Chaturi, uno de lo asesinos. Sin embargo, en 1964 decía que ya no tenía miedo cuando veía a Chaturi y que ni siquiera podía reconocer a Jawahar. Recordaba que cuando era más pequeño tenía miedo de Chaturi. La madre de Ravi Shankar también confirmó el pánico que parecía sentir siempre que iban al templo de Chintamini, que está en la zona donde asesinaron a Munna (ver el hecho número 10 de la tabla).

Como ya he comentado, la madre de Munna contrajo una enfermedad mental tras la pérdida de su hijo. Eso es lo que dijeron los vecinos en 1962 y lo confirmé en mis entrevistas de 1964. Srimati Mano Rama parecía sufrir entonces una fuerte depresión, además de nerviosismo. La mención de su hijo la afligió profundamente y se puso a llorar en varias ocasiones durante la entrevista. Estaba atrapada en los recuerdos de su hijo Munna, había guardado todos sus juguetes, libros y otras pertenencias e intentaba negar los últimos acontecimientos. Como otro signo de su desequilibrio supe por un testigo (un vecino) que a veces Srimati Mano Rama echaba a su marido la culpa del asesinato de su hijo, una acusación que seguramente aumentó los sufrimientos, tanto de él como de ella.

La actitud de Srimati Mano Rama ante Ravi Shankar y sus afirmaciones se mantenía en una posición ambigua. Una parte de ella quería creer que era la reencarnación de su hijo perdido; pero la otra parte no podía soportar pensar que su hijo podía vivir con otra madre.

## Comentarios sobre la posibilidad de que Ravi Shankar tuviese conocimientos paranormales

En este caso fue la familia del fallecido Munna quien llevó por completo la iniciativa de la comprobación. La familia de Ravi Shankar no dio ningún paso para verificar las declaraciones del niño y su padre se opuso claramente a ello, llegando a pegar a Ravi Shankar y enviarlo lejos de Kanauj para que lo olvidara. El muchacho, a pesar de todo,

## TABLA

*Resumen de las declaraciones y reconocimientos hechos por Ravi Shankar*

| Datos | Informadores | Comprobación | Comentarios |
|---|---|---|---|
| 1.– Era el hijo de Jageshwar y lo asesinaron degollándolo | Maheswari, hermana mayor de Ravi Shankar<br>Raj Kumar Rathor, vecino de la familia de Ravi Shankar | Jageshwar Prasad, padre de Munna<br>Kishori Lal Verma, vecino de Jageshwar Prasad<br>Confesión de Chaturi, presunto asesino según Jageshwar Prasad | Sri Jageshwar Prasad tenía un hijo de seis años, Munna, que fue asesinado el 19 de enero de 1959. |
| 2.– Su padre era barbero | Raj Kumar Rathor | Jageshwar Prasad | |
| 3.– Su padre vivía en el distrito de Chhipatti de Kanauj | Maheswari<br>Raj Kumar Rathor<br>Uma Shankar, hermano mayor de Ravi Shankar | Jageshwar Prasad | |
| 4.– Sus asesinos se llamaban Chaturi y Jawahar | Maheswari | Jageshwar Prasad<br>Confesión de Chaturi, presunto asesino, según Jageshwar Prasad | Además de la confesión de Chaturi, se encontraron algunos trozos de los zapatos de Jawahar cerca de las ropas y el cuerpo del niño. |
| 5.– Eran un lavandero y un barbero | Shriram Mishra, maestro de Ravi Shankar<br>Raj Kumar Rathor | Jageshwar Prasad | Los presuntos asesinos eran un lavandero (Chaturi) y un barbero (Jawahar). |

116

| Datos | Informadores | Comprobación | Comentarios |
|---|---|---|---|
| 6.– Comió guayabas antes de que lo asesinaran | Maheswari | Mano Rama, madre de Munna | Munna había comido guayabas antes de salir de casa a jugar y fue mientras estaba jugando cuando los asesinos lo convencieron para que los acompañara. |
| 7.– Los asesinos lo engañaron diciendo que iban a jugar al geri | Jageshwar Prasad<br>Uma Shankar | Mano Rama | Sri Uma Shankar fue testigo indirecto de esta declaración de Ravi Shankar. El geri es un juego al que Munna solía jugar con Chaturi y Jawahar. Se cree que lo invitaron a jugar para llevarlo lejos del barrio. En realidad, nadie oyó a los presuntos asesinos invitar a Munna a jugar aquel día. Este dato puede ser cierto, pero no está comprobado. |
| 8.– Los asesinos lo llevaron al río | Raj Kumar Rathor<br>Kali Charan Tandon | Jageshwar Prasad<br>Kishori Lal Verma | El cuerpo y las ropas de Munna se encontraron cerca del río. |
| 9.– Fue asesinado en un huerto | Shriram Mishra | Swaroop Rajput, vecino de Jageshwar Prasad | Quizá no sea del todo cierto, pero la ruta de la casa de Munna al lugar donde se encontró el cuerpo atraviesa algunos huertos. Este puede no ser el sitio exacto en que asesinaron al niño, pero es de suponer que fuese por la misma zona. |
| 10.– Fue asesinado cerca del templo de Chintamini | Raj Kumar Rathor | Kishori Lal Verma | La cabeza del niño asesinado se encontró a unas 250 yardas del templo de Chintamini. Se pensaba que se cometió el asesinato en esta zona. |

| Datos | Informadores | Comprobación | Comentarios |
|---|---|---|---|
| 11.– Los asesinos le cortaron el cuello | Raj Kumar Rathor Shiram Mishra Kali Charan Tandon | Asharfi Lal Rajput, vecino de Jageshwar Prasad Kishori Lal Verma | Se encontró la cabeza separada del cuerpo. En su confesión (retractada), Chaturi dijo que mató al niño con una navaja. |
| 12.– Los asesinos lo enterraron en la arena | Raj Kumar Rathor | Kishori Lal Verma | Algunas partes del cuerpo se encontraron enterradas. |
| 13.– Tenía un patti (pizarra de madera) en su casa | Ramdulari Ram Gupta, madre de Ravi Shankar Jageshwar Prasad | Mano Rama | Según Sri Jageshwar Prasad, Ravi Shankar dijo correctamente que esta pizarra estaba en el almirah (armario grande) de su casa. Hemos de tener en cuenta que Ravi Shankar solía decir que su pizarra y sus juguetes (ver datos sucesivos) "estaban guardados". Parecía cierto que estaban guardados para que los utilizara sólo cuando se los diesen sus padres. De hecho, su madre había guardado con mucho cuidado, casi con devoción, las cosas de Munna, incluidos sus juguetes. |
| 14.– Tenía una cartera para los libros en su casa | Raj Kumar Rathor | Mano Rama | La familia de Munna guardó su cartera del colegio y me la enseñó en 1964. |
| 15.– Tenía un tintero | Ramdulari Ram Gupta | Mano Rama | |
| 16.– Tenía una pistola de juguete en su casa | Maheswari Ramdulari Ram Gupta Raj Kumar Rathor Jageshwar Prasad | Jageshwar Prasad Mano Rama | A Munna le gustaban mucho las pistolas de juguete. Ravi Shankar no tenía. Normalmente los pobres no pueden comprar juguetes a sus hijos; pero, como Sri Jageshwar |

| Datos | Informadores | Comprobación | Comentarios |
|---|---|---|---|
| 16.– (Continuación) | | | Prasad sólo tenía uno, Munna, se lo podía permitir. La pistola de juguete estaba guardada y me la enseñaron en 1964. |
| 17.– Tenía un elefante de madera en su casa | Jageshwar Prasad | Jageshwar Prasad | El elefante de juguete de Munna estaba guardado y me lo enseñaron en 1964. |
| 18.– Tenía una estatuilla del Señor Krishna en su casa | Raj Kumar Rathor | Verificado por mí en 1964 | La estatuilla de juguete del Señor Krishna de Munna estaba guardada y me la enseñaron en 1964. |
| 19.– Tenía una pelota atada a una goma | Raj Kumar Rathor | Verificado por mí en 1964 | También estaba guardado este juguete de Munna y me lo enseñaron en 1964. |
| 20.– Tenía un reloj en su casa | Raj Kumar Rathor | Mano Rama  Jageshwar Prasad | El reloj de Munna estaba guardado y me lo enseñaron en 1964. |
| 21.– Tenía un anillo que le había regalado su padre en su mesa | Raj Kumar Rathor  Jageshwar Prasad | Jageshwar Prasad | Ravi Shankar dijo a Sri Jageshwar Prasad: "El anillo que me regalaste está en mi mesa. ¿Lo has vendido?" El padre de Munna contestó: "Tu anillo está seguro. ¿Lo reconocerías?" Ravi Shankar contestó a esto: "Sí". Srimati Mano Rama dijo que el anillo no estaba en la mesa cuando murió Munna. |
| 22.– Reconocimiento de Chaturi, presunto asesino de Munna | Ramdulari Ram Gupta | Ramdulari Ram Gupta | Chaturi era el presunto asesino que confesó el crimen. La familia de Ravi Shankar no lo conocía cuando el niño lo vio en un grupo de |

| Datos | Informadores | Comprobación | Comentarios |
|---|---|---|---|
| 22.–(Continuación) | | | personas en una ceremonia religiosa. Ravi Shankar dijo al hijo de su huésped que se vengaría de Chaturi. Srimati Babu Ram Gupta vivía en Purdah y, por tanto, no podía conocer a un hombre como Chaturi, que no pertenecía ni a su familia ni a su distrito. Cuando Ravi Shankar mostró esta reacción de temor al ver a Chaturi, su madre preguntó quién era el hombre que su hijo señalaba y así es cómo se enteró. |
| 23.– Reconocimiento de Sri Jageshwar Prasad | Jageshwar Prasad | | En una carta que me envió el 9 de julio de 1963, Sri Jageshwar Prasad comentaba el reconocimiento así: "Me senté a la puerta [de la casa de Ravi Shankar]. Había diez o quince mujeres. Llamaron al niño, que ahora se llama Ravi Shankar. Estaba a medio metro de mí y me miraba tranquilo. Al principio me dirigí a él: ¡Querido, ven aquí, ¿cómo te llamas? ¿Me conoces? Repetí estas palabras dos o tres veces, pero no hablaba y estaba tímido, a punto de llorar. Volví a decirle: ¡Querido! No tengas miedo. ¿Has olvidado que solías cogerme dinero? Después de veinte o veinticinco minutos se acercó, se sentó en mis rodillas y me dijo: "Padre, yo iba a la escuela de Chhipatti y mi pizarra de madera está en el 'almirah…'." |

| Datos | Informadores | Comprobación | Comentarios |
|---|---|---|---|
| 24.– Fue a la escuela primaria en el distrito de Chhipatti | Kali Charan Tandon Jageshwar Prasad | Jageshwar Prasad | |
| 25.– Reconocimiento del reloj de Munna | Jageshwar Prasad | Jageshwar Prasad | Sri Jageshwar Prasad se había puesto el reloj de pulsera de Munna y lo llevaba cuando fue a ver a Ravi Shankar. Durante la conversación Ravi Shankar dijo: "Ese reloj es mío". El padre de Munna se lo había traído de Bombay. |
| 26.– Reconocimiento de la abuela materna de Munna | Jageshwar Prasad | Jageshwar Prasad | Sri Jageshwar Prasad no estaba presente en este reconocimiento. Escribió: "Mi suegra fue a casa de otra persona y un niño fue a llamarlo [a Ravi Shankar]. Estaba masticando caña de azúcar. Cuando vino, las mujeres le preguntaron quién había venido. Durante un rato miró hacia el suelo y después dijo: 'Ha venido la abuela [la madre de la madre]. Ha venido de Kanpur'". Ravi Shankar utilizó la palabra hindí "Nani", que significa abuela materna. La abuela materna de Munna vivía en Kanpur. |

habló con los vecinos y las noticias de sus comentarios llegaron hasta Sri Jageshwar Prasad. Por la oposición de la familia del muchacho para la verificación, el caso se asemeja al de Prakash y, un poco menos, al del Jasbir. Su resistencia puede deberse en parte al miedo que tenían a que Ravi Shankar los dejara para ir con la familia de Sri Jageshwar Prasad. Tenían además otra razón para hacer callar al muchacho después de acusar abiertamente a Chaturi del asesinato, porque podían temer represalias por su parte (ver el hecho número 22 de la tabla). Esta oposición hace casi imposible que se trate de un fraude por parte de la familia de Ravi Shankar. Ya he dado las razones por las que pienso que es improbable que Sri Jageshwar hubiera tenido ningún contacto con Ravi Shankar antes de oír las declaraciones del niño. Tanto él mismo como la madre de Ravi Shankar negaron que existiera este conocimiento.

La casa de Munna y la de Ravi Shankar estaban a media milla de distancia. En el camino había que ir por muchas calles y, como ya he dicho, parece improbable que un niño tan pequeño como era Ravi Shankar cuando empezó a hablar de una vida anterior pudiera haber ido de una casa a la otra sin que lo supieran sus padres. Por otro lado, las dos casas están en la misma ciudad, aunque en distritos diferentes, y las personas que van del distrito de Chhipatti al centro a hacer compras tienen que pasar cerca de la casa de Ravi Shankar. En 1964 me encontré con un compañero de clase de Ravi Shankar (Umkar) cerca de la casa de Sri Asharfi Lal Rajput, que estaba en el barrio de Chhipatti, no muy lejos de la de Sri Jageshwar Prasad. Umkar tenía doce o trece años y su presencia en este distrito no demuestra que niños más pequeños de otros puedan llegar hasta él; pero sí demuestra que puede haber algún contacto entre barrios. En resumen, aunque no he descubierto a nadie que haya podido servir como puente de comunicación normal de información entre las dos familias, no puedo negar que algunas personas que iban y venían entre los dos distritos puedan haber actuado como algo parecido a un puente telepático entre ellas y, entonces, por la hipótesis de la telepatía, hayan tomado parte en el desarrollo del caso. En la última sección de esta monografía trato en profundidad la fuerza o la debilidad de esta hipótesis.

En este caso, como en otros en los que hay marcas de nacimiento (ver más ejemplos en los casos de Alaska, pp. 259-320) no podemos separar la valoración de las características informativas y de comportamiento del caso de la evaluación de la marca de nacimiento. La marca de nacimiento puede guiarnos a la narración de la vida anterior que hace el niño, partiendo de la deducción que hacen los padres para explicarla. Pero, ¿qué produce la marca? Según su madre, Ravi Shankar nació con la marca, parecida a una cicatriz, en el cuello. Lo que se cuenta de la vida anterior no puede explicar por sí mismo la marca de nacimiento; debe haberse producido por alguna influencia anterior a la narración; pero, cuando las marcas de nacimiento guardan una relación tan clara con detalles concretos como para pensar que se deben a experiencias de una vida anterior, aumenta nuestro interés por analizar las explicaciones alternativas de los casos que hacen pensar en la reencarnación. Volveré a este tema en la sección de los casos de Alaska y en el Análisis General.

## Desarrollo posterior de Ravi Shankar

Volví a ver a Ravi Shankar en Kanpur en 1969. Estaba estudiando Comercio en una escuela de allí. Tenía 18 años. Decía que había olvidado por completo los recuerdos de la vida anterior, pero que conocía los detalles principales de lo que había recordado por lo que oía contar a otras personas sobre sus recuerdos. Vio al padre de Munna, Jageshwar Prasad, en junio de 1969 y estaba contento de haberlo visto.

En 1969 Ravi Shankar había perdido todas las fobias que tenía de pequeño. No tenía miedo ni a los barberos, ni a los cuchillos ni a las navajas. Su temor por la zona del templo de Chintamini, de Kanauj, (cercano al lugar donde asesinaron a Munna) duró hasta los diecisiete años, que es cuando desapareció. Ya no tiene ningún deseo de venganza contra los asesinos de Munna.

En 1969 conocí al padre de Munna, Jageshwar Prasad, y tuvimos una larga charla sobre el caso. No me dio ningún detalle nuevo que fuera importante, pero revisamos algunos hechos, en especial el momento en que conoció a Ravi Shankar, cuando reconoció espontáneamente el reloj de Munna que llevaba Jageshwar Prasad (hecho número 25 de la tabla). Este primer encuentro sucedió en junio de 1955, cuando Ravi Shankar tenía cuatro años. El padre de Ravi Shankar se opuso a que tuvieran más encuentros. Sin embargo, volvieron a verse en otras dos ocasiones: brevemente en 1967 y, como ya he comentado, en el verano de 1969. Jageshwar Prasad tenía la impresión de que Ravi Shankar sentía alguna reticencia a verlo, probablemente debido a las severas reprimendas y a las palizas de su padre. Pensaba que, después de la muerte de Babu Ram, había otras personas que se oponían a que Ravi Shankar lo viera.

Jageshwar Prasad me dijo que su mujer, Srimati Mano Ram, seguía diciendole "devuélveme a mi hijo"; pero en otros momentos expresaba el deseo de "olvidarlo todo". Según él, ella estaba algo molesta por mi visita a Kanauj en 1969, porque pensaba que podría poner en peligro sus vidas ya que los asesinos de Munna vivían todavía allí.

Fui a su casa y volví a ver a su mujer. Parecía mucho más razonable de lo que había estado la primera vez que nos vimos en 1964. Decía que se sentía mejor, aunque no completamente bien. Mostraba algún interés por ver a Ravi Shankar, pero después añadía "¿Qué saco con verlo si no puedo reclamarlo?" Ella pensaba que era su hijo, Munna, renacido.

Jageshwar Prasad, que no hablaba inglés, hizo que alguien le tradujera al hindí el informe del caso de Ravi Shankar que aparece en la primera edición de este libro, del que le envié una copia. Dijo que todos los detalles del informe eran correctos. Como ya he dicho, Jageshwar Prasad pretendía utilizar el caso contra los asesinos de Munna para volver a abrir el proceso, basándose en las afirmaciones que hizo Ravi Shankar sobre el asesinato, y creyó por algún tiempo que la investigación que estaba llevando sobre el caso y las pruebas que figuraban en el libro podrían tener alguna influencia para perseguir a los criminales. No había perdido esta esperanza, poco realista desde el principio, cuando nos vimos en 1969.[26]

Volví a ver a Ravi Shankar otra vez en Kanauj, en Noviembre de 1971. Por entonces tenía veinte años y estaba en el último curso para conseguir ese año el título de Comercio. Sus estudios eran satisfactorios. Sólo estuvo becado un año, que tuvo que repetir por acusaciones injustas de haber estado hablando en un examen; pero superó esta dificultad y siguió estudiando.

Examiné de nuevo la marca de nacimiento en 1969 y 1971. Había cambiado mucho desde 1964 su posición entre el cuello y la barbilla. En un principio la tenía en el cuello, en 1964 estaba debajo de la barbilla y la última vez muy cerca de ella. Se podía ver perfectamente que formaba una línea más oscura de unos 3 mm. de ancho.

En Agosto de 1972, el Dr. L.P. Mehrotra volvió a ver a Ravi Shanlar en Kanauj. Se enteró de que se había graduado en Kanpur en el mes

---

26.– Creo que no es probable que los tribunales acepten el testimonio de niños que recuerdan vidas pasadas y tampoco creo que deban. Algunas veces las declaraciones de estos niños pueden llevar, acertadamente, a reiniciar la investigación de casos antiguos; pero sólo se debe llevar a cabo la acción legal si esta investigación aporta alguna prueba nueva, al margen de las declaraciones del niño.

de Junio anterior. Entonces volvió a Kanauj donde trabajaba en la tienda de cereales y sal de su hermano, Uma Shankar. Como en 1972 había en la India más graduados que puestos de trabajo disponibles para ellos, Ravi Shankar tuvo que conformarse con trabajar en la tienda de su hermano, en vez de tener un empleo en una oficina o en cualquier otra ocupación más acorde con sus estudios.

## EL CASO DE MALLIKA

### Resumen del caso y de su investigación

En este grupo de casos indios que hacen pensar en la reencarnación incluyo el de Mallika, como ejemplo de los que, a pesar de sus pocos detalles comprobables, tienen características de comportamiento interesantes. En este sentido, este caso tiene características similares a algunos casos menores de Alaska y al de Ranjith Makalanda de Ceilán (ver a continuación), en los que la información no permitió la verificación de ninguna de las declaraciones.

El caso de Mallika lo estudió en primer lugar Mme. Robert Gaebelé[27, 28] de Pondicherry. Cuando estuve en la India en el verano de 1961 obtuve más información sobre el caso gracias a Mme. Gaebelé y a las entrevistas que mantuve con el padre de Mallika, con la hermana de la difunta mujer con la que se identificaba y con el marido de la hermana.

La persona fallecida era Kumari Devi Sabapathy, que vivió en Vellore, una ciudad situada a setenta millas al noroeste de Pondicherry. Devi murió en 1949 de fiebres tifoideas a la edad de veintiocho años y estando todavía soltera. Había tenido un hermano y dos hermanas que sobrevivieron a la niñez. Una hermana casada vivía en Pondicherry, donde su marido, Sri S. Mourougassigamany, era bibliotecario adjunto de Mme. Gaebelé en la biblioteca municipal. En julio de 1956 los Mourougassigamany decidieron alquilar el primer piso de su casa y lo hicieron a Sri K. Aroumougam y a su mujer, que se trasladaron con su hija, Mallika, que nació en Madrás en diciembre de 1955. Su familia se mudó de Madrás a Pondicherry en julio de 1956 y ocuparon inmediatamente el apartamento de la casa de los Mourougassigamany.

---

27.– Gaebelé, Y.R.: "Un cas de réincarnation", *La Revue Spirite*, julio-agosto, 1960, pp.126-127.

28.– Gaebelé, Y.R.: "Du nouveau sur Mallika", *La Revue Spirite*, mayo-junio, 1961, pp. 104-105.

Según iba creciendo, Mallika estaba cada vez más unida a Srimati Mourougassigamany. No tendría más de cuatro años cuando fue por primera vez al apartamento de los Mourougassigamany. Allí vio en unas sillas unos cojines bordados. Los señaló inmediatamente y dijo: "Los he hecho yo". Efectivamente, los cojines los hizo Devi, la difunta hermana de Srimati Mourougassigamany y, cuando dijo a Mallika que los cojines los había hecho una mujer que había muerto hacía diez años, sacudió la cabeza y contestó: "¡Esa era yo!".

Al principio Mallika llamaba a Srimati Mourougassigamany "hermana", pero ella le dijo que no la llamara así (no quería que se le recordara la muerte de su hermana). En cambio, le pidió que le llamara "tía". Este ligero desaire no fue óbice para que Mallika sintiese un cariño cada vez mayor por Srimati Mourougassigamany, que se mantuvo durante los años siguientes. Siempre que podía subía las escaleras para visitar a Srimati Mourougassigamany y ayudarle en los trabajos de la casa. Estaba con ella todo el tiempo posible. Su cariño continuó hasta 1962. Cuando los padres de Mallika se la llevaron de vacaciones a Madrás en 1962 y los visitaron los Mourougassigamany, Mallika quiso volver con ellos a Pondicherry.[29]

Srimati Mourougassigamany notó una serie de comportamientos similares entre Mallika y su difunta hermana, como el peculiar modo de bañarse, algunos gestos y la manera de andar con cierta independencia por delante de los demás. También mostró una precocidad considerable en algunos aspectos, como el cocinar curries.

Algún tiempo después de la afirmación inicial y de que el comportamiento de Mallika la identificara con Devi, los Mourougassigamany la llevaron a Vellore. No la llevaron a la casa en la que vivieron Devi y su familia, sino donde vivía entonces el hermano de Devi. Allí, en la salita, Mallika fue hacia donde había dos fotografías y dijo: "Aquí están mi padre y mi madre". Estas fotografías eran de los padres de Devi. Señalando otra fotografía de un grupo de la familia, dijo: "Aquí está mi hermano", y añadió: "Pero nunca está en casa". El hermano de Devi (que estaba en una fotografía de grupo) estaba casi siempre fuera de casa atendiendo sus negocios.

Los Mourougassigamany sólo recordaban otra afirmación específica de Mallika sobre la vida de Devi. Cuando vivía Devi, los Mourougassigamany tenían una vaca a la que ella (cuando iba a verlos a Pondicherry) le tenía bastante cariño. Llegó a llamarla "Coundavy", el

---

29.– Gaebelé, Y.R.: Entrevista personal del 27 de julio de 1962.

nombre de una princesa hindú. La vaca murió muchos años antes de que naciera Mallika. Un día alguien se refirió a la vaca "Coundavy" en presencia de Mallika, que inmediatamente dijo: "Recuerdo a Coundavy y al cachorro que mamaba de la vaca como si fuera un ternero". Esto recordó a los presentes que un perro que tenían los Mourougassigamany había mamado de la vaca Coundavy cuando tenía un ternero sin destetar. Los Mourougassigamany afirmaron que nadie había hablado de este incidente a Mallika.

Cuando vio después al hermano de Devi, se dirigió inmediatamente a él llamándole "hermano". Se encariñó tanto con él como con su hermana. Cuando éste visitó a los Mourougassigamany, Mallika se unió a él y lo trató con gran complacencia y afecto, sin dejarlo nunca, nada más que cuando iba a la escuela. Siguió llamándolo "hermano" hasta 1962, un apelativo poco normal para que se lo de un niño a un hombre de cincuenta y cinco años de una familia completamente distinta. El hermano de Devi ya no vivía en la casa de la familia, sino a poca distancia. Mallika le dijo un día: "Hermano, ¿por qué dejaste la casa de la familia?"

El cariño de Mallika hacia los Mourougassigamany seguía siendo fuerte (en el momento de mi visita en 1961) y, de hecho, parecía que estaba más unida a ellos que a sus propios padres. El mismo padre de Mallika lo decía así. A diferencia de los padres de otros niños implicados en estos casos, como Prakash y Ravi Shankar, parecía que los de Mallika no estaban celosos o preocupados por el cariño que tenía a la que decía ser su familia anterior. En esto se parecían a los padres de Swarnlata, Sukla y Parmod.

Mallika no dijo nunca nada de la vida de Devi cuando se le preguntaba. Sus pocas declaraciones fueron espontáneas, estimuladas aparentemente por algún objeto, persona o comentario hecho en su presencia. Nunca habló de su vida anterior delante de sus padres, sino sólo con los Mourougassigamany y otros miembros de la familia de Devi.

## Comentario

Como ya he dicho, este caso tiene muy pocos detalles y, por consiguiente, lo más importante es el fuerte cariño de Mallika por los hermanos de Devi.

Como Mallika y su familia se mudaron a la planta inferior de la casa de los Mourougassigamany cuando tenía menos de un año, se crió cerca de ellos, ya que las dos familias vivían en el mismo edificio. No debe extrañar que un niño sienta cariño por un vecino amistoso; pero lo que se sale de lo normal es el *grado* de apego que tenía Mallika y su continuidad. Es posible que Srimati Mourougassigamany fomentara el cariño de Mallika, pero es improbable que lo hiciera de este modo tan peculiar. No tenía hijos y le gustaría tenerlos, pero no quería recordar a su difunta hermana. El recuerdo de la muerte de ésta fue doloroso durante años y por ello prohibió a Mallika que la llamara "hermana", diciéndole que la llamara "tía".

El cariño de Mallika hacia el hermano de Devi es más difícil de entender aún, ya que las oportunidades de que Mallika y él se vieran eran escasas y sólo posibles en sus viajes esporádicos de Vellore a Pondicherry. Su grado de familiaridad y el afecto que sentía por él, aunque no era muy normal en las relaciones entre un niño indio y un hombre mayor, sí era completamente apropiado de una hermana hacia su hermano, que es como ella lo llamaba. El caso tiene mayor interés como ejemplo de la "ley" psicológica, según la cual, el reconocimiento es más fuerte que el recuerdo. En realidad, Mallika no tenía recuerdos completamente espontáneos de la vida de Devi si no había un estímulo que le sirviese de enlace. Habló de los cojines bordados después de verlos; de los padres y los hermanos de Devi, después de ver sus fotografías, y de la vaca que daba de mamar al perro, después de que alguien dijera su nombre. Los recuerdos de la vida de Devi no tenían la fuerza suficiente para penetrar en el consciente, excepto cuando se estimulaban. La actitud de apego a la familia de Devi aparecía con mayor frecuencia.

El caso de Mallika presenta la extraña característica de que su familia se traslada a una casa que también está ocupada por la hermana de la personalidad anterior. Por un lado, parece una coincidencia muy poco normal y algunos lectores pueden encontrar en ello el argumento a la idea de que Srimati Mourougassigamany pensó que Mallika era su difunta hermana renacida y fomentó el comportamiento de la niña. Por otro lado, podemos recordar que, según las hipótesis de la reencarnación, muchas personas se pueden reencarnar con recuerdos débiles de una vida anterior. El que estos recuerdos surjan o no puede depender de si estas personas han estado en contacto o no con las personas o lugares que proporcionan el estímulo necesario para que los recuerdos crucen el umbral de la consciencia.[30]

---

30.– Durante varios años recibí algunas noticias de Mallika por la Sra. Gaebelé. Después, la familia de Mallika dejó Pondicherry y no pude seguir su pista.

## El caso de Parmod

*Resumen del caso y de su investigación*

Parmod Sharma, segundo hijo del Profesor Bankeybehary Lal Sharma, de Bisauli, Uttar Pradesh, nació en Bisauli el 11 de octubre de 1944.

Cuando tenía dos años y medio empezó a decir a su madre que no cocinara porque tenía una esposa en Moradabad que podía hacerlo. Posteriormente, entre los tres y cuatro años, empezó a hablar de una gran tienda de soda y galletas que decía que tenía en Moradabad. Pedía que lo llevasen a Moradabad. Decía que era uno de los "hermanos Mohan" y afirmaba que tenía una posición acomodada y otra tienda en Saharanpur. Mostraba un interés extraordinario que describiré más adelante por las galletas y las tiendas. Contaba cómo en la vida anterior se puso enfermo después de comer mucho requesón y decía que "había muerto en una bañera".

Al principio los padres no dieron ningún paso para verificar las afirmaciones del niño. Sin embargo, se llegó a hablar de ellas delante de miembros de una familia de Moradabad, llamada Mehra. Los hermanos de esta familia, que tenían una tienda de soda y galletas (llamada Hermanos Mohan[31]) en Moradabad y otra en Saharanpur, tuvieron un hermano, Parmanand Mehra, que murió el 9 de mayo de 1943 en Saharanpur. Parmanand Mehra tuvo una enfermedad gastrointestinal crónica después de haberse dado un atracón de requesón. Al final, parece que murió de apendicitis y peritonitis. Parmanand había sido un negociante emprendedor que tenía negocios en sociedad con tres hermanos y un primo. Tenía grandes intereses en Moradabad y Saharanpur, entre los que contaban dos hoteles, dos tiendas y un cine. Parmanand había iniciado el negocio de fabricación de agua-soda y galletas de la familia y lo había dirigido durante años.

Cuando la familia de Parmanand se enteró de lo que decía Parmod tal y como describo más adelante, decidieron ir a Bisauli a ver al niño. En el verano de 1949, cuando Parmod tenía menos de cinco años, varios miembros de la familia Mehra fueron a Bisauli, pero Parmod estaba fuera. Sin embargo, poco después fue con su padre y su primo materno

---

31.– El hermano mayor de los socios de la familia Mehra era Mohan Mehra. Se puso su nombre al negocio de la familia, que se llamó "Mohan y Hermanos", y después se redujo a "Hermanos Mohan".

TABLA

*Resumen de las declaraciones y reconocimientos hechos por Parmod*

| Datos | Informadores | Comprobación | Comentarios |
|---|---|---|---|
| 1.– Tenía una tienda de galletas | B.L. Sharma, padre de Parmod<br>M.L. Sharma, primo de la madre de Parmod | M.L. Mehra, hermano mayor de Parmanand<br>Estuve en la tienda de galletas de Moradabad, en 1961 y en 1964 | La familia tenía una confitería grande. La firma fabricaba y vendía galletas. |
| 2.– En la tienda también se vendía agua–soda | B.L. Sharma | M.L. Mehra<br>Verificado por mí en las visitas a Moradabad, de 1961 y 1964 | La tienda tenía una máquina para fabricar agua–soda. Se me enseñó esta complicada máquina en 1961 y en 1964. |
| 3.– Era una tienda grande de Moradabad | M.L. Sharma | Verificado por mí en las visitas a Moradabad, de 1961 y 1964 | La tienda era relativamente grande y estaba situada en el centro de Moradabad. |
| 4.– Su tienda pertenecía a "Hermanos Mohan" | B.L. Sharma | M.L. Mehra | Otros testigos de las afirmaciones de Parmod, como su madre y Sri M.L. Sharma, no recordaban que hubiese mencionado el nombre de Mohan y pensaron que la tienda y la familia se identificaron por la descripción de Parmod. Aunque el nombre de la familia es Mehra, sus negocios, llevados por cuatro hermanos y un primo, tienen el nombre del hermano mayor: "Mohan y Hermanos", reducido a veces a "Hermanos Mohan". |

| Datos | Informadores | Comprobación | Comentarios |
|---|---|---|---|
| 5.– Cayó enfermo por comer requesón | M.L. Sharma | M.L. Mehra<br>N.K. Mehra, hijo mayor de Parmanand<br>Nandrani Mehra, viuda de Parmanand | A Parmanand le encantaba el requesón y en una fiesta de boda se dio un atracón que le produjo una gastroenteritis, seguida de una apendicitis y luego una peritonitis, de la que murió. Dos o tres días antes de morir insistía en comer requesón a pesar de los consejos que le daban. Decía que no tendría otra oportunidad de comerlo. Parmanand echaba la culpa de su enfermedad y de su muerte inminente a comer demasiado requesón. |
| 6.– "Murió en un baño" | M.L. Sharma | M.L. Mehra<br>J.D. Mehra, segundo hermano de Parmanand | Según Sri M.L. Sharma, Parmod decía que "murió en un baño". Los testigos de la familia Mehra dijeron que Parmanand se sometió a una serie de tratamientos de baños naturopáticos cuando tuvo la apendicitis. Tomó algunos baños días antes de su muerte, pero en realidad no murió en uno. En una carta fechada el 6 de septiembre de 1949, Sri B.L. Sharma decía que Parmod había dicho que murió por estar "mojado en agua" y que él (Sri B.L. Sharma) ha sabido (se supone que por la familia Mehra) que Parmanand se había dado un baño poco antes de morir. |
| 7.– Tenía mujer, cuatro hijos y una hija | B.L. Sharma | N.K. Mehra | Conocí a la viuda, a tres hijos y a la hija de Parmanand, en Moradabad, en 1964. Uno de sus hijos estaba fuera durante mi visita. |

133

| Datos | Informadores | Comprobación | Comentarios |
|---|---|---|---|
| 8.– También tenía una tienda en Saharanpur | B.L. Sharma | M.L. Mehra | Los hermanos Mehra tenían tiendas en Moradabad y en Saharanpur. Parmod hizo las declaraciones de los datos 8 a 10 *después* de que las dos familias se conocieran, por lo que pudo haber conocido estos hechos cuando fue a Moradabad. |
| 9.– Tenía un hotel en Saharanpur | B.L. Sharma | M.L. Mehra | La familia Mehra tenía un hotel en Saharanpur. |
| 10.– Tenía un cine en Saharanpur | B.L. Sharma | M.L. Mehra | La familia Mehra tenía un cine en Saharanpur. |
| 11.– Su madre vivía en Saharanpur | B.L. Sharma | M.L. Mehra N.K. Mehra | La madre de Parmanand vivía en Saharanpur. |
| 12.– Reconocimiento de Sri Karam Chand Mehra, primo mayor de Parmanand, en la estación del ferrocarril de Moradabad | B.L. Sharma M.L. Sharma | | Confirmado también por Sri M.L. Mehra, primo de Sri Karam Chand Mehra, que no fue testigo directo del reconocimiento. El padre de Parmod coincidió con Sri K.C. Mehra, pero esto no demuestra que Parmod llorase y se abrazara a Sri K.C. Mehra, ni que dijese que era su "hermano mayor" (un indio puede llamar a su primo "hermano", sobre todo si hay un trato íntimo, como entre Parmanand y su primo). Sri B.L. Sharma dijo que Parmod dio también el nombre de Sri K.C. Mehra cuando lo saludó. |

| Datos | Informadores | Comprobación | Comentarios |
|---|---|---|---|
| 13.– Su nombre era Parmanand | B.L. Sharma | M.L. Mehra | Parmod no utilizó el nombre de Parmanand hasta que saludó a Sri Karam Chand Mehra en la estación del ferrocarril del Moradabad. Entonces dijo: "Hola, Karam Chand. Soy Parmanand". |
| 14.– Reconocimiento del camino desde la estación del ferrocarril de Moradabad a la tienda de los Hermanos Mohan y reconocimiento de ésta | B.L. Sharma M.L. Sharma M.L. Mehra | En 1964, cuando estuve en Moradabad, pasé por esta zona entre la estación del ferrocarril y la tienda Hermanos Mohan | La tienda estaba a una distancia considerable (cerca de media milla) de la estación del tren, en una calle de varios cruces. Parmod fue desde la estación en una tonga, un carro de dos ruedas tirado por un caballo, que es muy corriente en la India. Se dijo al conductor que siguiese las indicaciones de Parmod. No había ningún distintivo en la tienda por el que se pudiera reconocer con facilidad. Sin embargo, había un cartel encima que anunciaba las galletas y aparecía el nombre del negocio. Sri M.L. Mehra, que no estaba presente en el viaje desde la estación, afirmó que se pidió al conductor de la tonga que siguiera las indicaciones de Parmod y que las personas que estaban con él intentaron confundir al muchacho. |
| 15.– Reconocimiento del ayuntamiento de Moradabad | B.L. Sharma | Al ir de la tienda Hermanos Mohan a la estación del tren pasé por el ayuntamiento y lo examiné | Cuando vio el ayuntamiento, Parmod utilizó la palabra "Town Hall" (que pronunció "ton hall"). Sri B.L. Sharma insistía en que nadie la había dicho en su presencia. El |

135

| Datos | Informadores | Comprobación | Comentarios |
|---|---|---|---|
| 15.– *(Continuación)* | | | ayuntamiento de Moradabad es un gran edificio del centro de la ciudad, pero no tiene ningún signo o indicación de su función y parecía más una mezquita musulmana que un edificio oficial. |
| 16.– La tienda Hermanos Mohan estaba cerca del ayuntamiento | B.L. Sharma | Verificado por mí en una visita a Moradabad | Afirmación que hizo Parmod cuando llegaron al ayuntamiento de Moradabad, de camino hacia la tienda Hermanos Mohan. |
| 17.– Se queja porque en la tienda se había cambiado "su" silla. Reconocimiento del sitio donde "él" se sentaba en la tienda | M.L. Sharma<br>B.L. Sharma<br>Raj K. Mehra, primo de Parmanand<br>N.K. Mehra | Raj K. Mehra | En la India, las tiendas suelen tener un asiento (gaddi) para el propietario o gerente que la dirige. Sentado allí, recibe a los clientes y controla el negocio. Después de la muerte de Parmanand, cambiaron el asiento y la distribución de la tienda Hermanos Mohan. |
| 18.– Explicación de cómo funciona la máquina de agua-soda de la tienda Hermanos Mohan de Moradabad | M.L. Mehra<br>B.L. Sharma<br>N.K. Mehra | | Cuando Parmod entró en la tienda, una de las primeras cosas que dijo fue: ¿Quién cuida de la panadería y la fábrica de agua-soda?" (era la parcela personal de Parmanand Mehra en los negocios de la familia). Cuando llegaron a la máquina de agua-soda Parmod sabía exactamente cómo funcionaba. Se desconectó el agua para confundirlo; pero supo, sin que nadie se lo dijese, lo que había que hacer para que esta complicada máquina se pusiera a trabajar. |

| Datos | Informadores | Comprobación | Comentarios |
|---|---|---|---|
| 19.– Reconocimiento de la habitación de la casa de Parmanand en la que dormía. | M.L. Sharma J.D. Mehra | N.K. Mehra | Después de la muerte de Parmanand, Sri J.D. Mehra instaló un biombo en la habitación donde dormía. Cuando Parmod lo vio, preguntó a Sri Mehra: "¿Has hecho tú esto?" El último respondió: "¿No estaba aquí?" A lo que Parmod contestó: "No". |
| 20.– Reconoció el almirah (armario) de Parmanand, en su casa | Nandrani Mehra | | Indicando un almirah concreto de la casa, Parmod dijo que solía guardar sus cosas allí. |
| 21.– Reconocimiento de una mesa baja especial (tipai), utilizada para comer, que pertenecía a Parmanand | Nandrani Mehra | | Parmanand tenía una mesa baja, que utilizaba para comer. Parmod la reconoció al verla en la cocina y dijo: "Es la que utilizaba yo para comer". Sri M.L. Shara y Sri B.L. Sharma fueron testigos indirectos. |
| 22.– Reconocimiento de la madre de Parmanand | B.L. Sharma N.K. Mehra | | Cuando la madre de Parmanand se acercó donde Parmod estaba sentado, inmediatamente se dirigió a ella como "Madre", antes de que ninguno de los presentes hiciera ningún comentario sobre ella. |
| 23.– Reconocimiento de la hija de Parmanand | B.L. Sharma M.L. Sharma Nandrani Mehra Premlata Mehra, hija de Parmanand | | Parmod la llamó "hija", pero no dio su nombre. Ver nota n.° 19 a pie de página, sobre las reticencias de los indios a utilizar los nombres en familia. No sé con seguridad si su padre y su tío fueron testigos directos. |

137

| Datos | Informadores | Comprobación | Comentarios |
|---|---|---|---|
| 24.– Reconocimiento de la mujer de Parmanand | Nandrani Mehra<br>B.L. Sharma<br>M.L. Sharma | | Una sugerencia involuntaria pudo haber interferido en este reconocimiento, ya que se llevó a Parmod a un grupo de mujeres y se le preguntó si podía reconocer a "su" mujer. Pareció lógicamente desconcertado y se fijó en la viuda de Parmanand. Ella lo llevó aparte. Después contó a los demás que Parmod había dicho que "he venido pero no llevas el bindi". Esta observación se refería al punto rojo que llevan en la frente las mujeres casadas de la India, pero no las viudas. La observación era un tanto anormal para que la hiciera un niño a una mujer mayor que no conoce, pero completamente normal en la relación de marido y mujer. Esto indica la firmeza con la que creía Parmod que esta señora era "su" mujer. También le reprochó que llevara un sari blanco, prenda que llevan normalmente las viudas hindúes, en vez de uno de colores como las casadas. |
| 25.– Reconocimiento de Sri N.K. Mehra, hijo de Parmanand | N.K. Mehra<br>Raj K. Mehra<br>Nandrani Mehra | | Sri N.K. Mehra dijo que Parmod se dirigió a él por su nombre familiar, "Bali". Los otros dos informadores no oyeron o no recordaban este detalle; pero afirmaron que Parmod dijo que el orden de los hijos de Parmanand, como "el mayor". Sri J.D. Mehra dio |

138

| Datos | Informadores | Comprobación | Comentarios |
|---|---|---|---|
| 25.– (Continuación) | | | un testimonio discrepante sobre este hecho, pues en una ocasión negó que Parmod hubiera reconocido a Sri N.K. Mehra y en otra aseguró que sí lo hizo. Sri N.K. Mehra dijo que, cuando llamó a Parmod por *su* nombre, éste protestó, como haría un padre al que su hijo lo llama así. |
| 26.– Reconocimiento de Sri Govardhan Das Mehra, hijo de Parmanand | Govardhan Das Mehra, cuarto hijo de Parmanand Nandrani Mehra | | Govardhan Das Mehra, que todavía era un niño, volvió del colegio cuando Parmod estaba visitando a la familia Mera en Moradabad. Alguien preguntó a Parmod: "¿Quién es?" Parmod dijo "Mihijo" y, al preguntarle su nombre, él contestó: "Gordhan". Esta era la forma abreviada de "Govardhan" que utilizaba la familia. Srimati Nandrani Mehra dijo que Parmod dio la relación correcta de los hijos de Parmanand (mayor, menor, etc.); pero que no dijo ningún nombre. Sri Govardhan Das declaró que Parmod le dijo que le llamara "padre" y no por su nombre. |
| 27.– Reconocimiento de Sri M.L. Mehra, hermano de Parmanand | M.L. Mehra | | Parmod identificó a Sri M.L. Mehra como su "hermano mayor", pero no dijo su nombre. El reconocimiento tuvo lugar cuando Parmod llegó a la tienda Hermanos Mohan. Uno de los testigos, Sri B.L. Sharma, lo recordaba en 1964, pero como si hubiera |

139

| Datos | Informadores | Comprobación | Comentarios |
|---|---|---|---|
| 27.– (Continuación) | | | tenido lugar en la estación de ferrocarril de Moradabad. En cambio, Sri M.L. Mehra decía que él no había ido a la estación a buscar a Parmod. |
| 28.– Reconocimiento de Sri Raj K. Mehra, sobrino de Parmanand | Raj K. Mehra | | En 1961 Sri Raj K. Mehra dijo que Parmod, cuando lo reconoció, le llamó "Raj". En 1964 no se acordaba, y pensaba que Parmod lo había reconocido sólo como "sobrino". |
| 29.– Comentario sobre los nuevos cobertizos del Hotel Victory | M.L. Mehra J.D. Mehra | | Se construyeron algunos cobertizos en el hotel después de la muerte de Parmanand. |
| 30.– Reconocimiento de los almirahs (armarios) llevados de otro hotel al Victory | J.D. Mehra | | La familia tenía un hotel (Churchill House) antes de construir el Hotel Victory. Trasladaron algunos almirahs, que Parmanand había hecho fabricar para el primer hotel, al Hotel Victory. Parmod vio estos almirahs cuando estuvo en el Hotel Victory y dijo: "Son los almirahs que hice en el Churchill House". |
| 31.– Reconocimiento de un médico que conocía Parmanand, en Saharanpur | Raj K. Mehra | | Durante su visita a Saharanpur, Parmod señaló de repente a este hombre y dijo: "Es un médico y un viejo amigo". |

| Datos | Informadores | Comprobación | Comentarios |
|---|---|---|---|
| 32.– Reconocimiento de Yasmin, un deudor musulmán de Parmanand. Parmod le dijo: "Tienes que devolverme dinero" | B.L. Sharma RAj K. Mehra | | Al princípo Yasmin se negaba a reconocer la deuda; pero, cuando un miembro de la familia Mehra que estaba presente le aseguró que no tenían ninguna intención de recuperar el dinero, le dijo a Parmod que llevaba razón. Los testigos no se ponen de acuerdo en cuanto a la cantidad adeudada. |
| 33.– Reconocimiento de un camionero de Hardwar | B.L. Sharma | | Sri B.L. Sharma, en una carta escrita el 18 de noviembre de 1949, localizó este reconocimiento en Hardwar, pero en 1964 lo recordó como si hubiese sucedido en Saharanpur. Dijo además que Parmod reconoció de repente al conductor y le dijo: "Hola, Tauji". |
| 34.– Reconocimiento, en Hardwar, de la familia del médico (Sri Nawal Bahari Mathur) de Parmanand | B.L. Sharma J.D. Mehra | | Sri J.D. Mehra no presenció este episodio, pero dijo que se lo había contado Sri Karam Chand Mehra, su primo, que lo presenció y le dijo que Parmod dio correctamente el nombre del médico. |
| 35.– Reconocimiento de la casa de descanso donde solía ir Parmanand en Hardwar y de la habitación donde dormía. | B.L. Sharma | | No se verificó de forma objetiva. Sri B.L. Sharma verificó estos datos con personas de la casa de descanso, que recordaban a Parmanand. |

| Datos | Informadores | Comprobación | Comentarios |
|---|---|---|---|
| 36.– Había estado en Delhi en viaje de negocios | B.L. Sharma | M.L. Mehra | Parmanand había estado en Delhi. Parmod estuvo y dijo que algunos lugares, como Chandni Chowk y la Fortaleza Roja, le resultaban "familiares"; pero no demostró ningún conocimiento especial de éstos ni de otros lugares de Delhi. |

En Chindausi entrevisté a:
Sri Bankeybehary Lal Sharma, padre de Parmod

En Moradabad entrevisté a:
Sri Mohan Lal Mehra, hermano mayor de Parmanand Mehra
Sri J.D. Mehra, segundo hermano de Parmanand Mehra
Sri Raj Kumar Mehra, hijo de Mohan Lal Mehra, sobrino de Parmanand Mehra
Srimati Nandrani Mehra, viuda de Parmanand Mehra
Sri Nan Kumar Mehra, hijo mayor de Parmanand Mehra
Sri Pritan Kumar Mehra, segundo hijo de Parmanand Mehra
Sri Govardhan Das Mehra, cuarto hijo de Parmanand Mehra
Kumari Premlata Mehra, hija de Parmanand Mehra

## Declaraciones y reconocimientos hechos por Parmod

En la tabla doy un resumen de los reconocimientos y declaraciones principales atribuidos a Parmod. Las declaraciones de los testigos y los informes anteriores indican que al principio el caso tuvo muchos más detalles, que se podrían haber comprobado en su momento. Sin embargo, en este informe he limitado su número a aquellos en los que creo que cuento con la aprobación de los testigos.

Los datos 1 a 7 de la tabla los contó Parmod en Bisauli antes de ir a Moradabad; las declaraciones de los hechos 8 a 10 las hizo tras su primer viaje a Moradabad, así como (probablemente) el 11; del 12 al 29 son, principalmente, reconocimientos o declaraciones hechos durante el primer viaje de Parmod a Moradabad; del 30 al 32 sucedieron en la visita de Parmod a Saharanpur en el otoño de 1949; los datos 33 a 35 ocurrieron, también durante este periodo, en una visita a Hardwar, una ciudad de montaña cercana a Saharanpur. No sé donde hizo Parmod la declaración del dato 36.

## Informes y observaciones robre el comportamiento de las personas implicadas

Durante cuatro años, de los tres a los siete, Parmod mostraba un comportamiento que indicaba una fuerte identificación con la personalidad anterior, Parmanand Mehra. Su primer comentario registrado relacionado con la vida anterior sucedió cuando, con cerca de dos años y medio, le dijo a su madre que no se molestara en cocinar más porque tenía una esposa en Moradabad que podía hacerlo. Cuando tenía entre tres y cuatro años se produjo la manifestación plena de su identificación con Parmanand Mehra.

Por aquel tiempo empezó a mostrar en sus juegos un gran interés por la construcción de maquetas de tiendas con cables eléctricos alrededor. También formaba parte de sus juegos hacer galletas de barro, que solía ofrecer a los demás niños con agua, que representaba el té (no se comió ninguna de estas galletas de barro). En su familia mostraba una afición un tanto anormal por el té y las galletas. Al mismo tiempo, empezó a hablar del agua-soda. También le gustaba beberla y detestaba la leche. Después empezó a dar más información sobre el tamaño de la tienda de Moradabad, lo que allí se vendía, su prosperidad y las actividades que él tenía en ella, así como de sus viajes a Delhi.

Durante este periodo solía estar solo y evitaba jugar con otros niños; parecía preocupado por la vida de Moradabad y con frecuencia insistía a sus padres para que lo llevasen allí, llegando a llorar en algunas ocasiones. Empezó a ir a la escuela de mala gana, bajo la promesa de su madre de que irían a Moradabad cuando supiera leer; pero él decía que quería ir a trabajar en su tienda y no leer. Parmod se quejaba del estado económico de su familia, que comparaba desfavorablemente con "su" prosperidad anterior.

Además del comportamiento ya mencionado, Parmod mostraba otros antojos, hábitos y fobias que correspondían a las costumbres y experiencias de Parmanand. Por ejemplo, tenía una fuerte aversión a comer requesón que, como ya he comentado, se decía que fue la causa de la enfermedad y muerte de Parmanand. Aconsejaba a su padre que no comiese requesón diciendo que era peligroso. Cuando creció, empezó a comerlo mezclado con otras comidas, pero no lo comió solo hasta que tuvo diecisiete años. A los diecinueve años, en 1964, comía requesón, pero sin que le gustara, aunque a la mayoría de los indios les encanta.

Parmod mostraba también fobia a sumergirse en el agua. No tenía problemas con el agua que le caía de un tubo, por ejemplo, pero se ponía nervioso si se le proponía nadar o bañarse en un río donde pudiera sumergirse. Este temor guarda relación con los baños de Parmanand antes de morir. Ya había desaparecido en mi segunda visita, cuando Parmod tenía diecinueve años.

Desde la más tierna infancia, Parmod demostró una devoción poco normal, que tenía su correspondencia con una religiosidad similar de Parmanand. Parmod decía que podía recordar algunos episodios de una vida anterior a la de Parmanand en la que era un sannyasi u hombre santo. En 1964 tenía mucho interés por la quiromancia, que supe que había sido una afición de Parmanand. Parmod decía que en su vida como Parmanand leyó una vez la mano a su cuñada. La viuda de Parmanand confirmó que su marido había leído la mano de su cuñada y que predijo correctamente la edad a la que moriría.

Parmod utilizaba varias palabras y frases en inglés que su padre decía que no había podido oír en la familia, pero eran propias de Parmanand, que hablaba inglés. Sri B.L. Sharma también hablaba inglés, pero su mujer, no y, por ello, no se hablaba en la familia. Algunas palabras inglesas que se anotaron fueron: "bakery", "tub bath" y "town hall". Parmod también mencionaba los nombres de Tata, Birla y Dolmia, que son grandes empresas de la India. La última es una fábrica de galletas.

Cuando Parmod era pequeño, su padre pensaba que tenía una inteligencia superdotada. En general, Parmod no iba bien en los estudios y, aunque cursaba enseñanza media, seguía teniendo problemas académicos. Su madre pensaba que el recuerdo de la vida anterior había perjudicado sus estudios. Teniendo en cuenta que Parmod parecía estar mucho más preocupado por la personalidad anterior durante algunos años críticos para el estudio, como es de los cuatro a los siete, esta explicación tiene mucho peso. En cuanto a su forma de ser, demostraba una soltura superior a lo normal. Un familiar que tenía una tienda pequeña dejaba a alguien atendiéndola cada vez que tenía que salir. Parmod mostró una habilidad extraordinaria para atender la tienda y este hombre prefería dejarlo a él sustituyéndolo en ella. A pesar de su capacidad para los negocios, Parmod decía que prefería no dedicarse a ellos, aunque su familia pensaba que era lo mejor para su futuro. Parmod había pensado que todavía no eran buenos tiempos para los negocios en la India y en 1964 quería prepararse para estudiar ingeniería química.

En el primer encuentro con la familia de Parmanand, Parmod se mostró muy emocionado: lloraba y daba muestras de cariño. Sri M.L. Mehra dijo que, en Moradabad, Parmod prefería estar con él más que con su padre. Su actitud hacia los miembros de la familia Parmanand se ajustaba al nivel de parentesco que éste tenía con ellos. Así, se comportaba con la mujer de Parmanand como se comportaría un marido, y con los hijos, como un padre. Mostró familiaridad con los hijos de Parmanand, pero no con su sobrino. No dejó que los hijos de Parmanand lo llamaran por su nombre, sino que les dijo que le llamaran "padre". Decía: "Lo único que pasa es que he encogido".

Parmod preguntó a la mujer de Parmanand si iba a volver a darle problemas. En otra ocasión dijo, refiriéndose a la mujer de Parmanand:

"Esta es mi mujer, con la que siempre estaba regañando". Un informador dijo que Parmanand estaba molesto con su mujer y por ello se mudó a Saharanpur, para estar lejos de ella.

Parmod hizo varias visitas a la familia de Parmanand cuando tenía entre cinco y seis años, y algunos miembros de esta familia fueron a verlo a Bisauli. En estas ocasiones mostró gran cariño hacia los miembros de la otra familia. En una de ellas se mostró muy reticente a volver a Bisauli y lloró al irse de Moradabad. Después de su primera visita a Moradabad se escapó de casa y llegó a la estación de ferrocarril de Bisauli. Cuando lo llevaron a su casa decía que quería ir a Saharanpur para dirigir los negocios que la familia tenía allí.

Después de sus primeras visitas, su deseo de ir a Moradabad y su fuerte interés por la familia Mehra disminuyeron paulatinamente, al igual que las declaraciones espontáneas sobre la vida anterior; aunque todavía conservaba un interés considerable por la familia. Se sintió molesto una vez, cuando se enteró de que no lo habían invitado a la boda de uno de los hijos de Parmanand. Entre 1961 y 1963, la hija de Parmanand, Kumari Premlata Mehra, estaba trabajando en Budaun, una ciudad que está mucho más cerca de Bisauli que Moradabad. Desde allí iba de vez en cuando a visitar a Parmod. En estas visitas mostraba un gran cariño hacia ella y también tristeza cuando no iba a verlo. Al principio se portaba con ella como un padre con su hija, hasta que una vez ella le sugirió que, como el pasado ya no existía, debían tratarse como hermanos; a partir de entonces Parmod modificó su comportamiento hacia ella. En 1961 decía que la mayoría de sus recuerdos habían desaparecido; pero que todavía conservaba algunos. No dio ningún indicio de haber preparado una justificación. Por ejemplo, negaba que hubiera recordado el nombre "Hermanos Mohan", aunque su padre decía que sí.

En 1962 el Profesor Sharma dijo (en un testimonio registrado por Sri Subash Mukherjee) que Parmod había "olvidado por completo" la vida anterior; pero parece que esta afirmación se refiere a lo que los miembros de la familia de Parmod notaron sobre las declaraciones o comportamientos espontáneos que manifestaba relacionados con la personalidad anterior y no a la capacidad de Parmod para rememorar voluntariamente lo que anteriormente parecía que recordaba; pero en 1964 Parmod afirmaba que todavía podía recordar lo que había rememorado anteriormente. No pensaba demasiado en la vida anterior, a no ser que fuera a algún sitio como Delhi y tuviera la sensación de conocer alguna zona o edificio. Entonces intentaba localizar la zona y su relación con la vida de Parmanand. También hablaba menos de la vida anterior a los demás hasta que, como en mi visita, alguien le preguntaba expresamente sobre el tema.

## Comentarios sobre la posibilidad de que Parmod tuviese conocimientos paranormales

A diferencia de otros casos de la India, el presente se da entre personas que tienen una educación y responsabilidad en sus comunidades. El padre de Parmod, por ejemplo, era un estudioso del sánscrito y profesor de un instituto. Respecto al nivel de educación de los testigos, este caso está al mismo nivel que el de Swarnlata entre los demás casos indios de esta monografía. No he podido encontrar ninguna prueba de que los testigos hubieran preparado el caso. La posibilidad de la paranormalidad se encuentra principalmente, pero no por completo, en las declaraciones que hizo Parmod sobre su vida anterior cuando tenía entre tres y siete años y en las observaciones de la identidad de comportamiento con el del difunto Parmanand Mehra, en el mismo periodo. En estas facetas, las declaraciones de los distintos testigos son claras y coincidentes.

No tenemos base para rechazar las afirmaciones de las dos familias, que aseguran que no se conocían antes del primer encuentro, en Moradabad, para los reconocimientos, cuando Parmod tenía menos de cinco años. Por tanto, estamos prácticamente obligados a pensar en algún tipo de comunicación paranormal que justifique por qué Parmod tenía información muy concreta y personal sobre la vida de Parmanand y por qué mostraba una actitud que coincidía con lo que se podría esperar de las de esta personalidad fallecida.

Ya he dicho que el tío materno de Parmod, Sri Shiva Sharan Sharma, era empleado de los ferrocarriles y estuvo destinado cerca de tres años en Moradabad, cuando Parmod era un niño pequeño y mostraba su interés por las galletas y el agua-soda. Debido a este interés por las galletas, su tío solía llevárselas desde Moradabad, cuando iba a ver a su hermana y a su familia de Bisauli, y las compraba en la tienda de los Hermanos Mohan. Estas galletas, como he sabido posteriormente, tenían estampado "Hermanos Mohan", pero no estaban en una caja etiquetada (Hermanos Mohan sólo vendía galletas a sus clientes al por menor, no a mayoristas). Parmod, según su madre, no reconoció las galletas Hermanos Mohan. No pude entrevistar a Sri Shiva Sharan Sharma, pero recopilé toda la información que pude de los demás testigos sobre su conocimiento de los hermanos Mehra y el trato que tenía con ellos. Parece que Sri Shiva Sharan Sharma no estuvo destinado en Moradabad cuando vivía Parmanand y que no conocía personalmente a ninguno de los hermanos Mehra, aunque compraba galletas en su tienda. No fue la primera persona que tuvo contacto con las dos familias para comprobar las afirmaciones de Parmod. La iniciativa la tomó Sri Lal Raghanand Prasad y, después, Sri Shiva Sharan Sharma habló con los hermanos Mehra de las declaraciones de Parmod. En resumen, parece improbable, si no imposible, que Sri Shiva Sharan Sharma conociera a Parmanand y también es improbable que conociera algún asunto personal de la familia Mehra; pero era un cliente suyo y, al ir y venir de Moradabad a la familia Parmod en el periodo en que la identificación de Parmod con Parmanand era más fuerte, es posible que haya actuado de puente telepático entre la familia Mehra y Parmod.[35]

## Comentario sobre las observaciones a largo plazo de este caso

Encontramos aquí alguna información sobre un aspecto de los casos de este tipo que necesita un estudio más intensivo en el futuro. Se trata de cómo disminuye paulatinamente la identificación con otra personalidad con el paso de los años, de tal modo que al final sólo quedan unas huellas superficiales o quizás nada. En el caso de Parmod tenemos muchos testimonios sobre su comportamiento cuando era pequeño entre los tres y los siete años, cuando la identificación con la personalidad anterior era más fuerte. Y también tenemos bastante información sobre su desarrollo posterior, por lo menos hasta que cumplió veinte años. En muchos aspectos, el desarrollo de Parmod fue completamente normal. Indudablemente, esto no da pie a la creencia divulgada en algunas ocasiones de que las personas que parecen recordar una vida anterior tienen o acaban teniendo serios problemas de doble personalidad. Por otro lado, su caso pertenece a un grupo en el que encontramos algunas pruebas de un efecto residual de fuerte identificación en la personalidad adulta con el sujeto que manifestaba en la infancia. Como he dicho, la madre de Parmod creía que esta identificación lo distraía

---

35.– He conocido personas que pudieron actuar de enlace telepático en otros casos, como los de Sukla y Jasbir, en este grupo, y el de Marta, en Brasil, e Imad, en el Líbano, de los que hablaré más adelante. Trataré este hecho importante de los posibles enlaces telepáticos en el Análisis General.

durante los primeros años de escolarización de sus trabajos ordinarios en la escuela y en la casa y lo retrasaba en relación con los demás niños de su misma edad. En otros casos de reencarnación he encontrado pruebas de que la intrusión, si se puede llamar así, de recuerdos y actitudes relacionados con una personalidad anterior interfieren en el desarrollo de la actual. Espero que, con observaciones sucesivas del caso de Parmod y de otros, podamos saber más sobre estos efectos.

## Desarrollo Posterior de Parmod

No vi a Parmod entre Agosto de 1964 y Noviembre de 1971; pero durante estos años he tenido noticias de él por el Dr. Jamuna Prasad, que había incluido el caso de Parmod entre los que estuvo estudiando un equipo dirigido por él para establecer la correspondencia que hay entre los rasgos de conducta de los sujetos y los de sus respectivas personalidades anteriores en casos de reencarnación. En estos años también he recibido algunas cartas de Parmod y de su padre con noticias de sus actividades actuales.

En noviembre de 1971 pude tener una agradable charla con Parmod en Pilibhit, U.P. Nos vimos en la oficina del Servicio para la Conservación del Suelo, donde él trabajaba. Parmod tenía entonces veintisiete años.

Como ya he dicho, Parmod tuvo problemas en los últimos años de sus estudios. Su madre lo atribuía a su obsesión por la vida anterior cuando era niño y su consiguiente negligencia escolar. Suspendió los exámenes del duodécimo curso y, al final, los aprobó en 1966. Por entonces tenía algo más de veintiún años y llevaba algunos de retraso. Entonces entró en la escuela aeronáutica para ser piloto; pero las tasas eran demasiado elevadas y lo dejó a finales de 1968. A principios de 1969 entró en el Servicio para la Conservación del Suelo de Uttar Pradesh y lo destinaron como administrativo a la oficina del Servicio de Pilibhit, donde lo vi en 1971. Su posición era lo que se llama en la India "temporal", lo que significa que, aunque puede estar así durante años, también puede dejar de trabajar en cualquier momento sin previo aviso. Parmod era consciente de la precariedad de su empleo e intentaba continuar su formación en privado para mejorar su cualificación y conseguir un puesto mejor. Suspendió una vez los exámenes de ingreso a la universidad, pero, cuando nos vimos, estaba preparándose para presentarse de nuevo. Por entonces pensaba que, a pesar de todo, prefería tener negocios como Parmanand.

El padre de Parmod se había jubilado y vivía en Bisauli. Parmod no se había casado y vivía solo en Pilibhit.

Al preguntarle si conservaba los recuerdos de la vida anterior, me dijo que habían desaparecido muchos a partir de los siete años, pero que pensaba que todavía conservaba todos los que no olvidó entonces. Todavía pensaba en la vida anterior, pero no podría mencionar ningún estímulo especial para hacerlo. Al preguntarle en qué detalles de la vida anterior pensaba más, él dijo que en los hijos de Parmanand y en la fábrica (de agua-soda) que tenía. Entonces siguió diciendo que podía recordar situaciones parecidas a las de la vida anterior y que, si veía niños, podía pensar en los negocios que tenía Parmanand. Decía que no pensaba mucho en la mujer de Parmanand, con la que no había sido feliz.

Parmod seguía manteniendo amistad con la familia de Parmanand y los veía con frecuencia. Algunas veces se quedaba con ellos en Moradabad, aunque no vivía con ellos cuando estuvo trabajando allí (no sé con seguridad cuándo). En consonancia con las preferencias de Parmanand, Parmod veía más a los hijos de Parmanand en Moradabad que a su mujer.

También decía que en ocasiones pensaba en la vida que recordaba haber tenido (anterior a la de Parmanand) como sannyasi u hombre santo. Recordaba esta vida en una temporada en que estuvo en contacto con personas interesadas por la filosofía; pero de las tres vidas de las que tenía recuerdos –la del sannyasi, la de Parmanand y la de Parmod– decía que prefería la de Parmanand, aunque no podía explicar por qué.

Le pregunté por lo que pudiera quedar de las fobias que tenía a sumergirse en el agua y a comer requesón. Había perdido por completo el miedo a sumergirse en el agua y podía bañarse sin problemas (Parmod había perdido este miedo cuando lo ví en 1964, con diecinueve años). Decía que podía comer requesón, pero que no le gustaba.

Cuando le pedí su opinión sobre qué pensaba de poder recordar una vida anterior, él me respondió al principio que la experiencia no le había parecido ni buena ni mala, pero inmediatamente modificó su respuesta con ejemplos que parecían decir que tenía algo de bueno y algo de malo. Por un lado, estaba de acuerdo con su madre en que la preocupación de sus primeros años por los recuerdos de la vida anterior habían sido un obstáculo para sus estudios y, de haber sido así, no había superado esta limitación, ya que su futuro dependía mucho de que completase los estudios superiores y consiguiera un título. Por otro lado, pensaba que los recuerdos de vidas anteriores también tenían sus ventajas. En un nivel práctico pensaba que su habilidad para los negocios procedía de lo que había aprendido de esa vocación de Parmanand y, en un sentido más general, sus recuerdos le habían dado la seguridad de una continuidad de la vida después de la muerte, lo que le permitía tener un equilibrio y una serenidad que le ayudaban mucho en sus relaciones personales.

Parmod me preguntó entonces si alguien, cuyo caso había estudiado, había sacado algún beneficio de mis investigaciones. Tuve que admitir con franqueza que ninguno lo había hecho, que yo sepa. Le dije que el beneficio de estas investigaciones, si lo hay, se difundirá de una forma más general, ya que aportan datos para conocer mejor la personalidad humana y demuestran que hay, por lo menos, una parte de nosotros que sobrevive a la muerte.

Parmod me parece una persona de inteligencia media o superior; desperdiciaría su talento si siguiese siendo un administrativo, pero poco podría hacer en la administración si no consiguiese un título universitario. Ganaría mucho más dinero si se metiese en negocios y pienso que al final tomará este camino. Creo que su caso está entre los pocos en los que el recuerdo de una vida anterior ha dificultado su educación en la infancia y, por consiguiente, ha perjudicado al sujeto en el resto de su vida.

# Tres casos que nos hacen pensar en la reencarnación, en Ceilán

## Introducción

La mayoría de los habitantes de Ceilán[1] descienden de un pueblo del grupo lingüístico indoeuropeo y, por tanto, están emparentados con los indios del norte. Se conocen con el nombre de cingaleses. Una minoría importante de ceilandeses hablan tamil y están emparentados con los indios del sur, de origen dravidiano. El budismo surgió en la India en el siglo VI a. de C. como un movimiento de reforma dentro del antiguo brahmanismo. Su fundador fue Siddhartha Gotama, que probablemente nació en el 563 a. de C. Tuvo una vida de bondad extraordinaria y, según los budistas, consiguió la iluminación sobre la verdadera naturaleza del hombre y su relación con la vida terrenal y con el resto del universo. Así se convirtió en un Buda o iluminado y estuvo el resto de su vida impartiendo (y practicando) sus enseñanzas sobre la vida, el sufrimiento y los medios de liberarse de él. Aunque en la actualidad hay pocos budistas en la India, Buda ocupa un lugar en el panteón hindú, como un Avatar o Encarnación de Dios, junto a otras encarnaciones hindúes como Rama y Krishna. El budismo floreció y se extendió por toda la India durante el reinado del Gran Emperador Asoka, en el siglo III a. de C.. Asoka mandó misioneros a Ceilán y éstos convirtieron a los cingaleses, que han seguido siendo budistas, en su mayoría, hasta hoy. Casi todos los tamiles son hinduistas.

El budismo se dividió en una serie de ramas. Los cingaleses pertenecen a la rama Theravada (a veces llamada Hinayana), cuyas prácticas y creencias proceden del canon Pali, un registro de las enseñanzas de Buda del siglo I a. de C. Esta rama del budismo difiere de la del norte o Mahayana en algunos puntos de la doctrina que no es necesario

---

1.– Después de la publicación de la primera edición de este libro, Ceilán cambió su nombre (en 1972) por el República de Sri Lanka.

mencionar aquí. Sin embargo, expondré por encima algunas características importantes del budismo, porque pueden tener alguna relación con el estudio de los casos que hacen pensar en la reencarnación, en la que los budistas creen tanto como los hinduistas. Los dos creen que la vida terrenal conlleva algún sufrimiento, que ese sufrimiento se debe a nuestro deseo de disfrutar de los placeres sensuales de la vida terrenal, que esos deseos nos llevan una y otra vez a vidas sucesivas y que la liberación final de la "rueda de la reencarnación" se alcanza sólo con el abandono de estos deseos y la consecución del desapego de los placeres corporales. Se puede alcanzar esta meta por distintos medios, figurando entre ellos la observación de una conducta adecuada y la práctica asidua de la meditación, que nos lleva gradualmente hacia la extinción (Nirvana) del deseo, que es lo que produce la reencarnación.[2]

Los hinduistas creen que, tras la muerte física, se mantiene en cada persona un elemento esencial o Atman, idea que equivale, aproximadamente, al concepto occidental del alma. El Atman, tras un periodo de tiempo variable, se une a un nuevo organismo físico y vuelve a la existencia terrena, continuando así la evolución (o declive) de la personalidad que vivió anteriormente. Estas ideas nos hacen postular con una entidad continuada e incluso, podríamos pensar, permanente. Por el contrario la mayoría de los budistas, en especial los de la rama theravada, no creen en la persistencia de una entidad permanente o alma. Para ellos hay un flujo constante de deseo, acción, efecto y reacción; pero no un alma permanente. Cuando una persona muere, los efectos

---

2.– Se puede encontrar más información sobre el Budismo en las siguientes obras: Rahula, W.: *What the Buddha Taught*, Gordon Fraser, Londres, 1959; Humphreys, C: *Buddhism*, Penguin Books, Harmondsworth, 1951; Coomaraswamy, A.: *Hinduism and Buddhism*, Philosophical Library, n.d., Nueva York; Nyanatiloka Mahathera: *The Word of the Buddha*, Buddhist Pub. Soc., Kandy, Ceilán, 1959; De la Vallée Poussin: "Buddhism" en *The Legacy of India* (Ed. G.T. Garratt), Oxford University Press, Oxford, 1937; *The Tibetan Book of the Dead* (Ed. W.Y. Evans-Wentz), Oxford University Press, Oxford, 3ª ed., 1957; Jacobson, N.P.: *Buddhism: The Religion of Analysis*, Southern Illinois University Press, Carbondale, 1966; Piyadassi Thera: *The Buddha's Ancient Path*, Rider and Company, Londres, 1964. Todos estos han sido seleccionados de una amplia bibliografía sobre budismo.

Para las observaciones y opiniones del budismo cingalés de algunos atropólogos y psicólogos sociales modernos, ver: Ames, M.: "Magical-animism and Buddhism: A Structural Analysis of the Sinhalese Religious System", en *Religion in South Asia* (Ed. E.B. Harper), University of Washington Press, Seattle, 1964; Obeyesekere, G: "The Great Tradition and the Little in the Perspective of Sinhalese Buddhism", *Journal of Asian Studies*, Vol. 22, 1963, pp. 139-153; Gombrich, R.F.: *Precept and Practice: Traditional Buddhism in the Rural Highlands of Ceylon*, Oxford University Press, Londres, 1971.

acumulados de sus acciones ponen en movimiento una serie de acciones que tienen sus consecuencias, pudiendo ser una de ellas el nacimiento terreno de otra personalidad. Si la primera personalidad ha alcanzado el desapego de los deseos sensuales, puede producirse un nacimiento en otro "plano" en vez de un nuevo nacimiento terrenal. Pero esta personalidad recién nacida tendrá con la primera una relación como la llama de una vela que, antes de apagarse, puede encender otra. Los budistas muchas veces, para marcar más esta distinción, prefieren el término "renacimiento" al de "reencarnación". Las distintas escuelas budistas tienen conceptos que difieren en algo sobre lo que puede persistir tras la muerte física; pero todas están de acuerdo (y también los hindúes) en la creencia de que la conducta de una personalidad puede afectar al comportamiento, al organismo físico y a los principales actos de otra personalidad posterior relacionada con la primera por el proceso del renacimiento.

El budismo ha descartado por completo las ideas y prácticas hinduistas en cuanto a la distinción de castas. Los hinduistas han conservado la idea de la casta durante siglos (aunque en la actualidad se está atenuando), pensando que manifiesta y regula diferencias importantes entre las personas; pero también piensan que una persona puede cambiar de casta de una vida a otra, a peor o a mejor, según sus méritos. El caso de Jasbir, de la sección de casos indios de esta monografía, es uno de los muchos de la India que he estudiado en los que las dos personalidades pertenecían a castas diferentes. Algunos sujetos de estos casos han tenido bastantes problemas para acomodarse a las condiciones de las "extrañas" castas en que se encontraban.[3] Los budistas pueden utilizar estos casos para demostrar, con las pruebas empíricas que aportan, que la distinción en castas no tiene por qué regir el renacimiento próximo. La casta de un hombre sólo es válida para una vida y ser muy partidario de la distinción de castas es otra forma de apego sensual que retarda la liberación final de la rueda del renacimiento.

La tradición budista atribuye a Gautama, el Buda, la facultad de recordar vidas anteriores e incluso dar algunas instrucciones a otros que lo deseen. En países budistas, como Ceilán, Tailandia, Burma y el Tibet, se dan muchos casos de personas que dicen recordar una vida

---

3.– Otros sujetos de este libro, como Sukla, recordaban una vida anterior en una casta diferente. Sukla, al igual que otros, tuvo muchos menos problemas que Jasbir para concienciarse de que había nacido en una casta diferente; pero otros (cuyos casos publicaré) tuvieron tantas dificultades como Jasbir para adaptarse.

anterior. Al igual que en el hinduismo, estos casos han proporcionado algún soporte empírico continuo a las creencias del budismo que, aunque desaparecieron por lo general en la India, ha seguido floreciendo en casi todo el resto del sur y el este de Asia.

En 1961 estuve una semana en Ceilán para investigar varios casos que hacían pensar en la reencarnación, entre los que estaban los tres de este capítulo. Poco podemos añadir a los métodos de investigación utilizados, que no difieren de los expuestos en la introducción de esta serie de casos.

En el caso de Gnanatilleka, entrevisté a la familia actual de la niña y a la familia en la que decía que había vivido. Recogí más pruebas de los testigos que presenciaron los reconocimientos que hizo Gnanatilleka de miembros de la primera familia. En el caso de Wijeratne, este muchacho afirmaba haber renacido en su propia familia como hijo de "su" hermano anterior. Se puede pensar que, en estas circunstancias, no podemos descartar la posibilidad de que Wijeratne haya adquirido de su padre, que conocía muy bien a la persona fallecida, la información de la personalidad que afirmaba haber sido. Es cierto que no podemos excluir esto como explicación de algunas características del caso, pero más adelante expondré mis razones para pensar que es probable que Wijeratne no haya oído hablar a su familia de la vida que describía, al menos antes de que empezara a contar detalles de ella.

El caso de Ranjith Makalanda difiere de todos los demás asiáticos de esta serie en que no hay una información bien detallada que permita identificar a la persona anterior que corresponde a la personalidad que afirmaba haber sido. Sin embargo, lo incluyo este caso porque, aunque tenga menos importancia, presenta algunas características propias de esos casos menores que hacen pensar en la reencarnación que he encontrado en repetidas ocasiones por todo el mundo. He investigado una gran cantidad de estos casos menores y más tarde publicaré, como ya he dicho, resúmenes de las características comunes que se repiten en ellos, tanto en los menores como en los mayores, que hacen pensar en la reencarnación.[4] El caso de Ranjith Makalanda es un ejemplo clásico de un caso menor de este tipo.

---

4.– Hasta 1973 publiqué tres informes: "Cultural Patterns in Cases Suggestive of Reincarnation Among the Tlingit Indians of Southeastern Alaska", *Journal A.S.P.R.*, Vol. 60, julio, 1966, pp. 229-243; "Characteristics of Cases of the Reincarnation Type in Turkey and their Comparison with Cases in Two Other Cultures", *International Journal of Comparative Sociology*, Vol. 11, marzo, 1970, pp. 1-17; "Characteristic of Cases of the Reincarnation Type in Ceylon", *Contributions to Asian Studies*, Vol. 3, 1973, pp.26-39.

Como ya he dicho en la Introducción, el Sr. Francis Story me acompañó en el estudio de estos casos. El Sr. E.C. Raddalgoda, de Kotte, Ceilán, era el intérprete principal del cingalés al inglés. Para el caso de Wijeratne conté también con la ayuda del Venerable Ananda Maitreya, que hizo las funciones de segundo intérprete durante las entrevistas. Además, en las entrevistas de Ceilán estuvo como testigo el Dr. William A. Coates, que era por entonces Profesor de Inglés en la Universidad de Ceilán, Peradeniya, y pasó después al Departamento de Lenguas Modernas y Lingüística de la Universidad de Rochester. El Dr. Coates estuvo dos años en Ceilán enseñando inglés y estudiando cingalés. Aunque en la época en que se hicieron las entrevistas no dominaba el cingalés, podía entender algunas cosas que se decían y afirmó que nunca tuvo ninguna razón para dudar de la exactitud de las traducciones del Sr. Raddalgoda. El Sr. D.V. Sumithapala fue el intérprete de una entrevista. Algunos testigos hablaban inglés y no hubo necesidad de intérpretes.

## Introducción

### El Caso de Gnanatilleka

*Resumen del caso y su investigación*

Gnanatilleka Baddewithana nació cerca de Hedunawewa, en el centro de Ceilán, el 14 de febrero de 1956. Cuando tenía un año empezó a hablar de otra madre y otro padre, pero hasta que no tuvo dos años no empezó a dar referencias claras de una vida anterior. Decía que tenía una madre, un padre y dos hermanos y una hermana en otro lugar. Al principio no dio el lugar de su vida anterior, sino que lo hizo después de que fueran a su casa unas personas que habían estado en una ciudad llamada Talawakele. Al enterarse de esta visita, Gnanatilleka dijo que su padre y su madre estaban en Talawakele. Dijo entonces que quería ir a ver a sus antiguos padres y dio más detalles sobre la situación de su casa anterior y los nombres de los miembros de su familia. Las noticias de sus declaraciones llegaron a oídos del Venerable Piyadassi Thera y del Sr. H.S.S. Nissanka, de Kandy, y, por los detalles dados por Gnanatilleka, pudieron identificar a una familia concreta de Talawakele que se ajustaba exactamente a las declaraciones que había hecho.

El 9 de noviembre de 1954, esta familia perdió un hijo llamado Tillekeratne que nació en Talawakele el 20 de enero de 1941.

Poco después (en 1960) la familia de Gnanatilleka la llevó a Talawakele, donde reconoció con exactitud una serie de edificios de la ciudad. Sin embargo, habían derribado la casa a la que ella se dirigía y la
familia se había trasladado. La familia de Tillekeratne, el difunto niño
que ella afirmaba haber sido en su vida anterior, vivió en ese lugar
exacto, pero se mudaron poco después de que él muriese, cuando tenía
unos trece años y nueve meses. La primera vez que Gnanatilleka fue a
Talawakele no se vieron las dos familias.

Tillekeratne iba a una escuela, Sri Pada College, de Hatton, que
estaba a doce millas de Talawakele. Tres maestros de esta escuela fueron a ver a Gnanatilleka a Hedunawewa y los reconoció correctamente
y dio detalles sobre la escuela y sobre cosas que habían pasado en ella.
A principios de 1961 Gnanatilleka volvió a Talawakele y, en presencia
del Venerable Piyadassi Thera, el Sr. Nissanka y el Sr. D.V. Sumithapala, fueron pasando por delante de ella uno a uno algunos familiares y
conocidos de Tillekeratne y le preguntaban: "¿Conoces a esta persona?" Gnanatilleka identificó correctamente a siete miembros de la familia de Tillekeratne y a otros dos vecinos del pueblo.

En el verano de 1961 fui a Talawakele, Hatton y Hedunawewa para
realizar una investigación imparcial del caso.

## Datos geográficos importantes y posibles medios de comunicación normales entre las dos familias

Talawakele y Hedunawewa están en el centro de Ceilán, a unas dieciséis millas de distancia. Talawakele está en las montañas, mientras
que Hedunawewa está en un valle profundo y, por esta razón, la vege-
tación y el clima de ambas regiones es completamente distinto. Los
medios de comunicación son mucho más difíciles de lo que se puede
pensar para la distancia que las separan. Hay una carretera que va de
Talawakele a Kotmale, que está a unas doce millas más al norte, y hay
autobuses que atienden este trayecto; pero de Kotmale a Hedunawewa
la carretera es mala y tiene muchos tramos sin pavimentar. Talawakele
es la ciudad más cercana a Hedunawewa, ya que Kotmale (y la misma
Hedunawewa) es sólo una aldea. La gente de Hedunawewa va algunas
veces a Talawakele, pero casi nadie de Talawakele va a Hedunawewa.

Los miembros de la familia de Tillekeratne aseguraban que no conocían de nada a la familia de Gnanatilleka antes de la investigación

de este caso y que ninguno de ellos había estado nunca en Hedunawewa. La familia de Gnanatilleka conocía superficialmente Talawakele y sus padres negaron cualquier conocimiento de la familia de Tillekeratne antes del desarrollo del caso. Su padre había estado en Talawakele de paso hacía veinte años; desde entonces pasaba por la ciudad sólo en tren. Su madre no había estado nunca en Talawakele. Su hermano mayor estuvo allí en un espectáculo de danza. Cuando el caso ya era de dominio público en la aldea, la familia de Gnanatilleka se enteró de que una persona que había vivido en Hedunawewa, pero que era, en principio, de Talawakele y había vuelto después allí, conocía a la familia de Tillekeratne y había estado en su funeral. Sin embargo, este hombre no estuvo nunca en casa de Gnanatilleka, hasta después de que se conociera el caso, cuando fue a verla. Y, como he dicho antes, una familia de Hedunawewa se fue por un mes a Talawakele y volvió después a Hedunawewa. En una visita de esta familia a la de Gnanatilleka, comentaron delante de ella que eran de Talawakele y esta observación estimuló la primera referencia de Gnanatilleka a Talawakele como el lugar de su vida anterior. Sin embargo, esta familia no conoció a la de Tillekeratne en el tiempo en que estuvieron en Talawakele.

La casa de Gnanatilleka está en la selva y sólo se puede llegar a ella por un tortuoso camino de herradura, de cerca de media milla desde Hedunawewa, a donde, como ya he dicho, era bastante difícil llegar desde la carretera general que va de Talawakele a Kotmale. Nadie puede llegar a la casa de la familia de Gnanatilleka a no ser que quiera ir allí exclusivamente. Si se buscase un lugar inaccesible, sería difícil pensar o encontrar otro mejor. Por eso confío en que nadie que no fuera de Hedunawewa (y posiblemente ninguno de la aldea) pudiera haber llegado a la casa y hablado con Gnanatilleka, sin que se enterase su familia. Y, si aceptamos la afirmación de sus padres de que no fue nadie de Talawakele antes de la verificación, entonces Gnanatilleka tuvo que haber recibido por medios paranormales la información detallada que tenía sobre Tillekeratne, su familia y su vida.

## Personas entrevistadas durante la investigación

En Talawakele entrevisté a:

Sr\*. Beliwatte Liyanage Alice Nona, madre de Tillekeratne (el padre no estaba en Talawakele cuando estuve allí)

Salinawathie, hermana mayor de Tillekeratne

En Hatton entrevisté a:
Sr. D.V. Sumithapala, profesor del Sri Pala College, que fue profesor de Tillekeratne

En Hedunawewa entrevisté a:
Gnanatilleka
Sr. D.A. Baddewithana, padre de Gnanatilleka
Sr³. D.P. Baddewithana, madre de Gnanatilleka
Sr. Ariyapala Baddewithana, hermano de Gnanatilleka
Sr. K.G. Ratnayaka, Director del Government Central College de Hedunawewa

Además, he mantenido correspondencia con el Venerable Piyadassi Thera sobre la investigación que realizó y algunos detalles de las declaraciones de los testigos.

## Declaraciones y reconocimientos hechos por Gnanatilleka

En la tabla aparecen los reconocimientos y afirmaciones principales hechos por Gnanatilleka, que se han podido comprobar. No se hace justicia con las numerosas observaciones del comportamiento de Gnanatilleka que están en consonancia con los hechos de la vida de Tillekeratne. A continuación resumo algunos.

Los datos 1 a 15 son declaraciones de Gnanatilleka hechas antes de que hubiera ningún contacto entre las dos familias o se intentara cualquier verificación.

Los datos 16 y 17 sucedieron en el primer viaje de Gnanatilleka a Talawakele, con su familia.

Del 18 al 21 se dieron cuando el Sr. D.V. Sumithapala y sus compañeros fueron a Hedunawewa a ver a Gnanatilleka.

Del 22 al 34 sucedieron la segunda vez que Gnanatilleka fue a Talawakele. De éstos, del 22 al 32 sucedieron cuando Gnanatilleka estaba en una habitación con los observadores, que traían a las personas que tenía que reconocer, normalmente de una en una, aunque en dos ocasiones lo hicieron en grupos de tres. Por cada persona que entraba le preguntaban: "¿Conoces a esta persona?" En la habitación estaban Gnanatilleka y sus padres, los tres observadores dirigidos por el Venerable Piyadassi Thera (todos ellos ajenos a las dos familias implicadas), el Sr. D.V. Sumithapala, profesor de Tillekeratne, y las personas ya reconocidas. Había una multitud de curiosos en la calle, a la puerta de la posada donde se estaban haciendo los reconocimientos; pero, aunque esta multitud pudo aumentar la emoción del momento, no tuvieron posibilidad de influir en los detalles de los reconocimientos, ya que se hacían en la segunda planta de la posada en las condiciones descritas. Gnanatilleka hizo los dos últimos reconocimientos (datos 33 y 34) de una manera espontánea, sacando de un grupo donde se encontraban a las personas correspondientes, sin que nadie se lo pidiese.

## Informes y Observaciones sobre el Comportamiento de las Personas Implicadas

Cuando se enfadaba con sus padres, Gnanatilleka amenazaba con volver con su "madre de Talawakele", como llamaba a la Srª. Alice Nona. Al reconocer a la Srª. Alice Nona, cuando se vieron en Hedunawewa, mostró gran afecto por ella, lo mismo que por el padre de Tillekeratne. Parecía que sentía mucho más cariño por Salinawathie, la hermana mayor de Tillekeratne, que por las otras tres hermanas, y una gran frialdad hacia Buddhadasa, su hermano. Estas reacciones son las adecuadas a la conducta de Tillekeratne, porque Salinawathie fue su hermana favorita y Buddhadasa había sido un hermano poco amistoso y, en ocasiones, hostil.

Aunque Gnanatilleka no tenía muchas ganas de quedarse a vivir con la familia de Talawakele, les tenía mucho afecto y ellos se lo tenían a ella. Esto también respondía a las posibles actitudes de Tillekeratne. No tuvo una vida fácil en su casa antes de morir. Su padre estaba fuera mucho tiempo, lo mismo que un hermano mayor, con el que tenía una gran amistad; el hermano menor que estaba en casa, Buddhadasa, no se mostraba muy amistoso con él y, aunque parecía que Tillekeratne era el hijo favorito de su madre, sus relaciones con ella siempre fueron tensas y, en algunas ocasiones, no muy felices. Un episodio que contaron los padres de Gnanatilleka puede darnos una muestra tanto de la intensidad como de la ambigüedad de su actitud hacia la madre de Talawakele. Cuando Gnanatilleka tenía unos cuatro años y medio, una mujer de Talawakele se ahogó y su cuerpo bajó flotando por el río hasta Kotmale, donde la encontraron. Cuando la familia se lo contó a Gnanatilleka, esta se preocupó y lloró, diciendo: "Puede ser mi madre de Talawakele". Según el Sr. Sumithapala, esta posibilidad le afectó durante una semana.

El comportamiento de Gnanatilleka con el Sr. D.V. Sumithapala parecía muy apropiado para el papel que había desempeñado en la vida

## TABLA

### Resumen de las declaraciones y reconocimientos hechos por Gnanatilleka

| Datos | Informadores | Comprobación | Comentarios |
|---|---|---|---|
| 1.– Tenía madre, padre, dos hermanos y muchas hermanas en Talawakele.[1] | D.A. Baddewithana, padre de Gnanatilleka D.P. Baddewithana, madre de Gnanatilleka | Alice Nona, madre de Tillekeratne | Tillekeratne tenía nueve hermanos; dos de ellos, varones. |
| 2.– Su padre era cartero | D.A. Baddewithana D.P. Baddewithana | Salinawathie, hermana de Tillekeratne | |
| 3.– Un perro mordió una vez a su hermano | D.A. Baddewithana D.P. Baddewithana | Sin confirmación objetiva. Mr y Mrs. Baddewithana confirmaron este episodio | |
| 4.– Vio a la Reina pasar en un tren | D.A. Baddewithana D.P. Baddewithana K.G. Ratnayaka, director del colegio de Gnanatilleka | La Reina Isabel estuvo en Ceilán en 1954. Su tren pasó por Talawakele, desde donde se podía ver fácilmente, el 15 de abril de 1954. Mr. D.V. Sumithapala vio el tren especial de la Reina en Hatton, por lo que es probable que los niños de la escuela también lo vieran | El tren de la Reina pasó por Talawakele donde pudieron verlo fácilmente los niños. Su visita fue un hecho importante de aquel año. El Sr. y la Sra. Baddewithana dijeron que no habían hablado de esta visita real a Gnanatilleka y que hizo su observación al ver una fotografía de la Reina. |

1.– Aunque he utilizado el femenino al hablar de las declaraciones de Gnanatilleka, el lector debe tener en cuenta que ella (Gnanatilleka), al hablar, se refería a Tillekeratne y a los lugares y acontecimientos de su vida

162

| Datos | Informadores | Comprobación | Comentarios |
|---|---|---|---|
| 5.– No había cocoteros en Talawakele | D.A. Baddewithana D.P. Baddewithana | Verificado por mí a partir de informaciones sobre la flora local | Los cocoteros son abundantes en la jungla baja, donde vivía Gnanatilleka. Son raros o no existen en las montañas cercanas a Talawakele. |
| 6.– Su madre de Talawakele solía comprar leña. | D.A. Baddewithana D.P. Baddewithana | Verificado por mí a partir de la información sobre la flora local | En las junglas bajas, cerca de la casa de Gnanatilleka, se puede conseguir la leña gratis. En las montañas es escasa y se tiene que comprar. |
| 7.– Solía ir a la escuela desde Talawakele en un tren que pasaba por un túnel | D.A. Baddewithana D.P. Baddewithana | D.V. Sumithapala | El túnel más largo de Ceilán es el de la línea de Talawakele a Hatton. Tillekeratne pasaba por este túnel dos veces al día para ir y venir a la escuela. |
| 8.– Su padre de Talawakele no tenía una coleta en el cogote. | D.A. Baddewithana D.P. Baddewithana | Correcto, pero no se confirmó de un modo objetivo. Según los Baddewithana el peinado de los dos padres eran diferentes | |
| 9.– Su madre de Talawakele era gorda | D.A. Baddewithana D.P. Baddewithana | Correcto, según pude comprobar. Alice Nona es bastante más pesada que la madre de Gnanatilleka | |

| Datos | Informadores | Comprobación | Comentarios |
|---|---|---|---|
| 10.– Iba a la escuela con su hermana | Alice Nona Salinawathie | Alice Nona | Tillekeratne también iba a la escuela con un hermano mayor, Buddhadasa, con el que no se llevaba bien. |
| 11.– Una hermana, Sudu Akka, iba a la escuela de Nawalapitiya | D.A. Baddewithana D.P. Baddewithana | Correcto, pero no lo pude confirmar de un modo independiente | |
| 12.– Tenía un hermano llamado Dharmadasa | D.A. Baddewithana D.P. Baddewithana | Correcto, pero no lo pude confirmar con objetividad | Se da el caso que un hermano mucho mayor de Gnanatilleka también se llama Dharmadasa. |
| 13.– Su casa estaba entre la parada del autobús y la oficina de correos de Talawakele | Ariyapala Baddewithana, hermano de Gnanatilleka | Ariyapala Baddewithana | La casa que localizó era la que tuvo la familia de Tillekeratne hasta unos meses después de que muriera. Ya no era su casa cuando Gnanatilleka fue a Talawakele. |
| 14.– Narración de una leyenda Jataka que le enseñó el Sr. D.V. Sumithapala a Tillekeratne | D.V. Sumithapala, profesor de Tillekeratne D.A. Baddewithana D.P. Baddewithana | D.V. Sumithapala | El Sr. Sumithapala enseñó realmente este cuento mitológico a Tillekeratne. Gnanatilleka contó la historia con todo detalle y con gestos dramáticos. Nunca había oído la historia en su familia. Se cree que las historias Jataka se basan en las vidas anteriores de Buddha. |
| 15.– Subió a la Montaña de Adán con unos monjes | Venerable Piyadassi Thera D.A. Baddewithana D.P. Baddewithana | El Venerable Piyadassi Thera verificó esto con Alice Nona. Tillekeratne | La Montaña de Adán es la más alta de Ceilán, está considerada como sagrada y los ceilandeses suben a ella con frecuencia, por |

| Datos | Informadores | Comprobación | Comentarios |
| --- | --- | --- | --- |
| 15.– (Continuación) | | subió a la Montaña de Adán dos veces, una con los monjes y otra con su madre | lo que no es nada extraño que lo hiciera también Tillekeratne. |
| 16.– Reconocimiento del lugar en el que estaba la casa de la familia de Tillekeratne | Ariyapala Baddewithana | Ariyapala Baddewithana | Cuando la llevaron al lugar donde estuvo la casa de Talawakele, Gnanatilleka dijo: "La casa no está aquí, pero estaba". Esto sucedió en la primera visita de Gnanatilleka a Talawakele. Las familias no se conocían todavía. Este hecho y el nº. 17 se verificaron después. |
| 17.– Reconocimiento de la casa en la que vivía el lavandero | Ariyapala Baddewithana | Ariyapala Baddewithana | Sucedió en la primera visita de Gnanatilleka a Talawakele. |
| 18.– Reconocimiento de Mr. D.V. Sumithapala como un profesor que nunca lo castigó | D.V. Sumithapala | D.V. Sumithapala | Sucedió cuando Mr. Sumithapala (con otros dos hombres) fue a ver a Gnanatilleka a Hedunawewa. Estaba seguro de que nadie lo presentó a él ni a sus acompañantes, sino que sólo le preguntó: "¿Me conoces?" Mr. Sumithapala parecía ser un profesor de extraordinaria amabilidad. Decía que nunca había castigado a Tillekeratne. |
| 19.– Error al reconocer a Mr. Asoka Gautamadasa, director del Sri | D.V. Sumithapala | D.V. Sumithapala | Completamente lógico, ya que Mr. Gautamadasa no estaba en el Sri Pada College cuando Tillekeratne iba allí. Las condicio- |

165

| Datos | Informadores | Comprobación | Comentarios |
|---|---|---|---|
| Pada College | | | nes fueron las mismas que las del reconocimiento del Sr. Sumithapala. |
| 20.– Error al reconocer a Mr. Tilak Samarsinghe, un profesor del Anrudha College, Nawalapitiya y amigo del Sr. Gautamadasa | D.V. Sumithapala | D.V. Sumithapala | Las condiciones fueron las mismas que las del reconocimiento de Sr. Sumithapala. Correcto por completo ya que el Sr. Samarsinghe no conoció nunca a Tillekeratne. |
| 21.– Descripción de la zona que hay entre la escuela de Hatton y la estación del ferrocarril cercana a la escuela, incluyendo el puente y las escaleras que hay entre ambas. | D.V. Sumithapala | D.V. Sumithapala | A su descripción de una zona compleja, añadió más detalles con un dibujo a tiza. |
| 22.– Reconocimiento de la madre de Tillekeratne | Venerable Piyadassi Thera D.V. Sumithapala Alice Nona | | Cuando la Sra. Alice Nona entró en la habitación, se preguntó a Gnanatilleka: "¿La conoces?" Todos los reconocimientos posteriores se realizaron del mismo modo. Gnanatilleka no reconoció abiertamente a la Sra. Alice Nona hasta que su madre dejó la habitación. Entonces dijo: "Es mi madre |

| Datos | Informadores | Comprobación | Comentarios |
|---|---|---|---|
| 22.– (Continuación) | | | de Talawakele", y la abrazó con cariño. Esto tuvo lugar la segunda vez que estuvo en Talawakele. |
| 23.– Reconocimiento del padre de Tillekeratne | Venerable Piyadassi Thera D.V. Sumithapala | | Las condiciones eran las mismas que cuando reconoció a la madre de Tillekeratne. |
| 24.– Reconocimiento de Gunalatha, hermana de Tillekeratne | D.V. Sumithapala Alice Nona Salinawathie | | Las mismas condiciones que las de los reconocimientos de los demás miembros de la familia de Talawakele. El Sr. Sumithapala recordaba que Gnanatilleka reconoció a Gunalatha como "hermana de Talawakele". Los demás testigos de este episodio dijeron que Gnanatilleka declaró después que Gunalatha era "la hermana con la que solía ir a la escuela". No estaban presentes en la habitación durante este reconocimiento, como estaba el Sr. Sumithapala, pero quizás se lo oyeron a Gunalatha, con la que no pude hablar. Es cierto que Gunalatha iba todos los días que había clase a Hatton en el tren con Tillekeratne. |
| 25.– Reconocimiento de Leelawathie, hermana de Tillekeratne | Alice Nona Salinawathie D.V. Sumithapala | | Gnanatilleka recordó a esta hermana al mencionar dónde vivía. Salinawathie fue un testigo directo de este reconocimiento (al igual que el Sr. Sumithapala), ya que las |

167

| Datos | Informadores | Comprobación | Comentarios |
|---|---|---|---|
| 25.– (Continuación) | | | tres hermanas entraron juntas en la habitación. |
| 26.– Reconocimiento de Somawathie, hermana de Tillekeratne | Alice Nona<br>Salinawathie<br>D.V. Sumithapala | | Este reconocimiento lo hizo en el mismo momento y del mismo modo que el de Leelawathie. |
| 27.– Reconocimiento de Salinawathie, hermana de Tillekeratne | Alice Nona<br>Salinawathie<br>D.V. Sumithapala | | Reconocida correctamente como "Sudu Akka" (hermana buena). Gnanatilleka mostró más afecto hacia Salinawathie que hacia las demás; Tillekeratne había estado más cerca de ella que de las demás. Estaba soltera. |
| 28.– Pidió a Salinawathie que le devolviera sus peras | Salinawathie | | En la casa anterior de la familia, donde vivió Tillekeratne, había un peral. Pudo relacionar las peras con esta hermana, pero no es normal que haya donde vivía Gnanatilleka. |
| 29.– Reconocimiento del Sr. U.K.D. Silva | D.V. Sumithapala | | Las mismas condiciones que en los reconocimientos de las personas de Talawakele ya mencionadas. Gnanatilleka lo reconoció como un "tío de Talawakele. Me enseñaba en la escuela dominical". |
| 30.– Reconocimiento de Mr. N.A. Nayakkara | D.V. Sumithapala | | Las mismas condiciones de los reconocimientos anteriores de Talawakele. Gnanatilleka dijo que Mr. Nayakkara "me dio clase |

| Datos | Informadores | Comprobación | Comentarios |
|---|---|---|---|
| 30.– (Continuación) | | | en la escuela de Talawakele". Dio clase a Tillekeratne en la escuela dominical de Talawakele. |
| 31.– No pudo reconocer a un extraño, desconocido para Tillekeratne | D.V. Sumithapala | | Correcto ya que esta persona no conocía a Tillekeratne. Las condiciones son las mismas que las anteriores. Pusieron a este extraño para ver si Gnanatilleka hacía algún reconocimiento falso. |
| 32.– Reconocimiento de Buddhadasa, hermano de Tillekeratne | Alice Nona Salinawathie D.V. Sumithapala | | Reconocido como "mi hermano". Tardó mucho tiempo en reconocer a Buddhadasa, se apartó de él y normalmente lo recibía con bastante frialdad. Tillekeratne y Buddhadasa no fueron nunca buenos amigos. Buddhadasa le tomaba el pelo algunas veces a Tillekeratne con las maquetas de los santuarios que hacía y les daba tanta importancia. |
| 33.– Reconocimiento de Upasakamma, una mujer devota del templo | D.V. Sumithapala | D.V. Sumithapala dijo que la mujer en cuestión confirmó la relación anterior con Tillekeratne | Una mujer devota del templo que Gnanatilleka sacó espontáneamente de la multitud. Gnanatilleka dijo: "Venía conmigo al templo de Talawakele". |
| 34.– Reconocimiento de un vecino que discutió con su madre de Talawakele | D.V. Sumithapala | | Este vecino tuvo una vez una discusión con la Sra. Alice Nona; pero redujeron sus diferencias desde entonces. |

de Tillekeratne este querido maestro. Parece que el Sr. Sumithapala se tomó especial interés por Tillekeratne. Tenía el aspecto de una persona amable y se sentía orgulloso de poder manejar a los niños sin duros castigos. Tillekeratne preguntó una vez al Sr. Sumithapala: "¿Es verdad que después de morir volvemos a nacer?" La unión que había entre Tillekeratne y su maestro se repitió en el cariño que Gnanatilleka y el Sr. Sumithapala demostraban tener el uno por el otro. Gnanatilleka tenía un cariño y hasta una veneración por el Sr. Sumithapala como no lo tenía por nadie más que por sus padres e incluso algunas veces el afecto que demostraba por el maestro era superior al de los padres. Por ejemplo, dejaba que el Sr. Sumithapala utilizara su copa, pero no permitía que lo hiciesen sus padres, amenazando con irse de la casa. Esperaba sus visitas con impaciencia y le pidió que la acompañase en su primer día de escuela, cuando fue al parvulario. El Sr. Sumithapala correspondía con cariño a su afecto. Decía que se puso a llorar cuando lo reconoció la primera vez que fue a verla a Hedunawewa en 1960. Fue testigo de los reconocimientos de familiares y amigos de Tillekeratne en Talawakele y, cuando se irritaba, la tranquilizaba. Desde entonces iba a verla con regularidad. El Sr. Sumithapala me acompañó a la casa de Gnanatilleka en Hedunawewa y tuve la oportunidad de observar la gran amistad que había entre la niña y el maestro. Si tenemos en cuenta que en la vida de Gnanatilleka no se habían visto más de ocho o diez veces, la amistad resultaba bastante fuerte. Los dos creían que Tillekeratne había vuelto como Gnanatilleka. En tres ocasiones Gnanatilleka tuvo premoniciones de que el Sr. Sumithapala iba a verla.

La Sr.ª Alice Nona, la madre de Tillekeratne, se emocionó y lloró, lo mismo que su marido, cuando Gnanatilleka los reconoció en Hedunawewa. Cuando entrevisté a la Sr.ª Alice Nona en Talawakele, unos ocho meses después de esta reunión, seguía teniendo fuertes emociones. Al hablar conmigo de Tillekeratne y Gnanatilleka, se entristecía y le costaba trabajo mantener la conversación. La emoción que vi puede deberse al dolor por la pérdida de Tillekeratne, sin ser indicio de que tuviese ningún apego especial por Gnanatilleka; pero me pareció espontánea y que no formaba parte de ningún drama preconcebido y las observaciones que hizo cuando vio por primera vez a Gnanatilleka y las que me hizo después a mí dejan claro que también creía que su hijo había renacido. Los padres de Gnanatilleka también lo creían, hasta el punto de temer algunas veces que cumpliera sus amenazas de los momentos de mal humor y volviera con su madre de Talawakele.

Hacia 1962 Gnanatilleka dejó de hablar espontáneamente de su vida anterior y parecía que recordaba poco de ella.[5]

## Comparación del comportamiento de Tillekeratne y Gnanatilleka

En todos los casos que se investigan del censo internacional de casos que hacen pensar en la reencarnación, hay pocos ejemplos con diferencias de sexo entre el sujeto y la personalidad anterior. En cerca de 600 casos sólo se ha dado diferencia de sexo en un cinco por ciento. Siempre que he podido he investigado el comportamiento de ambas personalidades, con el fin de estudiar las diferencias y semejanzas que hay entre ellas. En los casos de diferencia de sexo entre las dos personalidades, mis investigaciones se centran, naturalmente, en su comportamiento. En este caso he obtenido alguna información que merece nuestra atención.

Como ya he dicho, Tillekeratne no tenía ningún hombre en su familia con quien pudiera identificarse. Su padre y su hermano mayor, con el que se llevaba bien, pasaban largas temporadas fuera de casa. Tenía un hermano un poco mayor que él, pero no era muy simpático y resulta difícil pensar que Tillekeratne se llevase bien con él. El Sr. Sumithapala era el modelo masculino que tenía más cerca; pero lógicamente no podía darle todo lo que necesitaba. Tillekeratne era el favorito de su madre, pero esto pudo alejarlo más de su hermano, y es posible que también de su padre y, sin duda alguna, no lo orientaba hacia la virilidad. Tal vez como consecuencia de estas influencias, Tillekeratne tenía antes de morir una tendencia definida hacia el afeminamiento. Su madre y su maestro lo dijeron así. La prueba está en que le gustaba más estar con chicas que con chicos (prefería sentarse con ellas), tenía interés por la costura, le gustaban las camisas de seda y algunas veces se pintaba las uñas.[6] Una vez le preguntó a su maestro, el Sr. D.V. Sumithapala, si se podía cambiar de sexo de una vida a otra.

Gnanatilleka mostró, según sus padres, alguna tendencia hacia la virilidad. Todavía era joven y no se había desarrollado bastante; pero sus padres la consideraban más masculina que sus hermanas mayores, con las que la comparaban. Citaron, como ejemplo de un atributo común

---

5.– Carta que me mandó el Sr. D.V. Sumithapala el 12 de noviembre de 1962.

6.– El que un chico se pinte las uñas está considerado en Ceilán como un signo de afeminamiento, aunque no tanto como en occidente. Sin embargo, Tillekeratne era el único chico que el Sr. Sumithapala había visto pintarse las uñas.

con los chicos, su audacia, superior al promedio de las chicas de su comunidad (con la excepción de dos fobias que comentaré). También aseguraron que Gnanatilleka era más madura que las demás niñas de su edad y que utilizaba un vocabulario más amplio que la mayoría de los niños. Algunas de estas palabras no eran normales en su familia, pero ella las decía antes de ir al colegio, en 1961. El director de la escuela de Gnanatilleka no notó ningún detalle de virilidad ni de precocidad. El valor de este testimonio contradictorio puede variar, según la opinión del lector, si cree que un maestro es más objetivo en sus observaciones que los padres o, por el contrario, piensa que los padres tienen más oportunidades de observar a sus hijos que los directores de escuela.

Gnanatilleka dijo simplemente a sus padres: "Era chico. Ahora soy chica". Cuando la vi en Hedunawewa decía que, cuando era chico, quería ser chica. Cuando se le preguntó cómo era más feliz, de chico o de chica, Gnanatilleka contestó que era más feliz de chica. No he conocido ninguna opinión explícita de Tillekeratne sobre este tema, pero su comportamiento nos permite deducirla.

Gnanatilleka prefería los vestidos azules y dijo (según sus padres) que en su vida anterior prefería el azul. El Sr. Sumithapala recordaba que a Tillekeratne siempre le gustaba el azul y llevaba camisas azules.

Tillekeratne era más religioso que la media de los niños cingaleses y solía hacer pequeñas capillas de Buda para su propio culto. Gnanatilleka también tenía mucho interés por la religión.

Todavía no están claras las circunstancias exactas de la muerte de Tillekeratne cuando tenía unos catorce años. Parece ser que tuvo alguna enfermedad en las vísceras, pero podemos pensar que las heridas que se hizo cuando cayó de un carro contribuyeron a su última enfermedad e hicieron que ingresase inmediatamente en el hospital, donde murió al cabo de una o dos semanas. A la vista de la historia de Tillekeratne, pienso que se debe tener en cuenta que los padres de Gnanatilleka testificaron que tenía bastante miedo a los médicos y a los hospitales y procuraba no subir a ningún sitio de donde pudiera caerse.

## Comentarios sobre la posibilidad de que Gnanatilleka tuviese conocimientos paranormales

Bajo este epígrafe quiero comentar, en primer lugar, la fuerte impresión general que tuve sobre la integridad de todos los testigos con los que hablé. La misma Gnanatilleka parecía demasiado joven para montar un caso como éste por su propia cuenta. No vi ningún motivo para que la familia de Gnanatilleka realizara un fraude, ya que no conseguirían con él ningún beneficio económico y esta publicidad podía producirles, tal como ocurrió, más perjuicio que beneficio. De todos modos, la familia de Gnanatilleka no hubiese podido mantener el fraude mucho tiempo, ya que, con toda seguridad, para organizar cualquier conspiración tendrían que haber contado con la familia de Tillekeratne y su maestro y debemos pensar que todos tendrían que ensayar antes de la representación para simular lágrimas y otras manifestaciones de fuertes emociones para que las viesen observadores ajenos, como el Venerable Piyadassi Thera y el Sr. Nissanka, por no mencionar mis propias observaciones de la expresión de emoción de algunos de los participantes. La probabilidad de que fuese así parece tan remota que justifica la eliminación del fraude, en pro de hipótesis más prometedoras.

La criptomnesia podría explicar la información adquirida por Gnanatilleka sobre los asuntos de Tillekeratne si pudiésemos encontrar alguna razón para creer que hubiese podido tener acceso a alguien (tendría que ser alguien íntimamente relacionado con la familia de Tillekeratne) que conociese los hechos que contaba sobre él. Ya he dicho las razones por las que creo que ningún extraño ha podido ver a Gnanatilleka en la remota casa de su familia, en la aislada aldea de Hedunawewa sin que lo supieran sus padres. Ellos negaron conocer a tal persona. Esto nos hace volver a la posibilidad del fraude, que consideré bastante difícil; pero, suponiendo que cualquiera de Talawakele haya llegado hasta Gnanatilleka antes de que tuviera tres años y le haya dado la información necesaria, ¿pudo haberle inculcado también las reacciones de comportamiento adecuadas que mostraba con tanta fuerza ante la familia y el maestro de Tillekeratne y que producía en ellos respuestas emotivas de parecida intensidad? Esto tampoco me parece verosímil.

Por encima de las explicaciones normales del caso, como el fraude y la criptomnesia, están las que se basan en algún tipo de comunicación paranormal y que trataré en el Análisis General que sigue a la presentación de todos los casos. En este punto, sin embargo, me gustaría atraer la atención de los lectores hacia los reconocimientos que hizo Gnanatilleka de las personas con las que se relacionaba Tillekeratne.

En algunas ocasiones, las familias de los niños que dicen tener recuerdos de vidas anteriores hacen pruebas de reconocimiento que dejan abierta la posibilidad de transmitir al niño, a veces de forma subrepticia, sugerencias sobre la persona que se le pide que reconozca. Esto sucede cuando se pregunta a un niño cosas como: "¿Ves a tu madre

anterior aquí?" Las miradas de la multitud hacia la persona adecuada pueden hacer que el niño "reconozca" rápidamente a la madre anterior. En este caso, Gnanatilleka hizo doce reconocimientos. Diez de ellos se dieron en circunstancias en que sólo se le preguntó: "¿Conoces a esta persona?" o "¿Me conoces?" En nueve ocasiones Gnanatilleka dijo sin equivocarse la relación correcta de Tillekeratne con la persona presentada. En la décima, los testigos no se ponen de acuerdo en si reconoció a Gunalatha, la hermana pequeña de Tillekeratne, como "la hermana con la que iba a la escuela", o sólo como "la hermana de Talawakele". La última observación sería la correcta para Tillekeratne y es un reconocimiento, pero no distingue a esta hermana de las otras tres que estaban presentes, como sucede en reconocimientos anteriores. En los demás casos, Gnanatilleka dio la relación con tal exactitud que no hay lugar a duda sobre la identidad de la persona en cuestión. Gnanatilleka no llegó a reconocer a tres personas que le pusieron como trampa para ver si distinguía a las personas desconocidas para Tillekeratne. En los otros dos reconocimientos, Gnanatilleka sacó espontáneamente a dos mujeres de la multitud y dijo correctamente la relación que tenían con Tillekeratne o su familia.

Los dos tipos de reconocimientos hechos por Gnanatilleka, como sacar espontáneamente a las personas de la multitud y decir correctamente quiénes eran cuando se le preguntaba "¿Conoces a esta persona?" no son fáciles de realizar sin un conocimiento previo de las personas reconocidas. Es difícil que baste para ello con la información sobre una personalidad fallecida recibida de un extraño por casualidad. No se puede imaginar uno la proeza que supone hacer esto, sin más conocimiento previo que un adiestramiento cuidadoso y muy intensivo dirigido por uno de los padres. ¿Se podrían conseguir con este adiestramiento las reacciones emocionales oportunas que mostraba Gnanatilleka hacia los miembros de la familia de Tillekeratne? Lo dudo. Pienso que, en buena lógica, los reconocimientos hechos por Gnanatilleka descartan el fraude y la criptomnesia como explicaciones del caso.

## Desarrollo Posterior de Gnanatilleka

Volví a ver a Gnanatilleka y a su familia en julio de 1966, poco después de la publicación de la primera edición de este libro. Por entonces, Gnanatilleka, que tenía diez años, decía que recordaba aún la vida anterior y, a juzgar por sus respuestas a preguntas sobre el tema, pienso que así era. Decía que algunas veces, cuando estaba ociosa, sus pensamientos volvían a su vida anterior y que no pensaba que hubiese ninguna circunstancia especial que hiciera que la recordara. Siguió visitando a la familia de Tillekeratne. La familia de Tillekeratne fue a Hedunawewa unos dos meses antes de mi visita y pasaron allí la noche. Gnanatilleka también estuvo en Talawakele por aquella época. Cuando iba a Talawakele seguía comportándose de un modo poco amistoso con Buddhadasa, el hermano mayor de Tillekeratne, que lo había tratado mal y le había roto una de las maquetas de santuarios dos semanas antes de su muerte. Buddhadasa, por aquel periodo, no fue a Hedunawewa a ver a Gnanatilleka.

Gnanatilleka estaba por entonces en el quinto curso y decía que era la primera de la clase. Su madre decía que había perdido los rasgos masculinos (que nunca habían sido muy marcados) que tuvo cuando era más pequeña y que se desarrollaba como una niña normal. Seguía prefiriendo el azul a los demás colores y se interesaba mucho por la religión y en su casa tenía un santuario de Buda donde rezaba.

Gnanatilleka me dijo que le gustaba más ser una chica y que prefería su familia a la de Tillekeratne (no le pedí que me explicara por qué, pero no lo vi extraño teniendo en cuenta algunas circunstancias desagradables de la vida de Tillekeratne).

Esta visita nos dio la oportunidad de investigar más sobre las manifestaciones de percepción extrasensorial de Gnanatilleka con las personas vivas que ya he mencionado. Tomando como base (principalmente) sus predicciones de las visitas inesperadas del Sr. D.V. Sumithapala a Hedunawewa, Gnanatilleka ha adquirido alguna reputación en su familia por sus facultades paranormales. En algunas ocasiones le consultaban el resultado de un viaje antes de emprenderlo; pero en 1966 las pruebas de que Gnanatilleka tuviese más facultades que las personas normales para la percepción extrasensorial no parecían muy sólidas. Algunas veces acertaba en sus predicciones y otras, no. Siguió prediciendo correctamente algunas veces cuándo iba a venir el Sr. Sumithapala, pero en otras llegaba sin que ella se lo dijera de antemano a su familia. Gnanatilleka negó que pudiera pronosticar cuándo iba a venir a verlos la madre de Tillekeratne.

Volví a ver a Gnanatilleka y a su familia en noviembre de 1970. Por entonces tenía unos quince años. Estaba en el noveno curso y seguía yendo bien en la escuela, siendo la sexta de treinta y siete estudiantes.

Gnanatilleka decía que sus recuerdos de la vida anterior estaban desapareciendo. Sin embargo, seguía conservando algunos y decía que todavía pensaba en ella. Recordaba sobre todo las experiencias de Tillekeratne en el colegio. También recordaba que Buddhadasa, el hermano mayor de Tillekeratne, había roto uno de sus santuarios de Buda. Decía que todavía soñaba con su madre de Talawakele. ¡Soñaba con sus visitas a Hedunawewa y también con su forma de cocinar! Su madre decía que todavía pensaba que tenía dos madres.

La madre de Gnanatilleka decía que se desarrollaba con normalidad dentro de las líneas femeninas. Tuvo sus primeras menstruaciones unos días antes de mi visita. Su peinado, su forma física, el vestido azul y sus modales eran propios de una típica chica cingalesa.

Gnanatilleka y su familia siguieron teniendo algún contacto con la familia de Tillekeratne, aunque parecía menor que el que habían tenido anteriormente. La hermana mayor de Gnanatilleka, Karunawathie, se casó en 1970, poco después de mi viaje a Hedunawewa. La madre y la hermana mayor de Tillekeratne estuvieron en la boda, y también Buddhadasa, su hermano mayor, con el que ni Tillekeratne ni Gnanatilleka se llevaban muy bien. El Sr. D.V. Sumithapala también estuvo en la boda. Hacía dos años que no iba a verla.

Gnanatilleka seguía estando muy interesada por la religión. Era vegetariana (por motivos religiosos, aunque el budismo no lo obliga) y convenció a su madre para que también lo fuese. Su familia creía todavía que tenía algunas facultades para la percepción extrasensorial. Como ejemplo, citaron una ocasión en que dijo que su padre, que estaba trabajando lejos de Hedunawewa, volvería y, efectivamente, volvió.

En los últimos años ha aumentado mi interés por saber cuál es la razón de que, si un caso se interpreta mejor con la reencarnación, una personalidad anterior renace en una familia y no en otra. No es tema de este libro hablar, ni siquiera de pasada, de los datos que empiezan a aflorar de las investigaciones encauzadas a analizar este tema; pero, en el curso de las últimas investigaciones, he pedido con frecuencia a los informadores su opinión sobre el caso que estaban tratando. Cuando hablé de esto con Gnanatilleka y su familia en 1970, me enteré de que, a la edad de cinco años aproximadamente, dijo a su familia que, cuando era Tillekeratne, vio a su hermano mayor, D.A. Baddesithana, bailando en Talawakele y "le había fascinado". Ya he dicho que el hermano mayor de Gnanatilleka fue una vez a Talawakele con un espectáculo de danza. Esto sucedió en abril de 1954, cuando tuvo lugar la visita de la Reina. Esta fue la única ocasión en que él estuvo allí antes de conocerse el caso. Por entonces D.A. Baddewithana, que estaba presente en mi visita de 1970, tenía quince años y no recordaba haber conocido a

Tillekeratne en aquella ocasión, aunque no negaba que lo pudiera haber hecho sin recordar el lugar ni el nombre. Los bailarines pudieron conocer a muchas personas la noche que estuvieron en Talawakele y Tillekeratne pudo haber sido uno de ellos. Sin embargo, no tengo ninguna confirmación objetiva de que Tillekeratne haya estado en el espectáculo de danza de Talawakele en el que participó D.A. Baddewithana. La madre de Gnanatilleka comentó que, cuando era pequeña, tenía un afecto especial hacia D.A. Baddewithana; pero añadió con bastante precaución que por entonces era el único de los hermanos que estaba en casa. Gnanatilleka nació diecisiete años después que su último hermano. Los hijos mayores ya se habían ido de casa cuando Gnanatilleka empezó a hablar de una vida anterior.

En 1966 me enteré de que, cuando Gnanatilleka empezó a hablar con mayor profusión de la vida anterior, mencionó a una hermana llamada Sudu (en realidad es un nombre familiar que significa "bella"; ver el dato 11 de la tabla) y a otra llamada Dora, a la que a veces llamaba Lora. Cuando Gnanatilleka era pequeña solía garabatear en un papel y decía que eran cartas que mandaba a Lora, que estaría en un colegio interno o en casa (este hecho figura en la tabla porque no me enteré de él hasta 1966). La persona a la que se refería Gnanatilleka fue identificada como Lora Almeda, que era una compañera de clase de Tillekeratne. Como en 1970 Lora no había visto todavía a Gnanatilleka, fui a verla a su casa, que no estaba muy lejos de Talawakele, y la invité a que nos acompañase a Hedunawewa en una visita no anunciada. Vino con un amigo que no había conocido a Tillekeratne. A estos dos extraños no los presentamos en Hedunawewa, y preguntamos a Gnanatilleka si podía reconocerlos. Contestó que una se llamaba "Dora", y cuando le pregunté dónde la había conocido dijo "Talawakele"; pero no pudo dar detalles; más concretos sobre el sitio. Para mí esto es un claro reconocimiento, aunque Gnanatilleka cometiese un ligero error en el nombre. Pienso que esto es una prueba de que sus recuerdos de la vida anterior no se habían desvanecido por completo cuando tenía quince años; pero llama la atención que Gnanatilleka recordara a Lora Almeda, porque al investigar sobre su amistad con Tillekeratne supe que Lora y él habían sido compañeros de clase durante varios años cuando tenían entre siete y nueve; pero después no tuvieron mucho contacto, aunque Lora pensaba que podían haberse visto alguna vez en cualquier actividad de la escuela.

## El Caso de Wijeratne

*Resumen del Caso y de su Investigación*

H.A. Wijeratne, hijo de H.A. Tileratne Hami, nació en la aldea de Uggalkaltota, Ceilán, el 17 de enero de 1947. Al nacer, sus padres notaron una marcada deformación en el brazo y en el lado derecho del tórax, que atribuyeron de un modo general al karma[7] de la encarnación anterior. Su padre notó en el niño algún parecido con su difunto hermano, Ratran Hami. Por ejemplo, Wijeratne era de tez oscura (como Ratran Hami), mientras que el resto de sus hijos eran más claros; también notó otras semejanzas entre el rostro de Wijeratne y el de Ratran Hami. Dijo a su mujer: "Este es mi hermano que ha vuelto", pero parece que no prestó mucha atención a esta observación y nadie relacionó la deformación del lado derecho del muchacho con Ratran Hami.

Cuando Wijeratne tenía entre dos años y dos y medio, empezó a andar alrededor de la casa hablando solo. Su comportamiento llamó la atención de su madre y se puso a escuchar lo que decía. Oyó que comentaba que su brazo estaba deformado porque mató a su mujer en su vida anterior. Mencionó una serie de detalles relacionados con un crimen que ella, hasta ese momento, no había oído nunca. Preguntó a su marido sobre las declaraciones del niño y él confirmó la veracidad de lo que decía porque, de hecho, su hermano menor, Ratran Hami, había muerto ejecutado en 1928 por asesinar a su esposa.

Su padre intentó convencerlo para que no hablase de la vida anterior, pero siguió haciéndolo, muchas veces hablando solo y otras respondiendo a las personas que le preguntaba por el brazo. Narraba los

---

7.– Para los lectores occidentales que, tal vez, no conozcan la idea del karma, diré que esta palabra se refiere a los efectos que tienen en la vida actual las causas de una vida anterior que pasan a la personalidad de la vida siguiente. Se puede aplicar esta palabra tanto a los restos "buenos" y "malos" como a las características del comportamiento o del organismo físico. En el hinduismo y el budismo se suelen explicar con el karma las deformaciones congénitas, lo mismo que se aplica, acertada o equivocadamente, a todo aquello a lo que no le encontramos una explicación lógica en esta vida. El lector que quiera profundizar en la doctrina del karma en el budismo puede consultar a Mahathera, N.: *Karma and Rebirth*, Buddhist Pub. Soc., Kandy (Ceilán), n.d. Se apreciará que en el caso de Wijeratne la marca de nacimiento (una auténtica deformación) está relacionada con la presunta personalidad anterior de un *asesino*, al contrario que en los casos de Ravi Shankar y algunos de Alaska de esta monografía, donde se relacionan con personalidades anteriores de personas *asesinadas*.

detalles del crimen, el arresto y la ejecución de Ratran Hami con la fuerza y profusión de detalles que veremos más adelante. Según la madre de Wijeratne, decía lo que recordaba por partes, les contaba un día una cosa y poco después narraba otro episodio o detalle. No notó ninguna circunstancia que pareciera que estimulase de un modo especial sus relatos sobre la vida de Ratran Hami.

Cuando Wijeratne tenía entre cuatro y cinco años sus declaraciones llamaron la atención del Venerable Ananda Maitreya, Profesor de Filosofía Budista, Vidyalankara Pirivena, Colombo, que por entonces interrogó al niño. Poco después, cuando Wijeratne tenía unos cinco años y medio, dejó de hablar espontáneamente de la vida anterior, aunque, si alguien se lo pedía, se la contaba.

En junio de 1961, el Sr. Francis Story entrevistó a Wijeratne (sin la presencia de su padre), a los profesores del colegio donde estudiaba y a los monjes de la zona a los que su familia había contado los detalles de lo que dijo unos años antes. En agosto de 1961 entrevisté a Wijeratne con el Sr. Story y estaban también su padre, su madre y su hermano mayor. El venerable Ananda Maitreya, que había investigado el caso unos años antes, nos acompañó y puso también su información a nuestra disposición. He conseguido una transcripción certificada del proceso por asesinato que se siguió contra Ratran Hami y esto me ha permitido descubrir algunas fechas y hechos, además de algunas discrepancias entre el testimonio dado en el juicio de Ratran Hami (por él mismo y por los demás) y las declaraciones que hizo Wijeratne sobre los mismos acontecimientos veinte o treinta años después.

## Datos familiares y geográficos y posibilidad de que Wijeratne consiguiese información por medios normales

Tileratne Hami, el padre de Wijeratne, era el hermano mayor de Ratran Hami, con cerca de quince años de diferencia. Eran campesinos de la aldea de Uggalkaltota, cuando Ratran Hami asesinó a su mujer[8]

---

8.– Algunos matrimonios de Ceilán se llevan a cabo en dos etapas. Después de concertar el matrimonio (normalmente lo hacen las familias de los novios), se firma un contrato legal. Se puede dar un aplazamiento antes de la fiesta de la boda, la unión y consumación del matrimonio. Es normal que la novia siga viviendo en la casa de sus padres desde que se firma el contrato hasta que se celebra la fiesta, pero está preparada para ir con su marido cuando se lo pida. En el caso de Ratran Hami y Podi Menike, se realizó la ceremonia legal, pero no se consumó. Sin embargo, por entonces ya podía considerarla como su "esposa".

porque se negaba a dejar la casa de sus padres e ir con él a su aldea. El asesinato se cometió el 14 de octubre de 1927 y Ratran Hami fue procesado en junio de 1928 y ejecutado en julio del mismo año. El crimen tuvo lugar en la aldea de Nawaneliya, que está a unas cinco millas de Uggalkaltota.

En la época del asesinato el Sr. Tileratne Hami no estaba casado, sino que conoció a su mujer y se casó, la Sr³. E.A. Huratal Hami, en 1936. Ella era de otra aldea, Alakola-ella, del distrito de Morahala, cerca de Balangoda. Esta aldea está a unas veintiséis millas al oeste de Uggalkaltota. La Sr³. E.A. Huratal Hami declaró que no supo nada del crimen de Ratran Hami hasta que oyó a su hijo hablando a solas de él. Aseguró que su marido no le mencionó nunca este episodio de la historia de su familia hasta que le preguntó por las extrañas declaraciones de su hijo. No recordaba que su marido le dijera (cuando nació Wijeratne) que su hermano había vuelto. Había oído decir a los aldeanos de Uggalkaltota que Wijeratne se parecía a Ratran Hami; pero no les oyó nunca comentar su crimen, del que se enteró por las declaraciones de Wijeratne.[9] En cuanto a si los demás miembros de la familia conocían el crimen de Ratran Hami antes de que Wijeratne hablara de él, el testimonio de su hermano mayor, Ariyaratne, confirma por completo el de su madre. Ariyaratne tenía siete años cuando nació Wijeratne. Decía que, aunque se comentaba que el origen de la deformación del brazo de Wijeratne podía ser kármico, no la relacionaron con el crimen de Ratran Hami, porque nunca habían oído hablar de él hasta que Wijeratne empezó a contarlo cuando tenía cerca de dos años y medio. Trataré todas estas declaraciones más adelante.

---

9.– Los lectores notarán que la Sra. E.A. Huratal Hami no recordaba que su marido le dijera lo que él recordaba con toda claridad: que Wijeratne era su hermano que había vuelto. No puedo aclarar fácilmente esta discrepancia. Es posible que el Sr. Tileratne Hami *pensara* solamente que su hijo se parecía a su hermano, pero no se lo dijo a su mujer. El Sr. Tileratne Hami pudo preferir ocultar el crimen de su hermano, cosa bastante comprensible; pero también puede que se lo hubiera dicho a su mujer y que ésta lo hubiese olvidado. Ya que los padres de Ceilán y de otros países budistas hacen con frecuencia estas especulaciones sobre las vidas pasadas de su hijos recién nacidos, es bastante probable que la madre de Wijeratne no prestara mucha atención a la observación. Por entonces no tenía ninguna razón para hacerlo.

## Personas entrevistadas durante las investigaciones

En 1961 entrevisté en Uggalkaltota a las siguientes personas:
H.A. Wijeratne
Al Sr. H.A. Tileratne Hami, hermano del difunto Ratran Hami y
padre de Wijeratne.
A la Srª. E.A. Huratal Hami, esposa de H.A. Tileratne Hami y
madre de Wijeratne.
H.A. Ariyaratne Hami, hermano mayor de Wijeratne.
Venerable Ananda Maitreya, Profesor de Filosofía Budista, Vid-
yalankara Pirivena, Colombo.

Al Sr. Wattegama, director del Central College de Pelmadulla, el
colegio al que iba Wijeratne, lo entrevistó el Sr. Francis Story.

## Examen físico de Wijeratne

En el verano de 1961 Wijeratne era un chico de catorce años que
parecía bien desarrollado y de aspecto normal, excepto en la parte superior derecha del pecho y el brazo, debajo de la clavícula, donde tenía
una zona hundida de unas dos pulgadas de diámetro. La piel estaba
intacta en esta zona, pero parecía que le faltaba tejido muscular en el
pectoral mayor. Al tacto parecía que una costilla, aproximadamente la
sexta, tenía algún defecto o le faltaba, pero no estaba muy claro.

El brazo derecho era pequeño en proporción con el resto del cuerpo. Era unas pulgadas más corto que el izquierdo y la mitad de grueso.
Los dedos de la mano derecha habían crecido de un modo rudimen-
tario. No eran más largos que una falange de los de la mano izquierda
y sólo tenían una articulación, como la metacarpofalangeal. Tenía todos los dedos (en parte o por completo) unidos por la piel, menos el
pulgar, que estaba separado de este grupo. Con esta mano podía coger un bolígrafo o un lapicero, pero no podía coger nada que pesase
más; lo tenía prácticamente inutilizado para coger o sujetar cualquier
objeto.

## Declaraciones hechas por Wijeratne sobre el crimen y la condena de Ratran Hami

Antes de tratar diversas declaraciones hechas por Wijeratne sobre
su afirmación de recordar una vida anterior, quisiera aclarar algunos

puntos. En primer lugar, en este caso no se pueden verificar muchas cosas consultando a personas que no pertenezcan a la familia, ya que ambas personalidades son de la misma y casi todo lo que ha dicho Wijeratne (con pocas excepciones de importancia) lo conocía su padre, que era hermano de Ratran Hami. En segundo lugar, traté este caso doce años después de que Wijeratne empezara a hablar de su vida pasada. Durante este tiempo, sin duda, habían hablado mucho sobre el tema él, sus padres y otros miembros de la familia. Es posible que Wijeratne, que todavía aseguraba que recordaba los acontecimientos principales que había narrado con detalle, hubiese adquirido alguna, y quizás mucha, información sobre Ratran Hami por su padre. Sin embargo, puedo decir que, si ha adquirido tal información, debió haber sido cuando era muy pequeño, porque su madre declaró que, cuando tenía unos dos años y medio, contó la historia con todo lujo de detalles y el Venerable Ananda Maitreya, que interrogó a Wijeratne cuando tenía cuatro o cinco años, decía que entonces contó la historia dando pormenores. En tercer lugar, aunque señalaré algunas discrepancias entre las afirmaciones de Wijeratne y las declaraciones de los testigos en el proceso de Ratran Hami, no me inclino a dar más crédito a las declaraciones de los testigos del juicio que a Wijeratne. Podemos considerar imparcial al médico forense que hizo la autopsia de Podi Menike, la muchacha que asesinó Ratran Hami; pero el resto de los testigos del proceso estaban bastante interesados o en mandarlo a la horca o en salvarlo. En su juicio, Ratran Hami hizo una enérgica defensa de sus acciones, alegando que no quería matar a Podi Menike. Aseguró que en una pelea iniciada por su familia, un amigo de Podi Menike lo golpeó mientras ella lo sujetaba para que no se escapara. En sus intentos de escapar, decía, le clavó sin querer el puñal. Los demás testigos aseguraron que empezó un ataque deliberado con un kris (cuchillo malayo) contra Podi Menike y que fue después cuando lo golpearon. El jurado aceptó sus testimonios y lo declararon culpable. Parece que Wijeratne ha llegado a la misma conclusión, ya que decía abiertamente que él, como Ratran Hami, mató a Podi Menike. En mi opinión, esto confirma mi idea de que el relato del crimen dado por Wijeratne en 1961 es la versión verdadera, comparado con los argumentos de la defensa de Ratran Hami en el juicio.

La tabla resume las declaraciones y reconocimientos hechos por Wijeratne sobre la vida de Ratran Hami y sus comprobaciones.

## Comparación de las personalidades y conducta de Ratran Hami y Wijeratne

La transcripción del juicio de Ratran Hami da una visión bastante imperfecta de su actitud frente al asesinato de Podi Menike, ya que entonces negaba públicamente que en realidad tuviera intención de matarla y se declaraba "inocente". Tampoco podemos confiar demasiado en el testimonio opuesto de los testigos que pretendían llevarlo a la horca. Pero su hermano, y padre de Wijeratne, recordaba algunas de las últimas escenas de su vida. Después de que se diera la sentencia de ejecución en el juicio, su hermano mayor se le acercó y le preguntó cómo se sentía. Recordaba que Ratran Hami le dijo: "No tengo miedo. Sé que tengo que morir. Sólo me preocupáis vosotros". Ratran Hami le dijo a su hermano después que volvería.

Sobre el carácter de Ratran Hami, su hermano sólo me comentó que era "muy obediente", un rasgo que he visto también en Wijeratne. En el juicio los testigos dijeron que había maltratado a su primera mujer, pero ya he expresado mis dudas en cuanto a las declaraciones que hicieron sobre su conducta.

Cuando estaba realizando las entrevistas en el verano de 1961, Wijeratne decía todavía que "él" (como Ratran Hami) había asesinado a Podi Menike, pero no mostraba ningún arrepentimiento. Además, me dijo que si se enfrentase en esta vida a una situación parecida, de una mujer casada legalmente que se negara a ir a su casa, es probable que volviese a matarla. Sin embargo, de su carácter anterior como Ratran Hami, Wijeratne decía: "Por entonces tenía un temperamento insoportable. No pensaba en el castigo que pudieran imponerme"; pero decía que el temperamento de su vida actual era más apacible que el de Ratran Hami. En 1961 Wijeratne no se preocupaba de la deformación de su mano y aunque la veía como un castigo por su comportamiento[10], lo

---

10.– Los lectores occidentales pueden pensar que esta forma de ver un crimen resulta extraña; pero en Ceilán es normal. El índice de homicidios de Ceilán es alto. Muchas ofensas, que en Occidente se solucionarían por otros medios, en Ceilán despiertan tendencias asesinas y hasta se realizan. Pero los cingaleses suelen ser pacíficos y amables y están muy convencidos de las doctrinas budistas del renacimiento y el karma. Por eso, un crimen, como puede ser el asesinato, aunque no se apruebe, con frecuencia se considera más "natural" o "perdonable" que en occidente; pero también se piensa que lleva consigo algún castigo en la vida siguiente. Estas fuerzas morales o psicológicas son, para los budistas, tan importantes a la hora de ajustar las cuentas como las penas de la justicia o la policía.

TABLA

*Resumen de las declaraciones y reconocimientos hechos por Wijeratne*

| Datos | Informadores | Comprobación | Comentarios |
|---|---|---|---|
| 1.– En su vida anterior era Ratran Hami, hermano de su padre actual, un granjero que vivía en Uggalkaltota | Wijeratne H.A. Tileratne Hami, padre de Wijeratne | H.A. Tileratne Hami | |
| 2.– Estuvo casado antes del juicio y del segundo matrimonio, pero no recuerda a su primera mujer | Wijeratne H.A. Tileratne Hami | H.A. Tileratne Hami | La primera mujer de Ratran Hami había muerto. El acta del juicio también hacía referencia al hecho de que el acusado era viudo. |
| 3.– Apuñaló a su segunda mujer con un cuchillo y por eso tenía la mano y el tórax deformados | Wijeratne H.A. Tileratne Hami, E.A. Huratal Hami, madre de Wijeratne | Todos los testigos del juicio de Ratran Hami estaban de acuerdo en que apuñaló a Podi Menike. No coincidían en quién empezó el altercado ni en si Ratran Hami tenía la intención de matar a su mujer. | La Sra. W.A. Huratal Hami afirmó que al principio Wijeratne relacionó la deformidad de su mano (y brazo) con la deuda kármica de Ratran Hami. Cuando se cometió el asesinato, Ratran Hami y Podi Menike no habían cumplido por completo las ceremonias del matrimonio, pero no es incorrecto considerar en aquel momento a Podi Menike como "su mujer" (ver nota número 8). Wijeratne atribuía la deformación de su mano derecha al hecho de que "él" (Ratran Hami) había "matado a mi mujer con mi |

| Datos | Informadores | Comprobación | Comentarios |
|---|---|---|---|
| 3.– (Continuación) | | | mano". Se puede comparar esto con el comportamiento del Arzobispo Cranmer cuando lo quemaron en la hoguera en 1556. Cranmer mantuvo con firmeza la mano derecha en las llamas porque esta mano había firmado las retractaciones que retiró. |
| 4.– Su mujer era la hermana mayor de Punchimahataya | E.A. Huratal Hami | E.A. Huratal Hami | En las actas del juicio figuraba Punchimahataya como testigo, pero no lo citaron y no he indagado su relación con Podi Menike. En otra ocasión, el mismo Wijeratne dijo que Podi Menike era la hija de Punchimahataya. Por tanto es cierto que un hombre con este nombre había tenido alguna relación con el crimen cometido por Ratran Hami. |
| 5.– Su mujer vivía en la aldea de Nawaneliya | E.A. Huratal Hami Wijeratne | Todos los testigos del juicio coincidían en que el asesinato sucedió en la casa de Podi Menike de Nawaneliya. | |
| 6.– Creía que su mujer estaba bajo la influencia de otro hombre, Mohottihamy, quien la persuadió para que no | Wijeratne | Esta afirmación no está confirmada en las actas de juicio. Un hombre llamado Mohottihamy vivía con la familia de Podi Menike y fue un testigo del asesinato. | Mohottihamy dijo en el juicio que era primo de la madre de Podi Menike y que vivía con la familia cuando se cometió el asesinato. |

185

| Datos | Informadores | Comprobación | Comentarios |
|---|---|---|---|
| siguiera con el matrimonio con Ratran Hami | | | |
| 7.– Cuando llegó el momento de los últimos pasos del matrimonio, fue a casa de su mujer y le pidió que lo acompañara a su casa, pero ella se negó | Wijeratne | En el juicio, la madre de Podi Menike declaró que Ratran Hami fue a su casa por la mañana e intentó, sin éxito, persuadir a Podi Menike para que se fuera con él | Otros testigos estaban de acuerdo en que Podi Menike se había negado a acompañar a Ratran Hami a su casa, cuando le pidió que se fuera con él por la mañana. |
| 8.– La carne estaba colgando y algo se estaba cociendo en la casa de Podi Menike | E.A. Huratal hami | H.A. Tileratne Hami. No se ha corroborado de un modo independiente. No aparece en las actas del juicio | Wijeratne comentó a su madre la posibilidad de que se estuviese preparando carne para el banquete nupcial, que estaba previsto para cuando se produjo la inexorable decisión de Podi Menike de suspender el matrimonio. |
| 9.– Después de que Podi Menike se negara a ir con él, volvió a su pueblo que estaba a cinco millas | Wijeratne | H.A. Tileratne Hami | Las declaraciones de dos testigos en el juicio decían que Ratran Hami estuvo a última hora de la mañana en casa de Podi Menike, se fue y volvió por la tarde. Esto pudo dar tiempo a Ratran Hami para ir a su pueblo a coger el cuchillo. |
| 10.– En su casa, afiló un | Wijeratne | H.A. Tileratne Hami | Mrs. E.A. Huratal Hami recordaba que |

| Datos | Informadores | Comprobación | Comentarios |
|---|---|---|---|
| kris (cuchillo mala-yo), en un tablón, bajo un naranjo. | H.A. Tileratne Hami E.A. Huratal Hami | | Wijeratne decía que afiló el cuchillo bajo un naranjo. No mencionó el tablón. Wijeratne señaló a su familia el naranjo y el tablón, que estaban en el mismo lugar que hacía veinte años. |
| 11.– Su hermano le dejó cincuenta rupias para pagar a los albañiles que habían construí-do su casa. Les pagó y volvió a casa de Podi Menike, en Nawaneliya | Wijeratne | H.A. Tileratne Hami, en cuanto al préstamo de las cincuenta rupias | No hay ninguna verificación de si Ratran Hami pagó a los albañiles. |
| 12.– Al no poder persua-dir a Podi Menike para que volviera con él y al ver a Mohotti-hamy, el hombre que pensaba que era su rival, en la casa, apuñaló a Podi Me-nike | Wijeratne | Ratran Hami alegó en el juicio que Mohottihamy le atacó y lo golpeó antes de que apuñalara a Podi Meni-ke | En el juicio, Ratran Hami luchaba por su vida. Wijeratne dijo que el jurado creyó en 1928 que Ratran Hami asesinó deliberada-mente a Podi Menike cuando no se fue con él a su casa. |
| 13.– Apuñaló a Podi Menike en el lado derecho del tórax | Wijeratne | El informe de la autopsia presentado en el juicio in-dicaba que Podi Menike | En el juicio, Ratran Hami dijo que apuñaló una vez a Podi Menike en la espalda. Decía que no podía recordar que la hubiera apuña- |

| Datos | Informadores | Comprobación | Comentarios |
| --- | --- | --- | --- |
| 13.- (Continuación) | | recibió varias heridas mortales heridas de arma blanca en la espalda y, en especial, bajo la axila izquierda, pero no en el pecho derecho. Tres puñaladas penetraron el tórax. | lado más de una vez. Como familiares y amigos de Podi Menike lo golpearon después de que la asesinara, esto pudo haber hecho que no recordara lo que sucedió en la reyerta. Parecía que Wijeratne creía que la deformación cóncava que tenía en la parte derecha del tórax estaba en el lugar de la herida fatal que le produjo a "su" mujer. Pero ninguna de las heridas de la mujer de Ratran Hami estaban en este lugar, según el forense que dirigió la autopsia. |
| 14.- Mohottihamy lo golpeó después de que clavara el puñal a Podi Menike | Wijeratne | Reconocido por Mohattihamy durante el juicio | |
| 15.- Lo llevaron a Balangoda después del asesinato | Wijeratne E.A. Huratal Hami | No se consideró este detalle en el juicio | Quizá sea correcto. Balangoda es la ciudad más cercana y es probable que allí esté la comisaría de la zona. |
| 16.- El juicio duró dos años | Wijeratne | Una exageración. El asesinato sucedió el 14 de octubre de 1927 y el juicio se celebró el 12 de junio de 1928 | Tal vez se trate de una exageración de la experiencia del paso del tiempo, como consecuencia del estado de tensión de Ratran Hami. |

| Datos | Informadores | Comprobación | Comentarios |
|---|---|---|---|
| 17.– Fue condenado a la horca | Wijeratne | Transcripción oficial del juicio de Ratran Hami | |
| 18.– Cinco días antes de la ejecución su hermano (H.A. Tileratne Hami) preparó una donación de caridad, de su parte, en la prisión | Wijeratne | H.A. Tileratne Hami | El Venerable Ananda Maitreya decía que cuando Wijeratne era más pequeño, de unos cinco años, describía esta ceremonia con todo detalle, mencionando a diez monjes y a su guía que dirigía la ceremonia. |
| 19.– Intentó atribuir el crimen a Mohottihamy; pero un sirviente que vio el asesinato lo impidió | Wijeratne | En realidad, Ratran Hami no intentó atribuir el crimen a Mohottihamy en el juicio y no declaró ningún sirviente | Puede ser que Wijeratne se refiriese a una versión del asesinato dada por Ratran Hami antes del juicio, pero que descartó cuando éste comenzó. Parece bastante claro que la defensa de Ratran Hami la dirigió su abogado según las líneas clásicas. Es posible que éste no quisiese, como es natural, inculpar a un inocente y rechazase la historia que Ratran Hami tramó rápidamente y contó a la policía en su primera declaración. |
| 20.– En la donación de caridad dijo a su hermano que volvería (queriendo dar a entender que nacería de nuevo) | Wijeratne H.A. Tileratne Hami | H.A. Tileratne Hami | Wijeratne solamente me comentó que, cuando era Ratran Hami, dijo que volvería. Su padre añadió que Ratran Hami dijo que volvería como hijo suyo. |

| Datos | Informadores | Comprobación | Comentarios |
|-------|--------------|--------------|-------------|
| 21.– El día anterior a la ejecución se probó la horca con un saco de arena | Wijeratne | Relato sobre las ejecuciones en Ceilán escrito por un verdugo, *Ceylon Observer*, Colombo, 15 de octubre de 1961. | Averigüé que en Ceilán hay costumbre de comprobar la soga y la trampilla de una horca "colgando" una pesada bolsa de arena el día anterior a la ejecución real (ver la nota número 12). |
| 22.– En la ejecución, un sacerdote budista le impartió los últimos ritos antes de que lo colgasen | Wijeratne | No verificado. | Puede ser correcto. |
| 23.– Se le puso en la cabeza un trapo negro antes de que se abriera la trampilla | E.A. Huratal Hami | Correcto en cuanto a la capucha. | Normalmente se pone una capucha en la cabeza de los criminales ejecutados en Ceilán. El hermano de Ratran Hami (el padre de Wijeratne) no estuvo presente en estos últimos episodios de la vida de Ratran Hami. |
| 24.– Cuando se abrió la trampilla sólo pensaba en su hermano. Sintió tensión en el cuello y después tuvo la sensación de caer en un foso de fuego | Wijeratne | | La creencia en una hoguera como castigo por los pecados es una idea muy extendida tanto entre los budistas como entre los cristianos. |

| Datos | Informadores | Comprobación | Comentarios |
|---|---|---|---|
| 25.– No recordaba nada hasta que se dio cuenta, cuando tenía dos años, de que su padre era su hermano. | Wijeratne | | Los testigos dijeron que, cuando era más pequeño, Wijeratne hablaba de las experiencias que tuvo después de su muerte como Ratran Hami y antes de su nacimiento como Wijeratne. |
| 26.– Cuando lo ejecutaron, tenía veintitrés o veinticuatro años y su hermano, treinta. | Wijeratne | Correcto para Ratran Hami, que nació en 1904 y, por tanto, tenía veinticuatro años cuando fue ejecutado. | |
| 27.– Reconocimiento de un cinturón que Ratran Hami había dejado a su tía | H.A. Tileratne Hami | H.A. Tileratne Hami | Ratran Hami dejó este cinturón a su tía poco antes del asesinato. La tía se lo dio a su hijo, quien se apropió de él y se lo puso. Wijeratne tenía unos seis o siete años cuando identificó el cinturón de Ratran Hami que llevaba a su primo. Debido a una disputa familiar, no hubo ningún contacto entre la familia de Wijeratne y el hombre que había tenido el cinturón durante muchos años antes de que Wijeratne lo viera y lo reconociera. Este reconocimiento no se corroboró de un modo objetivo. El Sr. H.A. Tileratne Hami y su mujer no estaban presentes cuando Wijeratne reconoció el cinturón del que les habló después. |

mismo que el hecho de que lo ahorcaran, en cambio estaba convencido de que había actuado correctamente, como haría cualquier marido ofendido.

Wijeratne decía que los recuerdos que tenía de la vida anterior se iban debilitando un poco. Ya he comentado el informe de su madre, en el que dice que dejó de hablar solo cuando tenía cinco años. Su madre no pensaba que cuando hablaba de estas cosas lo hiciera con sentimiento; pero su padre lo representaba como si estuviera "melancólico" en sus soliloquios. Cuando me contó la ceremonia de caridad organizada por su padre (el hermano de Ratran Hami), Wijeratne recordaba pocos detalles. Pero el Venerable Ananda Maitreya decía que, cuando Wijeratne le describió esta escena con cinco años de edad, daba muchos detalles del acto.

Aunque parecía que se estaban desvaneciendo de su memoria algunos detalles, Wijeratne decía, con catorce años, que recordaba los hechos principales del último año de la vida de Ratran Hami (habían pasado ya más de treinta) con más claridad que los de los años anteriores de la vida actual, que ocurrieron hacía menos de diez. Seguía viendo a su padre como su hermano mayor.

## Comentarios sobre la posibilidad de que Wijeratne tuviese conocimientos paranormales

Como el hermano de Ratran Hami esperaba que renaciera como su hijo y, aparentemente, reconoció algunos aspectos de la cara y de la complexión de Wijeratne como de Ratran Hami, podemos pensar que haya influido en él, si bien inconscientemente, para que se identificase con su difunto hermano. En ese caso, tenemos que preguntarnos cómo pudo hacerlo sin que su mujer y su hijo conocieran la historia de Ratran Hami hasta que Wijeratne empezó a hablar de una vida anterior, cuando tenía dos años y medio. En Ceilán las madres están tan pendientes de sus hijos que no se puede imaginar que el padre esté mucho tiempo cerca de ellos en ausencia de la madre. Puede ocurrir en otras culturas, pero en Ceilán la sugestión no tiene sentido.

También debemos tener en cuenta las pruebas que apoyan la declaración de la madre de Wijeratne (y la declaración similar de su hermano mayor) de que nunca había oído hablar del crimen y la ejecución de Ratran Hami hasta que Wijeratne empezó a hacer comentarios y le preguntó a su marido si era verdad. A primera vista parece imposible, pero en Ceilán se puede dar este desconocimiento del asesinato. El crimen y la ejecución de Ratran Hami tuvieron lugar entre 1927 y 1928, unos siete años antes de que los padres de Wijeratne se casaran. Aunque los periódicos de Colombo, que está a setenta y cinco millas de distancia, donde tuvo lugar el juicio, hubiesen informado de él, es posible que ni éstos ni las noticias de la radio llegasen a la aldea de Morahala, cerca de Balangoda, donde se crió la Srª. E.A. Huratal Hami, la madre de Wijeratne. Queda la posibilidad de que las noticias del crimen fuesen de boca en boca de Nawaneliya a Morahala. Pudo ser así, pero no necesariamente. Como ya he dicho, los crímenes en Ceilán están a la orden del día, son algo cotidiano. Un asesinato cometido en una aldea puede tener poco interés en otra que esté a veintiséis millas de distancia.

También podemos pensar que el Sr. H.A. Tileratne Hami no hubiese contado la historia de su hermano a su mujer antes o después del matrimonio. En ninguna cultura se suelen contar los crímenes y las condenas de los familiares durante el noviazgo.

Pienso que tenemos más pruebas de la autenticidad de la historia narrada por Wijeratne y su familia en el hecho de que, al menos su padre y quizás otros miembros de la familia, intentaron con dureza evitar sus recuerdos o que contara la historia de Ratran Hami. El propio Venerable Ananda Maitreya fue testigo de los intentos del padre de Wijeratne para que el niño dejara de hablar cuando estaba contándole la historia, a los cinco años de edad. Por entonces el padre decía que quería que olvidase la historia, porque tenía miedo de las represalias que pudieran tomar los enojados familiares, que todavía vivían, de Podi Menike, la muchacha que mató Ratran Hami. Al principio contaron la historia sólo al Venerable Ananda Maitreya, porque era un monje muy conocido por la familia; a los demás monjes se la contaron después. El Sr. H.A. Tileratne Hami tenía tantas ganas de evitar el relato de la historia que mandó a Wijeratne lejos de la casa y de la aldea donde vivían, por una temporada. En las entrevistas que tuve con la familia nueve años después de que los monjes conocieran la historia, parecía que ya había pasado el peligro de la venganza; pero la familia seguía deseando que no hubiera ninguna publicidad sobre el caso por miedo a las burlas de los vecinos. En ningún momento buscaron la publicidad en los periódicos o en cualquier otro medio y yo pude enterarme del caso gracias a la amistad que tenía el Sr. Story con un monje de la zona que dirigía la escuela a la que iba Wijeratne.

Por último, puedo añadir que el hecho de contar la historia a estos monjes demuestra la honradez de la familia en su narración del caso, ya que los aldeanos de Ceilán tienen mucho respeto a los monjes. Los aldeanos no serían capaces de inventar una historia falsa para engañarlos, ni de contar que ha habido en la familia un asesino que ha sido ejecutado, si no creyeran por completo en el hecho que comentan. La familia de Wijeratne y de Ratran Hami no habrían revivido y rememorado por casualidad ante estos venerados monjes la historia del crimen que cometió hace veinticinco años Ratran Hami, a no ser que estuvieran completamente convencidos de la veracidad de las afirmaciones de Wijeratne de ser Ratran Hami renacido.

Si se piensa en la existencia de alguna fuente de información paranormal de lo que Wijeratne contaba de Ratran Hami, no podemos hacer más que señalar los distintos factores de la situación general, que me hacen pensar que Wijeratne consiguió lo que sabía de Ratran Hami por algún medio paranormal; pero está claro, ya que casi todo lo que sabía él lo sabía también su padre, que queda la posibilidad de que Wijeratne hubiese adquirido su información directamente de su padre, bien fuese de palabra o tal vez (en parte o por completo) por percepción extrasensorial.

Sin embargo, hay varios episodios de la información dada por Wijeratne que, al parecer, no admiten esta explicación. Wijeratne hablaba de tres detalles (datos 21 a 23 de la tabla) del último día de la vida de Ratran Hami que parece que su padre los desconocía hasta que él los mencionó. Me refiero a la prueba de la horca colgando un saco de arena, a que le pusieron una capucha negra cuando lo colgaron y a la administración de los últimos ritos por parte de un sacerdote budista antes de la ejecución.[11] Los dos últimos son detalles comunes a todos las ejecuciones de Ceilán, pero el primero, no, y para mí fue una novedad; dudé de él hasta que pude comprobarlo por el relato de un verdugo.[12] Tenemos que preguntarnos si es posible que el Sr. H.A. Tileratne Hami conociese este detalle o, si lo conocía, pudiese haberlo contado a su hijo. Ejecutado su hermano, es posible que se grabasen en su mente los detalles o los analizase cuando pudiese y, si contó algo de Ratran Hami a su hijo antes de que empezara a hablar de sus recuerdos de una vida

---

11.– El hermano de Ratran Hami (el padre de Wijeratne) no estuvo presente en estos últimos episodios de la vida de Ratran Hami, aunque puede que supiese o supusiese lo que sucedió antes y durante la ejecución.

12.– *Ceylon Observer*, Colombo, 15 de octubre de 1961. Wijeratne no pudo conseguir esta información por esta fuente, ya que habló de los detalles del ahorcamiento de Ratran Hami unos años antes de que se publicase esta conversación. La costumbre de colgar un saco de arena el día antes de la ejecución se menciona en Laurence, J.: *A History of Capital Punishment*, The Citadel Press, Nueva York, 1960.

anterior, cosa que él negaba, es posible que hablase de este episodio
igual que de cualquier otro; pero a la vista del interés que tenía al principio por evitar el relato, de lo que ya hemos visto pruebas, no sería
lógico que hablase a Wijeratne del asesinato, el juicio y la ejecución
de su hermano antes de que el niño contase los detalles.

El reconocimiento del cinturón de Ratran Hami que hizo Wijeratne
ante su tía merece un comentario. Cuando reconoció y enseñó a su
padre la tabla en la que afiló el kris con el que Ratran Hami apuñaló a
Podi Menike y el naranjo donde estaba esta tabla, le presentó a su padre objetos que éste ya conocía, diciendo el papel que habían desempeñado en el asesinato. El niño pudo haber adquirido esta información de
su padre por medios normales o por telepatía; pero cuando Wijeratne
reconoció el cinturón de Ratran Hami, que lo llevaba sin ningún derecho su primo, sus padres no estaban presentes y lo supieron después.
No es fácil que el padre de Wijeratne haya sido la fuente de información de este reconocimiento y además, si los padres de Wijeratne han
contado las cosas tal como son, sólo encontramos justificación al reconocimiento del cinturón que hizo Wijeratne mediante alguna forma de
supervivencia o por una forma compleja de telepatía entre Wijeratne y
su padre o el primo de Ratran Hami.

No tenemos una base para suponer que Wijeratne haya obtenido toda
esta información mediante una lectura clarividente de las actas del juicio, porque (a) en las actas no había detalles que se comprobaron después, como lo que sucedió en Uggalkaltota en el tiempo transcurrido
entre los dos viajes de Ratran Hami a la casa de Podi Menike y (b), en
el juicio, Ratran Hami negó cualquier intención de asesinato, mientras
que Wijeratne la afirmaba. Por otro lado, tanto Wijeratne como Ratran
Hami (en el juicio) dijeron que éste apuñaló a Podi Menike sólo una
vez, aunque el forense testificó que había varias heridas y que tres de
ellas habían penetrado en el tórax. La localización que hizo Wijeratne
de la herida mortal, en la parte superior derecha del tórax, que parece
coincidir con el lugar de su deformación cóncava, tampoco coincide
con la de las heridas que encontraron en el cuerpo de Podi Menike.
Esto hace pensar que Wijeratne ha tergiversado la información, tal vez
pretendiendo explicar la deformación de su tórax, así como el anquilo-
samiento del brazo encogido, atribuyéndolo a motivos kármicos, aunque también puede haber otras explicaciones.[13] Si pensamos que el Sr.

---

13.– Me atrevo a ofrecer una de estas explicaciones que se presta mucho a la especu-
lación. Los ceilandeses poco instruidos suelen confundir la izquierda con la derecha. Con

H.A. Tileratne Hami conocía bien el testimonio del juicio de su hermano, no es lógico creer que Wijeratne haya sacado este detalle equivocado de la mente de su padre.

Como ya he dicho, Wijeratne afirmaba que, cuando era Ratran Hami, asesinó a Podi Menike. Además, decía que en circunstancias parecidas haría lo mismo. Sin embargo, Ratran Hami se declaró "inocente" en el juicio. Pienso que esta diferencia mantiene de algún modo la hipótesis de la reencarnación en contraposición a la idea de que Wijeratne adquiriese la información o por medios normales o (completamente o en parte) por percepción extrasensorial, bien sea de sus padres o (como se puede pensar) de las actas del juicio. Si las fuentes de información hubieran sido éstas, ¿no hubiese seguido diciendo que era "inocente"?.

## Desarrollo posterior de Wijeratne

No vi a Wijeratne desde 1961 hasta la publicación de la primera edición de este libro (1966). Volví a verlo en Colombo, donde estaba por entonces, en julio de 1966. Después lo vi cerca de Colombo en marzo de 1968; en Uggalkaltota, en noviembre de 1970; en Kandy, en abril de 1973 y en Angoda, en octubre de 1973. Cuando lo vi en Uggalkaltota también pude hablar bastante con su hermano mayor, H.A. Ariuaratne Hami. En esta visita me acompañaban el Sr. Francis Story, el Sr. V.F. Guneratne, el Sr. E.C. Raddalgoda y el Sr. Godwin Samararatne. Todos ellos estaban al corriente del caso de Wijeratne y los tres primeros había participado en los años anteriores en la investigación. Además de estos encuentros personales con Wijeratne, he obtenido más información sobre su desarrollo posterior por otros medios. El mismo Wijeratne me ha escrito de vez en cuando. El Sr. V.F. Guneratne ha seguido también de cerca su desarrollo y ha compartido conmigo la

---

frecuencia se refieren al lado "derecho" de la persona con la que hablan como el "izquierdo" porque está a su izquierda. Por esto es posible que Ratran Hami recordara que apuñaló a Podi Menike por su lado "derecho" que realmente era el izquierdo de ella y donde los forenses encontraron las heridas. Entonces, suponiendo que las imágenes mentales influyan más que los cambios físicos en las alteraciones del cuerpo de la persona que tiene los recuerdos y suponiendo que la mente de Ratran Hami haya influido en el cuerpo de Wijeratne, podemos dar respuesta a la deformación que tenía en el costado derecho. Respecto a este último punto, quiero recordar a los lectores las observaciones del Padre Thurston, que dice que, cuando aparecen los estigmas en los cuerpos de las personas que rezan delante de un crucifijo, lo hacen en los mismos lugares en los que están las heridas en la imagen de Cristo ante la que se ha meditado y rezado (Thurston, H.: *The Physical Phenomena of Mysticism*, Burns Oates, Londres, 1952, p. 123).

información obtenida. El Sr. Guneratne ha mostrado bastante interés por Wijeratne y los dos se han visto en Uggalkaltota y en otros lugares en varias ocasiones desde 1966. También tengo un informe que dio al Sr. E.C. Raddalgoda el Sr. B.A. Francis, subdirector del colegio al que iba Wijeratne entre 1966 y 1969.

En primer lugar, quiero decir que, en el verano de 1966, el Sr. Guneratne preparó un reconocimiento radiológico del tórax de Wijeratne. En la primera edición de este libro dije que tenía una cavidad profunda de los tejidos musculares de las costillas de la parte superior derecha del tórax. Me dio la impresión de que tenía algún defecto en una costilla, que parecía que era la sexta. El resultado de la radioscopia del tórax de Wijeratne, que hizo el Dr. Q. Peiris con fecha de 26 de junio de 1966, decía que "la costilla tercera del lado derecho es más pequeña que la correspondiente del lado opuesto. Fuera de esto, no hay ninguna otra característica ósea perceptible en el tórax".

En 1966 y en 1968 Wijeratne me dijo que los recuerdos de la vida anterior habían disminuido considerablemente, aunque conservaba algunos. Sólo recordaba vagamente el aspecto que tenía Podi Menike antes del matrimonio. El único recuerdo nuevo que comentó, además de los que ya anoté en mi primera entrevista de 1961, hacía referencia al juez que dictó la sentencia en el juicio de Ratran Hami, en junio de 1928. Recordaba su toga negra y lo flaco que estaba (pienso que esto lo comentó de nuevo, en vez de recordarlo). En 1970 dijo que ya no pensaba espontáneamente en la vida anterior, sino sólo cuando alguien se la recordaba. Sin embargo, algunos recuerdos de la vida anterior, cuando venían a su mente, eran más claros aún que los recuerdos de su niñez. Esto era lo que le ocurría con lo que sucedió en el último año de la vida de Ratran Hami, como el asesinato de Podi Menike, en octubre de 1927, y el juicio y la ejecución de Ratran Hami en el verano de 1928.[14]

En la primera edición de este libro dije que en mi entrevista con Wijeratne en 1961 no demostraba sentir ningún remordimiento por el asesinato de Podi Menike y decía que, en circunstancias similares, vería justificado asesinar a una mujer que anulara un contrato de matrimonio, como hizo ella. En los años sucesivos empezó a modificar esta

---

14.– El caso de Bishen Chand (Stevenson, I: *Journal A.S.P.R.*, Vol. 66, octubre, 1972, pp.375-400) es un ejemplo parecido de desaparición selectiva de los recuerdos. En 1971, Bishen Chand había olvidado todos los detalles, de los muchos que había, de una vida anterior, excepto uno: el asesinato de un hombre que había cometido la personalidad anterior cuya vida recordaba.

postura. En 1966 me decía ya que pensaba que *no* mataría a una esposa que lo provocara así. En 1968 seguía pensando igual. Tuve la impresión de que su cambio de actitud no se debió a una sensación de culpabilidad por la muerte de Podi Menike, sino más bien a que pensaba que, considerándolo todo, el castigo por el asesinato no justificaba la satisfacción transitoria de la venganza o de eliminar a un enemigo. Seguía creyendo que la deformación congénita del brazo era un castigo por el asesinato de Podi Menike. Wijeratne me dijo que podía mandarme un informe explicando su cambio de opinión sobre el asesinato para incluirla en una nueva edición de este libro. Así lo hizo y copio, con algunas correcciones de lenguaje, el párrafo siguiente de una carta que me escribió el 26 de enero de 1969.

> He pensado mucho lo que se debería hacer si una esposa se comportase de una manera poco adecuada. He pensado que lo más prudente es advertirle, en primer lugar, su debilidad y darle un buen consejo. Estas cosas pasan con frecuencia en la sociedad [Wijeratne se refiere al mal comportamiento de las esposas]; pero, si una esposa no hace caso a los consejos de su marido, lo mejor es divorciarse o, de no ser así, puede darle a una persona un ataque de ira, capaz de producir la destrucción de muchas vidas. Pero, según las enseñanzas de Buda, si los actos de una persona se rigen por la paciencia y la sabiduría, puede llegar a tener una vida feliz.

Creo que, al hablar Wijeratne de la destrucción de muchas vidas, no se refiere solamente a la de la persona asesinada, sino, ante todo, a la suya propia, que veía substancialmente alterada, si no arruinada, por el asesinato que cometió Ratran Hami.

En 1969 Wijeratne contrajo una seria enfermedad mental y estuvo ingresado en un hospital psiquiátrico de Ratnapura, durante casi un mes, en noviembre-diciembre de 1969. Se le dio la jubilación, suponemos que por estar bajo tratamiento psiquiátrico, y en el informe, que he podido ver, se le diagnosticaba una esquizofrenia. En 1970 conseguí bastante información sobre la enfermedad mental de Wijeratne por lo que me contaron, tanto él mismo como su hermano mayor y el subdirector de la escuela a la que había estado asistiendo. En 1973 también pude hablar de la enfermedad con el Dr. N.B. Hettiaratchy, el psiquiatra que había tratado a Wijeratne en el hospital psiquiátrico de Ratnapura. El Dr. Hettiaratchy me dio una copia de sus notas de ingreso de

Wijeratne al hospital y me confirmó que había tenido una esquizofrenia. Sin embargo, no había profundizado mucho en la vida de Wijeratne y no conocía ninguno de los detalles de sus recuerdos de una vida anterior, aunque sabía que los tenía. Tampoco conocía nada de las consecuencias inmediatas y las tensiones que produjo la información dada por Wijeratne y demás personas antes mencionadas, como factores importantes para producir la enfermedad.

Las causa de la enfermedad fue, casi con seguridad, que se encaprichó con una chica de su clase. Hablaba con ella en clase, pero parecía que nunca había tenido con ella relaciones sociales, como puede ser comer juntos. La chica en cuestión lo trataba con una amabilidad que hacía que le resultase más atractiva, pero parece que no le dio más confianza y que después (según un testigo indirecto) lo evitaba. Sin embargo, es evidente que Wijeratne soñaba con ella y en algún momento empezó a imaginar que lo rechazaba. Decía que había "roto" con la chica porque creía que pensar en ella le perjudicaba en sus estudios. Según mis noticias, la relación nunca llegó al punto en que uno hubiera podido rechazar al otro; casi todo, si no todo, fue fruto de su imaginación; pero sus compañeros de clase conocían su enamoramiento y, según H.A. Ariyaratne (que lo sabía por Wijeratne y su hermano), le tomaban el pelo con la muchacha.

Debido a esto, Wijeratne empezó a tener problemas de insomnio, confusión de ideas y fantasías. Una de ellas era que imaginaba que era un pájaro. Rompía las ramas de los árboles y, cuando su hermano le preguntaba por qué lo hacía, contestaba: "Ahora soy un pájaro". La idea de que era un pájaro duró cerca de una semana. Después (cuando hablé con él en el otoño de 1970) recordaba la experiencia y decía que por entonces se sentía ligero (de peso). Esta fantasía no la contó con más detalles, como si parecía un pájaro con plumas, alas, etc.

En el hospital y después de salir de él estuvo sometido a tratamiento con tranquilizantes. Siguió bastante enfermo durante cerca de cinco meses y dejó de tomar medicinas en el otoño de 1970. Cuando lo vi, en noviembre del mismo año, me pareció que estaba bastante mejor, pero había aún signos de ensimismamiento en sus modales, como si su contacto con el entorno estuviese un tanto perturbado. También vi su afecto algo extraño y sus planes para estudiar el examen de entrada al colegio por sí mismo, sin la ayuda de la escuela, o al menos de un tutor, me parecían poco realistas. La dificultad para juzgar estos signos era mayor aún, porque por entonces toda su familia estaba bajo la amenaza de un pleito con el alcalde del pueblo por el uso de un terreno; estaban todos muy preocupados por el resultado del próximo juicio que después acabó con la retirada de la demanda que se había presentado contra la familia de Wijeratne.

Tanto el supuesto factor que produjo la psicosis de Wijeratne como la fantasía de creerse un pájaro durante aquella época de la psicosis *pueden* haber tenido relación con los recuerdos de una vida anterior.

En un informe escrito sobre la conducta de Wijeratne en la escuela y su estado durante su enfermedad, B.A. Francis, subdirector de su escuela, decía que Wijeratne había dicho a algunos compañeros de clase que la muchacha que le gustaba le recordaba a la que era su mujer en una vida anterior, Podi Menike.[15] Es posible que esto estimulase su deseo de ser amable con ella. Cuando le pregunté abiertamente si la muchacha en cuestión le recordaba a Podi Menike, me dijo que no; pero se mostraba bastante reticente a reconocer la influencia que había tenido la atracción de esta muchacha en la perturbación emocional que precedió a la psicosis. Al principio intentó decir que enfermó por la tensión de los próximos exámenes; pero, cuando pasaron éstos, admitió que estaba preocupado por una chica de su clase. Debió serle aún más difícil admitir ante alguien como yo que, en realidad, la muchacha le había recordado a Podi Menike.

Sea como fuere, pienso que podemos insinuar, sin temor a equivocarnos, que hay algún parecido entre la situación de Ratran Hami cuando su novia lo despreció y el rechazo imaginario (o real) que sufrió Wijeratne de una muchacha que se puede parecer o no a Podi Menike. Creo que, en justicia, podemos decir que esta muchacha pudo haber pasado por Podi Menike en la mente de Wijeratne, aunque no se pareciese a ella. Wijeratne había decidido no utilizar la violencia en estos casos, una resolución que confirmó, por cierto, en la entrevista que mantuvimos en 1970. Los psiquiatras que piensan que las emociones fuertes reprimidas producen psicosis pueden discutir con los filósofos moralistas si la enfermedad de Wijeratne, en el caso de que se deba a una frustración por culpa de una mujer irresponsable, como parece ser, fue una secuela de lo que hubiese hecho Ratran Hami ante la misma situación. ¡Que nadie piense que justifico el asesinato en estas circunstancias!

---

15.– Los compañeros de clase de Wijeratne estarían bastante acostumbrados a la historia de la vida anterior que recordaba. Por ello, pudieron llegar a la conclusión de que la chica le recordaba a Podi Menike y le dieron esta interpretación al subdirector diciendo que se lo había dicho Wijeratne. El subdirector no dijo que Wijeratne afirmase que la chica que le gustaba se parecía a Podi Menike; pero está claro que pensó que sus compañeros de clase no mintieron al decirle que Wijeratne se lo había dicho.

Cuando Wijeratne y su hermano dijeron que durante la psicosis había tenido la fantasía de ser un pájaro, el Sr. V.F. Guneratne, el Sr. Francis Story y el Sr. E.C. Raddalgoda dijeron que recordaban que Wijeratne había dicho, hacia 1961, que, entre la muerte de Ratran Hami en 1928 y el nacimiento de Wijeratne en 1947 (dieciocho años y medio después), se reencarnó por algún tiempo como pájaro. Según ellos, nunca dijo de un modo tajante que había sido un pájaro, pero sí había dicho que después de caer en el foso de fuego (p. 190, dato 24) tras la ejecución de Ratran Hami (transcribo directamente mis notas de 1970), "había revoloteado por el aire y se posaba en las copas de los árboles". Los tres observadores pensaron que Wijeratne se refería a una vida "intermedia" como pájaro. No recuerdo que Wijeratne haya mencionado esta experiencia en la entrevista de 1961 (o después) y tampoco encuentro ninguna referencia a ella en mis notas.[16]

No hay necesidad de creer que Wijeratne, después de la muerte de Ratran Hami, tuviese una vida intermedia como un pájaro para considerar que puede haber alguna relación entre los recuerdos de Wijeratne de la vida en que se posaba en las copas de los árboles (asumiendo que la memoria de mis colegas sea mejor que la mía) y la fantasía posterior

16.– No se encontró ningún registro escrito en las notas de los tres observadores que dijeron recordar que Wijeratne había dicho que había tenido una vida como pájaro. Pedí que se buscasen estas notas. El Sr. Raddalgoda, que fue mi intérprete en 1961, las había destruido. Una cinta con las declaraciones de Wijeratne grabada por el Sr. Guneratne no tenía ninguna referencia a una vida como un pájaro. El Sr. Story decía que había omitido el detalle en un informe del caso que me envió en el verano de 1961, antes de ir por primera vez a Ceilán, porque pensó que no me lo creería. Por esto no hay ningún documento que demuestre los recuerdos de mis tres colegas y su coincidencia me hace pensar que puede que yo no haya oído o recordado nada sobre la vida de pájaro, si Wijeratne la comentó en 1961, porque por entonces me pareció increíble.

Normalmente tengo por costumbre incluir las referencias a vidas como animales subhumanos que han aparecido en algunos casos de reencarnación que he investigado. He pensado que no se debe hacer alusión a ellos sin tratar antes el concepto del renacimiento en cuerpos de animales subhumanos, que a veces se denomina metamorfosis. Espero, en un futuro, tratar este tema en profundidad en otra obra. Ahora sólo diré que, aunque la creencia en el renacimiento en una animal subhumano pertenece tanto al hinduismo como al budismo, pocas veces he oído hablar de ella en mis investigaciones en el sur de Asia. Muy pocas veces he tenido la oportunidad de que un informador me hablara de un caso real que sirva de ejemplo. Los lectores que estén interesados por el tema de la reencarnación en cuerpos de animales subhumanos pueden leer los artículos de Ross, W.: "Is Rebirth in a Subhuman Kingdom Possible?" *The Maha Bodhi*, Vol. 75, 1967, pp. 238-242, y Story, F.: "The Buddhist Doctrine of Rebirth in Subhuman Realms", *The Maha Bodhi*, Vol. 76, 1968, pp. 28-39, y Vol. 76, 1968, pp. 58-70, donde se trata en profundidad el concepto (no su evidencia) según el budismo.

en la que era un pájaro. El recuerdo y la fantasía son muy parecidos; pero el recuerdo en sí pudo haber sido también una fantasía basada en que Ratran Hami esperaba que su crimen tuviese como castigo la encarnación en un animal irracional. Wijeratne negó (en la entrevista de 1968) que, cuando era Ratran Hami, tuviera miedo antes de la ejecución a reencarnarse en un animal irracional. También es cierto que Ratran Hami dijo a su hermano, H.A. Tileratne Hami (el padre de Wijeratne), que "volvería", tal vez queriendo decir que lo haría en la familia de su hermano; pero la creencia de que cuando se comete un crimen se renace como un animal irracional está tan difundida entre los budistas que es difícil pensar que Ratran Hami no hubiese tenido en cuenta esta posibilidad al pensar en su vida futura cuando esperaba la ejecución. Esta expectativa de tener una experiencia en el cuerpo de un animal pudo haberse convertido en falsos recuerdos fantásticos en la mente de Wijeratne.[17]

Como ya he dicho, Wijeratne estaba todavía en la escuela cuando empezó su enfermedad mental, en 1969. Por entonces tenía veintitrés años y los lectores se preguntarán por qué seguía en la escuela cuando la mayoría de los jóvenes de esta edad la han dejado desde hace varios años o han entrado en la universidad. Por entonces tenía unos cuatro o cinco años de retraso debido, en parte, a que quería prepararse para el examen de ingreso en la universidad y no se presentó. Me lo comentó en una carta en diciembre de 1969, cuando su enfermedad psíquica no le permitió presentarse a los exámenes, pero tampoco los pudo hacer al menos en otras dos ocasiones cuando, según las noticias que tengo, no había nada que le impidiese presentarse. En una cuarta ocasión (en 1970) tampoco se presentó por culpa de su enfermedad mental. Sin embargo, su familia podía permitirse que siguiera en la escuela. Su

---

17.– Si es cierto lo que pienso, el caso se parece, en estas características, al de Gopal Gupta (Stevenson, I.: *Cases of the Reincarnation Type*, en preparación). Gopal decía que, después de la muerte de Shaktipal Sharma (la personalidad anterior del caso), tuvo una "vida intermedia" como un muchacho de Londres. Aunque Gopal dio algunos detalles sobre esta vida que decía que tuvo en Londres, apenas eran verificables, en contraste con la gran cantidad de declaraciones que hizo de detalles verificados sobre la vida de Shaktipal Sharma. Me inclino a pensar que la "vida intermedia" de Gopal en Londres es una fantasía, pero que pudo haber surgido en principio en la mente de Shaktipal Sharma. Un dato a tener en cuenta es que Shaktipal Sharma quería ir a Londres y estudiar derecho allí, un deseo que la oposición de su padre había frustrado. Para una exposición más profunda de la idea de que nuestros pensamientos pre-mortem influyen en nuestras experiencias post-mortem, ver *The Tibetan Book of the Dead* (Ed. W.Y. Evans-Wentz), Oxford University Press, Londres, 3ª ed., 1957.

padre era un pequeño agricultor y comerciante que, aunque estaba lejos de ser rico, tenía los medios suficientes para que Wijeratne siguiera estudiando. Wijeratne quería seguir estudiando y, por lo menos hasta 1973, decía que quería estudiar Medicina. Cuando tuvo la enfermedad mental, en 1969-70, dejó la escuela y aún no había vuelto cuando lo vi en Uggalkaltota en el otoño de 1970; pero por entonces, como ya he dicho, se sentía lo suficientemente recuperado como para volver a estudiar y se estaba preparando en casa para el examen de ingreso en la Universidad. Después consiguió la ayuda de un profesor particular y en diciembre de 1970 y en mayo de 1971 aprobó por fin el examen de ingreso y logró entrar en una Universidad de Ceilán.

Cuando volví a ver a Wijeratne, en abril de 1973, estudiaba en la Universidad de Ceilán, Peradeniya (cerca de Kandy), y vivía en Kandy con el Sr. Godwin Samararatne (uno de mis intérpretes). Por entonces había aprendido el inglés bastante bien y hablamos sin intérprete. En la Universidad estudiaba ciencias con el fin de entrar en la Facultad de Medicina. Tenía buen humor y se encontraba bastante animado. Me pareció que se había recuperado por completo de la enfermedad mental de 1969-70 y el Dr. N.B. Hettiaratchy, que lo trató por algún tiempo como paciente externo y le dio el alta después, pensaba lo mismo.

Aunque tenía la mano derecha pequeña y deforme, hasta tal punto que los dedos eran bastante cortos y algunos estaban pegados, parece que la deformidad no le había producido una incapacidad considerable, ni física ni psíquica. No hay ninguna duda de que era un recuerdo constante de la vida anterior, pero sus familiares y amigos no parecían darle mucha importancia y él decía que los demás tampoco se fijaban en ella. En diciembre de 1971 entró en el hospital y se sometió a una operación para separar los dedos pegados. La mano se curó bien y pudo utilizarla mejor después de esta operación.

En abril de 1973 me enseñó bastante contento el resultado de la operación. El dedo índice y el meñique estaban separados y se podía observar que utilizaba esta mano mejor que antes. Los dedos del centro se los separaron en una operación posterior.

Al final del verano de 1973 recayó en otra psicosis. Volví a Ceilán en octubre de 1973 y fui a verlo al hospital psiquiátrico de Angoda (después de estar algún tiempo en el de Ratnapura lo trasladaron a Angoda para que el Dr. N.B. Hettiaratchy pudiera controlar otra vez su tratamiento). Cuando lo visité estaba bastante mejorado, aunque no se había recuperado del todo. Más tarde supe que, cuando dejé Ceilán, mejoró lo suficiente como para volver a casa.

El factor que desencadenó este episodio psicótico, lo mismo que el anterior, fue el rechazo de una muchacha de la que se había enamorado. Espero obtener más información sobre qué era lo que iba mal. El fallo podría estar no sólo en la relación que había entre la enfermedad de Wijeratne y sus recuerdos de la vida anterior, sino en su propia forma de reaccionar ante las recaídas de la enfermedad.

Como es natural, me hubiese interesado bastante encontrar en Ceilán a una muchacha que tuviese recuerdos de la Podi Menike que asesinó Ratran Hami en 1927. Inicié investigaciones con la esperanza de poder descubrir a esta muchacha y el Sr. Godwin Samararatne dirigió esta búsqueda con toda diligencia. Descubrimos que había nacido una muchacha en la familia de Podi Menike el 25 de diciembre de 1928, o sea, unos catorce meses después de su muerte. No tenía marcas de nacimiento, pero algún parecido real o imaginario con la primera Podi Menike hizo que su familia le pusiese el mismo nombre. No tenía ningún recuerdo de la vida de la asesinada Podi Menike, ni de ninguna otra vida anterior. Tampoco pudimos encontrar en la localidad en la que vivió Podi Menike ningún otro indicio o prueba de que hubiese una muchacha que dijese que había sido la primera Podi Menike.[18]

---

18.– Por lo que ahora pienso de los casos cingaleses, después de analizar las características de más de cuarenta casos de estos, buscar a un niño que diga ser Podi Menike renacida en la zona donde vivía ella habría sido una pérdida de tiempo y esfuerzos. Las dos personalidades de los casos tlingit casi siempre pertenecían a la misma familia (Stevenson, I: "Cultural Patterns in Cases Suggestive of Reincarnation Among The Tlingit Indians of Southeastern Alaska", *Journal A.S.P.R.*, Vol. 60, julio, 1966, pp. 229-243). Las dos personalidades de los casos turcos casi siempre eran de pueblos vecinos (Stevenson, I.: "Characteristics of Cases of the Reincarnation Tupe in Turkey and their Comparison with Cases in Two other Cultures", *International Journal of Comparative Sociology*, Vol. 11, marzo, 1970, pp. 1-17); pero en los casos cingaleses las dos personalidades rara vez pertenecían a la misma familia o a algún pueblo vecino (Stevenson, I.: "Characteristics of Cases of the Reincarnation Type in Ceylon", *Contributions to Asian Studies*, Vol. 3, 1973, pp. 26-30). En la mayoría de los casos cingaleses el sujeto recordaba una personalidad anterior que vivía en la otra parte de la isla, a bastante distancia, normalmente a 50 o 100 millas, de donde había nacido. Creo que, aunque no tuviésemos ninguna pista para buscar a un niño que dijese haber sido Podi Menike, ahora sabríamos que *no* deberíamos molestarnos buscando en los alrededores.

## EL CASO DE RANJITH MAKALANDA

### Observaciones preliminares

En el caso siguiente, los escasos detalles de la información y el comportamiento del niño no permiten ni siquiera intentar la verificación de los hechos que dice recordar. Por eso, a diferencia de otros muchos que figuran en este libro, no nos da ninguna prueba directa de la reencarnación, aunque la *sugiere*; pero parece que merece figurar aquí, porque es un ejemplo excelente de un tipo que se da mucho más que los casos ricos en detalles que se pueden verificar. Los casos que no tienen suficientes detalles para su comprobación, pero cuentan con bastantes rasgos de comportamiento y afirmaciones por parte del niño de recordar una vida anterior, se dan bastante en Europa y en los Estados Unidos, que, en comparación con otros países que he examinado, tienen menos casos detallados que los demás y menos aún si se tiene en cuenta el tamaño relativo de las poblaciones. Estos casos menores, aunque no añaden nada a las pruebas en pro de la reencarnación, son compatibles con ella. Necesitan *alguna* explicación y pienso que sólo hay dos hipótesis –la hipótesis de la reencarnación y lo que yo llamo la hipótesis de la "identificación impuesta"– que pueden responder a los hechos si pensamos que se han presentado correctamente.

Me enteré de este caso en 1961, cuando el Sr. Francis Story entrevistaba al padre de Ranjith, un muchacho de diecinueve años. Avanzado el año, entrevisté al padre de Ranjith y tomé notas detalladas de sus declaraciones sobre el muchacho y las contestaciones a mis preguntas. Por entonces Ranjith estaba en Inglaterra, donde permaneció dos años. Cuando volvió a Ceilán, el Sr. Story lo entrevistó en tres ocasiones diferentes sin estar sus padres presentes. Para mi informe he utilizado las notas del Sr. Story.

### Declaraciones y comportamiento de Ranjith Makalanda que hacen pensar en la reencarnación

Ranjith Makalanda, séptimo hijo de una familia cingalesa pura, nació en Kotte, Ceilán, en 1942[19]. Su padre era el Sr. Makalamadage Sam de Silva. El sexto hijo de la familia tenía tres años más que Ranjith. El

---

19.– Había discrepancias en las fechas de nacimiento de Ranjith que me dieron en momentos diferentes.

octavo, una niña, nació cinco años después. Cuando Ranjith tenía menos de dos años, su padre empezó a notar en él una memoria superior a lo normal; pero no hizo comentarios de ello. Por el mismo tiempo, su padre empezó a notar también algunos rasgos de comportamiento que parecían más propios de los ingleses que de los niños cingaleses. Estos rasgos, o cierta actitud oculta tras ellos, hicieron que el niño fuese como un extraño en la familia. Miraba con frialdad a sus padres y mostraba por ellos menos afecto que los demás hijos. Los padres, por su parte, lo miraban como un "tipo raro" que había caído entre ellos. Sin embargo, esto no impidió que le tuvieran afecto, aunque su espíritu independiente y su oposición a los consejos de sus padres los dejaban perplejos y en ocasiones les molestaban bastante.

En casa se hablaba tanto el cingalés como el inglés y los niños tenían la posibilidad de aprender ambas lenguas. Pero Ranjith aprendió el inglés antes y mejor que los demás. Se puede pensar que tenía la ventaja de oír hablar inglés a sus hermanos mayores y efectivamente así era; pero su hermana menor tenía esta oportunidad, tanto o más que él, y lo aprendió más tarde y peor que Ranjith.

Cuando Ranjith tenía dos años, su padre se dio cuenta de que, si tenía náuseas y quería vomitar, se metía los dedos en la garganta para producir el vómito. Su padre lo reconoció como un método inglés para vomitar, aunque era una costumbre poco normal entre los cingaleses. Le gustaba poco el arroz y no lo comía al estilo cingalés, sino que se echaba los granos a la boca. Por otro lado, le gustaba comer el pan con más mantequilla de lo que es normal en Ceilán y lo cogía al estilo inglés. Cuando comía en un hotel, utilizaba el tenedor y el cuchillo con bastante habilidad, una vez más en contraste con la torpeza, por la falta de experiencia, de sus hermanos. Insistía en llamar a sus padres "Thatha" y "Amma", en vez de "Mummy" y "Daddy" como los demás. En cingalés se llama "Thatha" y "Amma" a los padres biológicos, pero en muchas casas (entre ellas, la de los Silva) se sustituyen por "Mummy" y "Daddy", que sugieren un significado más cariñoso. Esta forma de llamarlos era un modo de afirmar su convicción de que, aunque vivía con sus padres biológicos, en algún lugar tenía otros padres a los que reservaba todo su cariño. La hermana menor de Ranjith también llamaba a sus padres "Thatha" y "Amma", costumbre que el Sr. de Silva pensaba que había tomado de Ranjith. Cuando era pequeño se dirigía a los mayores con familiaridad y, muchas veces, por su nombre de pila, sin poner delante "Sr." o "Sir", tratamientos que la mayoría de los niños cingaleses utilizan cuando hablan con una persona mayor.

Ranjith era enemigo de que lo retratasen y huía de las cámaras, pero esta fobia no se atribuyó nunca a nada de la vida anterior –o al menos nunca dio muestras de que guardase ninguna relación con ella.

Cuando Ranjith tenía entre tres años y medio y cuatro, su padre oyó que les decía a su madre y hermanos: "Vosotros no sois mi madre ni mis hermanos. Mis padres y mi familia están en Inglaterra". Como Ranjith seguía comportándose como si esto fuese verdad, sin mostrar ningún cariño hacia sus padres, el Sr. de Silva decidió preguntarle abiertamente sobre su "otra familia".

Se llevó a Ranjith aparte y le preguntó, en primer lugar, de dónde era. Ranjith contestó que era de Inglaterra. Cuando le preguntó el nombre de sus padres no pudo recordarlos, pero le dijo que tenía dos hermanos, que se llamaban Tom y Jim, y una hermana, Margaret. No podía recordar su propio nombre. Cuando el Sr. de Silva le preguntó la profesión de su padre, parece que Ranjith tuvo nuevos recuerdos. Decía que su padre trabajaba en los grandes vapores. Llevaba piñas a casa (no está claro si quiso decir que el otro padre llevaba las piñas porque las cogía de los barcos o porque viajaba a puertos del extranjero). Trabajaba en el barco y Ranjith le llevaba el almuerzo al trabajo, donde había un lugar para guardarlo. Su casa estaba aislada en lo alto de una colina; y había otra al pie. Ranjith añadió entonces espontáneamente que algunas veces se ponía un jersey y un abrigo y que por la mañana se arrimaba al fuego porque había hielo en el jardín y en las carreteras. Había carros que limpiaban el hielo de las carreteras. Cuando el Sr. de Silva le preguntó si los carros iban a motor, dijo que iban tirados por caballos. Ranjith dijo después espontáneamente que él no era budista, que era cristiano. Decía que llevaba a sus hermanos a la iglesia todos los domingos en el asiento trasero de su moto. Añadió entonces, también de forma espontánea, que su madre y él eran muy guapos y, cuando le preguntó cuánto, contestó que mucho más que una señora burgher,[20] que era vecina de los de Silva. Cuando su padre le preguntó cómo vestía su otra madre, Ranjith contestó que llevaba faldas y chaquetas. Esto contrastaba con los saris que llevan la mayoría de la mujeres cingalesas. Cuando le preguntó qué frutas comía en Inglaterra, le contestó "uvas y manzanas".

---

20.– Holanda controló Ceilán entre 1640 y 1796. Hoy viven muchos descendientes de los soldados y colonos holandeses en Ceilán, sobre todo en Colombo y sus alrededores. Se conocen como "Burghers". Aunque muchos, puede que la mayoría, se han casado con cingaleses, tienen la piel y el cabello más claros que éstos y suelen ser más pálidos que los demás europeos que viven en los países tropicales.

Respecto a las declaraciones de Ranjith citadas en el párrafo anterior, el Sr. de Silva estaba seguro de que los temas de que hablaba Ranjith no se habían comentado en su familia. Tampoco es probable que se hiciera. El hielo natural es completamente desconocido en los valles tropicales de Ceilán. Hay pocos vehículos tirados por caballos en Ceilán y el Sr. de Silva estaba seguro de que Ranjith no había visto nunca un carruaje o un carro de caballos. Tampoco podría haber aprendido estas cosas en la escuela ya que esta conversación tuvo lugar cuando tenía menos de cuatro años y todavía no estaba escolarizado. Es posible que hubiera oído alguno de estos comentarios a sus hermanos, pero no es muy probable porque no son temas normales de conversación entre los niños del sur de Asia.

Cuando Ranjith cumplió cuatro años su padre hizo que lo dijesen, pagando una tarifa, en las notas de sociedad de la radio local. Sus hermanas mayores le dijeron que a las cinco de la tarde del día de su cumpleaños iba a hablarle su "madre" desde Inglaterra. Cuando llegó el momento, la familia se reunió alrededor de la radio y Ranjith era el que estaba más cerca ella. Cuando oyó que una voz femenina con acento inglés anunciaba su cumpleaños, puso las manos haciendo bocina delante de la boca y dijo a la radio:

"Madre, estoy en casa de una familia cingalesa. Llévame allí" (refiriéndose a su antigua casa). Entonces en la radio pusieron la canción "Cumpleaños Feliz", en la que figura la palabra "darling". Cuando acabó la canción Ranjith dijo: "Esa es mi madre. Mi madre me llama 'darling' y algunas veces también me llama 'corazón'". Su tío, que estaba delante, le preguntó cómo reconoció la voz de su madre.

Respondió que su madre "tiewne una voz así de dulce" (speaks softly like that). Esta acepción de la palabra "softly" era nueva para el padre de Ranjith porque, aunque la utilizó correctamente, en el inglés que hablan los cingaleses la palabra "slowly" se utiliza para referirse a la cualidad que significa "softly" en el inglés de Gran Bretaña y Estados Unidos. El Sr. de Silva decía que se enteró de este significado de la palabra "softly" por su hijo.

Poco después del episodio anterior, el Sr. de Silva vio que su hijo estaba solo en el jardín de la casa y parecía triste. Dijo a sus demás hijos que no hablaran del episodio y que intentaran que Ranjith olvidara sus recuerdos.

En los años siguientes, el Sr. de Silva pensaba que Ranjith había olvidado su vida anterior; pero, cuando tenía doce o trece años, fue a su padre y le dijo que quería dejar el colegio y ponerse a trabajar para vivir por su cuenta, que quería trabajar en un taller y que estaba dispuesto a lavar coches si fuese necesario. Esta petición asombró y preocupó a su padre, porque, aunque los muchachos de Gran Bretaña y Estados Unidos pueden trabajar cuando son jóvenes, un estudiante sensato de Ceilán procura terminar su formación y, sobre todo, no se pondría a trabajar de lavacoches, si pudiese hacer cualquier otra cosa, como podía Ranjith, ya que su padre quería que siguiese estudiando. Además, la mayoría de los muchachos ceilandeses pensarían que lavar coches es algo degradante. Sin embargo, el Sr. de Silva aceptó a regañadientes y Ranjith se puso a trabajar en un taller. Allí, o tal vez antes, en la escuela, Ranjith aprendió con una rapidez asombrosa la mecánica del automóvil y a conducir coches y motos. Cuando Ranjith tenía dieciocho años, su padre decidió encauzar esta facultad enviándolo a Inglaterra para que aprendiera ingeniería mecánica. Le comentó esta idea, sin fijar la fecha de su partida; pero Ranjith, cuyo deseo de ir a Inglaterra no había desaparecido desde que lo dijo por primera vez, fue rápidamente a reservar un billete de barco, sin consultar a su padre. Este permitió de inmediato que se fuera, pero con algunas reservas. En una fiesta de despedida que le dio su padre, Ranjith dijo a sus amigos que seguía creyendo que había vivido antes en Inglaterra.

En el barco y en Inglaterra Ranjith decía que se encontraba muy cómodo con los ingleses. Se desenvolvía con facilidad y a gusto por Londres. No tengo ninguna prueba de que Ranjith tuviera algún conocimiento paranormal de Londres ni de Inglaterra y quiero destacar que lo más impresionante no era que dijese que conocía Londres, sino que parecía estar familiarizado con esta ciudad y se sentía cómodo allí, y con los ingleses en cualquier lugar. Pocos jóvenes cingaleses podrían escribir a sus padres diciendo que han tenido una aceptación mutua tan rápida entre los ingleses.[21] El informe de la comodidad de Ranjith en Londres no se basa sólo en lo que decía a su padre, pues la hija del Sr. de Silva (hermana de Ranjith) que vivía en Londres cuando llegó, también habló a su padre de la facilidad con que se movía por Londres.

Ranjith esperaba de algún modo que en Inglaterra tuviera más recuerdos de su antigua casa que le permitiesen identificar una ciudad o

---

21.– El Sr. de Silva pudo haber exagerado la adaptación de su hijo en Londres si se compara con otros chicos ceilandeses que han tenido la oportunidad de ir a Inglaterra; pero no hay ninguna duda de que Ranjith, en la entrevista posterior que tuvo con el Sr. Story, parecía bastante contento cuando contaba cómo lo querían los ingleses. Verdaderamente parecía que se había sentido cómodo en Londres. A poco de llegar a Londres le dolía una muela y sólo tuvo que ir a un hospital que vió para que se la sacasen.

una casa como suyas; pero esto no sucedió. Sin embargo, siguió dando pruebas de su conocimiento precoz de los automóviles. Desoyendo todo consejo, participó en una carrera de coches en Escocia y quedó el primero de veintidós. Fue el único participante asiático de la carrera.

## La actitud del padre de Ranjith ante los ingleses

El Sr. de Silva me contó su poca simpatía por los ingleses. Era algo que compartía con la mayoría de los cingaleses, durante la ocupación británica entre 1796 y 1948. Sin embargo, en su caso parece que esta antipatía era mucho mayor que en los demás. Cuando la familia real británica visitó Ceilán, el Sr. de Silva se mantuvo lejos de las manifestaciones de bienvenida. Parecía que le horrorizaba la presencia de un enclave inglés en su familia en la forma de su hijo Ranjith, que tenía muchos detalles de comportamiento propios de los odiados ingleses. El Sr. de Silva comentaba su actitud antibritánica como prueba de que en ningún caso hubiese hecho nada conscientemente para fomentar dentro de su familia la creación del extraño "niño inglés".

Pero la actitud del Sr. de Silva hacia Inglaterra era, en realidad, más compleja de lo que demostraba con sus palabras. Me contó una serie de sueños extraordinarios que tuvo entre 1932 y 1950. Me contó cinco de éstos con bastante detalle. En estos sueños se veía en conversación amistosa con el monarca británico que reinaba, Jorge V, Eduardo VIII y Jorge VI. En realidad, la palabra "amistosa" se queda corta, ya que en estos sueños el Sr. de Silva disfrutaba de bastante familiaridad con los reyes: presentaba a uno en una reunión, le daba la mano a otro, preparaba comida para el tercero, etc. Los sueños del Sr. de Silva eran paradógicos, pues no correspondían al antagonismo que sentía por todo lo inglés en sus ideas conscientes, sino que descubrían otra faceta de su carácter y actitud frente lo británico: la identificación con su riqueza, ceremonias, poder y dignidad, representados por los monarcas.

## Comentarios

No tengo ninguna razón para pensar que el Sr. de Silva se inventase un relato de este tipo pretendiendo algo de su hijo. Además, la historia de un "extraño" en su familia, que violaba descaradamente los hábitos de conducta de los niños cingaleses y aseguraba que pertenecía a otro lugar, no podría satisfacer mucho al Sr. de Silva como padre. Por eso creo que contó lo que vio y no lo que inventó.

A la vista de la actitud contradictoria del Sr. de Silva frente a los ingleses, es posible que su predisposición distorsionase sus observaciones. Pudo, por ejemplo, haber visto en su hijo más costumbres inglesas que otros que se daban menos cuenta del extraño comportamiento de Ranjith. Podemos pensar que el Sr. de Silva estaba demasiado atento y casi podríamos decir que era demasiado suspicaz con las peculiaridades de Ranjith. Si parecía que su hijo aprendía el inglés rápidamente, el Sr. de Silva debió darle más importancia que un observador objetivo. Tal vez podríamos imaginarnos que el Sr. de Silva tenía una satisfacción inconsciente por la idea de tener un "Englishman" en la familia. Sus sueños lo sugieren; pero es difícil que toda la familia (que, según dijo, coincidía en algunos comentarios sobre Ranjith) compartiera su actitud contradictoria ante los ingleses, lo mismo que también parece difícil que esos prejuicios del Sr. de Silva puedan justificar todo el caso y en particular las declaraciones detalladas que el Sr. de Silva dijo que Ranjith había hecho sobre una vida anterior en Inglaterra. El niño pudo haber hecho estas declaraciones o no; pero yo no tengo base para pensar que el Sr. de Silva no oyese a su hijo decir lo que él declaró que había dicho.

Como ya he comentado, este caso se puede justificar con la hipótesis de la "identificación impuesta". Según esta hipótesis, una persona mayor, normalmente un padre (en este caso el mismo Sr. de Silva), impone de un modo inconsciente una personalidad determinada a un niño, que asume gradualmente las características deseadas por el padre. El proceso es sutil y consiste en conceder pequeñas recompensas por ajustarse a la conducta deseada o imponer ligeras privaciones o castigos cuando se hace lo contrario. Está claro que los padres que desean un hijo de un sexo, por ejemplo una niña, pueden guiar a un niño no deseado por las líneas del desarrollo femenino, hasta que se ve prácticamente encauzado hacia la homosexualidad. En algunas ocasiones este reforzamiento del comportamiento deseado por los padres se da de un modo abierto y brusco, pero también puede ser soterrado, por decirlo de algún modo, sin que el padre se dé cuenta de que está fomentando el comportamiento que (inconscientemente) quiere que tenga el niño. En este caso y en otros similares la cuestión no es si los padres influyen en las personalidad de los hijos (que sabemos que lo hacen), sino si esta influencia tiene límites. ¿Puede justificar esto por sí solo una alteración de la personalidad tan grande como para que el niño se haya impuesto la consciencia de una identidad completamente distinta? Lo que ocurre en muchos casos que hacen pensar en la reencarnación, incluido el que estamos tratando, no es nada menos que esto. Para poder aprovechar los datos de otros casos de esta misma serie, voy a aplazar una revisión más completa de esta hipótesis para el Análisis General que hay al final de este libro.

## Desarrollo Posterior de Ranjith Makalanda

En julio de 1966 tuve otra entrevista con el padre de Ranjith, el Sr. de Silva. Ranjith estaba en otra ciudad, Polonnaruwa, en el centro de Ceilán, y no pude verlo. Ranjith tendría por entonces unos veintitrés años. Trabajaba para una compañía de tractores. Se casó, pero no fue feliz y se divorció.

El Sr. de Silva dijo que Ranjith se comportaba como si todavía se mantuviese al margen del resto de la familia, sin comportarse aún como "un muchacho cingalés". Disfrutaba en compañía de los ingleses y, cuando podía, llevaba a los turistas ingleses por Ceilán sin cobrarles, simplemente porque le gustaba su compañía. Por otro lado, según el Sr. de Silva, Ranjith no estaba satisfecho con la vida que llevó en Inglaterra los dos años que estuvo allí.

Por fin pude conocer personalmente a Ranjith Makalanda en marzo de 1968 y hablamos durante bastante tiempo, entrevistándome también con su padre. Por entonces tenía unos veintiséis años. Trabajaba en Colombo para una compañía de taxis y de alquiler de coches. Seguía interesándose por los vehículos de motor. Decía que conservaba todavía el amor por Inglaterra y que iría allí sin vacilar, si no fuese porque pensaba que no debería dejar a sus padres que, por entonces, estaban envejeciendo. Decía que los dos años que estuvo en Inglaterra fueron "los más felices de su vida" (esta observación no coincide con la opinión de su padre que hemos comentado). Seguía gustándole la comida occidental y prefería, por ejemplo, el pan con mantequilla al arroz. Siempre que podía, iba a uno de los grandes hoteles de Colombo, a los que solían ir los turistas occidentales, y disfrutaba de una comida occidental. Si no podía comer en estos hoteles, prefería comer tallarines en un restaurante chino en vez de comida cingalesa, que es muy fuerte por los picantes y las especias. El Sr. de Silva confirmó que seguía conservando sus gustos gastronómicos.

Ranjith decía que se expresaba mejor en inglés que en cingalés y conocía mejor la gramática inglesa que la cingalesa. Recordaba que, cuando era pequeño, aprendió el inglés muy pronto. Yo mismo me di cuenta de que en su acento inglés se notaba bastante menos la entonación y el ritmo característicos de los cingaleses cuando hablan inglés. Debemos recordar que sus padres hablaban en inglés cuando era niño, que se habla mucho inglés en Colombo (Kotte es un barrio de esta ciudad), y que (antes de que yo lo conociese) Ranjith estuvo dos años en Inglaterra. Por tanto, no quiero decir nada sobre cómo hablaba Ranjith el inglés, al margen de su preferencia por esta lengua, lo que también puede deberse a su familia.

Decía que toda su vida había tenido un fuerte deseo de matar animales. Recordaba que ya lo tenía cuando era niño pequeño y que todavía le gustaba cazar y matar animales de la jungla de Ceilán. Era consciente de que esta tendencia violaba los preceptos del budismo y luchaba por evitarla, aunque algunas veces no podía controlarla. Es posible que esta cualidad se deba a algún residuo de una vida anterior como cristiano (cuya religión no condena que se maten animales) y como inglés, quienes, como es bien sabido, suelen disfrutar cazando y matando animales.

Decía que todavía recordaba lo que decía y hacía sobre su vida anterior cuando era pequeño. Sobre todo, recordaba lo que pasó cuando cumplió cuatro años (cuando habló a la voz inglesa que anunciaba su cumpleaños en la radio) y lo conservaba bastante claro en su memoria.

En noviembre de 1970 volví a ver al Sr. de Silva (en Kotte) y tuve otra entrevista con Ranjith, por separado, en Kandy, donde estaba trabajando.

El Sr. de Silva decía que Ranjith no se había integrado todavía por completo en la sociedad cingalesa, sino que seguía con los "modos ingleses". Había recibido una carta suya en la que contaba lo contento que estaba por la facilidad con que se encontraba comida occidental en el sitio donde trabajaba. Como otro ejemplo de los "modos ingleses", el Sr. de Silva comentó que nunca salía de casa en sarong, una prenda popular de Ceilán. Para conocer la importancia de este comentario, tenemos que fijarnos en la palabra "nunca", ya que muchos cingaleses instruidos llevan casi siempre pantalones, pero la mayoría de ellos también llevan sarongs algunas veces, aunque pocas, cuando salen de su casa.

En 1970 Ranjith trabajaba en Kandy como profesor de mecánica del automóvil en un instituto de formación profesional de una iglesia cristiana. De este modo seguía trabajando en algo que tenía que ver con los vehículos de motor.

Decía que, aunque prefería la comida occidental a la cingalesa, podía comer ésta si no encontraba otra cosa (por entonces estaba alojado en casa de uno de los miembros europeos de la misión que mantenía el instituto de formación profesiónal y por esto podía disfrutar de su comida inglesa).

Ranjith recordaba una época, cuando tenía cerca de nueve años, en que quería dejar de ser budista y hacerse cristiano. Pensaba que podía comer con más libertad si era cristiano y también que el culto cristiano (que, por ejemplo, no obligaba a quitarse los zapatos antes de entrar en una iglesia) era más sencillo que el budista. Pero no debemos atribuir estas ideas sólo a los restos de una vida anterior como inglés cristiano, ya que aumentaron cuando Ranjith iba a una escuela cristiana de Nugegoda, donde la mayoría de los alumnos eran cristianos. También pensaba que su atracción hacia la religión cristiana en aquel periodo se debía a la influencia de sus amigos del colegio.

Como muchos asiáticos que recuerdan vidas anteriores como europeos o americanos se han quejado del calor que hace en los países tropicales en los que viven, pregunté a Ranjith qué clima prefería (su padre me había dicho antes que Ranjith no se había quejado nunca del clima de Ceilán). Me contestó que el clima de Kandy le gustaba (Kandy, situada en las montañas del centro de Ceilán, tiene normalmente un clima fresco). Consideraba el clima de Kotte (en los valles cercanos a la costa) demasiado cálido. Por otro lado, pensaba que el clima de estos lugares, como podía ser Nuruwa Eliya, era demasiado frío (aunque Nuruwa Eliya no está muy lejos del Ecuador, está a seiscientos pies sobre el nivel del mar y ¡allí pasé una de las noches más frías de mi vida!).

Puesto que Ranjith recordaba una vida anterior como cristiano, le pregunté cuál pensaba que era la causa de que hubiese renacido en una familia budista. Me dijo que creía que había sido un piloto británico que murió en un accidente aéreo cerca de Kotte. La (British) Royal Air Force tuvo una base a una milla y media de Kotte y allí murieron algunos pilotos en accidentes en la Segunda Guerra Mundial. Las conjeturas de Ranjith coincidían con su inclinación por los vehículos y su gran afición por volar. Decía que siempre había querido ser piloto, pero que nunca tuvo dinero para pagar la escuela. También decía que su interés por los aviones se remontaba hasta donde él pudiese recordar. Había volado en aeroplanos en varias ocasiones y no había tenido miedo.[22]

---

22.– Las conjeturas de Ranjith de que había sido un piloto británico en la vida anterior, que yo no sugerí (en sus detalles) y verdaderamente me sorprendieron, se parecen a las declaraciones de una serie de sujetos cuyos casos estudié en Burma. Estos eran niños que recordaban vidas anteriores como pilotos ingleses o americanos (u otros aviadores) abatidos sobre Burma en la Segunda Guerra Mundial (algún día se publicarán los informes detallados de estos casos). Los sujetos de Burma que tenían estos recuerdos eran todos de aspecto y pelo claros. Por otro lado, Ranjith, aunque recordaba una vida anterior como una persona rubia, tenía el pelo oscuro y la piel muy pigmentada, cosa normal en los cingaleses. Hay que recordar que, mientras que los sujetos burmeses habían tenido recuerdos imaginarios (aunque con frecuencia escasos y fragmentados) de haber sido aviadores británicos o americanos, Ranjith no decía que *recordase* haber sido un piloto británico que hubiese caído cerca de Kotte en la vida anterior. Lo dijo solamente como una explicación posible de por qué, si había sido un inglés cristiano en una vida anterior, había renacido en Kotte en una familia budista, si el renacimiento es la mejor interpretación de su caso. Las conjeturas de Ranjith responden a la pregunta de por qué, si en la vida anterior había sido inglés, había renacido en Ceilán; pero no explicaban, hablando con precisión, por qué había nacido en una familia budista. Hay muchas familias cristianas en Ceilán, sobre todo en Colombo y sus alrededores, donde está Kotte.

# IV

# Dos casos que nos hacen pensar en la reencarnación, en Brasil

## Introducción

La idea de que alguna parte de la personalidad humana sobrevive a la muerte física quizá haya persistido con más fuerza en Brasil que en cualquier otro país de occidente. Al menos el cinco por ciento de la población de Brasil se declara espiritista, pero hay bastantes pruebas de que otro veinticinco por ciento de los habitantes también lo son, aunque aparezcan en el censo como católicos. Se han unido dos corrientes culturales, una de Africa y otra de Francia, para difundir por todos los niveles de la sociedad brasileña la creencia en la supervivencia. Los brasileños han integrado y asimilado a sus ciudadanos africanos mucho mejor que los demás países de América, tanto del norte como del sur, y han sacado de los elementos culturales africanos una poderosa creencia en un mundo espiritual y en las prácticas correspondientes, para trasladar su influencia a los asuntos cotidianos. La herencia africana de la creencia en un mundo espiritual influye, sobre todo, en las personas más pobres y menos instruidas de Brasil. Los más cultos parecen sacar su interés por la supervivencia de la rama francesa del espiritismo, creada por Kardec,[1] que se extendió por todo Brasil en el siglo XIX cuando los brasileños se fijaban más que ahora en Europa para su enriquecimiento cultural[2] El *espiritismo kardeciano* (sus seguidores prefieren esta denominación a la de "espiritismo") considera la reencarnación como uno de sus principios fundamentales, distinguiéndose así de la mayoría de las formas de espiritismo de occidente.

La difusión de la fe en la supervivencia (con la reencarnación) ha creado en Brasil un clima cultural favorable para la narración de los

1.– Kardec, A.: *Le livre des médiums*, Libraire des Sciences Psychiques, París, 1922. Para una explicación de la visión de Kardec de la reencarnación ver su *Heaven and Hell*, Trubner and Co., Londres, 1878.

2.– Los lectores que estén interesados por la historia de la mezcla del espiritismo europeo y el africano en Brasil la encontrarán reflejada en Rodríguez, L.J.: *God Bless the Devil*, Bookman Associates, Inc., Nueva York, 1961.

recuerdos de una vida anterior. Los niños que hacen estas afirmaciones tienen el respeto de sus padres cuando cuentan sus historias.[3] Es más, con frecuencia se les ofrece la oportunidad de contarlas a personas instruidas capaces de evaluar lo que dicen. Una de estas personas era el Sr. Francisco V. Lorenz, un maestro de Rio Grande do Sul, en cuya familia sucedieron los dos casos que aparecen aquí. El Sr. Lorenz tomó bastantes notas del primer caso y parece que observó los dos desde el principio con ojos comprensivos, pero sin dejar nunca de ser objetivo. El Sr. Lorenz murió en 1957 y su mujer en 1944; pero su hijo, el Sr. Waldomiro Lorenz, siguió teniendo un interés activo, tanto por los casos de su familia como por otros. El Sr. Waldomiro Lorenz, cuando llegó a adulto, trató los casos de Marta y Paulo Lorenz con su padre, por lo que estaba familiarizado con las observaciones e interpretaciones que éste hacía. Tras mantener correspondencia con el Sr. Waldomiro Lorenz, fui a Brasil en el verano de 1962 y allí investigué siete casos que hacían pensar en la reencarnación. Sólo hay dos que merezcan aparecer aquí. De los otros cinco, tres carecen de los detalles suficientes que permitan verificar las declaraciones de los niños, mientras que la investigación de los otros dos sigue en proceso.

## Métodos de investigación

Los métodos de investigación que seguí en el estudio de estos casos son parecidos a los que expuse en la Introducción de esta monografía. Estuve dos semanas en Brasil, de las cuales cinco días estuvieron dedicados a la investigación de estos dos casos. Dos testigos hablaban inglés; los demás, portugués. El Sr. Waldomiro Lorenz actuó de intérprete en todas las entrevistas menos en una, que la interpretó la Sr.ª Cordelia Anuda. Además, entiendo el portugués mejor de lo que lo hablo y en muchos momentos pude seguir la conversación que mantenían el testigo y el intérprete.

En uno de los casos que aparecen aquí, las dos familias implicadas se conocían antes de declararse el caso y, en el otro, las dos personalidades pertenecían a la misma familia: la del Sr. F.V. Lorenz. Es cierto

---

3.– Pero la madre de un niño que había hablado de una vida anterior no prestó atención a los detalles de las afirmaciones del niño. Completamente convencida de la existencia de la reencarnación, no pensaba que tuviese importancia para su hijo ni para nadie recordar detalles de una vida anterior. Esta actitud contrasta con la de la India, donde la mayoría de las personas aceptan la reencarnación; pero muchas creen que un niño que recuerda una vida anterior muere joven, por lo que con frecuencia intentan que deje de hablar de ella, no por indiferencia, sino por su bien.

que esta circunstancia pudo posibilitar la transmisión de información de una personalidad a la otra por medios normales; pero, como se verá, no podemos estar seguros de que esto se pueda aplicar a todos los recuerdos aparentes y al comportamiento de los niños implicados. Y en otros aspectos los casos difieren en mucho de los demás que he estudiado en otras partes del mundo. En primer lugar, el Sr. F.V. Lorenz tomó notas detalladas según se desarrollaba el caso de su hija Marta. Desgraciadamente estas notas se perdieron, pero el Sr. Lorenz publicó un informe bastante completo de este caso.[4] En segundo lugar, aunque ambos casos sucedieron hace casi cuarenta años, pude entrevistar, normalmente por separado, a algunos hermanos y hermanas de las personas que afirmaban haber vivido antes. Cuando los sujetos de los casos eran niños, estas personas eran muchachos mayores que ellos o adolescentes y, por tanto, testigos contemporáneos de los hechos principales.

## Informes de los casos

### EL CASO DE MARTA LORENZ

#### Resumen del caso y de su investigación

Maria Januaria de Oliveiro (conocida familiarmente como Sinhá o Sinházinha) nació hacia 1890, hija de un próspero fazendeiro (hacendado) de Rio Grande do Sul, el estado de Brasil que está más al sur. La propiedad de su padre estaba a unas doce millas al oeste de la pequeña aldea de Dom Feliciano, que, a su vez, está a unas cien millas al suroeste de Porto Alegre, la ciudad más grande y el mayor puerto del estado. A Sinhá, utilizando el nombre con que solían llamarla, le gustaba la vida rural de la tierra de su padre, donde se crió. Sin embargo, parece que sufría la soledad del lugar aislado en que vivía. Con frecuencia iba a la aldea de Dom Feliciano y disfrutaba de la amistad de Ida Lorenz, mujer de F.V. Lorenz, el maestro del distrito. Sinhá se enamoró dos veces de sendos hombres que no le gustaban a su padre. Uno

---

4.– Lorenz, F.V.: *A Voz de Antigo Egito*, Federaçao Espirita Brasileira, Rio de Janeiro, 1946 (este volumen resume para los lectores portugueses el caso de Rosemary de aparente xenoglosia egipcia, descrito por F.H. Wood en *This Egyptian Miracle*, John M. Watkins, Londres, 1955. *Inter alia*, Lorenz incluye en el libro un relato del caso de su hija, Marta.

de ellos se suicidó. La segunda vez que tuvo esta frustración, Sinhá sufrió una depresión. Pensando en que se consolara, su padre preparó un viaje a la ciudad costera de Pelotas, para que viera el carnaval; pero no le interesó mucho. No se cuidaba e intentó coger un resfriado, exponiéndose a la humedad y al frío del tiempo sin abrigarse. También intentó asfixiarse e incluso bebía agua fría para caer enferma. Al final su voz enronqueció y se produjo una infección de laringe que se extendió a los pulmones. Se le diagnosticó una tuberculosis y murió unos meses después. En el lecho de muerte reconoció ante Ida Lorenz que quería morir y que había intentado contraer la enfermedad. Prometió entonces a su buena amiga que volvería y que nacería como su hija. Sinhá predijo después que "cuando vuelva a nacer y tenga la edad en la que pueda hablar del misterio del renacimiento en el cuerpo de la niña pequeña que será tu hija, contaré muchas cosas de mi vida actual y, de este modo, reconoceréis la verdad".[5] Sinhá murió en octubre de 1917, al día siguiente de hacer esta notable declaración, con cerca de veintiocho años.

Diez meses después, el 14 de agosto de 1918, Ida Lorenz dio a luz una niña, Marta. Cuando Marta tenía dos años y medio empezó a hablar de cosas de la vida de Sinhá. Hizo su primera observación de este hecho a su hermana mayor, Lola.

Cito aquí el relato de F.V. Lorenz de las primeras declaraciones hechas por Marta a Lola y a él mismo:

> Un día, cuando Marta tenía dos años y medio, volviendo con Lola de lavar la ropa en el arroyo que había cerca de casa, le dijo a su hermana: "Lola, llévame a caballito".
>
> Su hermana que (como todos nuestros hijos y vecinos) no sabía nada de la promesa [de volver] que había hecho la joven fallecida, le contestó: "Puedes andar bien. No hace falta que te lleve".
>
> A esto Marta contestó: "Cuando yo era mayor y tú eras pequeña, te llevaba muchas veces".
>
> "¿Cuándo has sido mayor?" –preguntó Lola riéndose.
>
> Entonces, la niña pequeña contestó: "Cuando no vivía aquí; cuando vivía lejos, donde había muchas vacas, bueyes y naranjas y donde había también animales como cabras, pero que no eran cabras" (en esta última observación se refería a las ovejas).
>
> Estas palabras describen la granja que tenían los padres de la difunta Sinhá en el campo.

---

5.– Lorenz, F.V.: *Obra citada*, n. 4 (traducción del autor).

Por el camino, Lola y Marta siguieron su conversación hasta llegar a la casa. Allí nos contó Lola las raras ideas de su hermana pequeña, a la que le dijo: "Hermanita, nunca he vivido donde tú dices que has vivido".

Ella contestó: "Sí, pero en aquellos días tenía otros padres".

Otra hermana de Marta dijo bromeando: "¿Y tenías allí una negrita que te sirviese, como la que tenemos ahora?" (se refería a una huérfana negra que mi mujer y yo habíamos recogido).

La niña no se inmutó y contestó: "No, el criado negro que teníamos allí ya era mayor y era el cocinero; pero teníamos un muchacho negro y un día no se acordó de traer el agua y mi padre le pegó".

Al oír esto, dije: "Nunca he pegado a ningún muchacho negro, hijita".

Ella respondió: "Pero fue mi otro padre el que le pegó. Y el muchacho negro me gritaba: "¡Sinházinha, ayúdame!" y pedí a mi padre que no le pegara y el negrito fue corriendo a traer el agua".

Entonces le pregunté: "¿Trajo el agua del arroyo?".

"No, padre", contestó Marta, "allí no había ningún arroyo. Traía el agua de un pozo" (esto era correcto para la casa de Sinhá).

"¿Quién era esta Sinhá o Sinházinha?", le pregunté.

"Era yo; pero tenía otro nombre. Me llamaba Maria y tenía otro nombre que no puedo recordar ahora".[6]

F.V. Lorenz decía en su informe que, cuando Marta empezó a decir estas cosas, ni Lola ni ninguno de sus hermanos mayores sabían nada de la predicción de Sinhá de que volvería en la familia Lorenz. F.V. Lorenz y su mujer habían ocultado intencionadamente esta información a sus hijos para observar lo que hacía Marta espontáneamente. Después de las primeras declaraciones a Lola y a su padre, Marta siguió haciendo, en momentos diferentes, no menos de 120 declaraciones distintas sobre la vida de Sinhá o reconocimientos de personas que Sinhá conocía. F.V. Lorenz tomó nota detallada de estas declaraciones. Desgraciadamente las escribió en una taquigrafía alemana incomprensible para otro miembro de la familia que, sin reconocer su importancia, las tiró. Poco después de este contratiempo, F.V. Lorenz escribió lo que recordaba del caso, y lo publicó en 1946. Sin embargo, al hacerlo omitió bastante información que conocían los demás miembros de la familia,

---

6.– Lorenz, F.V.: *Obra citada*, n. 4 (traducción del autor).

que todavía recordaban las declaraciones de Marta. El hermano mayor
de Marta, W. Lorenz, recogió algunos de estos datos adicionales y otros
más que se anotaron cuando estuve en Brasil en 1962. En la tabla de
las declaraciones he omitido todos los testimonios discrepantes o no
verificados o he comentado sus deficiencias cuando he optado por
mantener un dato que se prestaba a duda.

Si hubiese sido posible publicar los 120 datos que F.V. Lorenz fue
recogiendo según iban sucediendo, tal vez el caso de Marta fuera el
mejor testificado y el documentado con mayor profusión de los que
hacen pensar en la reencarnación observados en un niño. Los lectores
tienen ante sí sólo una parte del material del que se podría haber dispuesto. La mayoría de este material está compuesto por las declaraciones de Marta sobre algunos detalles de la vida de Sinhá, conocidos por
la familia Lorenz; pero una pequeña parte de las declaraciones de Marta verificadas tratan de asuntos desconocidos por completo por F.V.
Lorenz, su mujer o los demás niños de la familia.

Parece ser que Marta hablaba mucho de la casa de Sinhá y con frecuencia pedía que la llevaran a ella. Su padre, sin embargo, no accedió
a su deseo hasta que tuvo doce años, cuando dejó de hablar tanto de la
vida de Sinhá. Ema Bieszczad (una de las hermanas mayores de Marta)
decía que C.J. de Oliveiro se enteró del supuesto renacimiento de su
hija cuando se realizó esta visita y que no se lo dijo nunca a su mujer.
Parece probable que, por alguna razón, F.V. Lorenz pensó que no con-
venía hablar hasta entonces con C.J. de Oliveiro de las declaraciones
de su hija (Marta).

Entre los siete y los diez años Marta empezó a dejar de hablar con
tanta espontaneidad de la vida de Sinhá. Creció, se casó y tuvo hijos.
En 1962 vivía en Porto Alegre, donde estuve unas horas con ella. Había olvidado muchas cosas de la vida de Sinhá, pero no todo, y decía
que aún conservaba algunos recuerdos vivos de cosas que le sucedieron a Sinhá y, sobre todo, de los últimos momentos de su vida y de su
muerte por tuberculosis.

## *Datos geográficos importantes y medios de comunicación normales posibles entre las dos familias*

Como ya he dicho, las familias de F.V. Lorenz y de C.J. de Oliveiro, el padre de Sinhá, vivían a doce millas la una de la otra y se conocían bastante bien. F.V. Lorenz y su esposa podían conocer, cuando
Marta empezó a hacer sus declaraciones, si lo que decía de la vida de

Sinhá era cierto o no. Sin embargo, sus hijos no sabían mucho de esta
información, y algunas veces no conocían lo que decía Marta de la vida
de Sinhá. Algunas declaraciones y reconocimientos de Marta se referían a hechos que no conocían ni sus padres, o que sucedieron estando
ellos ausentes.

## Personas entrevistadas en las investigaciones

Además de utilizar las notas escritas por F.V. Lorenz, entrevisté a
los nueve testigos siguientes:

En Porto Alegre, Rio Grande do Sul, entrevisté a
Sra. Marta Ines Lorenz Huber, nacida el 14 de agosto de 1918.
Sr. Waldomiro Lorenz, hermano mayor de Marta, nacido el 10 de
mayo de 1913.
Sr. Paulo Lorenz, hermano menor de Marta, nacido el 3 de febre-
ro de 1923.
Sra. Florzinha Santos Menezes, hermana mayor de leche de Mar-
ta, nacida en 1905.

En Taquara, Rio Grande do Sul, entrevisté a:
Sra. Ema Estelita Lorenz Bieszczad, hermana mayor de Marta,
nacida el 12 de febrero de 1907.

En Dom Feliciano, Rio Grande do sul, entrevisté a:
Sra. Luisa Carolina (Lola) Moreira, hermana mayor de Marta, nacida el 29 de agosto de 1908.
Sra. Ana Luiza Lorenz Arginiro, hermana mayor de Marta, nacida el 28 de abril de 1912.
Sra. Dona Moça Antonietta de Oliveiro Costa, hermana supervi-
viente de Sinhá, nacida en 1893.

En Sao Joao Novo, Sao Paulo, entrevisté a:
Sra. Ema Bolze Moreira, hermana mayor de leche de Marta, nacida en 1900.

Además, los lectores recordarán los nombres de las siguientes personas, ya fallecidas cuando realicé las entrevistas, pero que participaron o fueron testigos importantes de los acontecimientos del caso:
Sr. F.V. Lorenz, maestro de Dom Feliciano, padre de Marta.

Sra. Ida Lorenz, su esposa, la mejor amiga de Sinhá y madre de
Marta.
Sr. C.J. de Oliveiro, fazendeiro de la zona de Dom Feliciano,
padre de Sinhá.

## Declaraciones y reconocimientos hechos por Marta

La tabla presenta un resumen de algunos reconocimientos y declaraciones atribuidos a Marta relacionados con su afirmación de que era
Sinhá renacida.

## Informes y observaciones sobre el comportamiento de las personas Implicadas

Como en los demás casos que hacen pensar en la reencarnación, el
comportamiento del sujeto de éste nos facilita bastante material adicional, que deberemos tener en cuenta en la evaluación final.

La tabla de la información dada por Marta sobre la vida de Sinhá
nos dice muy poco sobre lo que *significaban* para ella los recuerdos
que tenía de Sinhá, porque Marta se identificaba por completo con Sinhá (sin embargo, lo hizo en una línea de desarrollo continuo, no como
una sustitución de su identidad como Marta). Por eso era completamente normal que Marta regañase a los demás por maltratar a Carlos,
su hermano, si pensaba que así era. Florzinha Santos Menezes dijo, por
ejemplo, que oyó a Marta en dos ocasiones distintas quejarse de otras
veces en que ella pensaba que estaban maltratando a Carlos. Cuando le
pregunté por qué protestaba de este modo, me contestó: "Porque cuando era Sinhá quería mucho a Carlos" (Carlos fue el ahijado de Sinhá y,
como diré más adelante, Sinhá le regaló dos vacas). F.V. Lorenz dice
en su informe del caso que, cuando Marta contaba los episodios de la
vida de Sinhá, solía empezar diciendo: "Cuando yo era Sinhá". Otra
manera normal de empezar una frase sobre Sinhá (cuando era niña)
era: "Cuando era mayor".

El convencimiento de Marta de la continuidad de su vida después
de la muerte le permitió desde que era muy pequeña consolar a los
adultos afligidos. En una ocasión[7] una señora que estaba visitando a la
familia Lorenz se lamentaba de la reciente muerte de su padre y decía:
"¡Ay, querida! Los muertos no vuelven nunca". Marta le contestó: "No

---

7.– Lorenz, F.V.: *Obra citada*, n. 4 (traducción del autor).

diga eso. Yo también he muerto y mire, vivo otra vez". Otra vez, en una tormenta, cuando una de sus hermanas dijo que Emilia, una hermana que había muerto, se mojaría en la tumba, Marta le dijo: "No digas eso. Emilia no está en el cementerio. Está en un lugar más seguro y mejor que donde estamos nosotros; su alma no puede mojarse nunca".[8]

De mayor, Marta seguía identificada con Sinhá, sobre todo en lo relacionado con sus propios hijos. Estaba preocupada con la idea de que Florzinho, su último novio, pudiera volver como su propio hijo (Florzinho se suicidó porque el padre de Sinhá no les dejaba casarse). Entonces Marta, veinticinco años después de la muerte de Sinhá y de su novio, esperaba que volverían a reunirse, del mismo modo que ella misma pronosticó una reunión con Ida Lorenz, cuya hija había predicho que sería. El hecho de que Marta hubiese visto alguna prueba que le hiciera creer que Florzinho se había reencarnado como su propio hijo no tiene ninguna importancia en estos momentos; sólo me interesa describir la fuerte sensación de continuidad entre las dos vidas que tuvo Marta y que todavía seguía teniendo en 1962.

Algunas personas que conocieron a Sinhá y a Marta comentaban el parecido de la calgrafía de las dos mujeres aunque, que yo sepa, no hubo personas de opinión autorizada en esta materia que emitiesen nunca juicios sobre estas supuestas semejanzas. Se hicieron comentarios similares respecto al parecido físico que había entre Sinhá y Marta. Podemos dar poca importancia a estas observaciones de la familia de Marta, que sabía que ella pensaba que había vivido antes como Sinhá; pero las observaciones de este tipo son poco normales y, sin duda alguna, podrían ser muy útiles para el estudio de estos casos, si las encontrásemos con más frecuencia. Cuando Marta tenía diecinueve años, trabajaba en una fazenda enseñando a los niños. Allí la vio una mujer negra mayor y dijo: "Esta muchacha [Marta] se parece a Sinhá". Esta mujer resultó ser la antigua esclava y sirviente de C.J. de Oliveiro mencionada en el dato número 5 de la tabla. Marta, que fue el único testigo de este episodio, estaba bastante segura de que no había dicho a nadie de la fazenda que recordaba la vida de Sinhá. Dice que evitaba hablar con nadie de la fazenda sobre Sinhá, más que nada porque los propietarios eran católicos apostólicos romanos ortodoxos y era probable que no simpatizasen con la idea de la reencarnación.

---

8.– Notas de F.V. Lorenz y de mis entrevistas con Ema Bolze Moreira. Sus versiones de lo que dijo Marta entonces difieren en los detalles, aunque no en la idea dada por Marta de que en la tumba sólo está el cuerpo. He citado la versión recogida por F.V. Lorenz.

En cuanto al parecido entre Sinhá y Marta, tenemos testimonios más detallados. Como ya he dicho, Sinhá murió de una fuerte infección pulmonar, probablemente de tuberculosis. Le afectó sobre todo a la laringe y en los últimos días le dolía la garganta y tenía la voz ronca y débil. Hasta los diez años, Marta era bastante propensa a infecciones de las vías respiratorias superiores, durante las cuales su voz se enronquecía. Algunos de sus hermanos, como Waldomiro Lorenz y Lola Moreira, recordaban su propensión a estas infecciones. En los recuerdos de Marta de estos frecuentes ataques de laringitis figuran más detalles. Recordaba que hasta los nueve años estaba continuamente ronca (otros testigos pensaban que su voz era normal excepto cuando tenía infecciones de las vías respiratorias). Decía que tenía estas infecciones una vez al mes y que entonces tenía la voz ronca y le dolía la garganta. En esos periodos se notaba también el cuerpo hinchado y pensaba que iba a morir.[9]

Varios observadores que conocían a Sinhá y a Marta comentaron las semejanzas que había en la personalidad de ambas mujeres. Como la mayoría de los observadores sabían que Marta creía que había vivido como Sinhá, este conocimiento pudo haber influido en sus opiniones. Además, varios rasgos que hemos dicho que tenían muy marcados las dos mujeres se dan con bastante frecuencia y no podemos considerarlos de ningún modo como característicos de ellas. Sin embargo, yo no los considero inútiles como prueba del parecido que había entre las dos personalidades, aunque no ayuden en absoluto a demostrar cómo llegaron a parecerse la una a la otra.

A Sinhá le gustaban los gatos y a Marta también (en el dato número 21 de la lista de declaraciones hechas por Marta sobre Sinhá se habla de su gato blanco). Cuando pregunté si en la familia de Marta había alguien a quien también le gustasen los gatos, pude saber que a algunos de sus hermanos, sobre todo a Lola, también les gustaban. Lola

---

9.– Esta experiencia poco normal se parece a la sensación de que se producen cambios de tamaño en el cuerpo, sufrida por algunos sujetos durante la hipnosis o la intoxicación con drogas, como el L.S.D. También se parece a los cambios de la imagen corporal experimentados por algunos adultos durante recuerdos aparentemente vivos y cuando reviven una vida anterior, tanto dormidos como despiertos. En este caso, el dolor de laringe y la ronquera nos llevan por asociación a la reproducción total de las últimas escenas de la vida de Sinhá. Estas son las escenas de la vida de Sinhá que todavía recordaba Marta con más claridad cuando tenía cuarenta y cuatro años. Parece que una sensación somática estimuló las demás asociaciones, como ver ensillar un caballo (ver el comentario al dato 18 de la tabla).

Moreira no recordaba que Marta tuviera alguna predilección por ellos. Sin embargo, el que a Marta le gustasen los gatos más que al resto de la familia nos lo sugiere el hecho de que, cuando se trasladaron durante una temporada a otro estado para intentar plantar café, Marta fue la única que tenía gatos en casa.

Sinhá llevaba una vida cómoda, aunque solitaria, como hija de un próspero terrateniente. Le gustaba bailar. No cosía ni cocinaba, a excepción de unos pequeños dulces (roscas) que preparaba. Quería una educación que no podía conseguir en su aislada casa. Cuando Marta era joven le gustaban los vestidos finos; pero con el tiempo sus gustos se adaptaron a sus medios. Le gustaba bailar y lo hacía bastante bien. Quería ser maestra y, como ya he dicho, daba clases por temporadas en una fazenda; pero su familia no podía proporcionarle los estudios de magisterio y por eso, aunque no le gustaba coser, aprendió costura.

Sinhá tenía miedo a la lluvia y Marta tenía un miedo parecido. Según Florzinha Menezes, cuando alguien preguntaba a Marta por qué tenía miedo a la lluvia, respondía: "Cuando era Sinhá tenía miedo a la lluvia". Tanto Sinhá como Marta tenían un miedo a la sangre que podía considerarse como fobia. Parece que otros miembros de la familia de Sinhá también tenían miedo a la sangre; pero la fobia de Marta no se daba en su familia. W. Lorenz decía que en su familia la fobia a la sangre sólo la tenía Marta. Lola Moreira dijo que alguien que había conocido a Sinhá, pero sin saber nada de su presunto renacimiento como Marta, la vio reaccionar con miedo una vez que se hizo sangre en los dedos y también dijo espontáneamente que Marta reaccionaba ante la sangre igual que Sinhá.

## Comentarios sobre la evidencia de conocimiento paranormal por parte de Marta

Como ya he dicho, los Lorenz conocían todos los datos de la tabla anterior, con excepción de seis, aunque algunas veces sólo los sabían uno o dos miembros de la familia. Los datos 6, 8, 14, 16, 20 y 28 se tuvieron que verificar preguntando a personas que conocían los hechos y que no pertenecían a la familia. Pero, como los Lorenz conocieron bien a Sinhá y a su familia, debemos considerar la posibilidad de que alguna información de Sinhá haya pasado de ellos a Marta. La siguiente pregunta es si este medio es lo suficientemente amplio como para justificar *toda* la información que tenía Marta sobre Sinhá.

## TABLA

### Resumen de las declaraciones y reconocimientos hechos por Marta

| Datos | Informadores | Comprobación | Comentarios |
|---|---|---|---|
| 1.– Sinhá solía llevar en brazos a Lola cuando era pequeña | F.V. Lorenz,[1] padre de Marta Lorenz Huber<br>Lola Moreira, hermana mayor de Marta Lorenz Huber | Parece que F.V. Lorenz lo daba como correcto | Según W. Lorenz, Sinhá había querido ser la madrina de Lola, pero en su lugar se le pidió que fuera la de Carlos, otro hijo de los Lorenz. En 1962, con sesenta y cuatro años, Lola no podía recordar que Sinhá la llevara en brazos, pero sí recordaba el cariño que Sinhá le tenía. |
| 2.– En la casa de Sinhá había vacas, bueyes, naranjas y "cabras que no eran cabras" | F.V. Lorenz<br>Lola Moreira | F.V. Lorenz<br>Dona Moça Costa, hermana de Sinhá | La niña de dos años y medio no conocía la palabra oveja. En la hacienda de C.J. de Oliveiro había ovejas, corderos y caballos, pero no cabras. En la casa de los Lorenz había cabras, pero no había ovejas, y por ello Marta no las vio. |
| 3.– Sus nombres eran Sinhá, María y otro | F.V. Lorenz<br>Ema Bieszczad, hermana mayor de Marta Lorenz Huber<br>Marta Lorenz Huber | F.V. Lorenz | Sinhá era el nombre familiar o apodo de Dona Maria Januaria de Oliveiro. Marta decía que se acordaba de que, cuando no podía recordar el otro nombre, su padre le preguntó: "¿Era Januaria?", a lo que ella respondió: "Sí, ese era". |
| 4.– El padre de Sinhá era mayor que el suyo; tenía mucha barba y | F.V. Lorenz | F.V. Lorenz | Hechos verdaderos para el padre de Sinhá, C.J. de Oliveiro, pero no para el de Marta, F.V. Lorenz. Marta hizo una imitación |

228

| Datos | Informadores | Comprobación | Comentarios |
|---|---|---|---|
| hablaba con brusquedad | | | impresionante de la forma de hablar del padre de Sinhá. |
| 5.– El padre de Sinhá tenía una cocinera negra y un criado, que era un niño negro al que pegaba | F.V. Lorenz W. Lorenz, hermano de Marta Lorenz Huber | F.V. Lorenz | |
| 6.– El padre de Sinhá pegó una vez al niño negro porque no fue por agua y Sinhá intervino cuando pidió ayuda | F.V. Lorenz W. Lorenz Ema Bieszczad | F.V. Lorenz Ema Bieszczad | F.V. Lorenz no conocía este episodio cuando Marta hizo esta declaración. Según W. Lorenz, su padre comprobó este episodio con C.J. de Oliveiro. Dona Moça Costa recordaba en 1962 que Sinhá intervino una vez cuando su padre estaba pegando al criado negro, pero no recordaba qué era lo que había hecho. Ema Bieszczad creía que su madre, Ida Lorenz, podría confirmar también este episodio ya que había visto una vez a C.J. de Oliveiro pegando a este niño. |
| 7.– Sacaban el agua del pozo, no del arroyo | F.V. Lorenz | F.V. Lorenz | Verdadero para la casa de Sinhá; en la casa de los Lorenz sacaban el agua de un arroyo que estaba detrás de la casa, no de un pozo. |

1.– Al citar a F. V. Lorenz me refiero a la narración que hace del caso en *A Voz de Antigo Egito* (*op. cit.* n°. 4) o a otras notas más completas sobre el caso, que puso a mi disposición su hijo, Waldomiro Lorenz.

229

| Datos | Informadores | Comprobación | Comentarios |
|---|---|---|---|
| 8.– Reconocimiento de Florindo de Almeida como el amor anterior de Sinhá | F.V. Lorenz | F.V. Lorenz W. Lorenz | Otra declaración, cuya veracidad desconocía F.V. Lorenz cuando Marta la formuló. Cuando se le preguntó al hombre que Marta reconoció, éste confirmó la veracidad de lo que había dicho. Era uno de los dos hombres de los que Sinhá se había enamorado, pero su padre no le dejó casarse con él. |
| 9.– Sinhá y F.V. Lorenz eran compadres | F.V. Lorenz | F.V. Lorenz | Sinhá era la madrina de Carlos, el hijo de F.V. Lorenz. |
| 10.– Cuando Ida Lorenz iba a ver a Sinhá, ésta le preparaba el café y la esperaba en la puerta de su casa oyendo un gramófono que colocaba sobre una piedra | F.V. Lorenz Lola Moreira | F.V. Lorenz Dona Moça Costa | Marta hizo esta declaración cuando su madre le preguntó si podía decir cómo solía recibirla Sinhá cuando iba a visitarla. Dona Moça Costa recordaba a Sinhá poniendo discos en el gramófono que colocaba encima de una piedra antes de que llegara Ida Lorenz. No mencionó el café. Ida Lorenz conocía, naturalmente, cómo la recibía, pero no lo sabía nadie más de la familia Lorenz. |
| 11.– Descripción del modo de hablar de Sinhá cuando murió; a Sinhá le dolía mucho la garganta | F.V. Lorenz W. Lorenz Ema Bieszczad Ana Arginiro, hermana mayor de Marta Lorenz Huber | Ida Lorenz, como contado por F.V. Lorenz | Ida Lorenz preguntó a Marta cómo le habló Sinhá por última vez. Marta se acercó a su madre, le susurró al oído y señaló la garganta, diciendo que no podía hablar, que había perdido la voz. Efectivamente, Sinhá murió de tuberculosis en la laringe y, en sus últimos días, su voz se debilitó y se quedó |

230

| Datos | Informadores | Comprobación | Comentarios |
|---|---|---|---|
| 11.– (Continuación) | | | ronca. La imitación que hizo Marta del modo de hablar de Sinhá la presenciaron varios miembros de la familia. Sólo Ida Lorenz sabía realmente cómo le había hablado Sinhá antes de morir. |
| 12.– Sinhá cayó enferma por última vez en un viaje a una ciudad en la que había muchos disfraces | F.V. Lorenz | F.V. Lorenz Dona Moça Costa | Después de negarse a que su hija se casara con el hombre que amaba, C.J. de Oliveiro la llevó al carnaval de Pelotas para ayudarle a olvidar a su amado; pero en este viaje, a la vuelta, Sinhá acabó cogiendo su fatal enfermedad. Estos hechos los conocería casi con certeza F.V. Lorenz y, con toda seguridad, Ida, su mujer, antes de la muerte de Sinhá. |
| 13.– A la vuelta del viaje (a Pelotas, mencionado en el dato número 12), los sorprendió una lluvia fuerte y tuvieron que pasar la noche en una casa vieja | F.V. Lorenz Ema Bolze Moreira, hermana de leche mayor de Marta | F.V. Lorenz Ema Bolze Moreira | Parece que F.V. Lorenz no conoció este detalle hasta que lo comprobó con C.J. de Oliveiro, después de que Marta hiciera esta declaración. Ema había oído a Sinhá describir el viaje con detalles antes de morir y, unos cinco años después, oyó a Marta una versión idéntica de este viaje. En el relato de Ema hay dos detalles que se omiten en el de F.V. Lorenz y éste incluye uno que no se encuentra en la versión de Ema. |
| 14.– Reconocimiento de la relación de Sinhá | F.V. Lorenz Ema Bieszczad | F.V. Lorenz Ema Bieszczad | F.V. Lorenz no fue testigo directo de este episodio, pero los otros dos informadores, |

| Datos | Informadores | Comprobación | Comentarios |
|---|---|---|---|
| con Francisca de Oliveira, prima y ahijada de Sinhá | W. Lorenz | W. Lorenz Dona Moça Costa | sí. Francisca de Oliveira era completamente desconocida en Dom Feliciano cuando sucedió esto. Nadie, de la familia Lorenz, conocía su relación con Sinhá. Cuando oyó las declaraciones de Marta, le dijo: "Si realmente fuiste Sinhá, dime que relación había entre nosotras". Marta respondió correctamente y sin dudar. |
| 15.– Sinhá dejó dos vacas a Carlos Lorenz, su ahijado, antes de morir | F.V. Lorenz | F.V. Lorenz Dona Moça Costa Lola Moreira | F.V. Lorenz conocía este hecho antes de la muerte de Sinhá. Dona Moça Costa sólo sabía que Sinhá había dado una vaca a Carlos; pero ella se casó y dejó la casa de sus padres en 1914. Por eso pudo ser que no hubiera oído hablar del regalo de la segunda vaca que, según Lola Moreira, tuvo lugar poco antes de la muerte de Sinhá. |
| 16.– Las dos vacas que Sinhá dio a Carlos tuvieron terneros por entonces | F.V. Lorenz Lola Moreira | F.V. Lorenz Lola Moreira Marta Lorenz Huber | Las vacas habían permanecido en la fazenda de C.J. de Oliveiro. Cuando Marta hizo esta declaración, F.V. Lorenz no sabía que una de las vacas había tenido un ternero y se lo confirmó C.J. de Oliveiro. F.V. Lorenz escribió en sus notas que sólo una de las vacas había tenido un ternero; Lola Moreira decía que las dos los habían tenido. Marta Lorenz dijo también (1962) que las dos habían tenido terneros. Según los testigos |

| Datos | Informadores | Comprobación | Comentarios |
|---|---|---|---|
| 16.– (Continuación) | | | de este episodio, Marta conocía hechos que ocurrieron en la hacienda de Sinhá después de su muerte. |
| 17.– Sinhá tenía un caballo blanco que se llamaba "Barroso" | F.V. Lorenz | F.V. Lorenz<br>Dona Moça Costa | Es probable que F.V. Lorenz conociera este hecho antes de la muerte de Sinhá. Según Dona Moça Costa, el caballo pertenecía realmente al padre de Sinhá, pero Sinhá prefería montar el caballo blanco en vez del suyo, que era rojo. |
| 18.– Sinhá e Ida Lorenz compraron el mismo día de sillas de montar iguales | F.V. Lorenz<br>W. Lorenz oyó estas declaraciones poco después de que Marta las hiciera Florzinha Menezes, hermana de leche de Marta Lorenz Huber | F.V. Lorenz<br>Dona Moça Costa | Marta dijo (1962) que todavía recordaba este episodio. Recordaba que, cuando era niña, solía jugar con la silla de montar de su madre y que era como la que había tenido cuando era Sinhá; pero no habló de este parecido durante mucho tiempo. Tuvo el estímulo para hacer las declaraciones de los hechos 17 y 18 un día en el que vio un caballo al que se le ponía la silla de Ida, que era parecida a la de Sinhá. |
| 19.– Preferencia por C.J. de Oliveiro y rechazo de otro visitante, el Sr. Valentin | F.V. Lorenz<br>Ana Arginiro | F.V. Lorenz<br>Ana Arginiro | Los dos hombres fueron juntos a la casa de los Lorenz. El Sr. Valentin dio todas las muestras de amistad; pero la pequeña Marta se fue hacia el otro hombre, el padre de Sinhá, y le acarició cariñosamente la barba, aunque él no se mostraba muy amistoso, |

233

| Datos | Informadores | Comprobación | Comentarios |
|---|---|---|---|
| 19.– (Continuación) | | | pues parecía que no le gustaban los niños. Ana Arginiro recordaba que Marta abrazó al padre de Sinhá y dijo: "Hola, papá". Esto sucedió cuando Marta tenía menos de un año. |
| 20.– Sinhá solía sentarse a comer cerca de su padre | Lola Moreira | Lola Moreira Dona Moça Costa | Cuando era pequeña, Marta se negó a sentarse en la cocina con los demás niños, asegurando que solía sentarse para comer al lado de su otro padre. Este hecho no lo conocía F.V. ni Ida Lorenz. |
| 21.– Sinhá tenía un gato blanco | Ema Bolze Moreira | Ema Bolze Moreira | A Sinhá le gustaban los gatos de una manera especial, al igual que a Marta. A los demás miembros de la familia también les gustaban, pero menos. |
| 22.– A Sinhá la enterraron de blanco y con algo en la cabeza | Ema Bolze Moreira | Sin verificar | |
| 23.– Al funeral de Sinhá fueron muchos negros, pero muy pocas mujeres blancas. Ida Lorenz estuvo en el entierro | Florzinha Menezes Lola Moreira Ema Bolze Moreira | Lola Moreira, citando a Ida Lorenz, que fue al entierro de Sinhá | Muchas mujeres blancas no fueron al entierro de Sinhá por miedo a contagiarse de tuberculosis. Ida Lorenz fue una de las dos o tres mujeres blancas que fueron. |

| Datos | Informadores | Comprobación | Comentarios |
|---|---|---|---|
| 24.– El padre de Marta estuvo en el entierro de Sinhá | Ema Bolze Moreira | Ema Bolze Moreira | Ema Bolze Moreira preguntó a Marta si su padre había ido al funeral de Sinhá. Al contestar Marta que sí había ido, Ema B. Moreira lo negó; pero, cuando Marta insistió en que sí estuvo, preguntó a F. V. Lorenz, quien confirmó que sí había ido. |
| 25.– Sinhá solía hacer dulces roscas | Lola Moreira | Lola Moreira Dona Moça Costa | La afición de Sinhá de hacer dulces era bastante conocida en la familia Lorenz. Dona Moça Costa recordaba que Sinhá hacía dulces, pero no mencionó ninguno en especial. |
| 26.– El padre de Sinhá hablaba con dureza a los esclavos | Florzinha Menezes | Verificado sólo por deducción | Un día, cuando C.J. de Oliveiro fue a ver a la familia Lorenz y habló en voz alta, Marta dijo: "Nunca me gustó que hablara tan fuerte a los esclavos. Puede que esté enfadado con mi padre actual". La esclavitud quedó abolida en Brasil en 1988, dos años antes del nacimiento de Sinhá. Por lo que se sabe del carácter de C.J. de Oliveiro y el episodio comprobado de la paliza que dio al criado negro, podemos pensar que la emancipación formal de los esclavos en Brasil había influido muy poco en su comportamiento que tenía con ellos. |
| 27.– Descripción de la carretera que va a la | Marta Lorenz Huber | Marta Lorenz Huber | Cuando tenía doce años (bastante después del periodo en que hicieron la mayor parte |

| Datos | Informadores | Comprobación | Comentarios |
|---|---|---|---|
| hacienda de C.J. de Oliveiro, incluido un rodeo a una gran piedra que había antes de llegar a la casa | | | de las declaraciones sobre la vida de Sinhá) el padre de Marta la llevó a casa de Sinhá. Desgraciadamente no pude contactar en 1962 con otros testigos de esta visita. Lola Moreira estuvo con ellos, pero estaba enferma y prestó poca atención a lo que sucedía. |
| 28.– Reconocimiento de un reloj que perteneció a Sinhá en la casa de C.J. de Oliveiro | Marta Lorenz Huber<br>W. Lorenz, citando a F.V. Lorenz | Marta Lorenz Huber<br>W. Lorenz, citando a F.V. Lorenz | Durante la visita mencionada en el dato 27, Marta, dentro de la casa, señaló un reloj que había en la pared y dijo que perteneció a Sinhá y que se puede ver su nombre en la parte trasera, grabado en letras de oro. Se bajó el reloj y en el dorso estaba escrito "Maria Januaria de Oliveiro". Al igual que con el dato 27, los demás testigos del episodio habían muerto o no los pude entrevistar en 1962. W. Lorenz oyó hablar del episodio a su padre, que era uno de los testigos del reconocimiento del reloj de Marta. C.J. de Oliveiro sabía que el reloj era de Sinhá y al principio se mostró reticente a bajarlo y enseñar la parte trasera, como si temiera que Marta Lorenz lo reclamara para ella. Sinhá compró este reloj y ella era la que lo utilizaba. Cuando se iba se paraba y cuando volvía tenía que ponerlo en marcha y en hora al atardecer. Era el único de este tipo que había por entonces en el distrito. Fue el único |

| Datos | Informadores | Comprobación | Comentarios |
| --- | --- | --- | --- |
| 28.–(Continuación) | | | objeto de la casa que reconoció Marta cuando fue a casa de Sinhá con doce años. Desgraciadamente, los esfuerzos hechos en 1962 por verificar de un modo objetivo la existencia y los detalles del reloj de la casa de C.J. de Oliveiro no tuvieron éxito. Dona Moça Costa no recordaba nada de un reloj que perteneciera a Sinhá; sin embargo, como se casó y se fue de la casa de sus padres tres años antes de la muerte de Sinhá, puede que no supiera nada del reloj, si se compró después de su boda. Después de mi visita de 1962, W. Lorenz preguntó por este reloj al hermano menor de Sinhá y a un criado de la familia de C.J. de Oliveiro; pero ninguno lo recordaba, tal vez porque eran muy jóvenes cuando Sinhá lo tuvo y también pudieron venderlo después de su muerte. Que el reloj existió parece bastante claro, pues se confirma con lo que F.V. Lorenz dijo a su hijo, W. Lorenz, confirmando la veracidad del relato de Marta. |

W. Lorenz habló largo y tendido con su padre, F.V. Lorenz, sobre el desarrollo del caso. Su padre, decía él, conocía bien las posibilidades de filtrar a Marta la información por medios normales. F.V. Lorenz estaba bastante familiarizado con los libros de investigación psíquica. Cuando su mujer le contó el propósito de Sinhá de volver a su familia, decidió no decir nada a nadie hasta observar lo que sucedía. Más tarde se lo dijeron a otra persona, al padrino de W. Lorenz, un buen amigo de F.V. Lorenz, pero no dijeron nada a sus hijos. Los demás hijos que entrevisté declararon que no sabían nada de la predicción de Sinhá de volver, hasta la primera vez que Marta empezó a contarlo (datos 1 y 2 de la tabla) y su reacción poco infantil ante los dos señores mayores que vinieron a ver a la familia (dato 19). Parece que, poco después de las primeras declaraciones de Marta sobre la vida anterior, Ida Lorenz contó a algunos de sus hijos las predicciones de Sinhá. Es posible que lo hiciese para dar ante sus demás hijos algún sentido al comportamiento de Marta, ya que al menos una hermana (Lola) pensaba al principio que Marta estaba diciendo cosas sin sentido al hablar de una vida anterior. Cuando Marta hizo las primeras declaraciones, con dos años y medio, sus hermanos mayores (a los que entrevisté) tenían siete (Waldomiro), ocho (Ana), nueve (Lola), trece (Ema Estelita), quince (Florzinha, hermana de leche) y veinte años (Ema Moreira, hermana de leche). Todas estas personas eran lo suficientemente mayores como para conocer y poder recordar si, antes de que Marta hiciese todas estas declaraciones, habían oído hablar de la predicción que hizo Sinhá de que volvería. Waldomiro, Lola y Ema Estelita insistieron en que no tenían ningún conocimiento previo; Ana y Ema Moreira no recordaban cuándo oyeron hablar por primera vez de la predicción de Sinhá. No pregunté a Florzinha Menezes sobre este tema. La mayor del grupo, Ema Moreira, que era una joven de veinte años cuando Marta hacía sus declaraciones, dijo que en la familia no se habló nunca de Sinhá delante de Marta, y que Marta hablaba de Sinhá de forma espontánea.

En sus propios apuntes de la primera conversación sobre Sinhá podemos encontrar algunas pruebas de que F.V. Lorenz tomaba muy en serio las declaraciones de Marta y procuraba evitar la posibilidad de sugerirle respuestas. Si creemos que esto es una reproducción bastante aproximada de sus conversaciones con la niña, debemos reconocer que no la guió en ningún momento. Según Marta, cuando dudó con el nombre de Januaria, después de dar los nombres de Sinhá y María correctamente, su padre se lo dijo, pero sólo después y no antes. Por otro lado, parece que había adoptado un planteamiento de investigación, aunque podemos suponer que esperase algunas de las respuestas de Marta, ya que conocía la promesa de Sinhá de volver.

En los comentarios anteriores no he mencionado los importantes rasgos de comportamiento del caso, que indican, más que los elementos informativos, la identificación de Marta con Sinhá. Algunos lectores pueden pensar que podemos justificar correctamente los elementos de absorción de personalidad basándonos en la información que tenía Marta sobre Sinhá (tanto si la adquirió por medios normales como si lo hizo por percepción extrasensorial) y la promoción de esta absorción de personalidad por parte de los padres de Marta, que querían que su amiga muerta volviera y viviera con ellos como había prometido. Esta visión de los elementos de absorción de personalidad del caso tiene su importancia, pero también tiene sus puntos flacos. Dejo el análisis completo para el Análisis General que sigue a los informes de los casos.

## Desarrollo posterior de Marta

No vi a Marta Lorenz entre julio de 1962 y febrero de 1972. Por entonces fui a Porto Alegre y vi en primer lugar a su hermano mayor, Waldomiro Lorenz. Después de oír sus noticias fuimos juntos a casa de Marta, a las afueras de Porto Alegre, donde estuve hablando bastante tiempo con ella. El marido de Marta, Fritz Huber, y su hermana mayor, Ema Estelita Bieszczad, también estaban presentes. En los diez años que pasaron desde la última vez que vi a Marta, mantuve correspondencia de vez en cuando con Waldomiro Lorenz, sobre todo sobre el suicidio de su hermano, Paulo (para más detalles, ver el informe del caso de Paulo Lorenz).

Cuando vi a Marta en 1972, tenía cincuenta y cuatro años, era feliz en su matrimonio y los dos hijos que sobrevivieron a la infancia ya eran mayores y se habían casado.

Marta decía en 1972 que había olvidado muchas cosas de la vida de Sinhá, pero que recordaba otras tantas. Esto era lo que había dicho en 1962 y me pareció que sus recuerdos de la vida anterior no se habían vuelto a desvanecer desde la última vez que la vi, hacía diez años. Por el contrario, volví de este último encuentro con la impresión de que en la primera edición de este libro exageré la cantidad de recuerdos de la vida anterior que olvidó y ahora creo que en la edad adulta conserva más de los que yo pensaba. No quiero negar que Marta haya olvidado muchas cosas que recordaba cuando era más joven, ni tampoco decía ella lo contrario; pero está claro que recordaba bastante bien muchos detalles de la vida de Sinhá. Parece que los que tenía más fijos en su memoria eran los relacionados con Florzinho, el último novio de Sinhá. No se casó con él, porque sus padres no aprobaban el matrimonio, y entonces Florzinho se suicidó y poco después Sinhá se dejó morir, exponiéndose al frío y la humedad. Marta, en 1972, seguía pensando en Florzinho de vez en cuando y pensaba también que sus dos primeros hijos (que murieron cuando eran niños) eran reencarnaciones de él (estaba convencida de esto por las marcas de nacimiento que tenían los niños en la cabeza que decía que se parecían a unas que tenía Florzinho). Marta me dijo que todavía seguía pensando que era Sinhá. No creo que con esto quiera decir que no pensase también que era Marta. No había ninguna negación a la vida presente, sino una sensación de continuidad de la de Sinhá. Decía que en algunas ocasiones pensaba de un modo espontáneo en Sinhá, sobre todo por la noche, cuando rezaba y se preparaba para dormir.

Marta no volvió a ver a la familia de Sinhá desde la infancia. Todos sus miembros estaban muertos o se habían dispersado, por lo que no podría asegurar que la falta de contacto de Marta con ellos se debiese a una falta de interés, pues no creo que fuese así. Pienso que, si hubiese podido, los habría visitado y si, después de casarse, hubiese tenido medios económicos para hacer el largo viaje de Porto Alegre al lugar donde vivían, más allá de Dom Feliciano, habría ido. Cualquiera que fuese la razón de que Marta no volviese a visitar a la familia de Sinhá, podemos decir que, al menos en su caso, la conservación de los recuerdos de la vida anterior no tuvieron, como parece haber sucedido en los demás, el apoyo de las visitas entre las familias implicadas (como ejemplo de casos en los que ocurrió así, ver en la sección de las últimas entrevistas el informe del caso de Prakash).

A Marta le afectaron mucho las dos muertes que hubo en la familia desde que la vi en 1962. La primera fue el suicidio de su hermano menor, Paulo, en 1966. La muerte de Paulo le impresionó y la perturbó de tal modo que tuvo que permanecer ingresada en un hospital durante más de tres semanas. En 1972 no se había recuperado por completo de la muerte de Paulo. Después, hacia 1969, murió Carlos, su hermano mayor. Carlos era el ahijado de Sinhá y el hermano favorito de Marta (ya he explicado cómo defendía Marta a Carlos cuando pensaba que alguien lo trataba mal). Parecía que Carlos había llevado una vida bastante misera, con muchos hijos, poco dinero y salud enfermiza. Marta intentó ayudarle, pero sirvió de poco. Lloraba cuando lo recordaba en 1972.

Seguía sufriendo (en 1972) los ataques de bronquitis que tenía cuando era pequeña. Decía que, cada vez que se resfriaba, "le afectaba al pecho y a la laringe" y perdía la voz. Estas recaídas se producían cuatro veces al año. Por el contrario, su hermano Waldomiro y su hermana Ema rara vez cogían un resfriado o una infección respiratoria. Ema decía que sólo había tenido una infección respiratoria una vez en su vida y que fue durante una epidemia. Con anterioridad, en 1967, Waldomiro Lorenz me escribió (respondiendo a una pregunta directa sobre este tema) que ninguno de los diez hermanos de Marta (que sobrevivieron a la infancia) habían tenido laringitis como ella las tenía. Recordarán que, después de que Sinhá se expusiera deliberadamente al frío y a la humedad, se le declaró una tuberculosis en pulmones y laringe que le produjo la muerte y que, antes de morir, sólo podía hablar con un débil susurro (ver el dato número 11 de la tabla). Creo que podemos considerar de un modo razonable la propensión de Marta a la bronquitis y la laringitis como un tipo de "marca de nacimiento interna" relacionada con la vida anterior y la muerte de Sinhá.

Marta conservaba también en 1972 varios rasgos de comportamiento que habían sido característicos de Sinhá. Seguía teniendo miedo a la lluvia y a la sangre y le gustaban los gatos. A sus hermanas mayores, Ema Estelita y Lola, también les gustaban los gatos. Por eso la afición por ellos no era algo exclusivo de Marta dentro de su familia, pero formaba un aspecto importante de su personalidad, lo mismo que había sido para Sinhá.

Como Sinhá se había dejado morir, quise saber si Marta había tenido tendencias suicidas y lo hablé con ella en 1972. Su hermano, Waldomiro, no la oyó nunca decir que quisiese suicidarse, pero Marta admitió con bastante franqueza que muchas veces sentía ganas de morir. En realidad, nunca ha intentado suicidarse; pero pensaba que en algunos momentos, si hubiera tenido una pistola, podría haberse matado.

Creo que en la primera edición de este libro dije que, tanto Sinhá como Marta, estaban dotadas de poderes de percepción extrasensorial superiores a lo normal. La demostración más impresionante que hizo Sinhá fue anunciar de antemano que su amiga Ida Lorenz (la madre de Marta) estaba llegando a la fazenda de la familia. Dom Feliciano, donde vivía Ida Lorenz, estaba a unas doce millas de la fazenda de la familia de Sinhá. Aunque no tenía ningún medio normal para saber cuándo podía ir Ida Lorenz a verlos a la fazenda, estaba algunos días tan segura de su visita que preparaba un gramófono y ponía música para darle la bienvenida cuando llegase. La hermana de Sinhá, que todavía vive,

Dona Moça Antonietta de Oliveiro Costa, me habló en 1962 de las predicciones acertadas de las visitas de Ida Lorenz. F.V. Lorenz, el padre de Marta, hablaba también, en las notas que tomó del caso, de estas predicciones que hacía Sinhá de las visitas de su mujer.

Dos hermanos de Marta declararon que, cuando era pequeña, tenía una capacidad insólita para la percepción extrasensorial. Su hermano, Waldomiro, me dijo que una vez su madrina le regaló un libro. Marta no le hizo caso y ni siquiera abrió la envoltura. Su padre le preguntó: "¿No lo vas a leer?". Marta contestó: "No, porque trata de un caso parecido al mío". Después dio correctamente el título del libro, que seguía envuelto.

Una demostración más impresionante de percepción extrasensorial aparente sucedió cuando Marta tenía cinco o seis años (los informadores difieren ligeramente en la edad que tenía por entonces). Una noche se despertó diciendo que había tenido una visión de una niña llamada Celica que (en la visión) la estaba llamando: "Sinhá, Sinhá". Su padre, F.V. Lorenz, anotó (según su hermana, Ema Estelita Bieszczad) la hora en la que Marta tuvo esta visión nocturna de Celica. Se supo que coincidía exactamente con la hora de la muerte de Celica. Esto sucedió a unas quince millas de distancia, según las declaraciones hechas por F.V. Lorenz. Ningún miembro de la familia de Marta tenía, o pudo haber tenido, ningún conocimiento normal de la muerte de Celica en el momento en que Marta tuvo esta visión y oyó que le llamaba "Sinhá". A la mañana siguiente llegó un mensajero de parte de la familia de Celica para invitar a su funeral a la familia Lorenz (Marta me dijo en 1972 que todavía recordaba bastante bien esta visión que había tenido de Celica cuando era niña). Quizá el punto más importante de este episodio es que Celica había sido muy amiga de Sinhá y algunos informadores dijeron que eran familia. Los estudiosos de estos casos que creen que tienen una interpretación suficiente por la percepción extrasensorial pueden decir que, si Marta pudo conocer por medios paranormales la muerte de una de las amigas de Sinhá, también pudo recibir por los mismos medios *toda* la información correcta que parecía tener sobre Sinhá y su familia. Sólo puedo contestar que, al menos en este caso, no podemos excluir esta posibilidad y que el incidente que he descrito tiende a incrementar la veracidad de la hipótesis.[10]

---

10.– A Marta se le atribuyó el conocimiento paranormal de, al menos, uno de los hechos que sucedieran en la familia de Sinhá después de su muerte, como se explica en

Como Marta tenía una edad adulta en 1972, me pareció oportuno e inofensivo pedirle que comparase la vida que había tenido hasta ahora con la de Sinhá cuando murió, aunque lo hiciera a la corta edad de veintiocho años. La opinión de Marta fue que las dos vidas habían sido igual de felices. Esta era menos próspera de lo que había sido la de Sinhá, ya que el padre de Sinhá había sido un fazendeiro acomodado. Pero Marta no pensaba que la riqueza tuviera mucho que ver con la felicidad, o que la vida de Sinhá hubiese sido más afortunada que la suya. Una diferencia notable entre las dos –aquí doy mi opinión, no la de Marta– es que los amores de Sinhá siempre se frustraron y no se casó. Marta estaba casada y su marido la trataba bien. La dolorosa pérdida de sus dos hermanos, Paulo y Carlos, se ha visto compensada, en cierto modo, por el afecto que recibía de su marido, su hijo y su hermano, Waldomiro.

## EL CASO DE PAULO LORENZ

### Resumen del caso y su investigación

El caso de Paulo Lorenz sucedió en la misma familia que el anterior. En esta ocasión, la supuesta personalidad que se reencarnó como Paulo era la de su difunta hermana, Emilia. Tanto la personalidad actual como la anterior eran miembros de la misma familia. Este hecho aumenta evidentemente la posibilidad de comunicación normal (y en este caso paranormal) de la información entre la personalidad actual y las personas mayores que conocían a la anterior. Sin embargo, a pesar de este inconveniente, el caso es digno de consideración, porque muestra (a) una diferencia de sexo entre las dos personalidades, (b) una absorción de personalidad muy marcada de la primera personalidad en la segunda y (c) la expresión, en la segunda personalidad, de un talento especial para la costura que, aunque en sí no es nada anormal, en esa familia se desarrolló, sobre todo y casi exclusivamente, en estos dos niños y no en los demás de una familia de trece hijos.

---

el dato 16 de la tabla. Pudo obtener su información sobre este hecho por comunicación extrasensorial con los miembros vivos de la familia de Sinhá.

Para otros ejemplos que demuestran la percepción extrasensorial en los sujetos de estos casos con los miembros de las familias o amigos de las personalidades anteriores, ver los informes de los casos de Gnanatilleka, Swarnlata Mishra (en la sección de las últimas entrevistas) y Shamlinie Prema (Stevenson, I.: *Cases of the Reincarnation Type*, en preparación).

Emilia Lorenz era el segundo hijo y la hija mayor de F.V. e Ida Lorenz. Nació el 4 de febrero de 1902 y le pusieron Emilia en memoria del primer hijo, que se llamaba Emilio y había muerto unos pocos años antes, cuando todavía era un niño. Según todos los testimonios, Emilia en su muy corta vida fue bastante desgraciada. Se sentía incómoda como niña y, unos años antes de morir, dijo a algunos de sus hermanos, pero no a sus padres, que, si realmente existía la reencarnación, volvería como hombre. También decía que esperaba morir soltera. Tuvo propuestas de matrimonio, pero rechazó a todos los pretendientes. Intentó suicidarse varias veces. Una vez tomó arsénico y tuvieron que darle como antídoto mucha leche. Al final tomó cianuro, que le produjo una muerte rápida el 12 de octubre de 1921.

Poco tiempo después de la muerte de Emilia, la Sra. Ida Lorenz fue a una reunión espiritista, en la que recibió mensajes de un espíritu que decía que era Emilia. En estas reuniones se juntaban algunos aficionados, entre los cuales Ida Lorenz parecía ser una de las que más facultades tenían para captar cualquier manifestación psíquica. Daba la impresión de que los mensajes de "Emilia" iban directamente a ella, un detalle que debemos recordar al analizar el origen de la idea de que Emilia volvería a la existencia terrena. "Emilia" decía que lamentaba el suicidio y que quería volver a la familia, pero como niño. Según Lola Moreira (citando a su madre), Ida Lorenz dudaba del deseo del comunicador de "Emilia" de volver como niño; pero le dio el mismo mensaje en tres ocasiones diferentes, diciendo "Emilia": "Mamá, admíteme como hijo tuyo. Volveré como tu hijo". De los niños de la familia, sólo Ema Bieszczad oyó algo de que en las sesiones de espiritismo "Emilia" predecía que volvería como un niño y no lo supo hasta que Paulo tenía dos o tres años. Los demás niños no supieron nada hasta mucho después. Cuando Ida Lorenz se lo contó a su marido, éste se mostró incrédulo de que Emilia pretendiese cambiar de sexo. Lo que menos importa aquí es si los mensajes que expresaban esta intención eran del espíritu no encarnado de Emilia o no; los comento, sobre todo, por la importancia que tienen tanto las comunicaciones como la actitud del matrimonio Lorenz ante ellas, por la posibilidad de que el Sr. y la Sra. Lorenz esperasen un cambio en la orientación sexual de su próximo hijo.

Cuando murió Emilia, Ida Lorenz ya había dado a luz a doce niños, siendo la más pequeña Marta Lorenz (nacida el 14 de agosto de 1918, tres años antes), y no esperaba volver a tener más. Sin embargo, concibió otro y el 3 de febrero de 1923, algo menos de un año y medio después de la muerte de Emilia, dio a luz un niño al que llamaron Paulo.

En los primeros cuatro o cinco años de su vida, Paulo se negaba rotundamente a llevar ropa de niño. O llevaba ropa de niña o nada. Jugaba con las niñas y con muñecas. Hacía bastantes comentarios expresando su identificación con Emilia. Mostraba una habilidad poco normal para la costura y tenía varios rasgos y aficiones comunes con Emilia. Cuando tenía cuatro o cinco años le hicieron un par de pantalones con una falda que había llevado Emilia. Parece que esto le llamó la atención y desde entonces permitió que le pusiesen ropa de niño. Poco a poco su orientación sexual fue cambiando hacia el lado masculino, pero tenía claros detalles femeninos en su adolescencia y conservaba una fuerte identificación femenina (para lo que es un hombre) cuando estuve investigando el caso en 1962.

En el verano de 1962 oí hablar del caso a Waldomiro Lorenz, el hermano mayor de Paulo. El Sr. Lorenz presenció algunos hechos. Hablé con Paulo y con seis de sus hermanos mayores que él, que decían que recordaban cosas de la infancia de Paulo. Como ya he relacionado a estos informadores en el caso de Marta Lorenz, no voy a identificarlos ahora de nuevo. Sus edades en el momento de los hechos se pueden saber por la información dada en las páginas 223-224, 227, 238-239.[11]

## Comportamiento y declaraciones de Emilia y Paulo que indican la identificación de Paulo con Emilia

Doy en una tabla los detalles de las semejanzas que había entre Emilia y Paulo y el comportamiento de Paulo, que indica su identificación con Emilia. En esta tabla he puesto datos importantes del comportamiento de Emilia o sus declaraciones, así como las de Paulo. Los informadores de estos hechos normalmente podían saber y comprobar la importancia de los datos de las dos personalidades. En algunos casos, un informador daba un detalle del comportamiento de una de las personalidades y otro, mencionado en la columna de "Comentarios", daba la información correspondiente al comportamiento de la otra. Por esto es por lo que no he puesto una columna diferente para la comprobación.

---

11.– Pienso que debo volver a decir que entrevisté por separado a las demás hermanas de Paulo que fueron las informadoras de este caso. Sin embargo, el Sr. Waldomiro Lorenz fue el intérprete de todas las entrevistas, excepto la de la Sra. Ema Moreira. Se puede suponer que la presencia, las expectativas y las interpretaciones del Sr. Lorenz quitaron objetividad a los distintos testimonios. Sin duda algo de esto se dio, pero yo entendía el portugués hablado lo bastante como para saber que todos los relatos se hacían con espontaneidad y sin orientación previa por parte del intérprete.

TABLA

*Resumen del comportamiento y declaraciones de Emilia y Paulo
que indican la identificación de Paulo con Emilia*

| Datos | Informadores· | Comentarios |
|---|---|---|
| 1.– Declaraciones de Emilia antes de morir de que si se reencarnaba quería volver como un hombre | Ema Bieszczad, hermana mayor que Paulo Lola Moreira, hermana mayor que Paulo Ana Arginiro, hermana mayor que Paulo Ema Moreira, hermana de leche, mayor que Paulo W. Lorenz, hermano de Paulo | Los niños que oyeron esto a Emilia no se lo contaron a sus padres. Lola Moreira decía que los hijos no tenían la suficiente confianza con los padres como para decirles algo de este tipo. W. Lorenz recordaba que cuando fue mayor le contó a su padre que a Emilia no le gustaba ser mujer y que él se mostró sorprendido y que no lo había sabido hasta entonces. Emilia hacía mejor la ropa de hombre y de niño que la femenina. |
| 2.– Interés de Emilia y Paulo por los viajes | Ana Arginiro | Parece ser una de las razones por las que Emilia quería ser hombre. A principios de siglo, en Brasil, una mujer no podía viajar con facilidad. A Paulo, según W. Lorenz, con quien vivía en 1962, le gustaba bastante viajar y era lo que hacía cuando tenía vacaciones. |
| 3.– Capacidad extraordinaria de Emilia y Paulo para la costura | Ema Moreira Ana Arginiro Lola Moreira W. Lorenz Florzinha Santos Menezes, hermana de leche mayor de Paulo Marta Lorenz Huber, hermana de Paulo Ema Bieszczad | Emilia mostraba una gran habilidad para la costura y era la única que tenía una máquina de coser en la familia. Varios testigos declararon la precoz capacidad de Paulo para la costura. Lola Moreira recordaba que cuando era "muy pequeño" y una criada de la familia estaba intentando en vano trabajar con esta máquina, la echó a un lado, enseñándole a trabajar con ella, e hizo una bols. W. Lorenz y Florzinha Menezes recordaban que una vez, cuando Paulo tenía |

| *Datos* | *Informadores* | *Comentarios* |
|---|---|---|
| | | unos cuatro años, ella tenía problemas para enhebrar la máquina y Paulo le enseñó cómo se hacía. Marta Lorenz Huber y Lola Moreira recordaban que una vez Marta dejó la máquina con un bordado a medio hacer y, mientras ella estuvo ausente, Paulo acabó el trabajo que ella había empezado. Los tres episodios anteriores sucedieron antes de que Paulo fuera a clases de costura. Ema Bieszczad recordaba haber visto a Paulo trabajar con la máquina de coser de Emilia antes de ir a las clases. Decía que, una vez que alguien le preguntó cómo podía coser sin haber dado clases, contestó: "Yo ya sabía coser". Ema Moreira recordaba también la habilidad de Paulo para trabajar con la máquina cuando tenía cuatro años y antes de que diera clases. Ana Arginiro también recordaba que Paulo sabía coser muy bien antes de asistir a las clases y que no quería ir porque decía que ya sabía. Para abundar más en detalles que confirman el *talento* de Paulo para la costura, varios informadores hablaron de su *afición* por ella. Le gustaba ir donde estaba la máquina de coser y trabajaba con ella, a pesar de las prohibiciones de sus hermanas mayores. |
| 4.– Intentos infructuosos de Emilia y Paulo por tocar el violín | Ema Bieszczad | Tanto Emilia como Paulo querían tocar el violín y lo intentaron, pero no fueron capaces. |

| *Datos* | *Informadores* | *Comentarios* |
|---|---|---|
| 5.– Preferencia por Lola entre los demás hermanos por parte de Emilia y Paulo | Marta Lorenz Huber | Lola era la hermana preferida de Emilia y también la de Paulo, que quería dejar la casa de W. Lorenz e ir a vivir con Lola, que en 1962 estaba viuda. |
| 6.– Poco interés por la cocina por parte de Emilia y Paulo | Marta Lorenz Huber | Marta dijo: "El no tiene mucho interés por la cocina, como tampoco lo tenía Emilia". |
| 7.– Las primeras palabras dichas por Paulo con tres años y medio al ver a otro niño meterse algo en la boca fueron: "Ten cuidado. Los niños no deben meterse cosas en la boca. Puede ser peligroso" | Ema Bieszczad | Paulo tardó mucho en soltarse a hablar, por lo que ya empezaban a pensar que fuese mudo o sordo. Algunos niños (suelen ser los más pequeños, a quienes les ayudan los demás) no hablan hasta que tienen tres o cuatro años y empiezan directamente con frases completas. Paulo parece uno de estos casos. Después de dos intentos de suicidio tragando veneno, consiguiéndolo en el segundo, una Emilia superviviente podría ser muy precavida a la hora de poner cosas en su boca. |
| 8.– Emilia y Paulo tenían la costumbre de arrancar los picos de la barra de pan | Ema Bieszczad | Esta costumbre parece que sólo la tenían Emilia y Paulo en la familia. |
| 9.– Negativa de Paulo a vestir ropas de niño antes de los cuatro o cinco años | Marta Lorenz Huber<br>Lola Moreira<br>Ema Moreira | Florzinha Menezes y Ana Aginiro se acordaban de que a Paulo le gustaba la ropa de mujer. No dijeron que se opusiese en realidad a llevar ropa de niño. |
| 10.– Pablo decía que era una niña | Marta Lorenz Huber<br>Ema Bieszczad<br>Ema Moreira | Una vez dijo Paulo a Marta: "¿No soy guapo? Voy a andar como una muchacha". A Ema Bieszczad solía decirle: "Soy una chica". Ema Moreira tam- |

| *Datos* | *Informadores* | *Comentarios* |
|---|---|---|
| 10.– *(Continuación)* | | bién se acordaba de que decía que era una chica. |
| 11.– Afición de Paulo a jugar con niñas y muñecas | Marta Lorenz Huber Lola Moreira Ema Moreira | |
| 12.– Paulo decía que había estado en la casa de Dona Elena; descripción acertada de la casa de Dona Elena | Ema Bieszczad | W. Lorenz decía que Emilia había tomado clases de costura con Dona Elena. |
| 13.– Declaración de Paulo de que había estado tomando lecciones de costura en casa de Dona Elena | Marta Lorenz Huber, según W. Lorenz, que no oyó directamente esta declaración | Emilia había tomado clases de costura con Dona Elena. |
| 14.– Aversión de Paulo a la leche | W. Lorenz Lola Moreira | Después de su anterior intento de suicidio con arsénico, Emilia tuvo que tomar grandes cantidades de leche. La fobia que tenía Paulo por la leche (era tan grande que decir que no le gustaba sería poco) puede tener su causa en este episodio. E. Lorenz no podía acordarse de si a Emilia no le gustaba la leche durante el tiempo transcurrido entre su intento de suicidio frustrado y el último. Se lo preguntó a una hermana mayor, Augusta Práxedes, nacida el 18 de Junio de 1905, que no ha dado más testimonios en este informe. Ella se acordaba de que a Emilia le había gustado tomar leche cuando era niña; pero que de mayor le tenía fobia. No se sabe con exactitud cuándo apareció esa fobia en Emilia; pero parece lógico pen- |

| Datos | Informadores | Comentarios |
|---|---|---|
| 14.– *(Continuación)* | | sar que fue después de su tratamiento a base de leche, tras uno de sus intentos de suicidio. En cualquier caso, la fobia por la leche se notó en Emilia cuando era adulta y en Paulo, desde que era muy niño. W. Lorenz dijo que a Paulo no le había gustado la leche "en toda su vida". |
| 15.– Reconocimiento de la máquina de coser de Emilia | Marta Lorenz Huber<br>Ema Moreira<br>Lola Moreira | Cuando estaban terminando el bordado de Marta Lorenz Huber, que ella había dejado sin terminar, en la máquina de coser (dato n°. 3, *comentarios*), Paulo decía que la máquina era suya y que solía trabajar en ella. En otra ocasión (ver también dato n°. 3) en que Paulo puso a una criada a aprender a coser a máquina, Lola Moreira preguntó a Paulo: "¿Cómo es que sabes hacer esto?" y Paulo contestó: "Esta máquina era mía y he cosido mucho con ella". Ema Moreira también se acordaba de que Paulo decía que la máquina de coser era de él. Decía: "Esta máquina era mía. Voy a coser". Efectivamente, la máquina de coser había sido de Emilia. |
| 16.– Reconocimiento de la sepultura de Emilia e interés por ella | Marta Lorenz Huber<br>Lola Moreira | Marta Lorenz Huber llevó a Paulo a visitar el cementerio. En vez de estar viendo las distintas tumbas, Paulo se quedó de pie todo el tiempo ante la tumba de Emilia. Decía: "Estoy mirando mi tumba". Lola Moreira se acordaba de que una vez estuvo Paulo mucho tiempo en la tumba de Emilia. En otra ocasión cogió una flor de otra tumba y la puso en la Emilia, con una son- |

| Datos | Informadores | Comentarios |
|---|---|---|
| 16.– *(Continuación)* | | risa. Florzinha Menezes recordaba que, cuando iba al cementerio, Paulo le daba flores para que las pusiese en la tumba de Emilia. |
| 17.– Reconocimiento de un vestido que perteneció a Emilia | Marta Lorenz Huber | Con la tela de una falda de Emilia hicieron unos pantalones para Paulo. Reconoció la tela y dijo: "¿Quién iba a decir que, después de usar esta tela en una falda, iba a utilizarla en unos pantalones? Le gustaban mucho estos pantalones, que eran los que prefería. Según Lola Moreira, cuando tuvo estos pantalones, a la edad de cuatro o cinco años, empezó a vencer su rechazo por la ropa de niño. |

## Peculiaridad de la habilidad que tenía Paulo para la costura

Parece que Emilia tenía facultades extraordinarias para la costura. Le gustaba y se le daba mucho mejor que a sus hermanas. Su madre, Ida Lorenz, no se preocupaba mucho por la costura y nunca utilizaba la máquina de coser; pero compró una para Emilia, que la utilizó mucho. Después de la muerte de Emilia, intentó que Augusta, una hermana menor, aprendiese a coser; pero no lo consiguió. Otra hermana menor aprendió a coser, pero nunca alcanzó el nivel de Emilia. Marta y Lola también aprendieron, pero con los mismos resultados que la anterior. Como ya he dicho, intentaron que Marta aprendiese costura ya que no tenían el dinero necesario para que hiciera Magisterio, pero nunca demostró tener vocación ni facultades para este trabajo.

Por el contrario, Paulo, cuando tenía menos de cinco años, dio muestras de tener facultades para la costura, antes de que se le enseñase nada. Los testigos no sólo coincidían en que Paulo mostraba interés y aptitud por la costura desde una temprana edad, sino también habilidad antes de recibir ninguna instrucción. Después de dar un giro hacia una evolución más masculina cuando tenía cinco años, Paulo dejó de desarrollar esta capacidad para la costura. De adulto su talento no tenía comparación con el de sus hermanas, que siguieron cosiendo. Lo que debemos tener en cuenta aquí es que demostró tener este nivel a una edad temprana y antes de que se le enseñase nada.

## Orientación sexual de Paulo en la edad adulta

Como ya he dicho, cuando tenía cuatro o cinco años aceptó los pantalones de niño y, con seis, empezó a perder sus marcados rasgos femeninos, aunque conservó algunos hasta la adolescencia. En 1962, con treinta y nueve años, tenía una orientación más femenina que la mayoría de los hombres de su edad. La prueba de esto está, en primer lugar, en el hecho de que nunca se casó ni mostró interés por hacerlo. De hecho, se relacionaba poco con las mujeres, excepto con sus hermanas.

En 1962 di a Paulo el test de dibujo de la figura humana modificada.[12] En este test se pide al sujeto que dibuje tres figuras humanas en

---

12.– Whitaker, L.: "The Use of an Extended Draw-a-Person Test to Identify Homosexual and Effeminate Men", *Journal of Consulting Psychology*, Vol. 25, 1961, pp. 482-485.

lugar de las dos normales. En la primera figura la elección del sexo es libre. En la segunda se le pide que dibuje una persona del sexo opuesto. En la tercera la elección es de nuevo libre. Las conclusiones se sacan tomando como base lo que elige el sujeto en las selecciones de sexo "libres", así como las características los mismos dibujos. Paulo decidió dibujar mujeres en ambas ocasiones. Al principio, en este test, no entendió las instrucciones de dibujar "una persona de cualquier sexo" (el tercer dibujo) y pensó que tenía que dibujar una persona de sexo indeterminado o neutro. Pero la figura que dibujó entonces era también claramente femenina, con cabellos largos. A partir de estos hechos parece prácticamente cierto que, aunque Paulo estaba por entonces mucho menos orientado hacia la femineidad que de niño, seguía conservando esta tendencia a un nivel mayor que la mayoría de los hombres de su edad.

## Comentarios sobre la evidencia de conocimiento paranormal y el comportamiento de Paulo

Lo mismo que en el caso de Marta Lorenz, los padres de Paulo esperaban el retorno de Emilia. Sin embargo, por el testimonio ya citado, parece probable que los hijos y los padres no tuviesen todos la misma información sobre la voluntad de Emilia de volver a la familia.

Varios hermanos de Emilia la habían oído decir que quería ser hombre y conocían su esperanza de que, si se volvía a reencarnar, lo haría como hombre. Pero hay razones para creer que sus padres ignoraban estas declaraciones: (a) porque Lola Moreira declaró que los hijos no había dicho nada de esto a sus padres y (b) porque W. Lorenz recordaba que su padre se quedó bastante sorprendido cuando le contó lo que dijo Emilia una vez que trató el caso con él cuando ya era adulto.

Por su parte, parece que los padres no dijeron nada a sus hijos sobre las sesiones espiritistas en las que creían que Emilia había comunicado su intención (que les sorprendió) de volver como un niño. W. Lorenz decía que sólo oyó hablar de estas comunicaciones a su padre en la conversación a la que me he referido en el párrafo anterior. Lola no recordaba con exactitud cuándo oyó hablar de las comunicaciones de la sesiones, pero creía que Paulo "ya era un muchacho bastante crecido" por entonces. Ema Bieszczad se enteró de que "Emilia" se había comunicado en las sesiones de espiritismo cuando ella tenía dieciocho años y Paulo dos o tres. Decía que era algo que no le interesaba y que no se lo contó a nadie.

Si aceptamos este testimonio podemos suponer que los hijos de la familia sabían que a Emilia no le gustaba ser una mujer y que pensaban que podría volver como hombre, pero (con excepción de Ema Bieszczad) no sabían la intención de la comunicante "Emilia" de volver, cuando todavía eran jóvenes. Por el contrario, los padre de Emilia no conocían su malestar por ser chica, pero sí sabían el deseo de la comunicante "Emilia" de volver como chico.

Estas consideraciones tiene importancia para saber si la familia de Paulo había influido en él hacia la femineidad. Si los hijos concibieron al principio la idea de que Paulo era Emilia renacida, pudieron haber respondido de tal modo que reforzasen el comportamiento femenino de Paulo; pero su conocimiento de la rebelión de Emilia contra la femineidad pudo haberlos guiado también para influir en Paulo y que éste cumpliese el deseo de Emilia de ser hombre. El Sr. y la Sra. Lorenz pudieron haber inclinado a Paulo hacia la femineidad, porque (creían que) tenían razones para pensar que Emilia había nacido como un hijo, y se habían sorprendido en las comunicaciones de "Emilia" porque quería cambiar de sexo y volver como niño.

W. Lorenz pensaba que era bastante difícil que sus padres hubiesen influido en Paulo en algún sentido. No pensaba que sus padres fomentasen en sus hijos algún sexo en concreto. Tenían el mismo número de hijos que de hijas. En una familia de trece hijos, once llegaron a la edad de casarse, y todos lo hicieron menos Paulo y Emilia. Esto hace menos probable cualquier frustración general del desarrollo sexual de los hijos por culpa de los padres, aunque sigue siendo posible que, por alguna razón desconocida, sus padres eligieran a Emilia y a Paulo para formarlos orientándolos hacia el sexo contrario.[13]

La posible influencia de los padres de Paulo en su desarrollo sexual tiene en realidad menos importancia que la cuestión de si su influencia en Paulo pudo haber tenido como resultado su identificación con Emilia o no. El número de datos que demuestran una identificación clara es bastante menor que en el caso de Marta Lorenz (los datos 12, 13, 15, 16 y 17 de la tabla son los únicos claros de este grupo). Pero si les

---

13.– A.M. Johnson, en "Factor in the Etiology of Fixations and Symptom Choice" *Psychoanalytic Quarterly*, Vol. 22, 1953, pp. 475-496, informaba de un caso de travestismo en un niño de seis años con pruebas (a partir de entrevistas terapéuticas con el niño y la madre) de que la madre del niño fomentaba su travestismo. Odiaba a los hombres y favorecía a su hija de dos años. En este caso el niño "sólo quería ser el bebé de la familia y no una niña. Sin embargo, quedaron secuelas de su deseo de ser una niña después de resolver con terapia intensiva la rivalidad que tenía con su hermana".

añadimos las observaciones del comportamiento que tenían en común Emilia y Paulo, como la afición a los viajes, el interés por la costura, el poco interés por la cocina, que no les gustaba la leche y la costumbre de coger los picos de las barras de pan, tenemos en conjunto una prueba bastante considerable de la identificación de Paulo con Emilia. Paulo pensaba abiertamente que su vida era una continuación de la de Emilia. En el Análisis General trataremos las influencias, paternas o de cualquier otro tipo, ejercidas sobre los niños, para ver si han podido obligarlos a tomar una identidad completamente distinta.

Aunque supongamos que las influencias ejercidas sobre Paulo por su familia pueden ser la causa de esta identificación con Emilia, no se justifica su precoz habilidad para la costura.[14] Varios testigos declararon la existencia de esa capacidad en Paulo antes de que se le enseñara algo. Hay una diferencia importante y fundamental entre la capacidad, por un lado, y el interés de un sujeto o la posesión de información sobre ella, por otro. Paulo pudo haber adquirido este interés por la costura como una parte de su identificación con el sexo femenino, que suele estar interesado por esta labor (pero, lo mismo que a Emilia, no le interesaba demasiado la cocina). Y pudo haber adquirido la información sobre la existencia de la máquina de coser y las clases de costuras que Dona Elena le daba a Emilia por la información transmitida por los demás miembros de la familia, tanto por medios normales como por percepción extrasensorial; pero estos medios no bastan para justificar la habilidad que demostraba tener Paulo antes de recibir instrucción.

Este caso parece menos decisivo de lo que sería uno auténtico de xenoglosia, ya que no conocemos los límites de la transmisión genética de las habilidades. Creo que la mayoría de la gente pensará que la idea de la transmisión genética de la habilidad para hablar otro idioma es mejor prueba para la credulidad que la supervivencia; pero la transmisión genética de una habilidad como la costura se acerca mucho más a lo que estamos acostumbrados a reconocer como susceptible de transmisión hereditaria. Además, en este caso las dos personalidades que mostraban esta capacidad nacieron en la misma familia. Quizá la herencia pueda responder a que se de una capacidad para la costura en

---

14.– Para hacer un análisis claro de las posibilidades que intervienen en los casos en los que aparece una habilidad, se necesita una distinción meticulosa entre el *interés* por una actividad, la *aptitud* para adquirir habilidad en esa actividad y la competencia o *habilidad* real que se tiene en dicha actividad. Desgraciadamente, estas tres cualidades suelen ir juntas, quizá por necesidad. Además, con frecuencia es bastante difícil analizar minuciosamente la aptitud y la habilidad cuando ha habido un aprendizaje.

dos hijos de los mismos padres; pero no debemos afirmarlo como norma. Estamos acostumbrados a atribuir a la herencia las habilidades de los miembros de la misma familia (como las facultades para la música, en la familia Bach, o para ciencia, en la Darwin); pero el hecho de que estas habilidades de adultos se den en la misma familia, no quiere decir *necesariamente* que sean heredadas. La persona que tiene esta facultad puede haber heredado un interés por ella y también puede haber nacido en una familia que sea favorable a su desarrollo o haber heredado una *aptitud* para aprenderla. Podemos considerarlos como ejemplos de adquisición rápida de una habilidad bajo circunstancias favorables, más que como ejemplos de herencia.

Los experimentos con animales sobre la herencia de la inteligencia, juzgada por la capacidad de salir de un laberinto, son ejemplos de la distinción que quiero señalar. Tryon crió familias de ratas que podían aprender a salir de un laberinto con más rapidez que las criadas con progenitores menos inteligentes.[15] Estas ratas superiores no heredaron la *capacidad* de salir del laberinto, sino una *aptitud* para aprender a salir con menos intentos que las ratas peor dotadas de las demás familias.

Aunque no podemos determinar si la explicación de la habilidad de Paulo para la costura se debe a la herencia o a la reencarnación, en un aspecto la reencarnación puede dar una explicación más completa a este fenómeno. La transmisión genética puede explicar la repetición de una habilidad concreta en la misma familia; sin embargo, no explica por sí misma la existencia de la habilidad en dos miembros concretos de la familia y no en los demás. Por el contrario, la teoría de la reencarnación, aplicándola en este caso, enlaza la existencia de la habilidad para la costura de Paulo con la de Emilia, suponiendo que la personalidad de Paulo fuese la continuación de la de Emilia, pero en un cuerpo diferente. En resumen, la herencia puede explicar el *parecido* que hay entre los miembros de la misma familia; la reencarnación puede explicar algunas de las *diferencias*. Sé que la posibilidad de justificación de una teoría no la hace mejor que otra distinta; pero comento esta diferencia entre lo que puede justificar la herencia y lo que puede justificar la reencarnación, porque debemos recordar los límites dentro de los cuales puede hablarnos la genética sobre las diferencias humanas en estos momentos. Debemos seguir probando con otras teorías, incluida la de la reencarnación, para llenar esta laguna de nuestro conocimiento.

---

15.– Tryon, R.C.: "Individual Differences", en *Comparative Psychology*, (Ed. F.A. Moss), Prentice-Hall, Inc., Nueva York, 1972.

## Desarrollo posterior de Paulo

Después de nuestro encuentro de 1962, no volví a ver a Paulo Lorenz. En 1967 su hermano, Waldomiro Lorenz, me escribió diciéndome que Paulo se había suicidado el 5 de septiembre de 1966. Estaba todavía emocionalmente destrozado por este suceso y era incapaz de contarme muchos detalles de lo que había impulsado a Paulo al suicidio, por lo que tuve que esperar hasta febrero de 1972 para conocer mejor lo que había sucedido. Por entonces estaba de nuevo en Porto Alegre y charlé largo y tendido con Waldomiro Lorenz, así como con sus hermanas (y las de Paulo), Marta Lorenz Huber y Ema Estelita Lorenz Bieszczad.

Paulo Lorenz estuvo algún tiempo en el Ejército de Brasil y se jubiló joven por problemas de salud, con el grado de sargento. Tenía una tuberculosis pulmonar y estuvo algunos años recuperándose y convaleciente. Después (a partir de 1952) estuvo trabajando en el Departamento de Autopistas. Posteriormente se dedicó a la política con el Partido Trabalhista (laborista). En 1963 el Presidente constitucional de Brasil, Joao Goulart, fue depuesto en una insurrección militar y en los años siguientes (1964-66) los jefes militares reforzaron su control sobre el territorio y prácticamente suprimieron toda la oposición, al menos los partidos políticos legalizados. Paulo Lorenz era amigo de uno de los dirigentes del Partido Trabalhista que huyó a Uruguay. Tuvo una depresión y creía que el gobierno militar lo vigilaba. Esta convicción se hizo más fuerte cuando lo detuvieron las autoridades militares y le pegaron durante un "interrogatorio". Después de esto, empezó a imaginar que los agentes del gobierno militar estaban vigilándolo. Pensaba que iban a detenerlo y vivía siempre con ese miedo. A pesar de las razones lógicas que tenía en algunas cosas, debido a la paliza que le dieron los agentes del gobierno militar, su familia pensaba que en sus manías persecutorias exageraba los hechos y que todo eran imaginaciones suyas. Sin embargo, tardaron en tomar medidas para que Paulo se pusiese en tratamiento psiquiátrico, cosa que lamentaron después.

Durante los meses anteriores al suicidio intentó matarse varias veces. Dijo al cocinero de Waldomiro Lorenz que se iba a pegar un tiro y una vez intentó suicidarse inyectándose aire en vena, pero se lo impidieron.[16]

---

16.– Waldomiro Lorenz me escribía en 1967 que Emilia intentó suicidarse también del mismo modo. No me enteré de esto en 1962. Por entonces los informadores me dijeron que Emilia había intentado suicidarse varias veces, hasta que lo consiguió. En uno

La familia no ignoraba estos avisos de Paulo y Waldomiro pensaba ponerlo en tratamiento médico; pero, antes de que lo hicieran y unos dos meses después del mencionado intento de suicidio, Paulo, que estaba viviendo por entonces con su hermana, Lola Moreira, fue al cuarto de baño, se echó encima un líquido inflamable y prendió fuego a sus ropas y a su cuerpo. Lo hizo hacia las siete de la mañana y murió unas diez horas después sin lamentar lo que había hecho.

La muerte de Paulo conmovió a su familia. A su hermana mayor, Marta, le afectó tanto que estuvo en el hospital durante varias semanas y tal vez estuviese Waldomiro aún más afectado. Evidentemente, estuvo bastante deprimido y, cuando fui a verlos en febrero de 1972, no se había recuperado por completo.

Aunque los tres informadores del suicidio de Paulo coincidían en que sus problemas políticos fueron el factor precipitante de su paranoia, depresión y suicidio, daban a entender que estos problemas políticos de Paulo no eran la única causa ni la más importante.

En la primera edición de este libro he dicho que Emilia, antes de suicidarse, expresó su deseo de volver a nacer como hombre. Daba como razón para cambiar de sexo lo sometidas que estaban las mujeres en Brasil a principios de siglo. Sobre todo quería libertad para viajar, cosa que era por entonces muy difícil para una mujer sola y con frecuencia imposible para una mujer casada y con hijos. Paulo, como hombre, disfrutaba de libertad para ir por donde quisiera y solía pasar sus vacaciones viajando, costumbre que conservó hasta la muerte. Pero parece que esta libertad la pagaba con la soledad. Como ya he dicho, cuando era niño tenía hábitos y actitudes claramente femeninos y retuvo algunas de estas tendencias en la edad adulta. Parece probable que una combinación de su deseo de libertad y su identificación con el sexo femenino hiciera que no se casara y murió soltero.

---

de estos intentos tomó veneno y en otro intentó estrangularse. No dijeron que Emilia intentó inyectarse aire en las venas.

# V

# Siete casos que nos hacen pensar en la reencarnación, entre los Indios Tlingits del Sureste de Alaska

## Introducción

Los indios tlingit,[1] que viven en su mayoría al sureste de Alaska, creen en la reencarnación y esta creencia constituye una característica importante de su comportamiento religioso y social. Hay otras tribus indígenas de las distintas partes de América del Norte y del Sur que han tenido alguna creencia en la reencarnación, pero parece que éstos de la esquina noroeste de América la han desarrollado con más fuerza y la han conservado durante más tiempo que las demás tribus.[2] Las tribus vecinas de los tlingits (como los haidas, que viven al sur de ellos en el sudeste de Alaska y en las Islas de la Reina Carlota de la Columbia Británica; los tsimsyans,[3] que viven en la costa de la Columbia Británica, al este de los haidas; los athapaskans, al norte;[4, 5] los esquimales,

1.– Se pronuncia aproximadamente "Jlin-git". Los rusos llamaban a los nativos del sureste de Alaska "Kolush" (francés: koloche).

2.– Los incas del Perú creían en la reencarnación, pero en el mismo cuerpo, no en otro. Su creencia era parecida a la de los antiguos egipcios y, de un modo similar, momificaban el cuerpo después de morir. Por el contrario, los tlingits de Alaska, que creían en la reencarnación en un cuerpo nuevo, practicaban la cremación hasta que los misioneros la eliminaron en el siglo XIX. Sin embargo, algunos esquimales del sureste de Alaska practicaban la momificación (en el siglo XIX) y también creían en un renacimiento en un cuerpo físico nuevo.

3.– M. Barbeau, entrevista personal, 1962. El Dr. Barbeau decía que conoció la creencia en la reencarnación de los Tsimsyans cuando estaba investigando en la Columbia Británica, pero que aún no ha publicado sus notas. En uno de los textos publicados por el Dr. Barbeau se alude al renacimiento (*Tsimsyan Myths*, National Museum of Canada, Bulletin Nº 174, Anthropological Series, Nº 51, Ottawa, 1961). En 1973 investigué dos casos de reencarnación entre los Tsimsyans.

4.– Frederica de Laguna, entrevista personal, 1962. Lo confirmé en 1965 al encontrar casos típicos de reencarnación entre los Athapaskans y los Haidas de Alaska.

5.– Osgood, C.: *Contributions to the Ethnography of the Kutchin*, Yale University Publications in Anthropology, Yale University Press, New Haven, 1936.

al noroeste, y los aleutianos, al oeste) creen todas en la reencarnación. Voy a limitarme en este informe (casi por completo) a las ideas que tienen los tlingit sobre la reencarnación y a los casos que se han dado en esta tribu. En los tlingits, al igual que en otros pueblos, las ideas culturales sobre la reencarnación influyen en su actitud hacia los individuos que dicen recordar una vida anterior, e incluso pueden tener importancia para la aparición de estos casos. Por ello empezaré los informes de los casos con un repaso de las ideas que tienen los tlingits sobre la reencarnación y otros tópicos relacionados con ella.

La información histórica sobre Alaska empieza en 1741, cuando fue allí en barcos rusos el marinero danés Vitus Bering. Después de Bering fueron otros exploradores, entre ellos James Cook, y tras ellos muchos comerciantes, en busca de las pieles de las nutrias marinas que los indios cazaban y les vendían. Sin embargo, las culturas occidentales han causado poco impacto en la zona hasta el establecimiento, a finales del siglo XVIII, de las fortalezas rusas y los puestos de comercio.

Los tlingits lucharon ferozmente junto a sus vecinos y resistieron con tenacidad a sus conquistadores. Los rusos, que gobernaron Alaska desde cerca de 1780 hasta 1867, no lograron someterlos por completo, sino que establecieron relaciones comerciales con ellos. Los tlingits dominaron a las tribus de alrededor y les obligaron a pagar un impuesto por su comercio con los rusos. Con los estadounidenses, los tlingits siguieron siendo muy independientes y nunca dejaron que el gobierno los llevase a las reservas. Mostraron una actitud intransigente parecida ante los intentos de influir en su vida religiosa. Incineraban a los muertos y se resistieron durante bastante tiempo a los intentos de los misioneros cristianos para hacer que enterrasen los cuerpos en las sepulturas. Sin embargo, su religión fue perdiendo fuerza poco a poco hasta tal punto que hoy casi todos dicen que son cristianos; pero muchos siguen creyendo en el mundo de los espíritus. Hasta hace pocos años ha habido acusaciones de brujería. La creencia en la reencarnación ha persistido también y muchos tlingits creen más o menos en ella.

## Orígenes de los tlingits

Los antropólogos coinciden en que las especies humanas se desarrollaron a partir de los antecesores del hemisferio este y que los ancestros de los pueblos precolombinos de América emigraron desde Asia. También coinciden generalmente en que la mayoría de las migraciones de Asia ocurrieron hace cientos de años, pasando por lo que ahora es el estrecho de Bering y en un tiempo en que Asia y América estaban unidas o, en todo caso, separadas por un paso de agua mucho más angosto de lo que es el estrecho actual.[6]

Otra cosa en la que coinciden los etnólogos es en lo referente a las últimas tribus que emigraron de Asia, ya que generalmente (aunque no todos) creen que los antecesores de los indios de las costas noroccidentales de América, incluidos los Indios Tlingit, fueron los últimos emigrantes de Asia. Una prueba de esto es que el arte, la arquitectura, las costumbres y las creencias de los indígenas del noroeste de América se parecen mucho más a los de los pueblos del noreste de Siberia que a los de las demás tribus americanas.[7]

Pero, aunque coincidan los estudiosos en que los antecesores de los tlingits y sus vecinos fueron los últimos emigrantes de Asia, no se ponen de acuerdo sobre cuándo empezaron estas migraciones y cuándo terminaron. Como todo esto está relacionado con la creencia de los tlingits en la reencarnación, lo trataré con mayor profundidad.

La mayoría de los antropólogos creen que las migraciones asiáticas y el contacto entre las culturas de Asia y América cesaron cientos de años antes del nacimiento de Cristo. Sin embargo, hay pruebas que nos hacen pensar que se ha mantenido un fuerte contacto entre Asia y el noroeste de América en la era cristiana y posiblemente hasta poco antes del inicio del periodo histórico en Alaska, en el siglo XVIII.

Hay varias fuentes que avalan estos últimos contactos:

(a) Los cantos fúnebres de los indios del noroeste de América se parecen bastante a los de China y Mongolia. Una palabra, "Hayu", que se repite varias veces en los cantos fúnebres de una tribu india del noroeste, también aparece en repetidas ocasiones en otra de China y significa "¡ay!" en chino.[8, 9] Otras muestras de dolor de los indios del noroeste, como golpear el suelo con la frente, se dan también en China. En las canciones de los indios del noroeste se suelen tocar tambores cubiertos con piel sólo por un lado, y los budistas de Siberia utilizan unos similares.[10]

---

6.– Antevs, E.: "The Spread of Aboriginal Man to North America", *The Geographical Review*, Vol. 25, 1935, 302-309.

7.– Boas, F.: "Relationships Between North-West America and North-East Asia", *The American Aborigines: Their Origin and Antiquity* (Ed. D. Jenness), University of Toronto Press, Toronto, 1933.

8.– Barbeau, M.: "The Aleutian Route of Migration Into America" *The Geographical Review*, Vol. 35, 1945, pp. 424-443.

9.– Barbeau, M.: *Alaska Beckons*, The Macmillan Company, Toronto, 1947.

10.– *Ibid.*

(b) Existen algunas similitudes entre los lenguajes de Alaska y de Asia. Ya he comentado una anteriormente. Hay otra en la palabra "shaman", que en muchas partes de Asia (y también en Finlandia) se utiliza para denominar a un sacerdote o hechicero y tiene el mismo significado en la lengua yakut de Alaska (sin embargo, la palabra tlingit para decir shaman es "ichta"). La palabra "shaman" puede venir de "Sramana", que significa Buda y por lo tanto sacerdote budista en sánscrito.[11]

(c) Las islas Curiles, la península de Kamchatka y las islas Aleutianas forman una cadena al norte del océano Pacífico que hace que, salvo una excepción, la distancia entre dos puntos de tierra nunca es mayor de cien millas y, en esa excepción, entre las islas Copper y Attu, la distancia es menor de doscientas. Por esta zona, entre Japón, Alaska y la Columbia Británica, pasa la corriente cálida de Kuro Shivo que favorece la navegación de oeste a este. A mediados del siglo XIX un junco japonés a la deriva llegó a las costas de California siguiendo esta corriente.[12] Los juncos japoneses han llegado con más frecuencia a la deriva hasta las islas Aleutianas.[13]

(d) Un manuscrito chino del siglo V nos cuenta los viajes de un misionero budista chino, Hwui Shan, y describe el que hizo a un país que estaba muy lejos, al este de China. Este documento llamó la atención de los eruditos occidentales del siglo XVIII y se estudió bastante en el XIX. Las descripciones que hizo Hwui Shan de su viaje a la tierra del este, que llamó Fusang, ha convencido a algunos estudiosos de que viajó por la ruta del Pacífico Norte por Kamchatka y Alaska y al final llegó a lo que hoy es México.[14, 15]

(e) Se han sacado en diversas excavaciones varios objetos de origen oriental en situaciones que hacen pensar que han llegado desde Asia en tiempos prehistóricos, aunque no mucho antes del inicio de los tiempos históricos, en el siglo XVIII. Entre estos objetos se encuentran monedas chinas antiguas y un par de colmillos de babirusa (jabalí) de las Célebes o de islas vecinas del mar de la China. Otro objeto extraído fue una figura de bronce de Garuda, muy corriente en Bengala y Nepal.

---

11.– Vining, E.P.: *An Inglorious Columbus or, Evidence than Hwui Shan and a Party of Buddhist Monks from Afghanistan Discovered America in the Fifth Century, A.D.*, D. Appleton & Company, Nueva York, 1885.

12.– *Ibid.*

13.– Leland, C.G.: *Fusang, or the Discovery of America by Chinese Buddhist Priests in the Fifth Century*, J.W. Bouton, Nueva York, 1875.

14.– Vining, E.P.: *Obra citada*, n. 11.

15.– Leland, C.G.: *Obra citada*, n. 13.

No es imposible que esta figurilla pudiese haber llegado a América antes de 1770; pero puede no haber venido pasando de las Curiles a las Aleutianas, ya que podrían haberla llevado los galeones españoles que cruzaban el Pacífico desde Manila en los siglos XVI y XVII.[16, 17]

## La creencia en la reencarnación entre los Tlingits

Sabemos que los tlingits no recibieron su creencia en la reencarnación de los europeos, ya que los viajeros que fueron a Alaska a principios del siglo XIX la encontraron bastante arraigada. Veniaminov, un sacerdote ruso que más tarde fue obispo de Alaska, dice que los tlingits creen en la reencarnación.[18] Veniaminov observó a los tlingits después de que empezase el comercio entre los europeos y los nativos de Alaska; pero antes de que hubiese ninguna influencia importante en su cultura, como empezó a suceder cuando los misioneros americanos se extendieron por Alaska a finales del siglo XIX.

Según Veniaminov: "los tlingits... creen que los muertos vuelven a este mundo, pero sólo lo hacen dentro de la misma familia... Por esto, si una mujer embarazada sueña con un familiar muerto, piensa que este hombre ha entrado en ella y puede que, si descubren en el recién nacido algún parecido con la persona que ha muerto, como puede ser una marca de nacimiento o un defecto que se sabe que tenía la persona fallecida, empiezan a creer de lleno que ha vuelto a la tierra y, por la misma razón, le ponen al recién nacido el nombre del difunto".[19]

Pinart, un antropólogo francés, estudió en 1872 la creencia en la reencarnación de los tlingits (o koloches).[20] Se centró en el hecho de que, aunque los tlingits esperan, sobre todo, una reencarnación en forma humana, también creen en la transmigración entre dos especies animales distintas.[21] Pinart decía también que: "Suele suceder que, si una

16.– Barbeau, M.: *Obra citada*, n. 8.

17.– Barbeau, M.: *Obra citada*, n. 9.

18.– Veniaminov, I.E.P.: *Reports About the Islands of the Unalaska Districts*, Imperial Academy of Sciences, San Petersburgo, 1840.

19.– *Ibid.* Ver p. 58 (traducción de la Sra. O. Podtiaguine).

20.– Pinart, A.: "Notes sur les Koloches", *Bulletins de la Société d'Anthropologie de Paris*, Vol. 7, 1872, pp. 788-811.

21.– Pero Veniaminov, treinta y cinco años antes, negó categóricamente que los tlingits creyeran en la transmigración de las almas humanas a cuerpos animales subhumanos. Tampoco han hablado de esta creencia los antropólogos contemporáneos. Los tlingits tienen muchas leyendas de transformación de humanos en animales, como un hombre en un oso, pero no coinciden en la idea de renacer en un cuerpo nuevo, bien sea animal o humano. Sólo uno de los muchos informadores tlingits que entrevisté en el estudio

mujer embarazada ve en sueños a un familiar que murió hace tiempo, afirme que éste ha vuelto en su cuerpo y que ella va a poner de nuevo a esta persona en el mundo".[22] Pinart se fijó también en un sistema religioso mucho más elaborado que tenían los esquimales occidentales (de Alaska), con cinco estratos celestiales ascendentes que se alcanzan tras varias encarnaciones terrenales sucesivas con la transformación, purificación gradual y liberación final del ciclo del renacimiento. Pinart pensaba que estas creencias eran muy parecidas a las del sur de Asia.[23]

A finales del siglo XIX (1885) el etnólogo alemán Krause escribió un amplio informe sobre las costumbres y creencias de los tlingits.[24] Habló de la creencia en la reencarnación de los tlingits y los haidas, pero parece que no le prestó demasiada atención y se basó casi exclusivamente en las teorías de Veniaminov para hablar de ella. Veinte años después (1904) Swanton, un etnólogo americano, prestó bastante atención a este tema en su estudio sobre los tlingits. Swanton contó una historia que por entonces estaba bastante difundida entre los tlingits y, en 1961, oí otra muy parecida. Cito el informe de Swanton: "En una guerra murió un hombre y subió al Kiwaa [una sección del 'cielo' tlingit], y más tarde una mujer de su clan dio a luz a un niño. Una vez que estaban hablando de la guerra, el niño se puso a llorar desconsolado y le dijeron: 'Tranquilo. ¿Por qué lloras? ¿Por qué lloras tanto?' Entonces el niño habló claro diciendo: 'Si hubieseis hecho lo que os dije, dejando primero que se retirase la marea, podríamos haber destruido a esa gente'. El niño era el hombre que había muerto. Por él se supo que existía ese lugar y qué allí se encontraban las personas que murieron violentamente...".[25]

Swanton notó, al igual que Veniaminov, la atención que prestaban los tlingits a las marcas de nacimiento como signos de reencarnación.

---

de los casos de reencarnación entre ellos me dijo que creían en la reencarnación en cuerpos de animales subhumanos. Los demás tlingits a los que pregunté sobre esta creencia negaron que formara parte de la idea tlingit de la reencarnación. Creo que Pinart confundió este concepto con el de la transformación de los humanos en animales, que algunos tlingits creen que puede ocurrir.

22.– Pinart, A.: *Obra citada*, n. 20, ver p.803 (traducción del autor).

23.– Pinart, A.: "Esquimaux et Koloches: Idées religieuses et traditions des Kaniagmioutes", *La Revue d'Anthropologie*, Vol. 4, 1873, pp. 674-680.

24.– Krause, A.: *Die Tlingit Indianer*, Hermann Costenoble, Jena, 1885.

25.– Swanton, J.R.: "Social Condition, Beliefs and Linguistic Relationship of the Tlingit Indians", *26th Annual Report of the Bureau of American Etnology (1904-1905)*, Government Printing Office, Washington, 1908, pp.391–485 (ver p. 463).

Uno de sus informadores decía que "si moría una persona que tuviese un corte o una cicatriz y volvía a nacer, se podía ver la misma marca en el niño".

De Laguna ha resumido las ideas de los tlingits sobre la reencarnación y la influencia que tienen en sus relaciones sociales, así como las situaciones que se producen cuando una familia cree que un miembro fallecido de una generación anterior ha vuelto en otra posterior.[26]

La creencia de los tlingits en la reencarnación no está, de ningún modo, tan elaborada como las doctrinas del hinduismo y el budismo; aunque tiene conceptos similares a los del karma, con la esperanza de que las desgracias en una vida puedan disminuir en la siguiente.

Sobre este tema, Pinart escribió lo siguiente: "Es normal oír decir a un enfermo o a un pobre que quiere que lo maten para volver a la tierra joven y con salud. Una de las causas de la extraordinaria ferocidad de los coloches [tlingits] es que no tienen miedo a la muerte. Por el contrario, algunas veces la buscan, impulsados por la esperanza de regresar pronto a este mundo y en mejores circunstancias".[27]

Veniaminov decía que "el pobre que ve la mejor condición del rico y la diferencia que hay entre los hijos del rico y los suyos suele decir: 'Cuando muera, seguro que volveré en la familia de tal o cual', diciendo la familia que prefiere. Otros dicen: '¡Qué suerte debe ser que te maten pronto. Así se puede volver aquí de nuevo y mucho antes!'".[28]

En uno de los casos que expongo más adelante (pags. 309-320), un anciano dice que en la próxima vida le gustaría tartamudear menos y, en otro (que no aparece en detalle en este libro), un humilde pescador que tenía problemas por no hablar inglés dijo antes de morir que en la próxima vida estudiaría idiomas. La persona de la generación siguiente con la que se identificó después tenía una gran capacidad e interés por los idiomas y no sólo aprendió inglés, sino también ruso y aleutiano, y los hablaba igual que el tlingit.

Además de creer en la reencarnación y en un concepto parecido al del karma que une una vida con la siguiente, los tlingits tienen otras dos ideas importantes relacionadas con la reencarnación. Una es que creen que los niños que recuerdan vidas anteriores están predestinados

---

26.– Laguna, Frederica de: "Tlingit Ideas About the Individual", *Southwestern Journal of Anthropology*, Vol. 10, 1954, pp. 172-191.

27.– Pinart, A.: *Obra citada*, n. 20. Ver p. 803 (traducción del autor).

28.– Veniaminov, I.E.P.: *Obra citada*, n. 18. Ver p. 59 (traducción de la Sra. O. Podtiaguine).

a morir jóvenes e intentan disuadirlos para que no lo hagan. En la India hay una creencia parecida: las familias de estos niños suelen hacer grandes esfuerzos para evitar sus recuerdos aparentes de una vida anterior. La otra es que también creen en el renacimiento como algo distinto a la reencarnación. Según el concepto del renacimiento, la personalidad vieja hace que surja una nueva, lo mismo que una llama mortecina puede encender una nueva y seguir así la cadena. Por otro lado, en la reencarnación continúa la misma personalidad, aunque alterada por las circunstancias de la nueva vida. La reencarnación, según esta definición, es una idea del hinduismo y el renacimiento, del budismo.

El budismo, que empezó en la India en el siglo VI a. de C., llegó a la China en el siglo I y a Corea en el año 372.[29, 30] Se extendió por Japón en el siglo VI y al final llegó a Mongolia y Siberia hasta Kamchatka. No podemos estar seguros de que el budismo llegase a Alaska, pero me parece bastante probable. Ya he comentado las pruebas externas de contacto entre Asia y el noroeste de América, después de la creación del budismo y antes de los tiempos históricos (500 a. de C.-1700). Estas pruebas no son totalmente convincentes. Las grandes semejanzas que hay entre lo que piensan sobre la reencarnación los tlingits y los budistas nos hacen pensar también que los antepasados, en vez de inventarlas, las importaron. Esto es lo que insinúa Pinart al comentar el parecido de las ideas que tienen los esquimales y los asiáticos sobre el cielo.

La llegada de los misioneros y las escuelas a Alaska, a finales del siglo XIX, produjeron el declive de la cultura tlingit. Primero, la caza con lanza; después, la cremación de los muertos y, al final, los potlatchs (banquetes ceremoniales) sucumbieron bajo las persuasiones religiosas y el control del gobierno. Uno de los últimos tallistas de totems y de los pocos artesanos que quedan, capaces de contar las leyendas del pueblo en estos maravillosos monumentos, me enseñó su obra en Alaska y se quejaba de que las generaciones más jóvenes (el tenía setenta y tres años) no sabían nada de la reencarnación y de que ya no prestaban atención a las marcas de nacimiento de un niño, que indican, si se ven, quién ha renacido. La creencia en la reencarnación está desapareciendo entre los tlingits y se advierte claramente la relación que hay entre la edad y la conservación de estas ideas. Los que tienen más de sesenta años creen de lleno en la reencarnación y las dudas de los

---

29.– Vining, E.P.: *Obra citada,* n. 11.
30.– Humphreys, C.: *Buddhism*, Penguin Books, Harmondsworth, 1951.

jóvenes los escandalizan. La generación siguiente, la de los que tienen entre treinta y sesenta años, conocen la creencia en la reencarnación de los tlingits y muchos (tal vez la mayoría) creen en ella, aunque algunos reconocen que tienen serias dudas sobre su veracidad. En la generación siguiente es frecuente ver el desconocimiento o las burlas ante la creencia en la reencarnación y llegué a conocer a un estudiante tlingit de diecisiete años que había oído hablar de la reencarnación en la India, pero no en Alaska, ¡entre su propia gente!

Aunque la mayoría de mis informadores hablaban con libertad sobre lo que sabían de los casos o de las creencias tlingit, me encontré con algunas personas que eran reticentes a tratar estos temas. Esta reticencia contrasta con la facilidad con que los informadores y otras personas de la India hablaban de la reencarnación cuando estuve investigando allí. La diferencia puede deberse a que ha habido una culturización occidental más rápida en Alaska, donde la presión de las religiones occidentales y de la ciencia han puesto a la defensiva a los que todavía mantienen las antiguas creencias religiosas tribales. Los tlingits pueden tener miedo a que critiquen o desprecien su creencia en la reencarnación. Por el contrario, las religiones occidentales han tenido poco impacto en la India y, aunque hay varios millones de cristianos, la creencia en la reencarnación puede que sea allí tan fuerte hoy como hace tres mil años. Sin embargo, puede haber más razones para que muchos tlingits sean escépticos ante la reencarnación. Algunos siguen creyendo, como la mayoría de las generaciones pasadas, que los tlingits que hablan con extranjeros sobre su religión tendrán desgracias. Por último, no cabe ninguna duda de que son las razones personales la causa de algunas reticencias para hablar con los demás sobre determinados casos. Las personalidades anteriores de muchos sujetos murieron violenta y/o misteriosamente y los informadores se muestran reacios a abrir estos casos o el tema de viejas disputas de clanes en las que se produjeron algunas de estas muertes.

## Métodos de investigación

Fui al sureste de Alaska cuatro veces, de 1961 a 1965, para estudiar los casos que hacen pensar en la reencarnación que se producen entre los indios tlingit. En estos viajes estuve en diez comunidades tlingit: Juneau, Klukwan, Sitka, Hoonah, Wrangell, Petersburg, Angoon, Anchorage, Kake y Ketchikan. Además, estuve cinco semanas estudiando directamente los casos de los tlingits. En 1971 y 1972, estuve algunas semanas más en Alaska para hacer entrevistas complementarias de los casos ya investigados y buscando (con éxito) otros nuevos.

Como ya he descrito en la Introducción los métodos de investigación utilizados, no voy a repetirlos aquí.

En el estudio de estos casos entrevisté a unas cien personas. La mayoría eran testigos de los hechos que se tratan aquí, aunque algunos sólo me informaron de la cultura de los tlingits.

Casi todos los testigos hablaban inglés, pero necesité intérpretes con algunos ancianos que sólo hablaban tlingit. En la mayoría de los casos el intérprete era un familiar; pero en dos la intérprete fue la Srta. Constance Naish, una misionera de Angoon.

## Frecuencia de los casos registrados entre los tlingits

Además de los siete casos que aparecen en este libro, la primera vez que fui a Alaska conocí otros treinta y seis, entre los tlingits, y ocho, entre los haidas. Todavía estoy investigando algunos de ellos, pero en otros no puedo seguir con la investigación porque ha muerto la persona que ha tenido la experiencia o los testigos directos más importantes. Sin embargo, he hablado por lo menos con un testigo directo de cada caso. Por lo que me contaron, pienso que éstos son parecidos a otros en los que pude obtener un testimonio más completo de los testigos. Si los sumamos todos, tenemos cuarenta y tres casos entre los tlingits, que sucedieron a personas nacidas entre 1851 y 1965.[31] Podemos confiar en que la frecuencia de *todos* los casos puede ser bastante mayor que la de los *registrados*, o incluso mucho mayor. Llegamos a esta conclusión lógica si nos fijamos en que la información de los cuarenta y tres casos anteriores la recogió un solo investigador que estuvo con los tlingits menos de seis semanas. Es más, he oído hablar de otros casos que no tuve tiempo de investigar, pero me parecieron, por la información que se me dio, similares a los que pude conocer y estudiar. No cabe ninguna duda de que un estudio más profundo sacaría a la luz muchos más casos; pero, por ahora, sólo tendré en cuenta los cuarenta y tres que he mencionado. El más antiguo se remonta a 1851 (la fecha del nacimiento de la persona que ha recordado una vida anterior). En

---

31.– Para ver las características de estos cuarenta y tres casos ver Stevenson, I.: "Cultural Patterns in Cases Suggestive of Reincarnation among the Tlingit Indians of Southeastern Alaska", *Journal A.S.P.R.*, Vol. 60, julio, 1966, pp. 229-243. Investigaciones posteriores en Alaska han aumentado el número de casos estudiados a más de setenta.

1883, Krause estimaba la población tlingit en poco menos de diez mil personas. En el censo de 1960 eran 7.887.[32] Entre 1851 y 1965 se puede estimar que han vivido cuatro generaciones de tlingits con no más de 40.000 personas. Esto hace que la incidencia de los casos entre estas personas sea de cuarenta y tres para 40.000 o, más o menos, 1 para cada 1.000. La cifra a que hemos llegado (que, como he dicho, debe considerarse la mínima) da una frecuencia mucho mayor de estos casos que en cualquier otra zona cultural de occidente. Según esta proporción, debieron darse miles de casos que hacen pensar en la reencarnación en el resto de los Estados Unidos entre 1851 y 1965. Aun admitiendo que muchos de estos casos de renacimiento ocurridos en los Estados Unidos no llegaron a conocimiento de los investigadores, su frecuencia en el resto del país no puede ser tan alta como en el sureste de Alaska.[33]

## Informes de los casos

### EL CASO DE JIMMY SVENSON[34]

*Resumen del caso y su investigación*

El padre de Jimmy Svenson, Olaf Svenson, era medio tlingit y medio noruego. Su madre, Millie Svenson, era tlingit. Jimmy nació en Sitka, el 22 de noviembre de 1952. Cuando tenía dos años, empezó a hablar de una vida anterior, afirmando que había sido el hermano de su madre y que había vivido en Klukwan. Klukwan es un pueblo que está a cien millas de Sitka. Hizo una serie de declaraciones sobre cosas que podría haber conocido su tío, pero era improbable que las supiese Jimmy por medios normales. Con frecuencia, y sobre todo cuando se enfadaba, pedía que lo llevasen a Klukwan con su abuela materna.

---

32.– Datos procionados por el Bureau of Vital Statistics, Departamento de Salud y Bienestar, Estado de Alaska. La cifra incluye también indios no tlingits.

33.– Encontramos cantidades similares de casos estudiados en otras zonas, como el centro-sur de Turquía, Líbano, India y Ceilán, donde su frecuencia parece también alta. Al final se podrán estudiar las relaciones que hay entre las distintas culturas y la frecuencia de los casos estudiados y esto podrá explicar las razones de las distintas frecuencias en culturas diferentes.

34.– Como ya dije en la página 15, en esta sección de la monografía he cambiado los nombres de las personas que han tenido experiencias y he utilizado pseudónimos.

Jimmy habló bastante de su vida anterior, cuando tenía entre dos y tres años, disminuyendo sus referencias a partir de entonces. Durante las investigaciones del caso que estaba llevando a cabo en el otoño de 1961, Jimmy (que por entonces no tenía más de nueve años) ya no decía que recordaba una vida anterior. Por tanto me enteré de lo que decía y hacía antes por entrevistas con su madre, su padre, sus hermanos y miembros de su familia materna. Antes de contar lo que estos informadores me dijeron, comentaré los hechos más destacados de la vida del hombre fallecido, John Cisko (el tío de Jimmy), y cómo se supone que encontró la muerte.

John Cisko era un tlingit de pura cepa al que, como a muchos de su tribu, le gustaba cazar y pescar y se le daba bien. Bebía demasiado, sobre todo vino. Cuando murió, en el verano de 1950, tenía veinticinco años, estaba haciendo el servicio militar y había vuelto a Alaska de permiso. Estaba en uno de los muchos pueblos salmoneros y conserveros de la zona. Un día salió en una barca con dos mujeres, según parece, de paseo. Varias horas después se encontró la barca encallada en la costa con el motor en su sitio y sin el tapón del agujero del pantoque. Esto nos hace pensar que el barco se llenó de agua con bastante rapidez y, posiblemente, antes de que sus ocupantes (creemos que embriagados) se diesen cuenta del peligro. Los equipos de rescate encontraron cerca los cuerpos ahogados de las dos mujeres, pero nunca recuperaron el de John Cisko. En los canales del sudeste de Alaska hay mareas fuertes y corrientes rápidas. El reflujo de una marea puede llevarse un cuerpo con rapidez y para siempre. Estas circunstancias hacen bastante fácil el asesinato, del que se sospecha en ocasiones, y muy difícil probarlo. Hans, el hermano de John Cisko, me dijo que estaba convencido de que un amante celoso de las dos mujeres que acompañaban a John lo había matado. Hans oyó que un testigo había visto el asesinato, pero no quería decir nada por miedo a la venganza del supuesto criminal.

Otro tlingit, que trabajaba en la misma conservera en el verano de 1950 como capitán de una jábega, me dijo que no creía que John Cisko hubiera sido asesinado. Pensaba que se había ahogado después de estar agarrado a la barca inundada todo el tiempo que pudo y que la marea se llevó su cuerpo, pero no el de sus compañeras.

La hermana de John Cisko, Millie, le tenía mucho cariño y lloró mucho su muerte. Quería llamar John a su hijo siguiente, que nació dos años después, pero la disuadieron, porque había muchos John en la familia de su marido. Al final le pusieron John como segundo nombre, por lo que se llama James John Svenson.

TABLA

*Resumen de las declaraciones, reconocimientos y comportamiento
de Jimmy Svenson*

| Datos | Informadores | Comentarios |
|---|---|---|
| 1.– Se llamaba John, no Jimmy. | Millie Svenson, madre de Jimmy | |
| 2.– Solía vivir en Klukwan (el pueblo donde había vivido John Cisko). | Olaf Svenson, padre de Jimmy Elizabeth Kolov, hermanastra mayor de Jimmy | Millie Svenson no lo dijo; pero, sin embargo hizo hincapié en los deseos repetidos de Jimmy de ir a Klukwan |
| 3.– Lo mataron de un tiro. | Olaf Svenson Millie Svenson | Millie Svenson decía que Jimmy añadió: "Por el capitán". Olaf Svenson decía que Jimmy dijo: "En el estómago" y lo señaló mientras tanto. La última declaración coincide con las marcas de nacimiento del vientre de Jimmy, pero se desconoce cómo murió realmente John Cisko. |
| 4.– Hablaba mucho de Klukwan y con frecuencia decía que quería ir allí para ver a su abuela (la madre de John Cisko). | Millie Svenson | Jimmy había visto a su abuela cuando era un bebé, pero no fue a Klukwan hasta que tuvo seis años y medio. |
| 5.– Dio una descripción acertada de uno de los lagos cercanos a Klukwan. | Elizabeth Kolov | No dieron detalles de la descripción. |
| 6.– Dijo que solía beber vino. | Olaf Svenson | John Cisko solía beber vino en exceso. Olaf Svenson, medio noruego, no bebía nunca vino en casa, sino cerveza. La madre de Jimmy comentaba que su hijo decía que había bebido "whisky" |

| *Datos* | *Informadores* | *Comentarios* |
|---|---|---|
| 6.– *(Continuación)* | | (no vino) "hacía mucho tiem-po". |
| 7.– Dijo a su tío: "Yo no soy tu sobrino, soy tu hermano" (cuando tenía seis años). | Hans Cisko, hermano de John Cisko y tío de Jimmy Svenson | Hans Cisko insistió en que esta observación fue espontánea, ya que cuando se marchaba (en su primera visita a la familia Sven-son), dijo a Jimmy "Adiós, so-brino". |
| 8.– Klukwan y sus alrededores le re-sultaban familia-res cuando lo lle-varon con seis años y medio. | Millie Svenson | Jimmy no recordaba ningún detalle concreto. Sólo parecía que estaba familiarizado con las personas y lugares de la zona. |
| 9.– Pidió en varias ocasiones ir a pes-car con George Young, cuando iba a Klukwan. | Millie Svenson George Young, primo de Millie Svenson | George Young había sido un buen amigo y compañero de pesca de John Cisko. Otros familiares (excepto la abuela materna de Jimmy) estaban fuera de Klukwan cuando Jimmy es-tuvo allí. George Young era el único familiar que podía haber reconocido. |

Jimmy tenía cuatro marcas circulares en el abdomen que pude ver en 1961. Su madre decía que estas marcas las tenía desde que nació. En 1961 tenían un diámetro de 1/4 de pulgada y se distinguían bastante bien de la piel de alrededor. Tres eran más claras y una, más oscura. Tres estaban a lo largo de la línea de las costillas inferiores de la derecha, por la parte de delante, encima del hígado; la cuarta, a unas dos pulgadas hacia la derecha del ombligo. Parecía que eran cicatrices de heridas de bala.

## Declaraciones hechas por Jimmy Svenson

Como los distintos informadores con los que he hablado recuerdan declaraciones diferentes de Jimmy, he puesto en una tabla todas las que se le atribuían, con comentarios sobre la verificación dada por los informadores.

Hay testigos indirectos que han añadido datos adicionales a la información dada por Jimmy a su familia. Según estos informadores, había contado a su familia detalles específicos sobre su vida en Klukwan, como las características y costumbres del perro que tenían y los detalles de la casa en la que vivió John Cisko. Se supone que eran datos conocidos por John Cisko; pero que Jimmy Svenson no podía conocerlos por medios normales. Sin embargo, cuando pregunté a los testigos directos sobre estos datos adicionales, dijeron que no los recordaban, por lo que los he omitido en la tabla. Como dos testigos indirectos coinciden en que habían oído contar estos hechos a un miembro de la familia, puede servirnos como ejemplo de que los testigos principales pierden detalles con el paso del tiempo; o también puede ser que los testigos indirectos hayan adornado la historia que oyeron.

## Comentarios

La familia de Jimmy era bastante reacia a contar lo que decía. Me daba la impresión de que los informadores se reservaban información que conocían entonces y, al mismo tiempo, habían olvidado algo que sabían antes. Creo que los nueve datos que figuran en la tabla nos dan un resumen de las pruebas originales, mejor que otra más extensa. Debemos tomar el caso tal y como es y no como pudo haber sido si hubiese tenido mejores testigos y se hubiese estudiado antes; pero, tal como está, todo lo más que podemos decir es que está en consonancia con la reencarnación, aunque no tenga ninguna prueba definitiva.

El caso tiene dos puntos flacos que le quitan valor como prueba de la reencarnación. En primer lugar, Jimmy no dijo nada que no hubiera podido saber por medios normales. Tal vez, cuando estuvo más cerca de hacerlo (según las pruebas que tenemos) fue cuando dijo que solía beber vino. En el resto de los datos encontramos indicios de conocimiento paranormal, como la descripción del lago que hay cerca de Klukwan, pero no hay nada que nos haga estar seguros. El caso sería bastante diferente si un testigo de confianza hubiese dicho que vio a John Cisko muerto de un tiro en el estómago. Podría parecer que los hombres muertos pueden contar historietas; pero está claro que John Cisko no lo hizo.[35]

El segundo fallo del caso, e igual de grave que el anterior respecto a su valor como ejemplo de reencarnación, está en el hecho de que, tanto John Cisko como Jimmy Svenson, pertenecían a la misma familia y eran el hermano y el hijo de la misma mujer. Además, Jimmy Svenson vivía en una ciudad que estaba a cien millas de Klukwan, pero se crió con su madre, cuyo hermano preferido era John. Esta lloró mucho la pérdida de su hermano y puso su nombre a su hijo y, ya que creía en la reencarnación, bien pudo haber hablado de su hermano a su hijo y contarle toda la información que el niño decía que recordaba.

Sin embargo, como en otros muchos casos que hacen pensar en la reencarnación, debemos tener en cuenta el comportamiento, además de las características puramente informativas.

Por ejemplo, Jimmy no sólo decía que conocía cosas de Klukwan, sino que, cuando se enfadaba con sus padres, les pedía que lo llevasen allí con su abuela materna (la madre de John Cisko). En resumen, no sólo parece que Jimmy conocía a John Cisko, sino que actuaba como si John Cisko y él fuesen la misma persona. Como la madre de Jimmy quería que volviese su hermano, pudo haber hecho que su hijo se identificase con él. En el Análisis General trataré esta importante teoría de la "identificación impuesta", pero también la comentaré brevemente ahora. Sin embargo, debo centrarme en uno de los fallos que tiene en este caso la teoría de la "identificación impuesta". Pienso que no justifica satisfactoriamente la pérdida de la absorción de personalidad de la persona fallecida según crece el niño. Normalmente vemos en los casos que hacen pensar en la reencarnación que, según crecen los niños,

---

35.– En mi colección de casos figuran otros muchos ejemplos en los que las personas que dicen haber vivido antes han aportado información sobre asesinatos o muertes no esclarecidas (ver, por ejemplo, el caso de Ravi Shankar, pp. 108-125).

los recuerdos de la vida anterior y la identificación con la personalidad anterior disminuyen (ver la tabla de las pags. 390-391).

En el caso de Jimmy Svenson, los recuerdos empezaron a desvanecerse cuando tenía cuatro años y, cuando hablé con él a la edad de nueve, los había olvidado por completo. Si en este caso adoptamos la teoría de la identificación impuesta, debemos admitir que, cuando Jimmy tenía cerca de cuatro años, debió parecerle bien a su madre que su hijo desarrollase otra personalidad distinta de la de su hermano John Cisko.

Por tanto la identificación con John Cisko y los supuestos recuerdos, que podrían formar parte de esta hipótesis, disminuyeron en los años siguientes. Esta recesión de la presión de la madre de Jimmy estaría en consonancia con una disminución del dolor por la pérdida de su hermano, con el paso de los años; pero, en los casos en que las presiones inconscientes ejercidas por uno de los padres haya fomentado el desarrollo de un síntoma o comportamiento específico en un niño, el síntoma no disminuye con el tiempo, igual que tampoco disminuye en el padre el deseo de que se mantenga en el hijo ese comportamiento. Esta duración de la intensidad de un síntoma impuesto puede deberse a que lo que provoca este deseo del padre es, a la vez, fuerte e inconsciente.

No creo que ahora podamos llegar a ninguna conclusión definitiva sobre este caso. La reencarnación podría explicar el comportamiento del sujeto, lo mismo que la teoría de la "identificación impuesta". Las pruebas de paranormalidad de este caso no dejan de ser meros indicios y, por otro lado, si se aplica la teoría de la "identificación impuesta" al caso, lo convierte en un ejemplo que está por encima de las influencias de los padres sobre sus hijos ya demostradas. Los datos con los que contamos no nos permiten elegir ninguna de las dos posibilidades.

## Desarrollo posterior de Jimmy Svenson

No vi a Jimmy Svenson entre septiembre de 1961 y mayo de 1972. En el primer encuentro no tenía más de nueve años y en el segundo, diecinueve y medio. Recordaba vagamente nuestra entrevista de 1961.

En 1972 decía que no tenía recuerdos de la vida anterior (ya se habían perdido en 1961). Recordaba que una vez tuvo la sensación de que ya había visto una cosa cuando estaba en Haines, a los nueve años (Haines es una ciudad que está a unas veinte millas de Klukwan, el pueblo de la personalidad anterior de este caso). En una tienda concreta de Haines tuvo la impresión de que, como dijo él, "podría jurar que había estado antes allí".[36] Pensó que su tío, John Cisko, había estado en esta tienda, pero no podía decirlo a ciencia cierta.

Jimmy me dijo que una tía suya le contó que John Cisko había recordado una vida anterior. Esto no lo supe antes. La tía de Jimmy decía que John Cisko pensaba algunas veces que había estado en algún sitio que no había visto nunca. No supe si John Cisko tuvo recuerdos concretos de una vida anterior. Parece que la tía de Jimmy no dijo que John Cisko tuviese recuerdos, cuando habló con Jimmy sobre la posibilidad de que éste recordase una vida anterior. Según parece ser, sólo dijo a Jimmy que John Cisko había recordado una vida anterior con experiencias de *déjà vu* (mi frase).

Como ya he dicho, el cuerpo de John Cisko no se recuperó nunca, por lo que no sé si se ahogo, que es lo que parece más probable, o le dispararon, como dijo Jimmy cuando era más pequeño (él tiene algunas marcas de nacimiento en el abdomen que avalan esta afirmación). En cualquiera de los dos casos, Jimmy no tenía en 1972 ninguna fobia específica producida por ninguna de las posibles causas de la muerte de John Cisko: haberse ahogado o que le hubiesen disparado un tiro. Decía que no tenía miedo al agua y le gustaba nadar. No le gustaba nadar solo, pero únicamente por prudencia.[37]

En lo que a las armas respecta, no le hacían demasiada gracia, pero creo que puede ser porque, cuando tenía doce años, se hirió un ojo (que se curó) con una carabina. La precaución que tenía con las armas de fuego no le impedía disparar una escopeta cuando se presentaba la ocasión.

Jimmy tuvo una adolescencia infeliz y, desde luego, turbulenta. Sus padres se separaron cuando tenía diez u once años, un año o dos después de mi investigación del caso en 1961. El 3 de mayo de 1963 su madre se ahogó en el puerto cuando el barco en que estaba chocó con un remolcador. Estaba borracha y no pudo nadar. Su padre se quedó

---

36.– Este recuerdo coincide con lo que una de sus hermanastras me dijo en 1961: que, cuando Jimmy fue a Haines en 1959, parecía que reconoció un almacén que había allí. Según ella Jimmy tendría siete años, mientras que él (en 1972) pensaba que tenía ocho. El almacén perteneció a la familia Cisko y es posible que lo hubiera conocido John Cisko.

37.– En 1972, Jimmy dijo que, cuando era más pequeño, tenía miedo a ahogarse, pero que aprendió a nadar cuando su hermanastro mayor lo tiró al agua en el puerto. No había oído antes que tuviese esta fobia al agua, cuando era pequeño, y, de hecho, su hermanastra me dijo en 1961 que le gustaba nadar y que iba a "nadar siempre que podía". Esto no descarta que antes tuviese miedo al agua, pero no creo que nadie me lo mencionase.

lisiado y no podía mantenerlo, por lo que firmó unos papeles en los que daba su custodia a su hermanastra, Margaret, y a su marido. Sus tutores cambiaron de residencia por lo menos dos veces y Jimmy pasó su adolescencia con ellos: primero, en New Hampshire y, después, en el estado de Washington. Su padre murió de cáncer en agosto de 1970. Jimmy siguió estudiando y acabó el bachillerato en Washington.

Mientras tanto, se relacionó con jóvenes que tomaban drogas y empezó a drogarse también (creo que se trataba de heroína, pero no se lo pregunté). El consumo de drogas hizo que tuviese problemas con la policía y que lo detuviesen. Al final decidió romper con el grupo de drogadictos y también con su hermanastra y su cuñado. Dejó Washington y volvió a Sitka, donde estaba con su hermanastro y buscaba trabajo cuando lo vi en mayo de 1972.

No había ido a Haines ni a Klukwan (el pueblo de la personalidad anterior, su tío, John Cisko) desde 1962. Me comentó que esta parte de la familia no lo quería por los antecedentes de sus detenciones. Sin embargo, parece que su falta de interés por mantener las relaciones con esta rama de su familia (la de su madre) es anterior a los problemas de su adolescencia.

Jimmy me dijo que quería hacer estudios superiores y me dio la impresión de que era lo suficientemente inteligente como para entrar en la universidad y licenciarse, si tenía una motivación. Su madre le dejó algún dinero que guardó con todo cuidado y, además, cumplía los requisitos para obtener una beca de la Oficina de Asuntos Indios.

Debemos recordar que John Cisko bebía bastante alcohol. Jimmy me dijo que tomaba alcohol habitualmente, pero negó cualquier tipo de adicción a él y decía que normalmente no bebía licores. Creo que puede ser prematuro establecer una relación entre el consumo excesivo de alcohol de John Cisko y la drogadicción de Jimmy. Todavía es joven (pero también lo era John Cisko cuando se ahogó con veinticinco años) y en 1972 parecía que quería ir por la vida sin recurrir al alivio de los productos químicos.

## EL CASO DE WILLIAM GEORGE, JR.

### Resumen del caso

En este caso figura la predicción de un renacimiento, hecha antes de la muerte, y el aparente cumplimiento de las pruebas predichas.

También se ajusta al modelo de renacimiento descrito por Veniaminov,[38] ya que se le anunció en sueños a la madre y aparecen marcas
físicas similares a las del difunto que, según parece, vuelve.

En primer lugar, voy a describir el caso de un modo sinóptico y
después presentaré en una tabla las declaraciones de los tres testigos
que entrevisté.

William George, Sr. era un prestigioso pescador de Alaska. Como
otros tlingits, creía en la reencarnación. Al final de su vida empezó a
tener dudas y también tenía un gran deseo de volver. En varias ocasiones dijo a su hijo favorito (Reginald George) y a su nuera: "Si existe el
renacimiento, volveré como hijo vuestro". Lo repitió varias veces y
además, dijo: "Y me reconoceréis porque tendré marcas de nacimiento
como las que tengo ahora". Entonces señaló dos lunares, de media pulgada de diámetro cada uno, uno en la parte superior del hombro derecho y el otro en la parte interior del antebrazo izquierdo, a unas dos
pulgadas por debajo del codo. En el verano de 1949, William George,
Sr. tenía unos sesenta años y repitió su declaración de que pretendía
volver después de la muerte, dando entonces a su hijo favorito un reloj
de oro que le había regalado su madre. Al dárselo, dijo: "Volveré. Guár-
dame este reloj. Voy a ser tu hijo. Si realmente hay algo de esto [re-
firiéndose al renacimiento], lo haré". Poco después de que su padre le
dijera esto, Reginald George se fue un fin de semana a su casa, le dio
el reloj a su mujer, Susan George, y le contó lo que su padre le había
dicho. Puso el reloj en un joyero, donde estuvo durante cinco años.

A principios de agosto de 1949, unas semanas después de los acontecimientos que he descrito, William George, Sr. desapareció del barco
que capitaneaba. Su tripulación no sabía qué pudo haber sido de él y
no se recuperó su cuerpo. Es posible que se hubiese caído de la cubier-
ta y se lo llevase la marea, como suele suceder en estas aguas.

La Sra. de Reginald George, su nuera, se quedó embarazada poco
después y dio a luz el 5 de mayo de 1950, a los nueve meses escasos
de la muerte de su suegro. Era el noveno de sus diez hijos. Durante el
parto, soñó que su suegro se le aparecía y le decía que esperaba ver a
su hijo. Según parece ser, en aquel momento la Sra. George no relacionó este sueño con el renacimiento de su suegro porque, cuando se

---

38.– Veniaminov, I.E.P.: *Obra citada*, n. 18. Para más detalles y ejemplos de las
marcas de nacimiento y los sueños premonitorios de los casos de reencarnación en los
tlingits, ver Stevenson, I.: "Cultural Patterns in Cases Suggestive of Reincarnation among
the Tlingit Indians of Southeastern Alaska", *Journal A.S.P.R.*, Vol. 60, julio, 1966.

despertó de la anestesia, estaba asustada y esperaba verlo, tal vez en su anterior forma adulta, como lo había visto en el sueño; pero lo que vio fue a un niño pequeño que tenía lunares en la parte superior del hombro izquierdo y en la parte interior del antebrazo izquierdo, justo donde dijo el abuelo del niño. El tamaño de las marcas del bebé era la mitad que el de las del abuelo. La identificación de estas marcas de nacimiento justifica que sus padres le pusiesen el nombre del abuelo, por lo que se llamó William George, Jr.

William George, Jr. tuvo una neumonía grave cuando tenía un año. No empezó a hablar hasta que tuvo tres o cuatro años y entonces lo hizo con un tartamudeo bastante fuerte, que fue desapareciendo poco a poco en los años sucesivos, pero su padre todavía estaba preocupado por este impedimento del niño en 1961. William George, Jr. tenía una inteligencia normal, a juzgar por su evolución en la escuela y mis conversaciones con él en Alaska.

Cuando creció, su familia, al observar su comportamiento, aumentó su convicción de que William George, Sr. había vuelto. Este comportamiento tenía varias facetas: la primera era que tenía aficiones, aversiones y facultades parecidas a las de su abuelo. Por ejemplo, William George, Sr. se hizo una herida en el tobillo derecho jugando al baloncesto cuando era joven. Desde entonces andaba con una ligera cojera y giraba el pie derecho hacia fuera, por lo que tenía una forma de andar muy peculiar. William George, Jr. tenía un paso bastante parecido y al andar giraba el pie derecho hacia fuera. Sus padres me lo dijeron y yo pude comprobarlo al verlo caminar. Sin embargo, la anormalidad de la forma de andar del muchacho no era muy marcada y no creo que yo lo hubiese notado si no me lo hubieran dicho.

Su familia también notó algunas semejanzas en las facciones de la cara y en los movimientos entre William George, Jr. y su abuelo, a quien se parecía en que solía preocuparse por los demás, llegando a ponerse nervioso, y daba consejos a los que lo rodeaban. Mostraba un conocimiento precoz de los barcos y la pesca. Sabía cuáles eran las mejores bahías para pescar y, la primera vez que se subió a un barco, parecía que ya sabía trabajar con las redes. También mostraba más miedo al agua que los demás niños de su edad y era más serio y sensible que ellos.

Un segundo detalle es su comportamiento, que indica una identificación casi completa con su abuelo. Por ejemplo, trataba a su tía-abuela como "hermana", que, de hecho, era el parentesco que tenía con William George, Sr. Además, trataba a sus tíos (hermanos y hermanas de

Reginald George) como hijos e hijas. Es más, parecía preocupado por su conducta, por ejemplo, por el abuso del alcohol de dos de sus "hijos" (tíos). Los hermanos de William George, Jr. entraron en esta personificación y solían llamarle "abuelo", a lo que no ponía ninguna objeción (la identificación de William George, Jr. con su abuelo disminuyó un poco según crecía). Su padre creía que se preocupaba demasiado por el pasado. Notaba que su mente "vagaba". Por esto y por las "viejas leyendas" sobre los perjuicios de recordar vidas anteriores, sus padres lo disuadieron de que hablase de la vida de William, Sr.

En tercer lugar, William George, Jr. mostraba un conocimiento de las personas y los lugares que, en opinión de su familia, era superior a lo que podía haber aprendido por medios normales. He puesto estos datos en la tabla, pero antes quiero hablar del más importante con más detalles.

Cuando tenía cuatro o cinco años, su madre se puso a revisar sus joyas en su habitación, sacándolas del joyero en que las tenía. Entre ellas sacó el reloj de William George, Sr. Cuando estaba viendo lo que tenía la caja, William George, Jr., que estaba jugando en otra sala, entró en la habitación. Al ver el reloj, lo cogió y dijo: "Ese reloj es mío". Lo agarró con fuerza repitiendo que era suyo y su madre no pudo convencerlo durante un rato para que lo dejase. Al final consintió que se guardase en la caja. Desde entonces y hasta 1961, preguntaba a sus padres de vez en cuando por su reloj. Efectivamente, cuando se hizo mayor reclamó su reloj con más insistencia, argumentando que ya debía tenerlo porque era mayor.

Tanto el Sr. como la Sra. Reginald George aseguraron que el reloj de oro había estado en el joyero desde que la señora George lo puso allí en 1949 hasta cinco años después, que sacó sus joyas para verlas. Estaban igual de seguros de que no habían hablado nunca del reloj con William George, Jr., ni tampoco en su presencia. Recordaban que habían contado a algunos familiares que William George, Sr. les había dado el reloj antes de morir (uno de ellos, el Sr. Walter Mays, lo corroboró). Sin embargo, confiaban en que ninguna de estas personas hubiese hablado de él con William, Jr. La seguridad que tenían respecto a esto hizo que se impresionasen aún más por el reconocimiento del reloj que por los lunares que tenía en el mismo sitio que William George, Sr. Además, en su opinión, el reconocimiento del reloj fue accidental, pues la Sra. de Reginald George no pensaba enseñárselo al niño. Se dio la casualidad de que entró en la habitación cuando estaba sacándolo del joyero y lo descubrió sin el mínimo aviso por parte de su madre.

Hacia 1961 ya había perdido bastante la identificación que tenía con su abuelo y, sin contar algunas peticiones esporádicas de "su reloj" y un rastro de tartamudez, se comportaba como un niño normal de su edad. Hablé con él en Alaska y esperaba que tuviese algo más que decir sobre el reloj que su madre sacó en mi presencia. Lo cogió con cariño, pero no habló de él. No puedo decir si esta reticencia se debió a que sentía vergüenza ante mí o a que habían desaparecido las imágenes que hicieron en un principio que lo reclamase como suyo.

## Declaraciones hechas por los testigos del caso

En la tabla presento una lista con distintas declaraciones y detalles del comportamiento de William George, Jr. Los tres informadores principales fueron el señor y la señora Reginald George y el señor Walter Mays, primo de Reginald George y sobrino de William George, Sr. El señor Mays solía ir con William George, Sr. cuando salía de viaje o a pescar. Las circunstancias me permitieron entrevistar a los tres testigos por separado: a la Sra. George, en Alaska, y al Sr. George y al Sr. Mays, en Seattle.

Los lectores que se tomen en serio la hipótesis de la reencarnación quizás quieran conocer la actitud del Sr. y la Sra. Reginald George ante la voluntad que expresó el Sr. William George, Sr. de volver como hijo de ellos. La Sra. George decía que no tenía ningún deseo consciente de que su suegro volviese como su hijo. Sin embargo, por la expresión de satisfacción que vi en su cara cuando me contó la historia, creo que se sentía satisfecha de que la eligiera a ella entre las demás mujeres de su familia para ser su próxima madre. El que la eligiera se debe, en parte, al afecto que tenía por ella y no a que fuese la mujer de su hijo preferido. El Sr. Reginald George era su hijo preferido, pues los demás no se preocupaban mucho por el bienestar de su padre. Reginald George correspondía a su cariño. Quería que su padre volviese como su hijo, y esperaba que se cumpliese su intención.

## Comentarios sobre las hipótesis alternativas

Lo mismo que en el anterior, las dos hipótesis con que podemos explicar este caso son la reencarnación y la identificación asumida o impuesta con la personalidad anterior y, también como en el anterior, la coincidencia de las dos personalidades en la misma familia hace que sea más probable transferir al niño información sobre la personalidad

## TABLA

*Resumen de las declaraciones de los testigos en el caso de William George, Jr.*

| Declaraciones de la Sra. de Reginald George | Declaraciones del Sr. Reginald George | Declaraciones del Sr. Walter Mays | Comentarios |
|---|---|---|---|
| 1.– William George, Sr. dijo en varias ocasiones que volvería a nacer como su hijo. | Confirmado por el Sr. George. Su padre dijo esto durante unos años antes de morir. | El Sr. Mays oyó una vez decir esto a William George Sr. en 1949. | |
| 2.– William George tenía lunares en el hombro izquierdo y en el atebrazo izquierdo. Los lunares eran de media pulgada de diámetro. No recordaba si habían aumentado. | El Sr. George sólo recordaba el lunar del hombro izquierdo y decía que había crecido un poco. Era aproximadamente de media pulgada de diámetro. | El Sr. Mays recordaba con toda claridad estos dos lunares. | Los lunares de William George, Jr. (que vi en 1961) estaban en los sitios ya dichos. Tenían cerca de un cuarto de pulgada de diámetro. No sobresalían. |
| 3.– William George, Sr. decía que cuando volviese lo reconocerían por los lunares. | El Sr. George no recordaba que su padre diese los lunares como signo de reconocimiento. | El Sr. Mays no había oído esta declaración. | Tanto si William George, Sr. dijo a su nuera delante de otros que lo reconocerían por los lunares como si no, el hecho es que William George, Jr. tenía los lunares en el mismo sitio que su abuelo y ésta fue la razón principal por la que sus padres le pusieron el mismo nombre. |

| Declaraciones de la Sra. de Reginald George | Declaraciones del Sr. Reginald George | Declaraciones del Sr. Walter Mays | Comentarios |
|---|---|---|---|
| 4.– En el verano de 1949 su marido le dio un reloj de oro de bolsillo diciendo que se lo había dado su padre y que le había dicho: "Si existe la reencarnación, volveré en tu familia y pediré este reloj. Guárdalo". | En el verano de 1949, William George, Sr. dio a Reginald George un reloj de oro de bolsillo diciéndole: "Volveré. Guárdame este reloj. Seré tu hijo. Si realmente es así, lo haré". | El Sr. Mays había oído que William George, Sr. había dado a su hijo un reloj, por el que lo reconocerían cuando volviese después de su muerte. | El Sr. George dijo que su padre le dio un reloj "una semana o dos" antes de morir. La Sra. George recordaba que fue "varios meses antes". |
| 5.– Puso el reloj en un joyero donde estuvo cinco años hasta el día que lo sacó. Entonces lo reconoció William George, Jr. y dijo que era suyo. | Confirmado por el Sr. Reginald George. | | El Sr. Reginald George no estaba presente cuando reconoció el reloj. La Sra. George estaba sola con su hijo en aquel momento. El Sr. Reginald George declaró haber observado personalmente la actitud posesiva de su hijo ante el reloj. |
| 6.– Cuando estaba dando a luz a William tuvo un sueño en el que se le apareció su difunto suegro y le dijo que estaba esperando para ver a su hijo. | El Sr. Reginald George sabía que su mujer había soñado durante el parto que su padre estaba volviendo. | | No sé si la Sra. George contó el sueño a alguien antes de dar a luz a su hijo, pero pienso que no es probable porque la anestesiaron poco después de tener el sueño. Cuando se despertó de la anestesia la Sra. George estaba desilusionada, ya que esperaba ver a su suegro. |

283

| Declaraciones de la Sra. de Reginald George | Declaraciones del Sr. Reginald George | Declaraciones del Sr. Walter Mays | Comentarios |
|---|---|---|---|
| 7.– | | Cuando William George Jr. vio al Sr. Mays dijo: "Solía ir a pescar con él". No lo reconoció por su nombre. | Bastante acertado, ya que William George, Sr. y el Sr. Mays solían ir a pescar juntos. |
| 8.– William George, Sr. se hirió la pierna cuando era joven y William George, Jr. caminaba girando el pie derecho hacia fuera, de un modo parecido a su abuelo. | Su padre se hirió el pie derecho cuando era joven. Esto hizo que tuviese mal el tobillo. William George, Jr. tenía la misma deformación, pero en menor grado. | | William George, Jr. tenía un paso anormal, pero no muy marcado. |
| 9.– | Cuando William George Jr. tenía unos cuatro años entró corriendo a la casa desde la calle, donde estaba jugando, y dijo excitado que había visto pasar a su "hermana". Sus padres comprobaron que efectivamente la hermana de William George, Sr. había pasado por delante de su casa. | | El Sr. Reginald George creía que William George, Jr. había visto antes a su tía-abuela. La importancia está en que la trató de "hermana" (y no de tía-abuela) y en la excitación que mostró al verla. Esta excitación no es normal, cuando se ve a una tía-abuela que se ha podido ver una o dos veces en la vida. |

*Declaraciones de la*
*Sra. de Reginald George*

10.– Una vez que Reginald George iba a ir a pescar en el barco, su hijo le dijo que fuese a una bahía concreta. William George, Jr. añadió que él mismo había hecho una buena captura en esta bahía. Esto era un acontecimiento de la vida de William George, Sr.

*Declaraciones*
*del Sr. Reginald George*

El Sr. Reginald George recordaba que su hijo le aconsejó acertadamente que pescase en una bahía concreta. No recordaba que el muchacho dijera entonces que en una vida anterior había hecho una buena captura en esa bahía.

*Declaraciones*
*del Sr. Walter Mays*

*Comentarios*

William George, Sr. era un buen pescador y conocía bastante bien los bancos de pesca, pero lo sorprendente es que los conociese un niño que acababa de embarcarse.

difunta por medios normales que cuando las dos personalidades pertenecen a familias desconocidas entre sí.

El dolor de los padres por la muerte repentina y misteriosa del viejo pescador bien pudo fomentar la esperanza y la creencia de que volvería. La creencia generalizada de los tlingits en la reencarnación y la intención de volver con ellos que les manifestó el capitán bien pudo haberles hecho pensar que había vuelto como hijo suyo. Bajo este punto de vista, el sueño que tuvo la Sra. de Reginald George durante el parto cumplió por completo su deseo de que volviese su suegro, si no por ella misma, por complacer a su marido. Después de nacer el niño, sus padres pudieron haberle impuesto, quizás inconscientemente, la identificación que dicen que tenía con su abuelo.

Pero surge una dificultad mayor que las mencionadas en el caso anterior, ya que debemos encontrar una justificación a la aparición de los lunares en sitios parecidos, al extraño modo de andar del niño y al reconocimiento del reloj de oro de bolsillo que su abuelo había dado a su padre.

## Reconocimiento del reloj

El reconocimiento del reloj de oro puede deberse a que los George hubiesen hablado de él (aunque lo niegan) entrenando a su hijo para que asumiese la identidad de su abuelo. No podemos decir que no haya sido así. Quizás tenga más importancia que, al hablar del reloj una o varias veces, el niño hubiese tenido información suficiente para identificarlo cuando lo vio. El reconocimiento que hizo del reloj de oro William George, Jr. no era una labor tan difícil como pueden ser las pruebas de reconocimiento que superó el Dalai Lama (décimocuarta encarnación), reconociendo el rosario, el tambor y el bastón de la décimotercera encarnación, cuando le enseñaron estos objetos, junto a otros parecidos que pertenecieron al Dalai Lama.[39] Incluso en pruebas de reconocimiento de esta índole se puede pensar en la posibilidad de que haya algún tipo de orientación encubierta, ya que están presentes personas que conocen los objetos y esperan que el niño los reconozca. Si podemos creer el relato de la Sra. George sobre lo que sucedió en este caso, el reconocimiento que hizo su hijo del reloj de oro de su abuelo fue

---

39.– Harrer, H.: *Seven Years in Tibet* (trad de R. Graves), E.P. Dutton & Co., Nueva York, 1954. Para un relato objetivo que confirme (excepto en algunos detalles discrepantes) las pruebas hechas al decimocuarto Dalai Lama, ver también Gould, B.J.: *The Jewel in the Lotus*, Chatto and Windus, Londres, 1957.

espontáneo y ella no lo planificó nunca. Pensemos lo que queramos sobre la posibilidad de que el niño hubiese oído antes hablar del reloj, nadie lo invitó a reconocerlo ni esperaba que lo hiciese: lo vio por casualidad y lo identificó de inmediato. Esto reduce la posibilidad de que su madre influyese en el reconocimiento.

Aunque confiemos en que no recibió ninguna insinuación para hacer este reconocimiento, queda la posibilidad de que hubiese una transmisión de información por percepción extrasensorial de los que conocen la identidad del objeto (o persona) al sujeto, que pudo haberlo reconocido por paramnesia pensando que estaba en sus recuerdos. Los tópicos importantes de las pruebas de reconocimiento se tratarán más a fondo en el Análisis General.

## La herencia de los lunares

El hecho de que el difunto abuelo pusiese los lunares como signo de su propia identidad en su retorno y que su hijo y su nuera aceptasen este signo es un detalle que no tiene nada que ver con la posibilidad que fuesen hereditarios. Este tema ha estado sometido al estudio de numerosos dermatólogos y especialistas en genética, sobre todo en Europa. Varias investigaciones realizadas en los años 20 dejaron establecido que tener más o menos lunares es algo definitivamente hereditario; otros estudios posteriores han demostrado que la situación y el número de ellos puede ser hereditario. Desgraciadamente, no hay muchos casos que reciban un estudio cuidadoso respecto a la presencia o ausencia de un lunar en el mismo sitio en dos personas de la misma familia con tres o más generaciones de diferencia. En total, sólo pude encontrar doce casos publicados o citados en libros que tratan este tema en Europa y Estados Unidos.[40, 41, 42, 43, 44]

En este caso, la cuestión más importante a la que nos enfrentamos en la herencia de los lunares es si la tendencia a heredarlos (en un

40.– Estabrook, A.H.: "A Family with Birthmarks (*Nevus Spilus*) for Five Generations", *Eugenical News*, Vol. 13, 1928, pp. 90-92.

41.– Denaro, S.J.: "The Inheritance of Nevi", *Journal of Heredity*, Vol. 35, 1944, pp. 215-218.

42.– Cockayne, E.A.: *Inherited Abnormalities of the Skin* Oxford University Press, Londres, 1933.

43.– Maruri, C.A.: "La herencia de los lunares", *Actas Dermo-Sifilográficas*, vol. 40, 1949, pp. 518-525.

44.– Maruri, C.A.: *La herencia en dermatología*, Aldus, S.A. Artes Gráficas, Santander, 1961.

lugar determinado) puede transmitirla un padre que no tiene lunares. En términos genéticos, ¿es la herencia lo predominante o puede verse interrumpida? Por el estudio de los doce casos publicados podemos llegar a la conclusión de que, normalmente, la herencia es la dominante, pero con algunas excepciones. En dos de las doce familias estudiadas, un abuelo y uno o más nietos tenían uno o varios lunares en los mismos sitios, pero los padres de la generación intermedia no los tenían, aunque actuaron como portadores de esta tendencia del nieto a tener lunares.[45, 46] Estos casos raros de herencia de lunares nos impiden atribuir con certeza a la reencarnación los que tenía William George, Jr.; pero podemos considerarlos como una prueba de ella.

Cometeríamos un error si despreciásemos esta cuestión como si fuese la genética lo único que pudiese dar respuesta ahora a todos sus aspectos. La genética sólo puede decir que hay posibilidad de que se hereden los lunares en generaciones posteriores; pero no nos aclara para nada por qué, en este caso, sólo William George, Jr., entre sus diez hermanos, tenía lunares donde los tenía su abuelo.[47] La reencarnación, que no tiene otra prueba más fuerte en este caso, nos lo explica. Como ya he dicho, la genética nos ayuda a entender las semejanzas que hay entre los distintos miembros de la misma familia; la reencarnación es una teoría que puede explicar algunas diferencias entre los miembros de la misma familia.

## La herencia de la anormalidad al andar

Como ya he dicho, William George, Sr. se hirió el tobillo derecho y se quedó cojo cuando era joven. William George, Jr. tenía una forma de andar parecida, con tendencia, aunque menor, a girar el pie derecho

---

45.– Leven, L.: "Erblichkeit der Naevi", *Deutsche Med. Wochenschr.*, Vol. 55, 1929, p. 1544.

46.– Brauer, A.: "Hereditärer symmetrischer systematisierter Naevus aplasticus bei 38 Personen", *Dermat. Wochenschr.*, Vol. 89, 1929, pp. 1163-1168.

47.– Para ser exactos, debo decir que de la familia George sólo examiné personalmente a William, Jr. para ver si tenía o no lunares en los mismos sitios. Esta omisión se debió, en primer lugar, a mi ignorancia sobre la genética de los lunares, la primera vez que fui a Alaska. En mi segunda visita no pude convencer a la familia para que cooperase en este examen. Sin embargo, por el interés que pusieron los padres de William George, Jr. en los lunares, llegando a ponerle el nombre del abuelo basándose en ellos, creo que no nos equivocamos al admitir que los considerasen como pruebas evidentes de la vuelta del abuelo, ya que no lo habrían hecho si otro miembro de la familia tuviera lunares en los mismos sitios.

hacia fuera. Sus padres me hablaron por separado y espontáneamente de la cojera en su hijo y del parecido que tenía con la forma de andar de su abuelo. Aquí nos enfrentamos a la herencia de un rasgo adquirido, algo considerado muy poco probable por todos los especialistas en genética, e imposible, por la mayoría. Como parece difícil poder incluir una forma concreta de andar entre los rasgos impuestos a un niño por sus padres, la hipótesis de la identificación impuesta parece menos adecuada para este caso que para cualquiera de los demás, como el trato paternal del niño hacia sus tíos. Creo que la reencarnación da a esta cojera una respuesta más satisfactoria que las demás teorías, si pensamos que la forma de andar de William George, Jr. se parece a la cojera adquirida de su abuelo.

## EL CASO DE CHARLES PORTER

### Resumen del caso

El principal informador de este caso fue un hombre que, cuando era niño, decía que recordaba una vida anterior. Cuando me contó lo que sabía de sus recuerdos, el Sr. Charles Porter ya no decía que la recordaba. Sólo podía evocar lo que oyó decir a su madre cuando era niño. Según esto, de pequeño solía decir que lo habían asesinado con una lanza en una lucha de clanes de los indios tlingits. Dijo quién lo mató, el lugar donde lo asesinaron y el nombre tlingit que tuvo en la vida anterior. El hombre que mataron con una lanza había sido tío de su madre. Este hecho se confirmó con el registro de los asesinatos de la historia del clan.

Cuando el niño contaba la historia de cómo lo mataron con una lanza, se señalaba el costado derecho. Según el Sr. Porter, cuando lo hizo por primera vez, de niño, no sabía que tenía, en el mismo sitio que señalaba, una marca de nacimiento con forma de herida de lanza, en el costado derecho. Decía que se dio cuenta de esta marca cuando ya era adulto. Examiné el costado derecho del Sr. Porter y vi una zona grande pigmentada y de forma poco normal. Estaba justo debajo de la costilla más baja, a un lado. Por su situación tan lateral es muy posible que no se hubiese dado cuenta de ella por sí mismo. Tenía, más o menos, forma de rombo y medía como media pulgada de ancho y pulgada y cuarto de largo. En realidad, se parecía bastante, por el tamaño y la forma, a la cicatriz de una lanzada. Y una lanza que entrase por este punto atravesaría el hígado y, posiblemente, venas importantes, con lo que la muerte sería casi instantánea.

Aunque el Sr. Porter era tlingit de pura sangre, su familia fue una de las primeras que se educaron en inglés. En su casa hablaban inglés y no aprendió el tlingit hasta que tuvo once o doce años. Pensaba que era por eso por lo que sus padres no le habían dicho nada de la lucha de clanes ni habían mencionado el nombre del hombre que mató a la persona que creía haber sido en una vida anterior. Decía que la familia no hablaba nunca de la historia de los tlingits cuando era pequeño.

Me dijo que su tía le comentó que veía en él preferencias por un tabaco concreto que, según recordaba ella, le gustaba mucho a su tío-abuelo, el hombre asesinado de un lanzazo, cuyo nombre llevaba.

Otros dos informadores corroboraron los hechos principales del caso, pero no añadieron ningún detalle ni se acordaban de nada más.

La Sra. Elspeth Graham era una hermana del Sr. Porter, que le llevaba cinco años. Vivía en otra comunidad, donde la entrevisté. Recordaba que su hermano empezó a decir, cuando tenía dos años, que en una vida anterior lo habían asesinado con una lanza y daba el nombre de quien lo asesinó. Este hombre, decía, era por entonces un anciano que todavía vivía en la comunidad en la que crecieron. Según la Sra. Graham, su hermano dejó de hablar de la vida anterior cuando tenía unos ocho años. Antes había hablado mucho de ella y de su muerte, aunque su madre intentó que dejase de hacerlo. Cuando entrevisté por primera vez a la Sra. Graham en 1961, no recordaba que su hermano tenía una marca de nacimiento en el costado, pero en una entrevista posterior, en 1963, me dijo que recordaba que, cuando nació, tenía una marca.

También entrevisté a la madre del Sr. Porter, la Sra. de Gregory Hodgson (había vuelto a casarse), que vivía en otra comunidad. Cuando la entrevisté era una anciana de noventa años que se estaba recuperando de una enfermedad infecciosa, durante la cual había tenido una psicosis transitoria. Reconocía que le fallaba la memoria y yo pensé que esto era lógico por las recientes enfermedades que me había contado su marido y porque desvariaba durante la entrevista.

Se acordaba de que su hijo, cuando le preguntaban dónde se había hecho las marcas de nacimiento, decía que lo habían matado con una lanza. Esto no quiere decir que no fuese cierto lo que decía el Sr. Porter cuando comentaba que, antes de darse cuenta de que tenía las señales de nacimiento, ya había dicho que lo habían matado de un lanzazo;

pero no confirma su declaración de que no se enteró de que tenía esta señal hasta que fue adulto, ni la de su hermana, que dijo que dejó de hablar de la herida de la lanza cuando tenía unos ocho años. La Sra. Hodgson parecía confusa sobre lo que su hijo había dicho respecto a las heridas que se hizo en la vida anterior y, en un momento de la entrevista, me dijo que él aseguraba que le hicieron una herida de lanza en el costado y otra en la rodilla derecha.

La Sra. Hodgson dijo que su hijo identificó al hombre que asesinó a la personalidad anterior. Cuando su hijo lo nombró, esta persona vivía todavía.

Una mujer, familia del Sr. Porter, que entrevisté en Sitka, me aseguró que había oído que, cuando era niño, le daban mucho miedo los cuchillos, las bayonetas y las lanzas y que se alejaba bastante para ni siquiera ver lanzas o cuchillos grandes. El Sr. Porter no se acordaba de que tuviese este miedo de pequeño y su hermana mayor, la Sra. Graham, tampoco recordaba que lo hubiese tenido.

## Comentarios

El Sr. Porter nació en Sitka en 1907. Según su hermana, la Sra. Graham, entre 1909 y 1915, aproximadamente estuvo hablando de que lo mataron en una lucha de clanes. El hombre que se supone que lo mató era por entonces un anciano. Supongamos que en 1910 tuviese, por lo menos, sesenta y cinco años, lo que quiere decir que nació en 1845. Según Krause, las luchas de clanes con lanzas habían desaparecido cuando estuvo con los tlingits en 1881-82; pero Simpson vio una lucha de clanes con lanzas cuando estuvo allí en 1841-42.[48] A principios de la década de 1850, la tribu wrangell protagonizó una masacre con lanzas bastante notoria, en Sitka (trataré esta masacre con más detalles en el caso de Derek Pitnov). Este modo de luchar desapareció, por tanto, durante los treinta años transcurridos de 1852 a 1882. Un hombre que hubiese nacido en 1845 pudo participar en una lucha de lanzas cuando era joven, con lo que este relato puede ser histórico.

Mis informadores no han dejado ningún testimonio escrito de las declaraciones que hizo el Sr. Porter cuando era niño y no recuerdan más detalles que los que figuran aquí, por lo que no podría encontrar datos de la lucha de clanes ni decir los nombres de quienes participaron y, ya

---

48.– Simpson, G.: *An Overland Journey Round the World during the Years 1841 and 1842*, Lea and Blanchard, Philadelphia, 1847 (parte 2, pp. 86-87).

que hay tan poca información sobre la posibilidad de que un niño pequeño se enterase de esta lucha, no podemos llegar a conclusiones sólidas sobre si el Sr. Porter obtuvo su información por medios paranormales o no. A favor de la explicación paranormal está su convicción de que decía que lo mataron con una lanza, antes de saber que tenía la marca de nacimiento, y su creencia en que sus padres, que hablaban inglés, no le habían dado detalles de una lucha de un clan tlingit. Por otro lado, el que exista esta marca de nacimiento tan poco normal ha podido hacer que sus padres inventasen una historia basándose en la marca de nacimiento en forma de rombo, se la transmitiesen al niño y éste la aceptase. Esto lo desmiente la Sra. Graham al decir que su madre disuadió a su hermano de que hablase de la herida de lanza, aunque es posible que la Sra. Hodgson fomentase la historia en su hijo de un modo encubierto, mientras que conscientemente intentaba evitarla. Cualquier explicación del caso por medios normales sigue sin dar respuesta a la razón de ser de la marca de nacimiento; pero esto lo trataré más tarde.

## Vida posterior de Charles Porter

Como ya he dicho, Charles Porter nació en 1907, con lo que, cuando lo conocí en 1961, era una persona adulta. Después de este primer encuentro volví a verlo cuando estuve en Alaska en 1962, 1963, 1965 y 1972. De vez en cuando nos mandábamos cartas.

En nuestro último encuentro, mayo de 1972, tenía 65 años y esperaba jubilarse del puesto que tenía en el Gobierno del Estado de Alaska, cosa que sucedió un mes después. Su salud en general era buena, pero estaba triste por la muerte de su esposa, que sucedió un mes antes de nuestro encuentro.

Decía que en algunas ocasiones todavía pensaba en la vida anterior, una declaración que no concuerda con las anteriores (de 1961), en las que sus recuerdos de la vida anterior eran indirectos, o sea, sólo recordaba lo que había oído que su madre contaba a otras personas sobre lo que él había dicho antes (es posible, como en otros casos, que la accesibilidad de los recuerdos a la consciencia fluctuase); pero sus recuerdos de la vida anterior parecían bastante vagos y no podía recordar qué relación de parentesco tenía con la personalidad anterior que, cuando era niño, identificaba como el tío de su madre.

Como Charles Porter se crió en Alaska hacía muchos años, le pregunté cómo se adaptó a las presiones de las distintas culturas de Alaska. Me parece que se las arregló bastante bien.

Era uno de los tlingits más instruidos que he conocido. Fervoroso presbiteriano, había trabajado en una misión antes de entrar en el Gobierno Autónomo. Pensaba volver a hacer algún trabajo como misionero después de jubilarse. Había participado activamente en uno de los grupos de servicio de Juneau, del que era uno de los pocos miembros tlingit. En líneas generales, se le podía considerar como uno de los tlingits más "asimilados", al menos entre los de su edad. Por otro lado, estaba orgulloso de su herencia tlingit y se lamentaba del declive de su cultura. Se quejaba de que, cuando hablaba tlingit, nadie le respondía (realmente la cultura y el idioma tlingit estaban resurgiendo con fuerza en Alaska en 1972). También estaba bastante resentido con la Oficina de Asuntos Indios, que se negó a asistir a su mujer antes de morir. Atribuía esta negativa a que la Oficina tenía en sus archivos notas de su oposición a que metiesen a los tlingits en reservas muchos años antes (los tlingits, a diferencia de los indios de los cuarenta y ocho estados del sur, no permitieron nunca que el gobierno de los Estados Unidos los metiesen en reservas). Trabajó activamente durante muchos años en la Alaska Native Brotherhood (sociedad fundada para fomentar el bienestar de los nativos de Alaska), de la que fue secretario de 1961 a 1967.

He visto que algunos tlingits que se han hecho sacerdotes o misioneros de iglesias cristianas han adoptado una fuerte oposición a sus creencias tradicionales; pero el Sr. Porter no creía que el cristianismo y la reencarnación fuesen incompatibles. No sólo cooperaba con paciencia en el estudio de su caso, sino que me ayudó, de varios modos, a conocer e investigar otros. Quizás nuestros dos últimos encuentros, en mayo de 1972, den muestras de su capacidad para unir las dos culturas, a las que parecía que pertenecía por igual. Un día entablamos una discusión más bien larga sobre el suyo y otros casos de reencarnación y la traducción más acertada al inglés del término tlingit que quiere decir "reencarnación". Uno o dos días después me lo encontré de improviso en el aeropuerto de Juneau, cuando iba a otra ciudad en la que tenía algunos asuntos de su actividad misionera cristiana.

## EL CASO DE NORMAN DESPERS

### *Resumen del caso*

Este caso, aunque con pocos detalles, tiene algunas características propias de los casos *déjà vu* que hacen pensar en la reencarnación documentados en otras muchas partes del mundo.

Obtuve la información del caso por el Sr. Henry Despers, Jr., de Hoonah, y por su hijo, Norman Despers, un muchacho de dieciocho años, a quien entrevisté en Sitka, donde iba al instituto. Otro testigo de las observaciones de Norman Despers, la Sra. de Henry Despers, murió unos años antes de la investigación.

Norman Despers nació en Hoonah en 1944. Cuando tenía tres o cuatro años sus padres lo llevaron un día a una ensenada, llamada bahía de Dundas, a unas treinta y cinco millas de Hoonah. En la bahía, Norman dijo de repente: "Tenía un fábrica de ahumados allí enfrente y después me quedé ciego". Estaba bastante nervioso y contento cuando dijo esto. El Sr. Despers no recordaba más declaraciones del niño respecto a una vida anterior.

Norman dio correctamente dos datos de la vida de su abuelo, Henry Despers, Sr. Fue un pescador que, efectivamente, tenía una fábrica de ahumados en la bahía de Dundas. Murió con ochenta y cinco años en 1937 y estaba ciego desde hacía cuatro. Henry Despers, Jr. se casó por primera vez en 1928 y tuvo un hijo. Su mujer murió y volvió a casarse en 1942. Norman fue el primer hijo (de cinco) de este segundo matrimonio y fue el primero que tuvo Henry Despers, Jr. después de la muerte de su padre.

El Sr. Henry Despers, Jr. estaba completamente seguro de que ni él ni su segunda mujer habían hablado nunca con Norman de la fábrica de ahumados de su abuelo o de que se había quedado ciego. También estaba seguro de que no pudo haber reconocido las ruinas de la fábrica de ahumados que, por entonces, existían todavía cuando estuvo en la bahía de Dundas. Su padre, el propietario de la fábrica, la había abandonado en 1930 y, cuando fueron a esta bahía hacia 1948, sólo quedaban algunos pilares.

Henry Despers, Jr. interpretó las observaciones de su hijo como una prueba de que su padre (abuelo del niño) había renacido como su hijo. Aunque parecía que antes había tenido dudas, esto lo convenció de la certeza de la reencarnación.

A Norman Despers se le puso el nombre de un tío materno al que sus padres querían mucho. Su abuela materna y los hijos que todavía vivían (hermanos del tío cuyo nombre le pusieron) solían hablarle mucho de su difunto tío. Cuando Norman creció, sus tíos solían decir que se parecía a su otro tío. Norman recordaba todo esto cuando lo entrevisté. También recordaba que la primera vez que fue a la bahía de Dundas le pareció conocida. Tuvo la misma sensación cuando fue a Sitka, unos cuatro meses antes de nuestra entrevista. Sin embargo, cuando lo vi, no recordaba las observaciones que su padre decía que había hecho. Pensaba que recordaba una fábrica de ahumados y cuando lo animé para que lo hiciese, dibujó una, pero no podía decir con seguridad que fuese la de la bahía de Dundas. Norman no conocía la creencia de los tlingits en la reencarnación y no sabía nada del impacto que causaron en su padre las declaraciones que hizo cuando era pequeño. El era el joven que ya comenté que no conocía la creencia en la reencarnación de los tlingits, pero sabía que los indios de Asia creían en ella.

Norman era corto de vista y empezó a llevar gafas con catorce años. Henry Despers, Jr., que tenía más de cincuenta años en 1962, llevaba gafas, pero sólo para leer.

## Comentarios

Si aceptamos lo que dice el padre de Norman sobre el desarrollo de los acontecimientos del caso, podemos explicarlo por la combinación de la percepción extrasensorial y la paramnesia. Las dos cosas que dijo el niño las conocía el padre, que estaba presente en aquel momento. Norman Despers pudo haber sacado la información de la mente de su padre y atribuirla erróneamente después a "recuerdos" de una vida anterior. El padre del niño pudo haber sido un agente pasivo de la información transmitida.

Pero, antes de rechazar el caso, debemos preguntarnos por qué el niño hizo estas declaraciones sólo cuando visitó la bahía en la que estaba la fábrica de ahumados. ¿Por qué no habló de esto cuando estaba con sus padres en casa? Quizá la respuesta esté en un estímulo para que el padre de Norman pensase en *su* padre cuando fue a la bahía. De este modo Norman pudo haber captado por percepción extrasensorial los pensamientos que surgieron en la consciencia de su padre, o que estaban debajo de la superficie. También pudo darse un caso de "lectura de objetos", en el que el entorno actuase como vehículo de transmisión de información correcta sobre su abuelo. En ambos casos, también se pudo haber dado la paramnesia, si la percepción extrasensorial forma parte de la explicación correcta del caso.

Al mismo tiempo, si se trata de reencarnación, es de esperar que una visita a un lugar relacionado con la vida anterior pueda estimular recuerdos reales. Esto es compatible tanto con la percepción extrasensorial como con la reencarnación.

Las experiencias de cosas ya vistas, que son una prueba definitiva para la percepción paranormal, parecen confirmar con frecuencia la opinión general de que es más fácil reconocer que recordar y también son un ejemplo de estimulación del recuerdo (pensamos que por asociación) por la visita a algunos lugares relacionados con los hechos pasados de la supuesta vida anterior. En este caso, la visita a la zona donde estaba la vieja fábrica de ahumados, que se encontraba en ruinas, parece que reavivó algún "recuerdo" de esta fábrica. Entonces, de un modo prácticamente instantáneo, vino la declaración del niño sobre la ceguera. Norman Despers no tenía recuerdos aparentes de una vida anterior ni, tanto él como su padre, recordaban que los hubiese tenido, con la excepción de la primera vez que fue a la fábrica de ahumados de Norman Despers, Sr.

En muchos casos que hacen pensar en la reencarnación vemos un claro predominio de supuestos recuerdos de hechos de los últimos años de la vida o del entorno de la personalidad anterior en el momento de su muerte.

El recuerdo aparente de Norman Despers de que había estado ciego en los últimos años de su vida lo demuestra. Henry Despers, Sr. dejó la fábrica de ahumados hacia 1930 y se quedó completamente ciego unos años después, hacia 1933. Es posible que dejase la fábrica porque ya le fallaba la vista. Esto puede justificar la relación que se estableció en la mente de Norman entre la fábrica y la ceguera.

No le doy ninguna importancia al dibujo que hizo Norman de la fábrica, pues no tiene nada que pueda identificarlo como la fábrica de Henry Despers, Sr. y hay muchas parecidas en el sureste de Alaska.

Lo mismo que sucedió con Jimmy Svenson, al niño de este caso le pusieron el nombre de un tío que había muerto. Aquí tenemos también una prueba directa de un niño al que sus familiares le hablaban mucho de su tío y de lo que se parecía a él. Sin embargo, estas circunstancias no influyeron en él para que se identificase con su tío materno, haciéndolo, en cambio, con su abuelo paterno.

## Desarrollo posterior de Norman Despers

No vi a Norman Despers entre septiembre de 1962 y mayo de 1972. Lo vi en su casa de Hoonah, donde vivía con su mujer y sus hijos. Tenía veintisiete años.

Se había recuperado por completo de una tuberculosis que padecía cuando lo vi por primera vez. No he mencionado antes esta enfermedad porque no tenía importancia para sus recuerdos de una vida anterior; pero fue la razón principal de que estuviese en Sitka, ingresado en el Alaska Native Hospital del Monte Edgecumbe (a las afueras de Sitka) y donde iba al instituto, cuando lo conocí en 1962.

En 1972 Norman Despers disfrutaba de buena salud en general, excepto su vista, que estaba mal. Tenía una miopía bastante fuerte que le obligaba a llevar gafas. Tenía tres hermanos, dos chicos y una chica. Norman era el único de ellos que tenía problemas de vista.[49] No olvidemos que su abuelo, de cuya vida Norman tuvo dos recuerdos, era corto de vista y se quedó ciego cuatro años antes de morir.

Norman no tuvo ningún otro recuerdo de la vida anterior desde nuestra última entrevista.

Siguió en el instituto hasta el último curso; pero, cuando su padre cayó enfermo, volvió a Hoonah y dejó los estudios. Se casó en 1964 y tenía tres hijos. Su padre murió en 1968. En 1972 trabajaba en una conservera de cangrejos de Hoonah.

## EL CASO DE HENRY ELKIN

*Resumen del caso*

El único informador del caso era el Sr. Henry Elkin, que nació en 1899 en Angoon, donde vivió los primeros años de su vida, trasladándose después a Hoonah.

Su madre le dijo que había nacido con dos marcas en el tórax, una en el pecho y otra en la parte izquierda de la espalda. En 1962 todavía se notaban bastante y las examiné con atención. En el costado izquierdo, entre la clavícula y la mamila, había una marca redonda de media pulgada de diámetro, ligeramente arrugada y algo más clara que el resto de la piel. En la parte izquierda de la espalda tenía otra mayor e irregular que parecía un triángulo, ligeramente hundida, pero sin diferencias de color con el resto de la piel. Esta marca estaba a unas seis pulgadas por debajo del hombro izquierdo y a unas tres de la línea central. En el lado derecho de la espalda, casi al mismo nivel y un poco más cerca de la línea central había otra parecida, pero más pequeña y de forma irregular. El Sr. Elkin decía que esta marca era una quemadura que se hizo mientras que las otras, según su madre, son congénitas.

---

49.– En la primera edición de este libro dije que Norman era uno de los cinco hijos del segundo matrimonio de su padre. En 1972 Norman habló sólo de cuatro hijos vivos, por lo que es posible que hubiera muerto uno. No pregunté nada, porque no noté ninguna discrepancia por entonces.

La marca redonda y arrugada de la parte frontal parecía la cicatriz de una herida de bala. La marca de la parte trasera tenía una apariencia menos definida, pero bien podría ser la salida de la bala. Las dos marcas de la parte izquierda del tórax estaban en línea recta y prácticamente horizontal, como si una bala hubiese atravesado el pecho desde la marca frontal a la posterior.

Cuando nació el Sr. Elkin, sus padres no lo identificaron (al menos públicamente) con ningún familiar muerto, ni le pusieron, que él supiese, el nombre de ningún pariente. El Sr. Elkin no dijo que recordase ningún difunto que tuviese alguna relación con las marcas congénitas, parecidas a una herida de bala, que tenía en el tórax. Sin embargo, creía recordar otros dos episodios de una vida anterior.

Cuando era niño su madre lo llevó a la vieja casa de la comunidad de Angoon. Mirando a su alrededor, dijo que "había visto allí a su abuela". Su madre le dijo que eso sucedió antes de que hubiera nacido y no volvieron a tratar el tema. Cuando los tlingits participaban en sus guerras tribales (que, como ya he dicho, cesaron entre 1850 y 1880), sus mujeres se quedaban en la casas de la comunidad hasta que los maridos supervivientes volvían de la batalla. La abuela de Henry Elkin había esperado en la casa de la comunidad a que volviese su marido (y otro familiar) de las batallas. Daba la impresión de que recordaba hechos que tuvieron lugar hacía veinticinco años o más.

Cuando Henry Elkin tenía ocho años, "recordó" de repente un momento en el que su padre estaba con un compañero en un barco y salvaron la vida a otros hombres que, mientras cortaban algas, tuvieron un accidente y estuvieron a punto de ahogarse. Los detalles de lo que contó sobre este episodio los dieron por correctos sus padres. Sin embargo, volvieron a decirle que esto había sucedido antes de que naciese y no le dejaron hablar más de ello. En 1962, el Sr. Elkin se acordaba bastante bien de cómo rescató su padre a estos dos hombres.

## Comentarios

Ya que, por desgracia, el Sr. Elkin es el único testigo de este caso, debemos aceptar o rechazar su palabra de que las dos marcas de nacimiento de la parte derecha del tórax eran congénitas y no adquiridas, como era la que tenía en la parte derecha de la espalda. No puedo imaginar cómo podría habérselas hecho después de nacer. Una bala que pasase por donde están estas marcas tendría un resultado fatal. Lógicamente le hubiese roto varios vasos del tórax que le hubiesen provocado una muerte casi instantánea por hemorragia; pero, aunque esta herida no hubiese sido mortal, sin duda la recordaría alguien. Si le hubiese sucedido después de cumplir los cinco años, pongamos por ejemplo, él mismo lo recordaría. Si sucedió cuando era muy pequeño, con menos de cinco años, lo habría olvidado; pero sus padres lo sabrían y deberíamos pensar que no habrían tenido ninguna razón para decirle que las marcas son de nacimiento. Si querían convertirlo en un héroe de guerra, podían haberlo hecho; pero no se inventaron esta historia y le prohibieron que recordase lo poco que pudiese rememorar.

Estos mismo argumentos se oponen a la idea que se me ocurrió de que el Sr. Elkin se había hecho esas señales con intenciones fraudulentas. Sin contar con el dolor que le produciría y la habilidad que hace falta para imitar tan bien unas heridas de bala, nos encontraríamos con que nunca dio la impresión de que hubiese inventado estos relatos. Lejos de contar la historia de una muerte heroica en el campo de batalla, parece que al Sr. Elkin no le gustaba hablar de este tema. En resumen, pienso que la escasez de datos le da más autenticidad.

Como ya he dicho, muchos tlingits creen, lo mismo que muchos hindúes, que es una desgracia recordar una vida anterior, por lo que disuaden a los niños de que digan que la recuerdan. Sin embargo, la insistencia con que sus padres 'le decían que no hablase de los aparentes recuerdos de una vida anterior parece que fue mucho mayor de lo normal. Este hecho y el reconocimiento de los padres de la exactitud de sus dos declaraciones nos hacen pensar que lo identificaron con una persona en concreto que no había muerto de un modo natural y, por las razones que tuviesen, no querían que el niño conociese esta identificación ni que transcendiese en el pueblo. No tenemos pruebas directas para sacar estas conjeturas y me limito a comentarlas como algo que guarda relación con la teoría de la identificación impuesta. Con las cicatrices congénitas del Sr. Elkin tenemos a nuestro alcance materiales que sirven de base para pensar que se impuso al niño una personalidad que sus padres pueden haber recordado porque tenía heridas parecidas. Cualquier persona que muriese con estas heridas, casi con toda seguridad, debió morir como un héroe de guerra o asesinado.

## *Una entrevista posterior con Henry Elkin*

No vi a Henry Elkin entre septiembre de 1962 y mayo de 1972. En el último mes que estuve en Alaska me enteré de que seguía viviendo en Hoonah y fui a verlo.

Me recibió con cordialidad, aunque, cuando llegué, estaba bastante ocupado, preparándose para ir a pescar halibuts. Por entonces tenía setenta y tres años, pero aparentaba ser más joven. Parecía que tenía buena salud y decía que así era, a excepción de las secuelas de una enfermedad coronaria que había tenido hacía muchos años.

Henry Elkin me dijo que, de vez en cuando, todavía pensaba en los recuerdos que había tenido de una vida anterior. Esto me sorprendió porque esperaba que me dijese que no recordaba nada. Cuatro de los cinco tlingits con los que mantuve entrevistas complementarias habían dicho, en las últimas, que ya no tenían recuerdos de las vidas anteriores que habían recordado o con las que se identificaron (Derek Pitnov no tuvo nunca *ningún* recuerdo de una vida anterior).

Cuando pregunté a Henry Elkin qué era lo que recordaba, primero me contó el episodio que ya he descrito, cuando fue a la casa de la comunidad de Angoon y tuvo un recuerdo, o puede que una visión, de su abuela materna sentada allí. La descripción de este episodio no difiere de la que me había dado en 1962, excepto que en 1972 me dijo que fue su hermana (no su madre) quien lo llevó a la casa de la comunidad de Angoon. Pero seguía diciendo que fue su madre quien le dijo que lo que recordaba había sucedido antes de que hubiese nacido.

El relato del segundo recuerdo de la vida anterior difiere bastante del que me dio antes, o puede que le diese un enfoque completamente distinto a lo que me contó en 1962. Me refiero a cuando estaba con su padre en un barco y éste salvó las vidas de otros dos hombres que estaban a punto de ahogarse. En 1972 Henry Elkin no cambió los detalles de lo que sucedió cuando su padre salvo las vidas de estos dos hombres. De hecho, dio algunos detalles más, como los nombres de los hombres rescatados. Repitió que su madre le dijo que todavía no había nacido cuando sucedió esto. Pero en 1972 me dio más información que la vez anterior. Decía que sus padres le habían dicho que su hermana mayor vivía cuando sucedió este rescate y que estaba en la canoa con su padre.

Esta hermana mayor murió con doce o trece años cuando Henry Elkin era un niño pequeño (por esta descripción he llegado a la conclusión de que él podría tener cinco o seis años cuando ella murió, no recordaba que edad tenía y se negó a dar una aproximada; su deseo de ceñirse sólo a lo que recordaba era una de sus cualidades admirables). Henry Elkin nació en 1899. Supongamos que su hermana murió hacia 1905. Si por entonces tenía menos de doce o trece años, podemos establecer su nacimiento hacia 1892; pero no habría salido con su padre en una canoa con menos de cinco o seis años. Pienso, por tanto, que el incidente en cuestión tuvo lugar entre 1897-98, y no mucho antes de 1899, pero seguro que antes de que naciese Henry Elkin, por lo que le dijo su madre.

Lo que Henry Elkin recuerda es que *él* estaba en la proa de la canoa que llevaba su padre. No recuerda que su hermana estuviese allí. ¿Cómo vamos a pensar que sea un recuerdo suyo? Tengo que confesar que no lo tengo muy claro. Si aceptamos que Henry Elkin había tenido una vida anterior, este recuerdo en concreto pudo haber sido fruto de sus experiencias como un espíritu no encarnado que conocía detalles de la familia de la personalidad anterior, que también sería la familia en la que habría de reencarnarse.[50] Entre los tlingits no he encontrado ningún otro caso en el que el sujeto afirme recordar algo que sucedió a la familia anterior en el tiempo transcurrido entre las dos encarnaciones; pero sí lo he visto en unos pocos casos del sur de Asia y, en algunos de éstos, el sujeto habla de detalles comprobados, ocurridos a la familia anterior después de la muerte de la personalidad anterior y antes de su nacimiento.

Por otro lado, la versión revisada (o quizas debiera decir para ser justo con él, aumentada) del recuerdo del rescate de los hombres ahogados pudo haber entrado en su mente por percepción extrasensorial a partir de su hermana. Ella estaba en la canoa del padre cuando se rescataron estos hombres. Debió haber tenido un recuerdo del suceso y puede que, de algún modo, se lo transmitiese a Henry Elkin y después le pareciese que lo recordaba como algo que le ocurrió a él mismo; pero no hace falta que recurramos a la percepción extrasensorial, porque es posible que su hermana se lo contase antes de morir y que después –por una ilusión de la memoria– pensase que él, y no ella, había participado en el rescate de los hombres que su padre había salvado.

---

50.– En la mayoría (el 70%) de los casos tlingits de reencarnación, el sujeto y la personalidad anterior eran familiares por parte de madre (Stevenson, I.: "Cultural Patterns in Cases Suggestive of Reincarnation among the Tlingit Indians of Southeastern Alaska", *Journal A.S.P.R.*, Vol. 60, julio, 1966, pp. 229-243). Si este caso siguiese este modelo, la abuela materna de Henry Elkin que (en su primer recuerdo) vio sentada en la casa de la comunidad de Angoon era la hermana de la personalidad anterior que participó en una batalla tribal y murió en ella. Según el modelo de los casos tlingits (y la expectativa de la cultura tlingit) el hombre muerto habría nacido en la familia de su hermana. Así la personalidad anterior y el sujeto pertenecerían a la misma familia por parte de madre.

## EL CASO DE DEREK PITNOV

*Resumen del caso*

Derek Pitnov nació en Wrangell en 1918. Al nacer tenía una marca en el abdomen que, aunque al principio se notaba mucho, fue atenuándose, pero todavía se notaba bastante cuando lo vi por primera vez. El Sr. Pitnov me dejó que viese esta marca en 1962.

Era de forma romboidal y tenía cerca de una pulgada de largo y media de ancho. Estaba como a una pulgada a la izquierda y un poco por debajo del ombligo. Parecía que afectaba sólo a la piel, como si el tejido dérmico de aquella zona no estuviese pegado al músculo que había debajo, y estaba un poco hundida en el centro. En 1962 tenía en el centro un color bastante más oscuro que la piel que lo rodeaba y más claro en los bordes. El Sr. Pitnov decía que, cuando era más joven, la marca tenía una pulgada más de longitud y un color más oscuro, sobre todo a temperaturas bajas, como cuando se bañaba en agua fría. El Sr. Pitnov decía que antes tenía la apariencia de una herida reciente. No tenía ninguna marca en la espalda. Una lanza que entrase en el abdomen en ángulo recto por el lugar donde está la marca del Sr. Pitnov produciría la muerte casi instantánea por afectar a la aorta.

El Sr. Pitnov sabía desde pequeño que tenía la marca en el abdomen, pero hasta hace poco no ha conocido la relación que podría tener con la herida real de un antepasado. Hacia 1955 supo que, cuando nació, algunas señoras mayores de Wrangell relacionaron la marca de su abdomen con la herida fatal de un conocido nativo de Wrangell, Chahnik-kooh. Este, aunque no era un jefe, llevó a un grupo numeroso de hombres de Wrangell a un potlatch (fiesta ceremonial) de Sitka que tuvo lugar en 1852 o 1853. Los sitkas y su jefe, Yakwan, habían anunciado este potlatch como un encuentro amistoso para establecer la paz de una antigua rivalidad entre las tribus wrangell y sitka. Se avisó al grupo de los wrangells para que tuviesen cuidado porque podía ser un engaño, pero no hicieron caso. Cuando llegaron a Sitka se inició la ceremonia con una recepción amistosa. Los wrangells no tenían armas y no esperaban que se fuesen a utilizar; pero, a la mitad de la celebración, Yakwan y unos cuantos hombres suyos se echaron sobre los wrangells y asesinaron a traición con lanzas a unos cuarenta. Unos pocos supervivientes escaparon a Wrangell, donde contaron la masacre. El odio entre las dos tribus siguió siendo bastante fuerte hasta que se hizo otro acuerdo de paz (que fue efectivo) en 1918, pero todavía sigue habiendo cierta animosidad y un temor recíproco.

En la historiografía de Alaska se ha tratado la masacre de Sitka;[51, 52] pero las tradiciones orales de los wrangells dan más detalles. En ellas encontramos un relato de cómo murió Chah-nik-kooh, en el que se cuenta que, cuando Yakwan levantó la lanza por primera vez y le vieron las intenciones de masacrar a los wrangells, Chah-nik-kooh dijo: "Si quieres matar a alguien, ¡mátame a mí!" Esta frase muestra una mezcla de resignación ante la inevitable muerte y un valor desafiante. El fue, por tanto, el primero en morir. Realmente, Yakwan ensartó varios cuerpos de un lanzazo, aunque no se dice que Chah-nik-kooh fuera uno de ellos. Los cuerpos de los caídos se quedaron en Sitka.

Como ya he dicho, unos cuantos supervivientes llegaron a Wrangell con el relato de la masacre y su fuga. Gracias a ellos los wrangells conocieron los detalles de los asesinatos y se los transmitieron a sus descendientes. Así es como se pudieron conocer o suponer en la comunidad de Wrangell cómo eran las heridas de cada uno de los muertos.

En 1918 (unos sesenta y seis años después de la masacre) algunos ancianos de Wrangell decían que la marca de nacimiento del abdomen de Derek Pitnov estaba en el mismo sitio en el que se produjo la herida fatal de Chah-nik-kooh, que era el tío-tatarabuelo del Sr. Pitnov.

Podemos tener serias dudas sobre las pruebas de autenticidad de la marca de nacimiento del Sr. Pitnov que hizo que los ancianos de Wrangell la relacionasen, sin dudarlo, con la herida de Chah-nik-kooh. En la masacre de los cuarenta wrangells, ¿cómo pudo saber alguien después a ciencia cierta dónde recibió cada víctima las heridas? La imposibilidad de ver los cuerpos de sus parientes debió aumentar la dificultad y la historia de la masacre y de cómo murió Chah-nik-kooh dependen de lo que dijeron los testigos que lograron escapar. Como digo, podemos dudar de la fiabilidad de los recuerdos de los viejos cuando decían que el Sr. Pitnov era la reencarnación de Chah-nik-kooh; pero no debemos recelar de la credibilidad de la historia, ya que la narración de estos pequeños detalles sobre el modo exacto en que murió y dónde le clavaron la lanza son completamente característicos de las historias tribales de los tlingits que han pasado de una generación a otra.[53]

51.– Bancroft, H.H.: *History of Alaska*, A.L. Bancroft & Co., San Francisco, 1886.

52.– Andrews, C.L.: *The Story of Alaska*, Caston Printers, Caldwell (Idaho), 1938.

53.– Muchos tlingits creen que sus tradiciones orales son más ciertas que los textos escritos. Repiten a un niño una historia hasta que la puede contar perfectamente. Esto les

El Sr. Pitnov me dio toda esta información sobre la marca congénita del abdomen y su relación con la suerte de Chah-nik-kooh. Recordaba que tenía la marca cuando era un niño, pero se enteró de su relación con Chah-nik-kooh cuando era adulto. La cuestión está, como en otros casos parecidos, en si tenía la marca al nacer o se la hizo después.

En Wrangell, donde nació el Sr. Pitnov, pregunté a varios miembros de su familia sobre la existencia de esta marca al nacer. Entrevisté a una de sus hermanas en Anchorage. La madre, el padre y dos hermanas mayores no sabían nada de que el Sr. Pitnov tuvieses una marca de nacimiento en el Sr. Pitnov. Podemos descartar el testimonio de una de sus hermanas mayores, porque sólo tiene dos años más que él y es difícil que comprendiese el significado de la señal cuando nació su hermano u oyese hablar de ella por entonces. Y su otra hermana, aunque tenía cuatro años cuando nació, dejó a la familia para ir a una escuela unos años después y se crió en un ambiente distinto al del Sr. Pitnov, por lo que no era probable que hubiese oído hablar de la marca de nacimiento. El testimonio del padre del Sr. Pitnov también carece de importancia, ya que, con ochenta y nueve años en el otoño de 1962, lógicamente, le fallaba la memoria. Además, parece que nunca estuvo unido a su mujer ni se preocupó por ella ni por sus hijos. El matrimonio terminó en separación y divorcio un año después de que naciese el Sr. Pitnov. Pero resulta extraño que la madre de Sr. Pitnov no recordase

---

asegura la reproducción correcta de una generación a otra. Dicen que los relatos escritos puede incluir y perpetuar sin ningún cuidado los errores que se evitan con la tradición oral. Los historiadores contemporáneos tampoco rechazan la tradición oral. Algunos llegan a dar la razón a los pueblos que confían en la tradición oral, cuando se quejan de los textos escritos (Dorson, R.M.: "Oral Tradition and Written History: The Case for the United States", *Journal of the Folklore Institute*, Vol. 1, diciembre, 1964, pp. 220-234). P. Drucker, en *Indians of the Northwest Coast*, McGraw-Hill Book Company, Inc., Nueva York, 1955, comparte esta confianza y dice que "de estas tradiciones, se debe decir que, aunque los indios no tienen textos escritos y deben confiar en la transmisión oral de las historias de su clan o familia, las tradiciones de todos los grupos que hay desde la isla de Vancouver hacia el norte son tan claras y consistentes –y, cuando se pueden comprobar, correctas– que hay pocas dudas de que la mayoría son históricamente ciertas..."

Un incidente que sucedió la segunda vez que estuve en Alaska sirve de ejemplo de la confianza de los narradores tlingits en la tradición oral y su desprecio por los textos escritos. A petición del Sr. George Hall, un anciano tlingit, que era una autoridad en leyendas e historias tribales, empezó a contarnos una leyenda tlingit. Queriendo conservarla para estudiarla posteriormente, cogí el bolígrafo y empecé a escribir lo que decía. Al ver esto, el narrador se enfadó y se quejó al Sr. Hall de que estas cosas (escribir las historias) eran las que introducían errores en las historias y las distorsionaban.

que su hijo tenía una marca de nacimiento en el vientre. Parecía que tenía una mente despierta y, aunque tenía setenta años en 1962, no mostraba ningún signo de decadencia. Recordaba que su hijo tenía una marca de nacimiento en la rodilla, pero no sabía nada de la del abdomen (el Sr. Pitnov no dijo nada de la marca de la rodilla). El que su madre no recordase esto hace que todo sea más inexplicable, ya que otra señora de Wrangell, la Sra. Robertshaw, recordaba que el Sr. Pitnov había nacido con una marca "debajo del pulmón izquierdo". Esta informadora, que tenía noventa y cuatro años en 1962, mostró algunos signos de confusión según otros informadores. Sólo hablaba tlingit y fue su sobrino-nieto quien hizo de intérprete. El lugar en que localizó la marca, aunque no era exacto, fue, en líneas generales, correcto y parecía que sabía algo de la marca en cuestión.

El Sr. Pitnov decía que no recordaba la vida del difunto Chah-nik-kooh ni de nadie más. Sin embargo, mostraba dos tipos de comportamiento interesantes y llamativos. El primero, que recordada que, desde la infancia, había tenido bastante miedo a las navajas, bayonetas y lanzas. Cuando era pequeño tenía miedo de las navajas y no jugaba con ellas, como hacían otros niños, ni le gustaba la instrucción con bayoneta cuando estuvo en el ejército, durante la Segunda Guerra Mundial. No permitía que sus hijos jugasen con navajas. Esta fobia no alcanzó a otras armas peligrosas como las de fuego, sino que se limitaba a las armas blancas.

El Sr. Pitnov no recuerda ningún hecho de su vida que pueda explicar este miedo a las navajas y a las lanzas. Una vez, un hombre le saco una navaja; pero el Sr. Pitnov estaba seguro de que su miedo a las navajas es anterior a este episodio y que su reacción de furia hacia el hombre que le amenazó fue el resultado, y no la causa, del miedo que tenía a las navajas.

Su mujer decía que había notado este fuerte miedo a las navajas y que prohibía a sus hijos que jugasen con ellas más que los demás padres de la comunidad.

Los dibujos de lanzas no provocaban ninguna emoción fuerte en el Sr. Pitnov y, cuando le enseñé una fotografía de una guerra tlingit con lanzas, no mostró ningún signo visible de inquietud al verla. En 1965 me dijo que pensaba que su miedo a las armas blancas había disminuido bastante.

En segundo lugar, aunque nació en Wrangell, tenía bastante interés por mejorar las relaciones entre los de Wrangell y los de Sitka. Se hizo la casa en Sitka, donde algunas personas demostraban todavía bastante aversión contra los tlingits de Wrangell. Hubiese tenido la vida más fácil si se hubiese quedado en Wrangell o si, viviendo en Sitka, hubiese permanecido en el anonimato, al margen de las organizaciones locales; pero, por el contrario, se metió de lleno en ellas y llegó a tener altos cargos en las organizaciones tlingits de Sitka. Me dijo que tenía muchas ganas de llevar la armonía a los dos clanes y servir de algo al pueblo de Sitka. El Sr. George Hall, que conocía bien tanto al Sr. Pitnov como sus circunstancias, me confirmó el interés que ponía en los asuntos de los tlingits de Sitka, a pesar de la frustración y la decepción.

En el comportamiento del Sr. Pitnov hacia los tlingits de Sitka podemos ver detalles parecidos al comportamiento de Chah-nik-kooh, que llevó una expedición de paz de los wrangells a Sitka y perdió la vida. El Sr. Pitnov decía que no sabía que se hubiese atribuido ninguna relación entre él y Chah-nik-kooh hasta 1955 y que, de ser cierta, su interés por curar las heridas que había entre los wrangells y los sitkas venía de antes de saber que había desempeñado el mismo papel en una vida anterior.

En mis estudios de los casos que hacen pensar en la reencarnación he encontrado unas cuantas personas que tienen una enfermedad relacionada con un acontecimiento de una vida anterior.[54] El Sr. Pitnov decía que solía dolerle el abdomen cuando estaba en tensión. No pensaba que su dolor fuese superior al de los demás; pero como muchas personas, cuando están en tensión, no tienen dolor abdominal, sino otros síntomas en otros órganos, parece interesante que los síntomas físicos de tensión del Sr. Pitnov se localicen principalmente en el abdomen.

## Comentarios

Que la madre del Sr. Pitnov no recordase la marca del abdomen de su hijo, mientras que la Sra. Robertshaw decía que la tenía, plantea un problema sorprendente. Se podría explicar porque la Sra. Robertshaw está considerada como una de las personas más viejas y que conoce a fondo la historia de la tribu y cosas como la relación que hay entre el renacimiento y las marcas de nacimiento. Es bastante probable que, cuando nació el Sr. Pitnov, en 1918, la Sra. Robertshaw hubiese oído hablar de la marca y se fijase en ella, mientras que a su madre le interesase poco y en los años siguientes la olvidase por completo. En una

---

54.– En esta serie de casos, Sukla, Marta y Norman Despers son otros ejemplos de correlaciones entre una enfermedad de la personalidad anterior y la del sujeto. Otros casos no publicados también son ejemplos de este hecho.

conversación posterior con el Sr. Pitnov, atribuyó el que su madre no confirmase que tenía una marca de nacimiento a que quería evitar del tema, más que a una pérdida de memoria. Pensaba que quería evitar cualquier referencia a las antiguas enemistades de los tlingits que, como ya he dicho, duraron hasta tiempos recientes.

Si la marca del abdomen del Sr. Pitnov *no* es congénita deberemos darle alguna otra explicación. Como en el caso de Henry Elkin, es difícil imaginar cómo pudo hacerse una señal de este tamaño después de nacer, sin que se enterasen ni su madre ni él. Sin embargo, pudo suceder y, en el caso de Sr. Pitnov, una herida relativamente superficial o una quemadura pudo dejar la cicatriz. Como ya he dicho, la marca del abdomen del Sr. Pitnov no tenía otra correspondiente en la espalda, por donde pudiese haber salido una hipotética lanza; pero nos queda el problema de su forma característica. Tiene muy clara la forma de un rombo simétrico. En líneas generales, se parecía bastante a la marca pigmentada con forma de rombo del costado derecho del Sr. Porter; pero tenía una forma menos regular, al menos en un lado donde la línea estaba bastante dentada, aunque en general las dos tenían forma de rombo

Se da el caso de que las lanzas de guerra de los tlingits tienen la punta plana, con una base en forma de rombo que se encaja en un soporte de la misma forma. El soporte se une a un mango largo y redondo. La parte redonda de la lanza no tiene un ancho mayor que el soporte romboidal.[55] Cuando esta lanza entra en un cuerpo, la punta debe cortar el tejido y el soporte hace una herida en forma de rombo. El mango redondo no debe modificar la herida hecha por la punta y el soporte. La lanza de guerra tlingit tiene una punta bastante estrecha y un soporte de no más de una pulgada y media de ancho. En resumen, su tamaño y perfil hacen pensar que produciría una herida bastante parecida a las marcas del costado del Sr. Porter y del abdomen del Sr. Pitnov. Que dos personas hayan nacido con marcas romboidales muy parecidas a las heridas que pueden producir las lanzas que se utilizan en Alaska requiere alguna explicación.[56]

---

55.– El Sr. George Hall me cedió cortésmente una fotografía de una lanza de guerra tlingit junto a otras armas, lo que me permitió averiguar el tamaño de la lanza. Por la fotografía también se podía saber la forma de la punta, del soporte y del mango. No pude ver la lanza cuando estuve en Alaska, pero el cálculo que hice del tamaño y la forma me lo confirmaron en una conversación que mantuve con su antiguo propietario.

56.– No quiero dar la impresión de que considero la forma romboidal de la marca de nacimiento como prueba evidente de la posibilidad de que tenga una explicación paranormal. El Dr. R.M.J. Harper ha publicado una fotografía de una marca de nacimiento

## Vida posterior de Derek Pitnov

No vi a Derek Pitnov entre agosto de 1965 y mayo de 1972. El 24 de mayo de 1972 tuve una larga conversación con él en Sitka, Alaska, y pude conocer a su (segunda) mujer.

En la primera edición de este libro hablé del interés de Derek Pitnov por intentar mejorar las relaciones entre pueblos tlingits de Wrangell y Sitka, en otro tiempo hostiles y rivales. Seguía estando bastante interesado por este asunto, pero menos que antes, quizá porque la antigua hostilidad había disminuido; pero no me dijo que ésta fuese la razón de que disminuyese su interés. También participaba, aunque menos que antes, en las actividades de la Alaska Native Brotherhood, en la que había trabajado antes con entusiasmo. Sin embargo, formó parte durante cuatro años del Ayuntamiento de Sitka, entre 1966 y 1970, perdiendo el cargo tras una unión de la ciudad con los municipios de los alrededores que hizo que quedasen anuladas algunas concejalías.

El Sr. Pitnov había tenido problemas laborales desde la última vez que nos vimos. Trabajó durante tres años en una fábrica de pulpa que estaba a las afueras de Sitka y dejó este trabajo para volver al Federal Park Service (el Departamento del Interior tiene un parque histórico en Sitka); pero, hacia 1971, renunció a este trabajo y con su (primera) esposa pidió prestada una gran cantidad de dinero con la que se metió en negocios. Al final fracasaron, en parte porque por entonces su mujer se divorció de él y se llevó su parte de la compañía. Tras este desastre pasó el invierno sin trabajo en Anchorage. Después volvió a mejorar su suerte cuando le ofrecieron un trabajo bastante bien pagado en la construcción, en Sitka. Fue por entonces cuando conoció a su segunda mujer.

Su salario era relativamente bueno, pero el Sr. Pitnov estaba capacitado para realizar un trabajo de mayor nivel y más intelectual. Tenía un vocabulario excelente y un conocimiento profundo del pueblo tlingit. Esto lo habría capacitado trabajar en la Oficina de Asuntos Indios; pero, por razones que no entiendo, no pudo conseguir un empleo en esta rama del gobierno federal.

En 1972 su salud era buena, aunque todavía le dolía el vientre cuando estaba en tensión. Al oír de nuevo el relato de sus síntomas, me

---

pigmentada con forma de rombo bastante parecida a la del Sr. Porter (Harper, R.M.J.: *Evolution and Illnes*, E. and S. Livingstone, Ltd., Londres, 1962). En el caso de Harper, la marca de nacimiento aparece en la parte inferior del costado izquierdo de un niño de siete años. Harper relaciona estas marcas con la multiplicidad de mamilas, pero esto es sólo una conjetura.

pareció que por entonces padecía acidez de estómago; decía que calmaba sus dolores con antiácidos.

Negó que tuviese por entonces ninguna aversión consciente por las navajas como la que había tenido cuando era joven e incluso en la edad adulta. Sin embargo, su mujer me dijo que nunca utilizaba el cuchillo para comer. Ella leyó la primera edición de este libro (de la que le envié una copia) y, cuando llegó al párrafo en el que hablaba de su fobia por los cuchillos, se dio cuenta de que no lo utilizaba para comer. Si cuando comía necesitaba cortar algo, utilizaba el lateral del tenedor, tal y como lo vi hacer cuando comimos juntos. El no era consciente de que evitaba el uso del cuchillo, pero esta costumbre bien puede ser el último vestigio de la fobia que tuvo contra ellos.

Volví a examinar la marca del abdomen. Era algo menos llamativa y de tono más claro que cuando la vi siete años antes (según el Sr. Pitnov, por entonces había desaparecido en comparación con el aspecto exagerado que tenía cuando era niño). Sin embargo, conservaba la forma de rombo. Pienso que el que haya engordado en estos siete años ha tenido alguna influencia en la distorsión de la marca de nacimiento. A pesar de todo, se podía distinguir perfectamente su forma romboidal y aparecía bastante clara en las fotografías que tomé.

## EL CASO DE CORLISS CHOTKIN, JR.

### Resumen del caso

Victor Vincent, un tlingit puro, murió en Angoon en la primavera de 1946. En los últimos años de su vida estuvo bastante apegado a su sobrina, la Sra. de Corliss Chotkin, Sr., hija de su hermana. Con frecuencia iba a pasar unos días con su sobrina y su marido en Sitka y éstos hacían que se encontrase cómodo con ellos. En una de estas visitas, un año antes de morir, Victor Vincent dijo a su sobrina: "Voy a volver para ser tu próximo hijo. Espero no tartamudear tanto como ahora. Tu hijo tendrá estas cicatrices". Se quitó la camisa y le enseñó una cicatriz que tenía en la espalda. Esta cicatriz se la produjo una operación que tuvo en la espalda hacía unos años. Estaba claro que era de una operación porque se veían los pequeños hoyos redondos de los puntos. El Sr. Vincent señaló también una cicatriz que tenía en el lado derecho de la base de la nariz y le dijo que era otra marca por la que reconocería su renacimiento. Esta cicatriz la produjo otra operación. Al predecir su retorno, dijo también a su sobrina: "Sé que tendré una buena casa. No no te irás a emborracharte". Esto era una alusión a varios alcohólicos que había en su familia. Victor Vincent creía que su difunta hermana, Gertrude, la madre de la Sra. Corliss Chotkin, Sr., había renacido como hija de la Sra. Chotkin, Gertrude, Jr. (Gertrude, Jr. había dado alguna muestra de conocimiento paranormal de la vida de su abuela). El Sr. Vincent dijo, como una razón más para volver en la familia de su sobrina, que quería criarse otra vez con su hermana.

Unos dieciocho meses después de la muerte de Victor Vincent, la Sra. de Corliss Chotkin, Sr. dio a luz un niño, el 15 de diciembre de 1947 al que le pusieron el nombre del padre, Corliss Chotkin, Jr. Al nacer este niño tenía dos marcas en el cuerpo de la misma forma y en los mismos lugares que las cicatrices que señaló Victor Vincent en su predicción.

La marca de la base de la nariz, que en un principio dicen que estaba en el mismo sitio que la cicatriz de Victor Vincent, se fue bajando hasta que se quedó junto al orificio derecho de la nariz de Corliss Chotkin, Jr., que en 1962 tenía quince años. Esta marca, que en un principio era de color rojizo, después parecía un poco más pigmentada que la piel de alrededor y al final estaba un poco más baja.

La marca de la espalda de Corliss se parecía mucho más a una cicatriz quirúrgica. Estaba a unas ocho pulgadas por debajo del hombro y dos a la derecha de la espina dorsal. Tenía un tono más oscuro y hacía algo de relieve. Medía una pulgada de longitud y un cuarto de ancho. A los lados se podían ver con claridad varias marcas redondas. Cuatro estaban a un lado alineadas como las señales de los puntos que se dan después de una operación. En el otro lado, esta línea estaba mucho menos definida. Esta marca se movió también (hacia abajo) desde el nacimiento de Corliss. Además, con el paso de tiempo, se había pigmentado más. La Sra. Chotkin atribuía este cambio a que Corliss, que se quejaba de que le picaba mucho, solía rascarse esa zona. Parece que al rascarse se iba hinchando y cambiando de forma, al mismo tiempo que aumentaba su pigmentación.

Como ya he dicho, su familia se dio cuenta de las marcas cuando nació; pero esta observación no hizo que le pusieran el nombre de su tío, sino el de su padre.

Cuando empezó a hablar, algunos miembros de su familia intentaron que aprendiese a decir su nombre cuando le preguntaban. Un día, cuando tenía trece meses, su madre pretendía enseñárselo insistiendo con el niño para que dijese su nombre; pero, de pronto, le dijo: "¿No me conoces? Soy Kahkody". Este era el nombre tribal de Victor Vincent y el niño.lo dijo con un acento tlingit perfecto. Cuando la tía de la Sra. Chotkin oyó esto, dijo que guardaba alguna relación con un sueño que había tenido ella. Poco antes del nacimiento de Corliss soñó que Victor Vincent venía a vivir con los Chotkin. La Sra. Chotkin está segura de que no dijo nada a su tía de la predicción de volver de Victor Vincent, antes de que le contase el sueño. La Sra. Chotkin había esperado tener este sueño, pero no lo tuvo. El que Corliss dijese el nombre de su tío hizo que le pusiesen el nombre de tribu que había dicho.

Un día, cuando Corliss tenía dos años, su madre lo llevaba en el cochecito por la calle y, de pronto, reconoció a una hijastra de Victor Vincent, a la que llamó correctamente por su nombre, Susie. Se puso muy contento al verla y, dando saltos, dijo: "Allí está mi Susie". Esto sucedió en los muelles de Sitka, donde estaba la Sra. Chotkin con su hijo y otro hijo adoptivo cuatro años mayor que Corliss. No estaban citados allí con Susie y ni la Sra. Chotkin ni su hijo adoptivo la habían visto cuando Corliss la reconoció. Después del primer reconocimiento, Corliss se abrazó con cariño a Susie y dijo su nombre tlingit. Se quedó repitiendo: "Mi Susie".

También con dos años, reconoció al hijo de Victor Vincent, William, que había ido a Sitka sin que la Sra. Chotkin lo supiese y, como sucedió con Susie, Corliss se lo encontró de improviso en la calle y dijo: "Allí está William, mi hijo".

Cuando tenía tres años, reconoció a la viuda de Victor Vincent. Su madre lo dejó con ella en una reunión numerosa de los tlingits a la que asistía esta señora. Una vez más, Corliss la vio entre la multitud (antes de que la Sra. Chotkin la viese) y dijo: "Esa es la vieja" y "allí está Rose". Rose era el nombre correcto de la viuda de Victor Vincent; pero en familia siempre la llamaba "la vieja".

En otra ocasión, Corliss reconoció a una amiga de Victor Vincent, la Sra. Alice Roberts, que estaba en Sitka y paseaba cerca de la casa de los Chotkin, donde Corliss estaba jugando en la calle. Cuando pasaba, la llamó correctamente por su nombre, un apodo. De un modo parecido reconoció a tres amigos de Victor Vincent. En uno de estos reconocimientos su madre tampoco estaba con él: estaba solo en la calle con esta persona, lo mismo que cuando reconoció a la Sra. Roberts. En otras dos ocasiones estaba con su madre cuando se acercó a las personas que parecía que reconocía. Sin embargo, en estas ocasiones se limitó a mostrar una familiaridad poco normal, impropia de un niño, con estas personas, que eran amigos de Angoon de Victor Vincent. La Sra. Chot-kin decía que Corliss había reconocido a otras personas que conocía Victor Vincent y que los llamó correctamente por sus nombres de tri-bu, pero que no podía recordar los detalles. Corliss hacía estos recono-cimientos hasta que cumplió los seis años.

Corliss contó correctamente dos episodios de la vida de Victor Vin-cent que su madre piensa que no pudo conocer por medios normales. En una ocasión, describió con detalle una experiencia que tuvo Victor Vincent cuando estaba pescando. Se le había roto el motor y su barco se había quedado a la deriva en uno de los numerosos y peligrosos estrechos de Alaska. Victor Vincent se puso el uniforme del Ejército de Salvación (en el que trabajaba a tiempo parcial) y empezó a remar en un bote para llamar la atención de un barco que pasaba por allí, el *North Star* (se puso el uniforme del Ejército de Salvación para llamar la atención, ya que, de otro modo, las tripulaciones que pasasen lo habrían tomado como un pescador tlingit y habrían seguido su camino). Pidió a su tripulación que transmitiesen un mensaje. La Sra. Chotkin había oído esta historia directamente de boca de Victor Vincent y esta-ba segura de que Corliss no se la había oído ni a ella ni a su marido antes de contársela un día a los dos, dando todos sus detalles y circuns-tancias.

Otra vez, la Sra. Chotkin y Corliss estaban en la casa donde vivía la Sra. Chotkin y su familia en vida de Victor Vincent. El niño señaló una habitación y dijo: "Cuando la vieja y yo veníamos a veros, dormíamos en esa habitación". Esta observación parecía la más extraordinaria de todas, ya que el edificio, que antes había sido una casa, por entonces se utilizaba con otros fines y no se podía reconocer con facilidad ninguna de sus habitaciones como dormitorio; pero la habitación que dijo era la que ocupaban Victor Vincent y su esposa cuando iban a ver a los Chotkin.

Con nueve años, Corliss empezó a contar menos cosas de una vida anterior. Cuando realicé las entrevistas de 1962, tenía quince y decía que no recordaba nada.

A la Sra. Chotkin le impresionaron algunos detalles del comporta-miento de Corliss, ya que se parecía mucho al de su tío, Victor Vin-cent. Con esta idea, la Sra. Chotkin se fijó en cómo se peinaba Corliss, echándose el pelo hacia delante, igual que Victor Vincent y al contra-rio de como ella le había recomendado.

Victor Vincent tartamudeaba bastante y, como he dicho, dijo que es-peraba tartamudear menos cuando volviese a nacer. Corliss también tartamudeaba bastante cuando era pequeño, hasta que se sometió a logoterapia, a los diez años. Cuando lo entrevisté ya no tartamudeaba. Victor Vincent era muy devoto e intentaba seguir los preceptos de Jesús. Se metió en el Ejército de Salvación, donde trabajó con interés. Corliss mostraba una devoción similar y decía que quería ir a la escuela bíblica.

A Victor Vincent le gustaban los barcos y vivir en el agua. Hubiese vivido mejor en el agua que en tierra. Manejaba bien los barcos y sus motores. Corliss tenía una afición similar por el agua y decía que quería vivir vagando en un barco. También tenía una aptitud precoz para utilizar y reparar motores. Aprendió él solo a ponerlos en marcha. No es probable que lo haya heredado de su padre ya que a éste no se le daban bien y Corliss arreglaba con facilidad un motor roto que su padre no podía reparar.

Victor Vincent, según su sobrina, la madre de Corliss, era zurdo. Corliss, al menos cuando era pequeño, también lo era. En la escuela, un profesor le obligó a escribir con la mano derecha y aprendió a hacerlo. También aprendió a lanzar una pelota con cualquier mano; pero, cuando tenía diecisiete años, prefería la mano derecha. Su madre decía que por entonces utilizaba más la mano izquierda cuando cortaba leña o daba un puñetazo a alguien. La madre de Corliss y su única hermana de padre y madre eran diestras, pero dos tíos maternos eran zurdos.

En cuanto al origen congénito de las marcas de la nariz y de la espalda, su padre, Corliss Chotkin, Sr., me dijo que ya las tenía cuando nació y creo que podemos tomar esta declaración como una confirmación definitiva de que estas marcas son congénitas y no adquiridas después de nacer. Aunque el Sr. Chotkin, Sr. había visto a Victor Vincent en diversas ocasiones (éste había estado en su casa varias veces), no podía recordar ninguna de las cicatrices del Sr. Vincent a las que éste se refirió cuando predijo su renacimiento. Normalmente no se podía ver la cicatriz de la espalda del Sr. Vincent. La de la nariz sería visible, pero era bastante pequeña (como la de la nariz de Corliss) y quizás no se notase con facilidad ni se recordase de no fijarse uno en ella. Sin embargo, un amigo de Victor Vincent, el Reverendo William Potts, confirmó la existencia de una cicatriz en la parte superior derecha de la nariz de Victor Vincent, secuela de una operación. Un informe oficial que me envió el Hospital del Servicio para la Salud Pública de Seattle, donde, según un informador, Victor Vincent pasó algún tiempo, decía que en 1938 se había sometido a una operación para eliminar el lagrimal derecho. La incisión y la cicatriz de esta operación deberían estar exactamente entre el ojo derecho y la base de la nariz, lugar que me señaló el Reverendo William Potts, como el de la operación de Victor Vincent, y la Sra. Chotkin, como el de una de las marcas de nacimiento de Corliss.

El Sr. Chotkin Sr. no recordaba la predicción que hizo en su casa Victor Vincent a su mujer. Esto no debe sorprendernos ya que las conversaciones entre la Sra. Chotkin y su tío solían ser en tlingit, lengua que el Sr. Chotkin no entiende. Además, el Sr. Chotkin (de origen anglosajón) prestaba poco interés a las costumbres y creencias tlingits y parecía que tampoco prestaba mucha atención a las relaciones de su mujer con su familia.

Para obtener alguna información que confirmase la que tenía sobre la operación de la espalda del Sr. Vincent, escribí también al Hospital del Servicio para la Salud Pública de Seattle. Este hospital me envió el historial de un segundo ingreso del Sr. Vincent en 1940. Por entonces se le diagnosticó una tuberculosis bastante avanzada en la parte superior del pulmón derecho. No figuraba ninguna operación. Puede ser que más tarde tuviese una pleuresía o absceso que necesitase un drenaje.

Entrevisté a varias personas que conocieron a Victor Vincent y ninguna tenía noticia de su intención de volver como hijo de la Sra. Chotkin; pero, como me señaló un amigo suyo, probablemente sólo se lo dijo a personas de su propia tribu. Bien pudo habérselo dicho sólo a la Sra. Chotkin, o puede que otros que lo hubiesen oído le hubiesen prestado poca atención y lo olvidasen en los dieciocho años que pasaron hasta mi investigación.

Cuando pregunté a la tía de la Sra. Chotkin por el sueño que dijo que tuvo relacionado con el regreso de Victor Vincent, noté que esta señora, que tenía noventa años, había perdido bastante la memoria. No podía recordar el sueño. Como se explayaba lamentando el poco interés que tenía por la reencarnación la generación más joven de los tlingits, podemos pensar que su olvido del sueño, si realmente lo tuvo, fuese consecuencia de una enfermedad cerebral y no por falta de interés, que, en cambio, parece la justificación más probable de la ignorancia del Sr. Chotkin, Sr. sobre el caso.

Desgraciadamente, muchos testigos de los reconocimientos que hizo Corliss, Jr. de personas que conocía Victor Vincent habían muerto o no pude llegar ellos. Sólo pude entrevistar a una persona que Corliss reconoció claramente por su nombre. Según la Sra. Chotkin, Corliss la llamó por su primer nombre cuando pasaba por delante de su casa. Por entonces tenía poco más de dos años. Esta persona, una maestra, no recordaba que Corliss la hubiese reconocido cuando era un niño pequeño. Sin embargo, dijo que, cuando iba a trabajar, pasaba por delante de la casa en la que vivían los Chotkin. Los niños pequeños la llamaban por su nombre de vez en cuando; pero, si alguno lo hacía, no siempre le prestaba atención. Generalmente, la llamaban por su apellido y raras veces por el nombre.

Otros dos testigos informaron solamente del comportamiento de Corliss; o sea, de que, según la Sra. Chotkin, los reconoció con un trato amistoso, poco normal en un niño tlingit con un adulto desconocido. Una vez más, la madre del niño pudo darse cuenta de este comportamiento mejor que la otra persona implicada; además, estos dos testigos eran viejos y se les solía ir la cabeza. Teniendo en cuenta estas circunstancias, pienso que el que no recuerden estos episodios no desacredita a la Sra. Chotkin.

Sin embargo, debo decir que muchos informadores mostraron dudas sobre la fiabilidad de la Sra. Chotkin como testigo, diciéndome que solía adornar e incluso inventar historias. Ninguna de estas críticas hizo dudar de ningún detalle de este caso; no eran más que difamaciones generalizadas (mis informadores de Alaska no desmintieron a ningún testigo cuando estuve allí). En otras investigaciones me dijeron los demás testigos que ellos confiaban en la exactitud de los relatos que contaba la Sra. Chotkin y, por otras pruebas, creo que es posible que hayan influido algunas rencillas personales en contra de la Sra. Chotkin y que el testimonio de algunos informadores no sea digno de confianza. No obstante, yo hice todo lo posible por corroborar con objetividad su relato.

En mi tercer viaje a Alaska, en 1963, le pedí que me contase de nuevo todo el relato. Aunque me dio una versión bastante condensada y omitió algunos detalles (mientras que incluyó algunos datos menores que no he contado), su segundo relato fue básicamente igual al primero, que había oído nueve meses antes. La única discrepancia importante se dio en el recuerdo de una fecha. Además, se ofreció a darme una serie de nombres de otros informadores o testigos que creía que podían corroborar algunos puntos de su relato. En esto su comportamiento no parecía el de una persona que intenta llevar a cabo un fraude. Su hija, siete años mayor que Corliss, no sabía nada del caso. En un principio me pareció una circunstancia extraña, pero, bien pensado, dice bastante de la veracidad de la Sra. Chotkin. La explicación que da la Sra. Chotkin es que tardó tiempo en reunir todos los hechos del caso y convencerse de que su tío había renacido como su hijo. Por eso hablaba poco o nada del asunto con los demás cuando sucedieron los hechos. Parece que habló del comportamiento de Corliss con muy poca gente, si lo hizo con alguien, hasta que las investigaciones que hizo el Sr. George Hall por mi cuenta la movieron a hablarnos del tema. El que su propia hija (y otros testigos entrevistados) no supiese nada del caso hasta mi investigación demuestra claramente que la Sra. Chotkin no utilizaba, de ningún modo, el caso en beneficio propio en la comunidad.

Pude comprobar unos veintiún datos de los detalles relacionados con el caso narrado por la Sra. Chotkin. Por medios objetivos pude corroborar dieciséis y no lo logré en cinco. De estos cinco, ya he tratado tres y son ejemplos de reconocimientos que otras personas no pudieron conocer o recordar. Y la misma explicación se puede dar a que no se corroborasen otros dos. Sin embargo, descubrí que, en dos asuntos relacionados con otros casos, la Sra. Chotkin dio información que discrepaba bastante de la de otros testigos, que confirmaron tanto la existencia de una cicatriz de la nariz de Victor Vincent como la marca de nacimiento que tenía Corliss en el mismo sitio de la nariz. Pensándolo bien, pienso que el relato de la Sra. Chotkin es veraz en lo principal, aunque reconozco la posibilidad de que se haya inventado (creo que inconscientemente) algunos detalles.

## Comentarios

Creo que deberíamos considerar verdadera (por la comprobación con otros testigos) la declaración que hizo la Sra. Chotkin de que la marca de nacimiento de la nariz de Corliss Chotkin, Jr. correspondía a la cicatriz que tenía en el mismo sitio Victor Vincent. Y parece probable que la otra marca de nacimiento (la de la espalda) también correspondiese a la cicatriz de la espalda de Victor Vincent. Ahora bien, debemos responder de algún modo a (a) la aparición de estas marcas poco normales en el cuerpo de Corliss y (b) las demás características del caso que indican que se identificaba con el difunto tío de su madre.

Al contrario que en el caso de William George, Jr., no podemos explicar con la herencia las marcas de nacimiento de Corliss Chotkin, Jr. por tres razones. La primera es que las marcas no parecen lunares. La marca pigmentada de la espalda puede tener algún parecido con un lunar, pero era alargada y no redonda, mucho más larga que los lunares que he visto y, además, tiene las marcas periféricas que ya he descrito que parecen cicatrices de puntos de sutura. Es más, la Sra. Chotkin aseguraba que, cuando nació Corliss, la marca era roja y le faltaba la fuerte pigmentación que adquirió con posterioridad. El Sr. Chotkin decía también que en un principio parecía "una cicatriz pequeña". En segundo lugar, aunque Corliss era el sobrino de Victor Vincent, no era descendiente directo suyo. En tercer lugar, estas marcas que, al parecer, se habían reproducido en Corliss eran en Victor Vincent las cicatrices de las operaciones quirúrgicas a las que se había sometido y, por tanto, eran adquiridas y no congénitas. Ningún otro miembro de la familia, según la Sra. Chotkin, tenía ninguna marca donde las tenía Corliss.

Como las marcas eran congénitas y no heredadas, podemos pensar que se deben a una sola de estas dos causas: a alguna influencia intrauterina o a cualquier otra que tuviese lugar antes de la concepción; pero no podemos concebir ningún accidente intrauterino durante la gestación que produjese la aparición de una marca de nacimiento parecida a la cicatriz de una herida quirúrgica con marcas de puntos de sutura al lado. Parece que la respuesta más razonable es suponer que alguna mente influyó en el cuerpo en desarrollo de Corliss, Jr. Y, como las marcas que tenía en su cuerpo al nacer tenían su correspondencia (una seguro y la otra probablemente) en las cicatrices adquiridas que Victor Vincent enseñó cuando predijo su renacimiento, creo que la mente del difunto Victor Vincent influyó en el cuerpo embriónico de Corliss. Una causa alternativa de la supuesta influencia psicocinética sería la Sra. Chotkin, suponiendo que su deseo de que su tío volviese como hijo suyo estuviese dotado del poder suficiente para reproducir las cicatrices en su cuerpo.

Llegamos a la conclusión de que, aunque el Sr. y la Sra. Chotkin vieron las marcas de nacimiento de Corliss, no consideraron que fuesen una prueba definitiva del renacimiento de Victor Vincent. A diferencia del Sr. y la Sra. George, no le pusieron el nombre tlingit de su tío hasta que dijo ese nombre cuando tenía trece meses. Parecería que el Sr. Chotkin, Sr. no tenía ningún interés y que la Sra. Chotkin se mostró escéptica al principio en cuanto al renacimiento de Victor Vincent como hijo suyo. Estas circunstancias hicieron menos probable, aunque de ningún modo imposible, que ella impusiese a Corliss una identificación con su difunto tío.

Pero, suponiendo que impusiese esta identificación a su hijo, nos debemos preguntar hasta qué límite pudo llegar para que el niño adquiriese la información conocida por Victor Vincent, sin darse cuenta de que se la estaba transmitiendo. Debemos recordar que, de siete reconocimientos que dicen que hizo el niño, dos ocurrieron cuando su madre no estaba con él y los otros, de una forma completamente espontánea. Al niño no se le hizo ninguna indicación o sugerencia para que reconociese a nadie. En tres ocasiones hizo el reconocimiento antes de que su madre viese a estas personas. Todo esto, si creemos el relato de la Sra. Chotkin, hace pensar que Corliss tenía, de algún modo, bastante información de la vida de Victor Vincent y que recurría a esta información para reconocer a los siete familiares y amigos de Victor Vincent que nombró correctamente o reconoció con su comportamiento. Para reconocer correctamente a estas siete personas sin conocerlas anteriormente debió necesitar retener una gran cantidad de información sobre características muy concretas de sus caras, gestos y otros rasgos de comportamiento.

Podemos suponer que Corliss obtuvo la información necesaria para los reconocimientos realizados por percepción extrasensorial. De ser así, cada uno de ellos le comunicó, a veces antes de que lo viesen, alguna información sobre quiénes eran en la vida de Victor Vincent; pero esta teoría no justifica que los reconocimientos fuesen adecuados para las relaciones de Victor Vincent. ¿Por qué reconocería el niño a varias personas sólo desde el punto de vista de Victor Vincent? La percepción extrasensorial no da respuesta a los *modelos* de reconocimiento, ni explica las características del comportamiento que lo acompañan, como el entusiasmo del niño al ver a los familiares y amigos de Victor Vincent; pero tanto el modelo del reconocimiento como los rasgos de comportamiento que lo acompañan son comprensibles si suponemos que la mente de Victor Vincent participó de algún modo en estos reconocimientos.

En resumen, podemos intentar explicar el comportamiento del niño si suponemos que la Sra. Chotkin identificó las marcas de nacimiento como las cicatrices que había visto en Victor Vincent y entonces impuso a su hijo la identificación con su tío-abuelo; pero esto no explica cómo se produjeron en primer lugar las marcas de nacimiento con esta forma, apariencia y localización. Y podemos explicar los reconocimientos si imaginamos que la Sra. Chotkin orientó a su hijo al reconocer a los distintos familiares y amigos de su tío; pero tenemos que suponer que lo hizo inconscientemente, a no ser que digamos que estaba mintiendo, de lo cual no he visto ningún motivo claro (parece que no obtuvo de esta historia ningún beneficio que le diese un motivo para imaginársela). Si pensamos que la orientación inconsciente de la Sra. Chotkin no da una respuesta creíble a los reconocimientos del niño, entonces debemos suponer que de algún modo tuvo acceso a la mente de

Victor Vincent, que por entonces podía estar sin encarnar, "poseyéndolo", o estar reencarnada y ser una continuación de su propia personalidad. Volveré a tratar estas alternativas en el Análisis general.

## Desarrollo posterior de Corliss Chotkin, Jr.

Vi a Corliss y a su familia en agosto de 1965 y en mayo de 1972. Entonces estuve con ellos en Sitka y mantuve una larga conversación con sus padres y otra más corta con él. Tratamos su desarrollo posterior y los rastros de la vida anterior en sus recuerdos y su comportamiento. Corliss, que nació el 15 de diciembre de 1947, tenía entonces veinticinco años.

Estuvo en el instituto hasta los diecinueve, en que estaba en el undécimo curso. Parece que pensaba dejar los estudios y enrolarse en la Marina, pero antes de que pudiese hacerlo, lo reclutaron para el Ejército.

Pasó dos años en el Ejército entre (aproximadamente) 1968-70. En este periodo estuvo en Asia durante un año, sirviendo en artillería, en Vietnam. Un proyectil enemigo hizo impacto directo en su cañón, pero sobrevivió, con lesiones graves en un oído y ligeras en el otro. Lo mandaron a Japón, donde estuvo un mes en el hospital del Ejército para recibir tratamiento y recuperarse. Se quedó con lo que parecía ser una pérdida definitiva de la audición en un oído y leve en el otro. También sufrió un aumento de sensibilidad al ruido. Fuera de esto, su salud era buena.

Después de dejar el Ejército no volvió al instituto y en 1972 no tenía ninguna intención de seguir estudiando. Trabajaba como obrero semiespecializado en un molino de pulpa de los alrededores de Sitka.

La madre de Corliss decía que nunca hablaba espontáneamente de la vida anterior y que, cuando se trataba el tema, "parecía que se reía". Cuando le pregunté si seguía teniendo algún recuerdo de la vida anterior, me dijo que no tenía ninguno. Todo lo que podía recordar era que en su infancia unas ancianas tlingits le llamaban "Kahkody", el nombre de tribu por el que se había conocido a Victor Vincent y que Corliss quería tener cuando era niño. Sin embargo, conmigo *no* se rió cuando se trató el tema de la vida anterior, sino que mostró bastante interés.

De los distintos rasgos de comportamiento de Corliss que tenían correspondencia con los de Victor Vincent, pude obtener alguna información de tres.

Su padre decía que también tenía mucho interés por todo tipo de motores.

En la primera edición de este libro dije que Corliss (en 1965) había perdido la tartamudez que tenía cuando era pequeño (Victor Vincent dijo que esperaba que, cuando volviese a nacer, no tartamudería, cosa que le preocupaba bastante). En 1972 Corliss no había perdido por completo la tendencia a tartamudear, pues seguía haciéndolo cuando estaba nervioso o excitado. Su madre decía que tartamudeaba menos que Victor Vincent, que "tartamudeaba siempre". Corliss no tartamudeó absolutamente nada durante la hora que pasé con él en mayo de 1972. Vale la pena comentar la observación que hizo un hombre en Angoon (también en 1972). Victor Vincent vivió y murió en Angoon y este informador lo conoció. Dio la casualidad de que le comenté el caso de Corliss Chotkin, Jr. e inmediatamente me preguntó: "¿También tartamudea como él?" (es evidente que la tartamudez de Victor Vincent era tan fuerte como para que su recuerdo estuviese ligado a ella). La respuesta, si se interpreta el caso como uno de reencarnación, es: no tanto.

Victor Vincent era bastante devoto, trabajó activamente en la obra misionera y fue comandante del Ejército de Salvación. Los que lo conocieron recordaban este interés y una vez, cuando le pregunté a un viejo tlingit sobre él, me dijo: "¿Usted se refiere al Comandante del Ejército de Salvación?" Corliss estaba bastante interesado por la religión cuando era pequeño y también en la adolescencia. Su experiencia del Vietnam redujo su interés y parecía que el abuso generalizado de drogas y otras miserias de la guerra los atribuía a fallos y debilidades de la religión. Al volver a Sitka tuvo una experiencia personal con miembros activos de un grupo religioso, que le afectó mucho. Esto le repugnó tanto que se separó por completo de la religión formal.

En 1972 volví a examinar las marcas de nacimiento de la nariz y la espalda de Corliss. Me pareció que la de la nariz (en la fosa nasal derecha) se había hecho más pequeña desde 1965 y era casi invisible. La de la espalda seguía picándole después de 1965 y Corliss seguía rascándosela, con lo que se producía irritación, y empezó a pensar en que pudiese producirse en los tejidos un cambio de carácter maligno. Le dijeron que tenía que quitársela con una operación, cosa que hizo hacia 1969. En 1972 sólo pude ver la cicatriz de la operación de eliminación de la marca de nacimiento. La herida había cicatrizado bien.

# VI

# Un caso que nos hace pensar en la reencarnación, en el Líbano

## Introducción

En la mayoría de los casos que sugieren la idea de la reencarnación investigados hasta ahora, hay un lamentable retraso entre el momento en que se producen los hechos principales y el de la llegada de un observador imparcial al escenario de los acontecimientos. Este, como es lógico, tiene que reconstruir casi siempre, lo mejor que pueda, hechos que han sucedido con meses o incluso años de antelación. Para esto tiene que luchar contra dos fuentes de error importantes: La primera es sencillamente el paso del tiempo y la pérdida de detalles en la memoria de los testigos presenciales; la segunda, que, tras un encuentro de las dos familias involucradas en estos casos —la del individuo actual y la que dice que tuvo con anterioridad— puede haber una fusión de la información. Por ejemplo, la primera familia, que ya tiene información de la vida anterior del niño, puede decir equivocadamente que éste ha dicho algo que resulta verosímil sobre su personalidad anterior, sin que en realidad lo haya dicho. Los testigos han añadido sencillamente todos esos detalles a sus relatos de lo que el niño ha dicho, movidos tal vez por un deseo inconsciente de que los informes del niño tengan más detalles sobre la vida de la personalidad anterior. No pienso que estos errores sean muy frecuentes y creo que un careo entre los testigos y la comprobación de lo que dice uno, comparándolo con lo que cuenta otro testigo de los mismos hechos, puede ayudar a reducirlos. Sin embargo, no se puede tener la plena seguridad de haber eliminado todos estos errores ni se puede saber hasta qué punto pueden haber contribuido en un caso concreto a hacer que parezcan más dignos de una interpretación paranormal de lo que son.

En un pequeño número de casos ya estudiados, los informes escritos de las afirmaciones del niño han aportado una prueba de lo que había dicho antes de cualquier intento de comprobación. Es más, en algunos de estos casos, se encargaron de la comprobación investigadores distintos y neutrales, para hacer que los errores producidos por las familias quedasen reducidos al mínimo o completamente eliminados.[1] No obstante, son muy pocos, si los comparamos con el número total de posibles casos de reencarnación que tengo en mi colección. En la mayoría de éstos, sólo hubo una investigación tardía.

En una visita a Líbano, en Marzo de 1964, me encontré con un caso en el que las dos familias implicadas no se habían conocido aún. Aprovechando esta oportunidad y explotando la cooperación incondicional que me prestaron las dos familias según se iba avanzando en el caso, dediqué una semana (en dos visitas) a su investigación. Fui anotando, antes de la comprobación, casi todo lo que había dicho el niño sobre su posible vida anterior, antes de empezar la verificación de los hechos en el pueblo donde decía que había vivido. Aparecieron algunos detalles después de empezar la investigación y los fui anotando por separado. También tuve la oportunidad de observar la conducta que tenía el niño con su propia familia y con los miembros de la familia anterior, cuando lo llevaron al otro pueblo para ver si reconocía lo que había allí.

## La creencia en la reencarnación, entre los drusos

Antes de entrar en los detalles del caso, voy a hablarle al lector de forma superficial de las creencias religiosas de los drusos.[2] La religión

---

1.– Entre los casos en que se han anotado los informes de posibles recuerdos antes de su comprobación, podríamos destacar los siguientes: Caso de Prabhu. Sunderlal, R.B.S.: "Cas apparents de réminiscences de vies antérieures", *Revue Métapsychique*, Julio-Agosto, 1924, pp. 302-305; Caso de Jagdish Chandra. Sahay, K.K.N.: Reincar*nation: Verified Cases of Rebirth After Death*, Bareilly, India, ca. 1927; Caso de Vishwa Nath. Sahay, K.K.N.: *Obra citada.*; publicado también con más detalles en Stevenson, I: "Some New Cases Suggestive of Reincarnation. II. The Case of Bishen Chand", *Journal* A.S.P.R., Vol. 66, Octubre 1972, pp. 375-400; Caso de Swarnlata. Tratado en las páginas 80-108 de este libro. En estos casos, la comprobación de las declaraciones de los niños la realizaron personas ajenas a las familias implicadas. Puedo citar también: El caso de Herr Georg Neidhart, de Munich, que anotó antes de su comprobación todo lo que creía recordar de una vida anterior; pero fue él mismo, en persona, quien llevó a cabo la comprobación. Puede verse su propia experiencia en Neidhart, G.: *"Werden Wir Wieder Geboren?"*, Gemeinschaft für religiöse und geistige Erneuerung e.V. Muich, 1956. Hay más casos tan raros y valiosos como estos que se están investigando ahora (1973) y tres de ellos figurarán en Cases of the Reincar*nation Type* que se está preparando.

2.– Para más información sobre la religión de los drusos, ver Nantet, J.: *Histoire du Liban*, Les Editions de Minuit, París, 1963; Dietrich, L.: "Die Lehre von der Reinkarnation im Islam" *Zeitschrift für Religions und Geistesgeshichte*, Vol. 9, 1957, pp. 129-149; Hitti, P.K.: "The Origins of the Druze People and Religion with Extracts from Their Sacred Writings", *Columbia University Studies*, Vol 28, Columbia University Press, Nueva York, 1928. Para

drusa empezó con las ideas del Califa Islámico Fatimí, al-Hakim, que destruyó la Iglesia del Santo Sepulcro de Jerusalén, se declaró a sí mismo portavoz de Dios en el año 1017 y desapareció misteriosamente unos años después (en 1021). Los sucesores de Al-Hakim en el Califato persiguieron a sus seguidores, pero algunos lograron sobrevivir y extendieron la nueva religión, que se estableció, sobre todo, en la región que corresponde en nuestros tiempos a Siria y Líbano. Se puede pensar que el nombre de "druso" procede de al-Darazi, que fue uno de los primeros misioneros de la nueva religión en Siria. Las demás sectas musulmanas y miembros de otras religiones hostigaron con dureza a los drusos, que se vieron obligados a practicar sus creencias en secreto en los siglos sucesivos. Las diferencias teológicas entre los drusos y las demás sectas islámicas parecen tan grandes a algunos observadores, que a veces consideran a los drusos como una religión distinta y no una secta islámica. Y esa es la posición que toman los mismos drusos.

Al atenuarse la persecución religiosa contra ellos, los drusos empezaron a practicar su religión con más apertura. Algunos dirigentes drusos de Beirut me han asegurado que hoy día la religión está completamente abierta y no tiene absolutamente nada secreto. Otros drusos que he conocido, sobre todo en las aldeas, presentaban cierta reserva en este aspecto e insistían en que algunos elementos de la religión seguían siendo completamente secretos. En cualquier caso, las ideas de los drusos sobre la reencarnación ya no son secretas y parece que nunca lo han sido. La reencarnación constituye un pilar básico de la religión drusa:[3] han supeditado a ella otras creencias secundarias que mantienen con toda firmeza.

Los drusos creen que se renace inmediatamente después de la muerte.[4] Una consecuencia de esta creencia es la gran importancia que se da a

---

una exposición más amplia de la creencia de los drusos en la reencarnación y una bibliografía más extensa, ver Stevenson, I.: *Cases of the Reincarnation Type*, en preparación.

3.– Hay otras sectas islámicas, además de los drusos, que creen en la reencarnación, aunque la mayoría no. Las sectas islámicas que creen en la reencarnación apoyan sus teorías en pasajes del Corán que, como muchos pasajes de la Biblia, se prestan a una interpretación que favorece esta creencia. Por ejemplo, "¿Cómo no vais a creer en Dios, cuando estabais muertos y El os ha dado la vida? El os dará muerte y después os dará vida y después volveréis a El". (Sura 2, Versículo 28); y "Y Dios hizo que crecieseis y crecieseis de la tierra, y después os hizo volver a ella y os hará aparecer otra vez en un nuevo nacimiento. (Sura 71, Versículos 17-18). Pickthall, M.M.: *The Meaning of the Glorious Koran: An Explanatory Translation*, The New American Library, Nueva York, 1953.

4.– Por las noticias que yo tengo, los janas de la India y algunos budistas tibetanos son los únicos grupos que creen en la reencarnación, cuyos miembros creen también en un renacimiento inmediato después de la muerte. Todos los demás grupos que creen en la reencarna-

mantener la calma y la paz en el entorno de una persona que está agoni-
zando, para facilitarle una transición suave a su próximo cuerpo. Este
nuevo cuerpo que está esperándolo se ha desarrollado ya durante unos
nueve meses de gestación en alguna mujer que está dispuesta en ese
momento para dar a luz un niño. En el caso de que haya un intervalo
entre la muerte de una personalidad y el renacimiento de la otra, que
asegura ser la persona anterior renacida, como ocurrió en esta ocasión,
los drusos insisten unánimemente en que ese intervalo, aparentemente
vacío, ha tenido que llenarse con algún otro tipo de vida intermedia. Si el
niño no tiene recuerdos aparentes de esta vida intermedia, dan por sentado que esta vida no tenía ningún acontecimiento que valiese la pena o
que ha habido algo que ha interferido en los recuerdos que tenía el niño
de aquella vida.

Cuando hay más muertes que nacimientos, como ha sucedido durante
las numerosas guerras de los drusos, suponen que hay un periodo y un
lugar de espera, donde las almas drusas pueden renacer en cuerpos físicos disponibles. Algunas veces dicen que este lugar es China. Después
de las guerras, las mujeres empiezan a tener más hijos y, durante una temporada, hay más nacimientos que muertes. También creen, o creían, que
los drusos son un pueblo elegido –como una raza distinta– que Dios quiere mantener en un número constante. En la antigüedad, castigaban con
severidad a los que desertaban de la secta y no permitían que entrasen en
ella extraños. Ultimamente se observa cierta relajación en estas normas.

Hoy día, los drusos viven en Líbano, suroeste de Siria (sobre todo en
una meseta montañosa llamada Djebel Druse), norte de Israel y las regiones próximas de Jordania. En Djebel Druse hay pueblos enteros ocupa-
dos únicamente por drusos; pero en Líbano e Israel los drusos viven
mezclados con otros musulmanes y con cristianos. En estas ciudades
puede predominar cualquiera de estas religiones, por lo que encontramos
algunas en las que los drusos son mayoría, mientras en otras son minoría.
Dentro de las ciudades, hay también una especie de segregación en diferentes barrios, según las tendencias religiosas. El total de la población

---

ción permiten en sus creencias un intervalo de tiempo variable entre la muerte y el renacimiento. Sin embargo, muchas veces tienen grandes diferencias en cuanto a sus creencias en
las circunstancias que rodean al individuo entre sus dos vidas terrenales y en cuanto a las
fuerzas que rigen este regreso a otra vida terrenal, después de su "interrupción". Los janas
tienen creencias distintas de las de los drusos y piensan que el alma de una persona que muere
pasa inmediatamente a otro cuerpo concebido de nuevo, que nace después del periodo normal
de gestación. En cambio, los drusos creen que el alma de una persona fallecida pasa al cuerpo
de un niño que nace en ese mismo instante.

drusa de estos cuatro países se calcula entre 150.000 y 200.000.[5] Lo mismo que los demás pueblos de esa zona, muchos drusos, sobre todo los de Líbano, han emigrado, especialmente a Brasil y Estados Unidos. Es posible que vivan ahora unos mil drusos en Estados Unidos.

Aislados en otro tiempo por las montañas y con un fuerte espíritu separatista, los drusos han venido a Beirut, Haifa y otras ciudades importantes de su región de origen. En ellas se han incorporado plenamente en la vida comercial, profesional y política de los países a los que ahora pertenecen. En Beirut no se puede distinguir a los drusos de los demás ciudadanos por su atuendo o sus costumbres. En los pueblos de montaña, siguen guardando alguna distinción en su vestimenta (las mujeres, por ejemplo, llevan vestidos negros y velos blancos a la cabeza) y en sus costumbres, sobre todo en la de mantener a las mujeres apartadas de las relaciones sociales más corrientes con extraños.

En mis entrevistas con diversos miembros de la religión drusa he sacado la impresión de que la creencia en la reencarnación se mantiene entre ellos con la misma fuerza de siempre. He de decir, sin embargo, que tal vez haya disminuido el interés por este tema, especialmente entre los drusos de la gran ciudad cosmopolita de Beirut. Es más, individuos aislados podrían manifestar bastante escepticismo sobre casos concretos y no sería muy acertado pensar que, cuando uno de ellos asegura que recuerda una vida anterior, cuenta con la credulidad de los que lo rodean. Por el contrario, los casos individuales se someten a un severo escrutinio, sobre todo para comprobar la capacidad del niño protagonista para reconocer, con acierto y sin ninguna ayuda, a los miembros de la familia con la que asegura haber vivido. Sin embargo, la cultura favorece en general las declaraciones de recordar vidas anteriores y es raro que los padres desanimen a sus hijos para contar sus recuerdos aparentes. Estas circunstancias hacen que haya cierto contraste con otros grupos que creen en la reencarnación. La cultura de los Tlingits de Alaska, por ejemplo, mantiene una actitud defensiva contra la invasión de las tendencias normales de Occidente en cuanto a ciencia y religión.[6] La creencia en la reencarnación ha bajado mucho en las generaciones jóvenes de Tlingits,

---

5.– En 1969, Hirschberg calculaba que los drusos de Oriente Medio eran aproximadamente unos 300.000. (Hirschberg, H.Z.: "The Druzes", en Arberry, A.J.: *Religion in the Middle East: Three Religions in Concord and Conflict*. Vol. 2. Islam. Cambridge University Press, Cambridge, 1969.

6.– Para obtener más información sobre las ideas de los Tlingit en cuanto a la reencarnación, ver el capítulo anterior de este libro y las referencias que se citan en él.

a diferencia de lo que ocurre con los drusos. En la India y otras regiones del sur de Asia, se conserva con fuerza la creencia en la reencarnación, con algunos casos de erosión en las personas educadas al estilo occidental, que influyen muy poco en las ideas de los demás cientos de millones de habitantes. Pero en estos países, lo mismo que en el centro y sur de Turquía, donde se dan muchos casos entre los árabes musulmanes, los padres procuran por todos los medios que sus hijos no hablen. Algunas veces les imponen castigos como llenarles la boca de porquería o de jabón. Como resulta que la mayoría de los drusos conservan con toda su fuerza la creencia en la reencarnación y no toman ninguna medida defensiva ante otros credos, y como los padres ponen pocas objeciones, o ninguna, a que sus hijos hablen y aseguren que recuerdan vidas anteriores, encontramos en Líbano y Siria las condiciones casi ideales para el estudio de casos que nos hacen pensar en la reencarnación.[7] No estoy diciendo nada sobre el valor de tales casos. Me limito a hablar de un ambiente que permite que un niño diga todo lo que quiera decir sobre este tópico. No nos sorprende, por tanto, que el número de casos que se cuentan entre los drusos sea, posiblemente, el más elevado del mundo.[8]

## Introducción

### EL CASO DE IMAD ELAWAR

### *Resumen del caso y su investigación*

Durante un viaje de investigación que hice a Brasil, en 1962, un joven intérprete de portugués-inglés, nativo de Líbano, me ayudó bastante y mostró mucho interés por mis investigaciones. Me dijo que en el pueblo

---

7.– Tengo entendido que en el Djebel Druse de Siria ha caído bastante la creencia en la reencarnación y que algunas veces los padres pegan a los niños para que dejen de hablar de vidas anteriores.

8.– En el capítulo V de este libro (pp.268-269), decía que calculaba la aparición de casos *registrados* de posible reencarnación entre los indios Tlingit de Alaska en un caso por cada mil habitantes aproximadamente. En una población de aproximadamente 100.000 árabes musulmanes del sur de Turquía central he encontrado más de cien casos, lo que daría también una proporción de casos registrados en esa zona de uno por cada mil habitantes, aproximadamente. El Dr. S. Makarem, de la American University de Beirut, un estudioso de las sectas islámicas que ha hecho algunas investigaciones de casos de renacimiento en Líbano, me confesó que estaba seguro de que la proporción de estos casos entre los drusos de los pueblos libaneses llegaba, por lo menos, a un caso por cada quinientos habitantes.

de Líbano donde nació, llamado Kornayel, se daban muchos casos de niños que aseguraban recordar una vida anterior, precisamente los casos que tanto me interesaban. Sin más tarjeta de presentación, me dirigí al pueblo de Kornayel, el 16 de Marzo de 1964. Me enteré de que el hermano de mi intérprete brasileño se había marchado a Beirut a pasar el invierno, como hace mucha gente de las frías montañas que hay al este de la ciudad. Cuando se enteraron de nuestro propósito las personas a quienes pedíamos información, algunos de ellos dijeron inmediatamente que un niño de su grupo había estado diciendo que recordaba una vida anterior. Daba la casualidad de que el señor Mohammed Elawar, el padre de este niño, Imad Elawar, era primo del hombre que buscábamos y de mi intérprete amigo de Brasil. La familia de Imad me invitó a oír los detalles de sus informes sobre su vida anterior.

Aquella misma tarde, el 16 de Marzo, estuve tomando notas de todo lo que el padre y la madre me informaban sobre las declaraciones de Imad, contando, para ampliar o corroborar esta información, con el testimonio de otros familiares o amigos presentes en la entrevista. En aquella ocasión sólo me acompañaba un conductor que sabía muy poco francés e inglés y que, lo que era mucho peor, demostró una falta total de atención a los detalles. Por eso decidí servirme de guías expertos y, en los cuatro días siguientes que duró mi visita, tuve excelentes intérpretes. Estos, el Sr. Clement Abushdid y el Sr. Wadih Rabbath, ambos educados en escuelas francesas de Beirut, dominaban el francés y hablaban inglés bastante bien. Me dio la impresión de que podríamos encontrar mejor palabras técnicas si hablásemos en francés, por lo que utilizamos esta lengua durante toda la investigación. Los dos se interesaron por los detalles del caso y pusieron mucha atención, hasta donde yo puedo decir, para facilitarme una traducción exacta de lo que decían los informadores. Estos solo hablaban árabe, con excepción de uno, que hablaba algo de francés.

En Agosto de 1964 regresé a Líbano para volver a estudiar el caso y tratar de conseguir datos de la familia de la vida anterior, cuyo testimonio se había limitado en Marzo a las declaraciones de un solo testigo. En esta ocasión conté con la valiosa ayuda del Dr. Sami Makarem, miembro del Departamento de Arabe de la Universidad Americana de Beirut, que me hizo de intérprete durante esta visita. Con él volví a revisar la cuarta parte de los datos obtenidos de los testigos, sobre lo que Imad había dicho y hecho y también entrevisté a varios testigos más de la vida de la personalidad anterior del caso. De este modo, para muchos de los datos tenía la información recibida a través de tres intérpretes distintos en diferentes ocasiones, lo que me permitía comparar cada traducción con las demás. El excelente dominio que tenía el Dr. Makarem del inglés y el árabe me permitió analizar y comprender algunas discrepancias en el testimonio, que comentaré más adelante. En esta segunda visita, el Sr. Wadih Rabbath volvió a ayudarme un día, como intérprete de francés y árabe.

En mi primera entrevista con la familia de Imad me enteré de que nació el 21 de Diciembre de 1958. Tenía por entonces algo más de cinco años. Cuando tenía entre año y medio y dos años, empezó a hablar de su vida anterior. Mencionaba un montón de nombres de personas y comentaba sucesos de esa vida, lo mismo que daba detalles de propiedades que había tenido. Algunas veces hablaba solo de estas personas, cuyos nombres mencionaba, preguntándose en voz alta cómo estarían. Aparte de estas cavilaciones solitarias, sus comentarios sobre la vida anterior surgían en cualquier momento y en cualquier lugar con el menor estímulo. También parece que hablaba de estos temas soñando. Cuando yo lo visité seguía haciendo comentarios sobre su otra vida. Imad había dado el nombre de su pueblo (Khriby), donde aseguraba que había vivido, y el de la familia (Bouhamzy) a la que pertenecía. Había estado dando la lata a sus padres para que lo llevaran a Khriby.

El padre de Imad me dijo personalmente que había regañado a Imad pensando que mentía al contar estas historias de otra vida. El niño se acostumbró a no hablar con su padre de este tema y se extendía más en sus conversaciones con su madre y con sus abuelos paternos, que vivían con los padres de Imad.

Un día, Salim el Aschkar, un vecino del pueblo de Khriby, donde Imad decía que había vivido, vino a Kornayel e Imad, al verlo en la calle, lo reconoció en presencia de su abuela paterna. (Hay más detalles de esta experiencia en la Tabla 1, apunte nº. 57) Este reconocimiento inesperado aumentó ante sus padres la credibilidad de las declaraciones que hacía Imad sobre la vida anterior. Pero su familia no tomó ninguna medida para comprobar estas declaraciones. Un poco más tarde conocieron a una mujer de Maaser el Shouf, un pueblo cercano a Khriby, que había venido a Kornayel. Confirmó a los padres de Imad que algunas personas de las que hablaba Imad vivían o habían vivido en Khriby. Por fin, en Diciembre de 1963, unos tres meses antes de mi visita, llegó a Kornayel la invitación al funeral de un druso importante de Khriby, Said Bouhamzy. Un tío del padre de Imad, que era también una persona importante dentro de la comunidad drusa, decidió asistir a este funeral y con él fue el padre de Imad, movido por la curiosidad de lo que pudiese enterarse en Khriby. En Khriby conoció a algunas personas que le dijeron quiénes eran dos hombres que tenían nombres que coincidían con los dados por Imad. Pero, en este viaje a Khriby, el Sr. Mohammed Elawar no llegó a conocer a ningún miembro de la familia a la que Imad había dicho que había pertenecido. Es más, ésta era la primera vez que, tanto él como su tío, habían venido a Khriby. Siempre negaron haber conocido a nadie más de la otra familia, con la excepción de los mencionados.

Como Imad había dado un considerable número de nombres, su familia intentó relacionar estos nombres siguiendo un orden de parentesco. Las primeras palabras que había dicho siempre eran "Jamileh" y "Mahmoud" y había mencionado muchas veces a Jamileh, comparando su belleza con el menor atractivo de su propia madre. También hablaba de un accidente en el que un camión atropelló a un hombre, rompiéndole las piernas y produciéndole otras heridas, de las que murió poco después. Imad había hablado de una bronca entre el conductor del camión y el herido y parecía que éste creía que el conductor lo había atropellado intencionadamente. Imad había hablado también de un accidente de autobús. Decía que había pertenecido a la familia Bouhamzy de Khriby. Y había demostrado una alegría excepcional porque podía andar, diciendo una y otra vez lo contento que estaba por poder andar ahora.

Su familia había tomado sus declaraciones así: Creían que estaba diciendo que había sido un tal Mahmoud Bouhamzy, de Khriby, que tenía una mujer llamada Jamileh y que había quedado herido de muerte por un camión, después de una discusión con su conductor. Después resultó que, en realidad, Imad no había dicho nunca que le hubiese sucedido a él el fatal accidente. Se había limitado a describirlo con detalles. Tampoco había dicho concretamente que Jamileh fuese su esposa; sólo había hablado de ella con frecuencia. La familia de Imad había atribuido otros puestos en su "familia anterior" a algunas personas cuyos nombres había mencionado. De esta forma habían llegado a suponer que dos de las personas que nombró eran "sus" hijos. Sacaron algunas conclusiones más, que resultaron ser erróneas, cuyos detalles expondré en la tabla que aparece más adelante. A pesar de que traté de enterarme de lo que había dicho Imad concretamente, los padres daban como dichas por él algunas deducciones sacadas por ellos, en su deseo de encontrar una demostración lógica a lo que decía el niño. Con el tiempo, los errores introducidos por las deducciones de la familia de Imad demostraron su honestidad y la improbabilidad de que ellos hubiesen podido ser una fuente o servir de cauce para la información dada por Imad.

Tras mi primera charla con la familia de Imad, les propuse que al día siguiente fuésemos con él un grupo de nosotros al pueblo de Khriby, para comprobar allí, si era posible, las declaraciones que había hecho y ver si podía reconocer a alguna persona o algún lugar de aquella zona. Ellos estuvieron de acuerdo y el 17 de Marzo volví a Kornayel y me entrevisté con los miembros de la familia de Imad, con la ayuda de un nuevo intérprete. La dificultad que había tenido sobre la exactitud de los detalles que había anotado el día antes me impulsó a insistir en los puntos más importantes, ante la familia y con el interprete cualificado, antes de salir para Khriby. Cuando salimos para Khriby, ya tenía una versión corregida de todo lo que podían recordar sus padres de lo que Imad había dicho sobre su vida anterior. Ya de camino para Khriby, a donde sólo me acompañaron Imad, su padre y el intérprete, Imad hizo algunos comentarios sobre su vida anterior y su padre añadió algunos datos más. Todo esto lo fui registrando, según íbamos en el coche, antes de llegar a Khriby. Todavía siguieron saliendo algunos datos más, después de empezar las comprobaciones, según iba recordando la familia de Imad detalles de sus declaraciones que habían olvidado o no se habían comentado. He tenido en cuenta estas diferencias a la hora de poner los datos de la Tabla que hay más adelante.

Antes de continuar con la narración de mis investigaciones, quiero hablar un poco de los dos pueblos implicados y de la comunicación que hay entre ellos.

## Factores geográficos importantes y posibles medios de comunicación normales entre las dos familias

El pueblo donde vivían Imad y su Familia, Kornayel, está en las montañas, a unas quince millas al este de Beirut. El pueblo de Khriby, donde Imad decía que había vivido antes, está a unas veinte millas al sureste de Beirut. Los dos pueblos están separados unas quince millas en línea recta, pero la carretera, increíblemente tortuosa, que los une tiene más de veinticinco millas. Los dos pueblos tienen con Beirut una carretera relativamente buena y líneas de autobús que los unen con la capital. Sin embargo, no hay ningún tráfico regular que una directamente los dos pueblos. Otro pueblo, Baadaran, que tiene bastante importancia en el testimonio, está a unas tres millas de Khriby.

Los drusos tienen la costumbre de invitar a los funerales a personas de otros pueblos. Los familiares del difunto mandan emisarios a los demás pueblos donde viven miembros de su familia o tienen parientes políticos, para invitarlos al funeral. Normalmente sólo se invita a los miembros de otros pueblos que tienen alguna relación con la familia del fallecido, a no ser que el difunto sea una persona de excepcional importancia. En este caso se podría extender la invitación a los habitantes de cada pueblo. Como ya he dicho antes, fue una invitación, más o menos pública, al funeral de Said Bouhamzy, de Khriby, en Diciembre de 1963, lo que hizo que viniesen a Khriby por primera vez el padre de Imad y su tío. Parece poco posible que hubiese entre los dos pueblos más relación que estos funerales o los matrimonios entre parejas de diferente pueblo. Estos detalles sobre la posibilidad de contacto entre los dos pueblos son muy importantes a la hora de analizar cómo pudo adquirir Imad la información que había demostrado tener sobre la gente y lugares de Khriby.

Buscando personas que pudiesen tener confianza con ambas familias (aunque cada una de ellas negó tener trato con la otra), me enteré de que las dos personas que he mencionado antes sabían algo de la familia Bouhamzy, de Khriby, y conocían a la familia Elawar. Descubrí a otra persona que conocía a las dos familias y me dieron sobre cada una de ellas los detalles que cuento a continuación.

El Sr. Kassim Elawar, abuelo paterno de Imad, tenía un primo tercero, el Sr. Faris Amin Elawar, que tenía·noticias de un accidente de autobús que coincidía con el accidente de que hablaba Imad. Este accidente ocurrió en el pueblo de Baadaran, cerca de Khriby (ver dato n°. 23 de la Tabla n°. 1). El Sr. Faris Amin Elawar viajaba a Baadaran de vez en cuando por motivos de negocios y tenía cierta confianza, aunque no intimidad, con la familia Bouhamzy de aquella zona. También visitaba con frecuencia a la familia Elawar de Kornayel. El padre de Imad estaba completamente seguro de que el Sr. Faris Amin Elawar no había mencionado nunca a la familia Bouhamzy ni el accidente de autobús en ninguna de las visitas que hizo a la familia Elawar. Tras mi primera visita a Kornayel, en Marzo de 1964, la familia Elawar le habló al Sr. Faris Amin Elawar de lo que contaba Imad sobre el accidente de autobús y dicen que éste confirmó la coincidencia con varios detalles de un accidente real que se produjo hace muchos años en Baadaran. Pero no pudo asegurar otros comentarios sobre la vida anterior de Imad. Hasta Marzo de 1964, la familia Elawar no había mencionado al Sr. Faris Amin Elawar ninguna de las declaraciones de Imad sobre la vida anterior. El Sr. Faris Amin Elawar vivió algún tiempo en Kornayel, pero no se encontraba allí cuando yo estuve y no pude entrevistarlo para conocer más detalles que él supiese de la familia Bouhamzy.[9]

---

9.– Ver también el informe que aparece más adelante (pp. 376-377) de mis entrevistas con el Sr. Faris Amin Elawar y su hijo, Saleem, en 1968.

## El primer viaje a Khriby

En mi primera visita a Khriby, el 17 de Marzo, entrevisté a dos informadores del pueblo, el Sr. Kassim Mahmoud al Aschkar y el Sr. Khalil Lateif. Tenían cierta confianza con la familia Bouhamzy y confirmaron que un tal Said Bouhamzy, de Khriby, había muerto efectivamente (en Junio de 1963) atropellado por un camión. Este Said Bouhamzy era amigo del otro Said Bouhamzy (también de Khriby) que murió en Diciembre de 1963, como ya he dicho antes. También confirmó la existencia de varias personas en el pueblo que tenían nombres que coincidían con los dados por Imad. De Jamileh decían, aunque se comprobó que no era cierto, que era la esposa de Mahmoud Bouhamzy (pariente de Said Bouhamzy), en vez de ser la de Said Bouhamzy, el que murió atropellado por el camión. En cuanto a los demás informes, su testimonio parecía deficiente o incorrecto, tal como comprobé al compararlo con el del hijo de Said Bouhamzy, a quien entrevisté al día siguiente. Este informador, el Sr. Haffez Bouhamzy, había ido a Beirut el día de nuestra visita. En aquella ocasión sólo pude entrevistar a una persona más, que fue el Sr. Yousef el Halibi, un anciano que llevaba muchos años postrado en cama y que mostraba signos evidentes de fallos de memoria. Confirmó que había sido amigo de Said Bouhamzy, pero no pudo dar más detalles sobre lo que decía Imad de su vida anterior. En esta ocasión, Imad señaló correctamente la dirección donde estaba la casa en la que decía que había vivido e hizo algunas observaciones más que hacen pensar que tenía un conocimiento paranormal del pueblo, pero no conoció a ningún miembro de la familia Bouhamzy.

## El segundo viaje a Khriby

Al día siguiente, 18 de Marzo, volví a Khriby con el Sr. Abushdid, que hizo de intérprete, pero sin ningún miembro de la familia Elawar. El Sr. Haffez Bouhamzy había regresado a Khriby y me dio información bastante detallada de la familia Bouhamzy. El día anterior me enteré de que el que murió atropellado por el camión no fue Mahmoud Bouhamzy, sino Said Bouhamzy. Ahora contaba con dos piezas de información que complicaban más las cosas. Primero, que el Said Bouhamzy atropellado por el camión no había tenido ninguna relación con una mujer llamada Jamileh. Es más, la descripción que hacía Imad de "su" casa no correspondía a la casa que tenía Said Bouhamzy en Khriby. En segundo lugar, me enteré de que había uno que aseguraba ser Said Bouhamzy renacido. Este hombre, Sleimann Bouhamzy, nació a los pocos meses de morir Said

Bouhamzy, como hijo de la hermana de Said, que se había casado con un pariente que tenía el mismo apellido y vivía en Siria, en el Djebel Druse. Sleimann estuvo en Khriby cuando era joven y dio a la familia de Said pruebas completamente satisfactorias de ser efectivamente Said renacido. Más adelante hablaré por encima de este caso, pues tiene detalles muy importantes para el caso de Imad. Puedo decir aquí, sin embargo, que la investigación del caso de Imad encontró complicaciones desconcertantes y que en dos ocasiones dio la impresión de que iba a desmoronarse en fragmentos inconexos y de poca importancia: una, cuando me enteré de que Mahmoud Bouhamzy no había muerto atropellado por el camión, y la otra, cuando supe que la vida de Said Bouhamzy, el que *había* sido atropellado por el camión, no coincidía en los demás detalles con la información facilitada por Imad. Más aún, apareció también alguien que aseguraba ser la reencarnación de Said Bouhamzy.

El Sr. Haffez Bouhamzy, sin embargo, trató de aplicar las declaraciones de Imad a otros miembros de su familia: Mahmoud Bouhamzy y un tal Salim Bouhamzy, que vivían ambos en Khriby. Mahmoud Bouhamzy quedó descartado porque todavía estaba vivo y, además, los detalles de su casa no coincidían con los que había dado Imad. Estos detalles coincidían con los de la casa donde había vivido Salim Bouhamzy y éste había muerto antes del nacimiento de Imad, pero los datos de la personalidad de su vida anterior explicados por Imad no correspondían a los de la vida de Salim. En cambio, *tanto* la descripción de la casa como los hechos contados por Imad correspondían exactamente (corregidas las deducciones introducidas por sus padres) a la casa y la vida de un tal Ibrahim Bouhamzy, primo de Said Bouhamzy. Ibrahim Bouhamzy estuvo viviendo en la misma casa que su tío Salim Bouhamzy, muy cerca (unos 300 pies) de la casa de Said Bouhamzy. Concretamente, Ibrahim vivía con una mujer muy guapa, que se llamaba Jamileh.[10] No llegaron a casarse, pero Jamileh se casó después de morir Ibrahim y se trasladó a otra ciudad. Ibrahim Bouhamzy murió de tuberculosis en Septiembre de 1949. La relación detallada de datos que figura en la Tabla demuestra la coincidencia de las manifestaciones de Imad con los datos de la vida de Ibrahim Bouhamzy. Además, según el testimonio del Sr. Haffez Bouhamzy, había gran similitud entre algunos rasgos de Imad y los de Ibrahim.

Más adelante hablaré de estos rasgos, pero ahora vamos a ver otra vez las repetidas expresiones de alegría de Imad por el hecho de poder andar.

---

10.– He ocultado el verdadero nombre de la amante de Ibrahim con el pseudónimo de "Jamileh", que en árabe significa "mujer bonita".

El 18 de Marzo me enteré, por el Sr. Haffez Bouhamzy, de que la muerte por accidente del amigo y pariente de Ibrahim, Said Bouhamzy, que tuvo lugar el 8 de Junio de 1943, afectó mucho a Ibrahim Bouhamzy. Pero esto no me ayudaba a comprender por qué, si había algún parentesco entre la personalidad de Ibrahim y la de Imad, él (Imad) se manifestaba tan contento de poder andar. Ibrahim Bouhamzy, cuya vida parecía coincidir con las declaraciones de Imad, no había tenido rotas las piernas. En realidad, había muerto de tuberculosis, siendo un joven de unos veinticinco años, después de pasar un año en un sanatorio. Alguien comentó que Ibrahim había tenido alguna dolencia en la espalda y se me ocurrió preguntar si había tenido tuberculosis en la columna vertebral. El Sr. Haffez Bouhamzy confirmó entonces que Ibrahim tuvo tuberculosis en la espina dorsal y que tenía grandes dificultades para andar cuando estaba enfermo. Dijo que Ibrahim no podía dar un paso durante los dos últimos meses de su vida. En este estado tan lamentable, se quejaba de su enfermedad y parece ser que consideraba injusto que un hombre, tan joven y que había sido tan fuerte, se encontrase ahora tan incapacitado. El Sr. Haffez Bouhamzy lo oyó decir una vez que si Dios lo curase se haría un sheikh. El Sr. Fuad Bouhamzy, hermano de Ibrahim, a quien entrevisté más tarde, no me confirmó la declaración de Haffez de que Ibrahim tuvo tuberculosis de espina dorsal y que no podía andar. Según él, la tuberculosis sólo le afectaba a los pulmones y al pericardio. Dijo que Ibrahim podía andar hasta poco antes de su muerte; pero se encontraba muy débil y pasó los seis últimos meses de su vida en un hospital, la mayoría de este tiempo en cama. Salió del hospital para volver con su familia poco antes de morir.[11] La alegría de Imad por estar de nuevo en pie (cuando aprendía a andar), guardaba relación con la última enfermedad y la situación de Ibrahim Bouhamzy.

---

11.– La marcada discrepancia que hay entre el testimonio del Sr. Haffez Bouhamzy y el del Sr. Fuad Bouhamzy en cuanto a la última enfermedad de Ibrahim Bouhamzy me obligó a discutirlo con dos de los intérpretes. Desgraciadamente, estuvieron presentes en distintas entrevistas; pero parece posible que la discrepancia entre si Ibrahim Bouhamzy estaba simplemente postrado en cama o efectivamente no podía andar surgió por un error de traducción, producido tal vez por el doble significado que tiene en otras lenguas una frase árabe. Por otro lado, el Sr. Wadih Rabbath recordó (como figuraba en mis notas) que el Sr. Haffez Bouhamzy había dicho definitivamente que Ibrahim Bouhamzy tenía tuberculosis de espina dorsal. Llegados a este punto, parece casi cierto que el Sr. Fuad Bouhamzy fuese el testigo más fiable. Era hermano de Ibrahim (Haffez era su primo) y además tenía conocimientos de medicina y había trabajado en el Lebanese Army Medical Corps. Estos dos testigos dieron un testimonio acorde en otros temas en los que los dos nos dieron información.

## El tercer viaje a Khriby

Después de encontrar, por fin, una persona cuya vida, características y propiedades correspondían a las descritas o demostradas por Imad, parecía importante observar si Imad podía reconocer a los miembros vivos de la familia de Ibrahim Bouhamzy o el interior de la casa donde vivió y a la que lo llevaron para morir, justamente dos días antes de su muerte. Por eso volví el 19 de Marzo a Kornayel y persuadí al Sr. Mohammed Elawar para que me acompañase de nuevo a Khriby con Imad. A este, puedo decirlo, no hizo falta convencerlo, pues llevaba años pidiéndole a sus padres que lo llevasen a Khriby y al proponerle el viaje se le iluminó la cara de alegría.

En Khriby, Imad se quedó tímido y hasta inquieto al entrar en la casa de Said Bouhamzy, que es a la que fuimos en primer lugar. No dio ninguna muestra de reconocer nada, ni siquiera las fotografías de Said Bouhamzy que se le enseñaron. Pero se fue relajando poco a poco y demostró mucho interés por dos perdices enjauladas que había en esta casa y que se hubiese llevado si su padre (¡o el dueño de ellas!) se lo hubiesen permitido.

Desde allí fuimos a pie a la cercana casa de Ibrahim Bouhamzy. Yo esperaba haber podido presentar al niño poco a poco a los miembros de la familia de Ibrahim, en tales condiciones que no hubiese lugar a insinuaciones ni sugerencias. Desgraciadamente, cuando llegamos a la casa perdí el control de la situación, porque aparecieron inesperadamente tres mujeres, que vivían en otro sitio del pueblo. Eran la madre y la hermana de Ibrahim y una vecina. En estas circunstancias, el intérprete y yo fuimos siguiendo al pequeño grupo, al que se unieron también el Sr. Haffez Bouhamzy y el Sr. Mohammed Elawar. El Intérprete, (que este día era el Sr. Wadih Rabbath) hizo todo lo posible por traducirme todo lo que le decían a Imad y las preguntas que le hacían. El me contaba lo que hablaban y yo tomaba notas sobre la marcha. En esta situación, Imad hizo trece reconocimientos o afirmaciones correctas sobre cosas relacionadas con la vida de Ibrahim Bouhamzy. En la mayoría de estos casos, el Sr. Rabbath estaba seguro de que había oído todo lo que pudiera tener importancia de su conversación y que no se habían hecho insinuaciones ni sugerencias para que respondiese el niño. En los demás casos, el Sr. Rabbath no pudo enterarse (tal vez porque estaba traduciéndome a mí el dato anterior) y supimos después lo que había dicho Imad, únicamente por la versión de los informadores. Estas diferencias figuran en las observaciones de la Tabla nº. 2.

## El viaje a Raha, Siria

Al final del tercer viaje a Khriby ya tenía relacionados casi todos los nombres mencionados por Imad con personas a las que conoció Ibrahim Bouhamzy; pero quedaban tres nombres si adjudicar a nadie. Estos no le decían nada al Sr. Haffez Bouhamzy. Mis informadores atribuían estos nombres a la vida intermedia por la que ellos insisten en que tuvo que pasar la persona de Ibrahim entre su muerte, en 1949, y el nacimiento de Imad, en 1958. Pensaban que estos nombres eran vestigios de su vida intermedia que, para ellos, era una realidad; no una hipótesis. Pero a mí me parecía que podría suceder que estos nombres también tuviesen algo que ver con la vida de Ibrahim y que Sleimann Bouhamzy, que se decía la reencarnación de Said Bouhamzy, tal vez pudiese dar alguna información, bien por lo que supiese como sobrino de Said Bouhamzy o por lo que decía que recordaba de su vida anterior como Said Bouhamzy. También estaba interesado por conocer más cosas de los recuerdos que decía que tenía de una vida anterior, aunque él (nacido en Diciembre de 1943) ya era un hombre adulto por aquella fecha. Por consiguiente, el 20 de Marzo fui con el Sr. Wadih Rabbath y con el Sr. Mohammed Elawar al pueblo de Raha, en el Djebel Druse de Siria. Este pueblo está al oeste de Damasco, en Siria, a unas noventa millas al sudeste de Beirut. Las carreteras de Beirut y Damasco nos llevan a él por unos caminos tortuosos, aunque en línea recta está a unas treinta millas al este de Khriby.

En Raha, Sleimann Bouhamzy nos contó lo que recordaba de su experiencia como persona que posiblemente guardaba memoria de la vida de Said Bouhamzy, y ayudó a comprobar la afirmaciones de Imad. Volveré a hablar de este tema en otra sección de este informe.

## El cuarto viaje a Khriby y sus alrededores

Al terminar mi estancia en Líbano, en Marzo de 1964, la comprobación de las declaraciones atribuidas a Imad Elawar se debía, en gran parte, a un solo testigo: el Sr. Haffez Bouhamzy. Aunque conocí a la madre y a la hermana de Ibrahim Bouhamzy y colaboraron, como ya he dicho, en el segundo viaje de Imad a Khriby, no me entrevisté con ellas. No tenía razón para dudar del testimonio del Sr. Haffez Bouhamzy, pero pensé que debía contrastarlo con el de los demás testigos. Decidí, por tanto, volver a Líbano otra vez, cosa que hice en Agosto de 1964. En esta ocasión, además de confirmar algunos detalles con la familia de Imad, en Kornayel, fui también a Khriby. Allí pude hablar con el Sr. Nabih Bouhamzy (hermano de Haffez Bouhamzy), que hablaba inglés, con el Sr.

Fuad Bouhamzy (hermano de Ibrahim Bouhamzy), que hablaba inglés y francés, y también, aunque brevemente, con la Srª. Huda Bouhamzy, hermana de Ibrahim. También hablé con otros testigos menos importantes. Estos nuevos testigos corroboraron, con la excepción de algunos detalles de poca importancia, el testimonio del Sr. Haffez Bouhamzy y me aclararon algunos datos confusos o que parecían discrepantes. Aparecieron datos de los comentarios de Imad completamente nuevos, de los que no se había hablado antes, que también se comprobaron en esta ocasión.

## Personas que entrevisté durante la investigación.

En Kornayel:
Imad Elawar
El Sr. Mohammed Kassim Elawar, padre de Imad
La Srª. Mohammed Kassim (Nassibeh) Elawar, madre de Imad
El Sr. Ali Hussain Elawar, primo del Sr. Mohammed Elawar
El Sr. Kassim Elawar, abuelo paterno de Imad
la Srª. Naileh Elawar, abuela materna de Imad
El Sr. Majeed Toufic Elawar, primo del abuelo paterno de Imad

En Khriby:
El Sr. Haffez Bouhamzy, hijo de Said Bouhamzy y primo de Ibrahim Bouhamzy
El Sr. Nabih A. Bouhamzy, hijo de Said Bouhamzy y primo de Ibrahim Bouhamzy
El Sr. Fuad Bouhamzy, hermano de Ibrahim Bouhamzy
La Srª. Huda Bouhamzy, hermana de Ibrahim (casada con un hombre del mismo apellido)
La Srª. Lateife Bouhamzy, madre de Ibrahim Bouhamzy
El Sr. Kassim Mahmoud el Aschkar, vecino de Ibrahim Bouhamzy
El Sr. Khalil Lateif, vecino y primo de Ibrahim Bouhamzy

En Baadaran (cerca de Khriby):
El Sr. Yousef el Halibi, amigo de Said Bouhamzy
El Sr. Daukan el Halibi
El Sr. Milhem Abouhassan, amigo de Said Bouhamzy
El Sr. Ali Mohammed Abouhassan, primo de Milhem Abouhassan

En Raha, Djebel Druse, Siria:
El Sr. Sleimann Bouhamzy, sobrino de Said Bouhamzy
El Sr. Assad Bouhamzy, padre de Sleimann Bouhamzy

## Comprobación de las declaraciones originales hechas por Imad Elawar sobre la vida en Khriby.

En las dos tablas que hay a continuación he puesto los detalles de todas las declaraciones hechas por Imad sobre su presunta vida anterior en Khriby, con los comentarios de las comprobaciones u otros aspectos del tema. Imad hizo casi todas sus declaraciones antes de salir para Khriby en nuestro primer viaje, pero fueron saliendo algunas nuevas en el mismo viaje o después de llegar, además de otras que recordó su familia con posterioridad. He anotado estas diferencias en la tabla.

De los cincuenta y siete datos de la primera tabla, Imad nos dio a saber diez según íbamos en el coche camino de Khriby, y casi todos en nuestro primer viaje a Khriby, antes de llegar a este pueblo. Pero tres eran incorrectos. De los cuarenta y siete restantes, Imad estaba equivocado solamente en tres. Parece posible que, con la tensión del viaje y por notar en nosotros cierta inquietud por que nos dijese más cosas, mezcló imágenes de su "vida anterior" con recuerdos de la presente. En cualquier caso, el porcentaje de aciertos de estos diez ejemplos queda muy por debajo del de los otros cuarenta y siete que teníamos antes de salir para Khriby.

## Declaraciones y reconocimientos hechos por Imad en Khriby

En mi primer viaje a Khriby, como ya he dicho, no pudimos entrevistar al Sr. Haffez Bouhamzy y no fui ni a la casa de Said Bouhamzy (ocupada ahora por su hijo el Sr. Haffez Bouhamzy) ni a la de Ibrahim Bouhamzy. Imad dijo entonces dos cosas que daban a entender que reconocía en cierto modo la zona; pero no llegó a identificar con seguridad la casa de Ibrahim Bouhamzy al pasar por delante de ella por la carretera. Dejamos atrás la casa y, volviendo la vista atrás a lo largo de un pequeño valle, hubo alguien que le dijo a Imad que indicase donde estaba "su" casa. Este señaló la zona de forma general, aunque con bastante acierto. Mientras estaba señalando, Imad se fijó en una casa que tenía unas contraventanas verdes muy llamativas y estaba cerca de la casa de Ibrahim, aunque no eran colindantes. La casa de Ibrahim, en cambio, no tenía contraventanas verdes. Si Imad quería decir que la casa de las contraventanas verdes era la que tuvo en su vida anterior, acertaba en cuanto a la dirección, en general, pero se equivocaba al hablar de la casa exacta.

En esta visita continuamos el viaje más allá de Khriby, hasta el pueblo de Baadaran, donde vivía el Sr. Yousef el Halibi. Por el camino, Imad comentaba que aquella era la carretera de Baadaran. Hay un indicador a la entrada de Baadaran con el nombre del pueblo, pero no habríamos hecho más de tres millas desde Khriby cuando Imad hizo esta observación, por lo que queda descartado que hubiese podido leer el indicador. Sin embargo, se puede pensar que él podía haber leído alguna señal que no hubiésemos visto nosotros u oído algún comentario de que queríamos ir a Baadaran para ver al Sr. el Halibi. Por tanto, no considero estas palabras de Imad con valor suficiente para hacer pensar en un conocimiento paranormal.

Como ya he dicho, en el segundo viaje de Imad a Khriby estuvimos en las casas de Said Bouhamzy y de Ibrahim Bouhamzy, que tampoco pareció reconocer desde fuera. Al Sr. Haffez Bouhamzy no le sorprendía esto, ya que, según decía él, el pueblo había cambiado mucho en los últimos quince años desde la muerte de Ibrahim Bouhamzy, sobre todo en el aspecto de las calles. Dentro del patio y de la casa de Ibrahim Bouhamzy (que nos abrieron), Imad hizo otras catorce observaciones o reconocimientos que yo he anotado, junto con los dos que acabo de mencionar de la primera visita a Khriby, en la Tabla 2.

De los dieciséis ejemplos de observaciones y reconocimientos que se produjeron en Khriby, Imad acertó catorce, uno de ellos (el reconocimiento del exterior de la casa) con cierta vaguedad, y falló en una prueba de reconocimiento (la madre de Ibrahim). Debemos eliminar también otros dos episodios por discrepar los testimonios (una herida en un dedo) o por la posibilidad de que hubiese otra fuente de información (la carretera de Baadaran). Pero todavía quedan doce ejemplos, algunos con datos muy personales sobre la casa y la vida de Ibrahim Bouhamzy. Antes de llegar a una conclusión sobre el conocimiento que tenía Imad de la casa antes de llegar a Khriby y cuando ya estábamos dentro de ella, debemos tener en cuenta que esta casa estuvo algunos años cerrada. La mayor parte de la información que tenía Imad podría haberle llegado por alguien que hubiese conocido bien la casa; no por haberla visto desde fuera.

La escena de la visita de Imad a la casa de Ibrahim y el reconocimiento de los miembros de la familia de Ibrahim no emocionó a los participantes tanto como ha ocurrido otras veces en "reuniones" de este tipo.[12] La madre y la hermana de Ibrahim parecían muy interesadas por ver a Imad y recibirlo con la mayor cordialidad; pero no se les saltó ni una lágrima. Imad, por su parte, tampoco lloró. Sin embargo, no había duda

---

12.– Ver, por ejemplo, informes y emociones que se expresan durante esas "reuniones", en los capítulos de este libro en los que se tratan los casos de Ceilán y la India.

TABLA 1

*Resumen de los comentarios hechos por Imad antes de llegar a Khriby*

Nota: Mientras no se indique lo contrario, el Sr. y la Srª. Elawar, juntos o por separado, son los informadores de todas las declaraciones hechas por Imad. Sin embargo, en muchas de estas declaraciones estaban presentes otros miembros de la familia, especialmente los abuelos paternos de Imad, como testigos con voz o tácitos de lo que decían los padres de Imad. En algunos casos e indicado la inseguridad de Imad (o sus padres) al hablar de alguna relación, poniendo la palabra correspondiente entre comillas, como, por ejemplo, "hermano".

| Dato | Informadores | Comprobación | Comentarios |
|---|---|---|---|
| 1.– Se llamaba Bouhamzy y vivía en el pueblo de Khriby. | Mohammed Elawar, padre de Imad Nassibeh Elawar, Madre de Imad | Haffez Bouhamzy, primo de Ibrahim Bouhamzy | Había varias familias en Khriby con el apellido Bouhamzy. Hay otro pueblo llamado Khriby, cerca de Kornayel, pero cuando pregunté a Imad, dijo que su pueblo estaba "lejos". Parece ser que Imad nunca mencionó el nombre de "Ibrahim". |
| 2.– Mahmoud (nombre mencionado por Imad). | | Haffez Bouhamzy Nabih Bouhamzy, primo de Ibrahim Bouhamzy. | Mahmoud Bouhamzy era tío de Ibrahim Bouhamzy. |
| 3.– Tenía una mujer que se llamaba Jamileh | | Haffez Bouhamzy Nabih Bouhamzy Fuad Bouhamzy, Hermano de Ibrahim Bouhamzy | La amante de Ibrahim Bouhamzy se llamaba Jamileh. El Sr. Milhem Abuhassan dio un testimonio distinto sobre este tema, pero cambió dos veces su declaración y se jactaba de haber conocido la intimidad de Ibrahim, cosa que no demostró con las respuestas a las preguntas que se le hicieron para comprobar este conocimiento. Otros dos testigos, que no eran miembros de la fami- |

| Datos | Informadores | Comprobación | Comentarios |
|---|---|---|---|
| 3.– *(Continuación)* | | | lia, dieron también testimonios discrepantes sobre la relación con Jamileh. |
| 4.– Jamileh era guapa. | | Haffez Bouhamzy | Jamileh era conocida en la comarca por su belleza. La opinión del Sr. Haffez Bouhamzy se vio apoyada por el testimonio de una mujer del pueblo de Maaser el Shouf, donde había vivido Jamileh, que había hablado de su belleza al Sr. Mohammed Elawar. En un país de bellas mujeres como Líbano, este detalle parece poco significativo, pero no es así para los que conocieron a Jamileh. |
| 5.– Jamileh vestía bien y llevaba tacones altos. | | Haffez Bouhamzy | Llevar tacones altos puede hacer que destaque una mujer drusa de los pueblos. Incluso en estos tiempos, no es normal. |
| 6.– Jamileh llevaba vestidos de color rojo. El le compraba algunas veces prendas rojas.* | | Haffez Bouhamzy | El Sr. Haffez Bouhamzy recordaba que Jamileh llevaba un velo rojo a la cabeza. |
| 7.– Tenía un "hermano" que se llamaba Amin. | | Haffez Bouhamzy Nabih Bouhamzy | Amin Bouhamzy era pariente cercano de Ibrahim. Los parientes cercanos y los ami- |

* Este dato no está anotado antes de su comprobación.

341

| Datos | Informadores | Comprobación | Comentarios |
|---|---|---|---|
| 7.– (Continuación) | | | gos pueden llamarse entre sí "hermanos". También es posible que los padres de Imad atribuyesen la relación de hermano, lo mismo que hicieron con la de hijo con otras personas nombradas por Imad. Ver comentarios de los datos siguientes. |
| 8.– Amin vivía en Trípoli. | | Haffez Bouhamzy | Trípoli es una ciudad costera, que está al norte de Beirut. |
| 9.– Amin trabajaba en el Palacio de Justicia de Trípoli. | | Haffez Bouhamzy Nabih Bouhamzy | Amin era un oficial de la oficina de topografía del gobierno de Líbano. Su oficina estaba en el edificio del palacio de justicia de Trípoli. En 1964 vivía todavía, pero ya se había jubilado. Aquí se produjo un error de deducción por parte de los padres de Imad. Primero decían que Imad había dicho que Amin era un "juez" de Trípoli. El Sr. Mohammed Elawar dijo más tarde que Imad, en realidad, sólo había dicho que Amin trabajaba en el edificio del palacio de justicia y que por eso habían pensado que era juez. |
| 10.– Había alguien que se llamaba Mehibeh. | | Nabih Bouhamzy Sleimann Bouhamzy, primo de Ibrahim Bouhamzy (información obtenida por | Mehibeh era prima de Ibrahim Bouhamzy. Los padres de Imad habían pensado que era hermana de la personalidad anterior. |

| Datos | Informadores | Comprobación | Comentarios |
|---|---|---|---|
| 10.– *(Continuación)* | | medio de su madre. No lo entrevisté personalmente) | |
| 11.– Tenía un "hijo" llamado Adil. | | Sleimann Bouhamzy<br>Nabih Bouhamzy | Ibrahim tenía un primo que se llamaba Adil. Otro error de suposición por parte de los padres de Imad. Según dijeron más tarde, Imad había hablado de "Adil" y "Talil" o "Talil" y pensaron que eran los hijos que tuvo en la vida anterior. |
| 12.– Tenía un "hijo" llamado Talil o Talal. | | Haffez Bouhamzy<br>Nabih Bouhamzy | Ibrahim tenía otro primo, llamado Khalil. Sleimann Bouhamzy* y el Sr. Assad Bouhamzy, padre de Sleimann Bouhamzy, confirmaron que Khalil era pariente de Ibrahim (Ver el comentario del dato 11, que habla de la relación con "Talil" o "Talal"). De ser "Talil", podría muy bien haber pretendido decir "Khalil", cuya primera consonante es gutural y podría haber sonado como una "T". Los abuelos de Imad mantenían su deducción diciendo que, cuando empezaba a hablar de la vida anterior, Imad decía que era de "Tliby" (Khriby), antes de poder pronunciar correctamente el nombre del pueblo. |

* Sleimann Bouhamzy lo confirmó desde su posición de persona que aseguraba haber sido Said Bouhamzy.

| Datos | Informadores | Comprobación | Comentarios |
|---|---|---|---|
| 13.– Tenía un "hermano" llamado Said. | | Haffez Bouhamzy<br>Nabih Bouhamzy | Ibrahim conocía a dos personas que se llamaban Said Bouhamzy. Uno, su primo, murió atropellado por un camión en 1943. El otro, un amigo, murió en diciembre de 1963 (ver comentarios del dato 7). Cuando se produjo la muerte del segundo Said Bouhamzy, en Diciembre de 1963, pasaron aviso de su funeral a Kornayel, donde Imad llevaba ya varios años hablando de la vida anterior, cuando se produjo esta muerte. Cuando Imad se enteró de la muerte del segundo Said Bouhamzy, mostró mucho interés. |
| 14.– Tenía un "hermano" llamado Toufic. | | Haffez Bouhamzy | Toufic era primo de Ibrahim Bouhamzy (ver comentarios del dato 7). |
| 15.– Tenía un "hijo" llamado Salim. | | Haffez Bouhamzy<br>Nabih Bouhamzy | El tío de Ibrahim con el que vivía se llamaba Salim Bouhamzy (ver comentarios del dato 7). Los padres de Imad dijeron después que nunca había mencionado de forma concreta a ninguno de sus "hijos". Eran ellos los que habían supuesto estas relaciones. |
| 16.– Tenía un "hijo" llamado Kemal. | | Haffez Bouhamzy<br>Nabih Bouhamzy | Kemal era hermano de Toufic y de Khalil Bouhamzy y, por tanto, primo de Ibrahim Bouhamzy (ver comentarios de los datos 7 y 15). |

344

| Datos | Informadores | Comprobación | Comentarios |
|---|---|---|---|
| 17.– Tenía una "hermana" llamada Huda.* | Kassim Elawar, abuelo paterno de Imad | Conocí a Huda Bouhamzy, hermana de Ibrahim Bouhamzy, en Khriby | Los testigos no recordaban bien si Imad había utilizado concretamente la palabra "hermana" al hablar de Huda; pero los informadores dedujeron acertadamente la relación que tenía con la personalidad anterior la persona mencionada. Es posible que les ayudase el hecho de que, cuando nació una hermana, Imad le pidió a sus padres que le pusiesen de nombre Huda. |
| 18.– Tenía un amigo llamado Yousef el Halibi. | | Sin comprobar, pero probable | Yousef el Halibi vivía todavía en 1964 y recordaba su amistad con Said Bouhamzy. Es posible que también fuese amigo de Ibrahim Bouhamzy, pero este detalle no se comprobó con certeza. El Sr. Fuad Bouhamzy decía que conocía a Yousef el Halibi, por lo que es posible que su hermano Ibrahim también lo conociese. |
| 19.– Tenía un amigo, llamado Ahmed el Halibi. | | No comprobado de forma particular, pero ver comentario | Sin comprobación concreta. En Agosto de 1964, el Sr. Mohammed Elawar me dijo que el hijo del Sr. Yousef el Halibi había confirmado en Marzo que su padre tenía un hermano que se llamaba Ahmed el Halibi, pero no oí tal cosa por entonces. |

* Este dato no está registrado por escrito antes de su comprobación.

| Datos | Informadores | Comprobación | Comentarios |
|---|---|---|---|
| 20.– Un camión atropelló a un hombre, rompiéndole las piernas y destrozándole el tronco. | | Haffez Bouhamzy Fuad Bouhamzy Sleimann Bouhamzy* | Es cierto lo que se dice de Said Bouhamzy, cuyo accidente y muerte conocía Ibrahim Bouhamzy. |
| 21.– Fue al "médico" y le hicieron una operación. | | Haffez Bouhamzy Sleimann Bouhamzy* | Después del accidente, llevaron a Said Bouhamzy a un hospital, donde le practicaron dos operaciones (una, en el cerebro y otra, en el abdomen); pero, a pesar de todo, murió a las pocas horas. |
| 22.– El accidente se produjo después de tener una pelea y parece que el conductor lo mató intencionadamente | | Incorrecto | Incorrecto, pero no hay seguridad de que fuese el mismo Imad el que relacionase la disputa con el accidente. Parece posible que Imad o sus padres confundiesen o mezclasen imágenes del fatal accidente de Said Bouhamzy y el del autobús de Ibrahim (ver datos 23 y 24 y la discusión del texto). Imad no concretó nunca que el accidente del camión le ocurriese a él. El conductor fue juzgado y se le aplicó una sentencia leve por negligencia; pero no lo consideraron culpable de asesinato. Podría tratarse de una sospecha verosímil. Ibrahim, que era pendenciero, podía haber atribuido intenciones hos- |

* Sleimann Bouhamzy lo confirmó desde su posición de persona que aseguraba haber sido Said Bouhamzy.

| Datos | Informadores | Comprobación | Comentarios |
|---|---|---|---|
| 22.– (Continuación) | | | tiles al conductor. Sleimann Bouhamzy* dijo que, al morir, Said Bouhamzy pedía a los que lo rodeaban que tratasen bien al conductor, pues no quería que lo acusasen de mala intención indebidamente. |
| 23.– Su autobús se salió de la carretera y hubo un accidente; pero él no estaba conduciendo en ese momento. Hubo muertos en este accidente.* | | Nabih Bouhamzy<br>Ali Mohammed Abuohassan<br>Fuad Bouhamzy<br>Mohammed Elawar (citando informaciones del hijo de Yousef el Halibi) | Una vez, Ibrahim Bouhamzy se bajó del autobús que conducía, dejándolo con pasajeros dentro. Su ayudante se quedó en el autobús y era de suponer que lo controlase. Falló el freno de mano y el autobús se lanzó hacia atrás por una cuesta, resultando heridos algunos pasajeros. Acudió la policía y se aglomeró la multitud (prácticamente todo el pueblo). Un informador, el Sr. Nabih Bouhamzy, dijo que, a partir de este accidente, Ibrahim se volvió muy nervioso y dejó definitivamente de conducir el autobús. Poco después de esto, se le declaró su fatal enfermedad. En Marzo de 1964 yo entendí que había sido un accidente de camión (no de autobús), pero en Agosto quedó claro que, tal como había dicho Imad y como se comprobó, había sido el autobús de Ibrahim, no el camión. No hubo ningún muerto en el accidente. |

* Este dato no está registrado por escrito antes de su comprobación.

| Datos | Informadores | Comprobación | Comentarios |
|---|---|---|---|
| 24.– Hubo una disputa porque el conductor había insultado a su hermana. Golpeó al conductor y lo tiró al suelo y vino la policía y su amigo Ahmed el Halibi. | | Mohammed Elawar (citando informaciones del hijo de Yousef el Halibi) | Ningún informador pudo confirmar detalles de una disputa entre Ibrahim y el conductor del autobús, pero la historia parece característica de la naturaleza pendenciera de Ibrahim. Después del accidente, vino la policía para investigar y fijar indemnizaciones. En Agosto de 1964 me enteré de que en Marzo el hijo del Sr. Yousef el Halibi había confirmado que su padre y su tío estuvieron presentes en el lugar del accidente, pero el intérprete no me lo dijo durante la entrevista. Creo, aunque no estoy seguro, que Ahmed el Halibi y Yousef el Halibi eran hermanos. Esta escena siguió al accidente de autobús del dato 23. |
| 25.– El conductor era cristiano. | | Nabih Bouhamzy | Incorrecto, si se refiere al conductor del camión que mató a Said Bouhamzy. Era musulmán. Imad debió confundir al conductor del camión que mató a Said Bouhamzy con otro hombre. Ibrahim tenía un amigo íntimo que era conductor de autobús y cristiano. |
| 26.– Era amigo del Sr. Kemal Joumblatt. | | Haffez Bouhamzy Nabih Bouhamzy | Tanto Ibrahim como Said Bouhamzy eran amigos de este famoso filósofo y político druso. El Sr. Kemal Joumblatt vivía en un pueblo cerca de Khriby, al sur. Imad se |

| Datos | Informadores | Comprobación | Comentarios |
|---|---|---|---|
| 26.– (*Continuación*) | | | excitó mucho cuando, por ver su reacción, un vecino le dijo (siendo mentira) que el Sr. Joumblatt había muerto. |
| 27.– Era muy aficionado a la caza. | | Haffez Bouhamzy<br>Nabih Bouhamzy<br>Fuad Bouhamzy | Ibrahim era un apasionado de la caza. Imad había pedido muchas veces a su padre que lo llevase a cazar. En casa de Said Bouhamzy, Imad se interesó mucho por dos perdices. Las perdices son la principal pieza de caza de aquella región. |
| 28.– Tenía una escopeta de dos cañones.* | | Haffez Bouhamzy<br>Nabih Bouhamzy<br>Fuad Bouhamzy | Correcto. Imad juntó dos dedos para afirmar lo que quería decir al hablar de una escopeta de dos cañones. |
| 29.– También tenía un rifle.** | | Haffez Bouhamzy<br>Nabih Bouhamzy<br>Fuad Bouhamzy | Correcto. |
| 30.– Tenía escondida su escopeta.** | Kassim Elawar | La madre de Ibrahim, Lateife Bouhamzy, me indicó el sitio donde su hijo guardaba la escopeta | Correcto. Es posible que se trate de un rifle ilegal, prohibido para un civil en Líbano. Ibrahim lo tenía escondido. |

\* Registrado después de empezar la comprobación, pero antes de comprobar este dato.

\*\* Este dato no está registrado por escrito antes de su comprobación.

349

| Datos | Informadores | Comprobación | Comentarios |
|---|---|---|---|
| 31.– Tenía un perro "de caza" marrón. | | Nabih Bouhamzy<br>Haffez Bouhamzy | El perro era marrón claro, pero no era de caza. Otra deducción de la familia de Imad. Imad había dicho que le gustaba la caza, que tenía una escopeta y que tenía un perro. La familia dio por sentado que el perro era de caza, pero, en realidad, era un perro pastor. |
| 32.– Una vez le pegó a un perro.* | | Nabih Bouhamzy | Correcto. Otro perro peleó con el de Ibrahim y él le dio un golpe. |
| 33.– Su casa estaba en el pueblo de Khriby. | | Yo mismo visité la casa | La casa estaba en el centro del pueblo, no en las afueras. El primer día de las investigaciones, se informó de que Imad había dicho que su casa estaba en las afueras del pueblo, pero este detalle se corrigió antes de llegar a Khriby y es posible que se deba a un error de traducción. |
| 34.– Delante de su casa había una rampa.* | | Yo mismo visité la casa. | La carretera tiene una inclinación exactamente delante de la casa de Ibrahim. |
| 35.– Había dos pozos en la casa: uno, lleno, y otro, vacío.* | | Nabih Bouhamzy<br>Fuad Bouhamzy<br>Yo vi los "pozos" en la casa. | En vida de Ibrahim, había dos "pozos", cuya situación nos indicaron. Los "pozos" llevaban cerrados desde la muerte de Ibrahim. No eran pozos que produjesen agua, sino unas cubetas o concavidades de cemento que se utilizaban para recoger el mosto. Los pozos debían utilizarse alternativamente. |

\* Mencionado por Imad durante el viaje de Kornayel a Khriby.

350

| Datos | Informadores | Comprobación | Comentarios |
|---|---|---|---|
| 35.– (Continuación) | | | Durante la temporada de las lluvias se llenaba uno de agua y el otro se quedaba vacío, porque se le habría evaporado. Por eso uno estaba vacío y el otro, lleno. |
| 36.– Estaban haciendo un jardín nuevo cuando murió. | | Haffez Bouhamzy<br>Fuad Bouhamzy | Cuando murió Ibrahim estaban reformando el jardín de la casa. |
| 37.– En el jardín nuevo había cerezos y manzanos | | Haffez Bouhamzy<br>Fuad Bouhamzy<br>Los manzanos y los cerezos me los enseñaron en mis viajes a Khriby. | |
| 38.– El camión estaba cargado de piedras para la construcción del jardín. | | Haffez Bouhamzy<br>Nabih Bouhamzy | Incorrecto o dudoso. El Sr. Haffez Bouhamzy recordaba que estuvieron aprovechando y colocando las piedras que había en el jardín. No recordaba que se hubiesen llevado piedras nuevas en un camión. Imad podría referirse al camión que atropelló a Said Bouhamzy; pero parece ser que éste estaba vacío y no lleno de piedras, en el momento del accidente. |
| 39.– Tenía dinero y terrenos; pero no otros negocios normales. | | Haffez Bouhamzy<br>Nabih Bouhamzy | Completamente cierto; pero tenía un camión, con el que hacía negocios. También condujo un autobús durante una temporada. |

351

| Datos | Informadores | Comprobación | Comentarios |
|---|---|---|---|
| 40.– Tenía un coche pequeño, amarillo. | | Haffez Bouhamzy<br>Nabih Bouhamzy<br>Fuad Bouhamzy | Correcto. |
| 41.– Tenía un autobús. * | Kassim Elawar | Fuad Bouhamzy<br>Nabih Bouhamzy | Correcto. |
| 42.– Tenía un camión. | | Haffez Bouhamzy<br>Nabih Bouhamzy<br>Fuad Bouhamzy | Correcto. Ibrahim Bouhamzy no utilizó estos vehículos al mismo tiempo, sino por separado. En realidad, no era su dueño, sino que pertenecían a la familia, pero la familia tenía muchas propiedades en común. |
| 43.– Utilizaba el camión para transportar piedras. * | Kassim Elawar | Nabih Bouhamzy | Correcto. |
| 44.– Él no conducía el camión. | | Incorrecto | Conducía el camión él mismo. Parece verosímil que este detalle guarde relación con el accidente de autobús mencionado en los datos 23 y 24. Imad, aparentemente, quería dejar bien claro que él (Ibrahim) no estaba en el autobús (conduciendo) cuando se salió de la carretera y que su ayudante (conductor) era el responsable del accidente. Hubo alguna confusión sobre si Imad se refería a un autobús o a un camión. |

* Este dato no está registrado por escrito antes de su comprobación.

| Datos | Informadores | Comprobación | Comentarios |
|---|---|---|---|
| 45.– Había dos garajes en la casa.* | | Yo inspeccioné los dos cobertizos a que puede referirse. | Incorrecto, aunque cierto en parte. Ibrahim dejaba sus vehículos al aire libre. Debajo de la vivienda había dos cobertizos y posiblemente Imad trataba de referirse a éstos. Lo más lógico parece ser que Imad hablase en principio de "habitaciones de techo abovedado" en el mismo contexto, y estos cobertizos que había debajo de la vivienda estaban abovedados, como comprobé cuando los vi. |
| 46.– La llave del garaje estaba en el ático.* | | Sin comprobar | La casa tenía un ático y es posible que Ibrahim guardase allí una segunda llave. Su hermana no pudo confirmar este punto. Podría tratarse de la llave de los cobertizos del dato 45. |
| 47.– Había una entrada que tenía una especie de abertura redonda.*, ** | | Yo examiné esta abertura. | Por encima de la puerta principal de la casa, entrando desde el patio, había una abertura que daba al ático y era casi semicircular y estaba cerrada por una ventana. Es posible que esta ventana se quitase para dar acceso al ático, al que también se podía subir por una trampilla que había detrás de la puerta central de la casa. Aunque es correcto, hay entradas a los áticos parecidas a ésta en muchas casas de la región. |

* Mencionado por Imad durante el viaje de Kornayel a Khriby.

** Registrado después de empezar la comprobación, pero antes de comprobar este dato.

| Datos | Informadores | Comprobación | Comentarios |
|---|---|---|---|
| 48.– Las herramientas del coche estaban en este sitio, junto a la abertura redonda.* | | Huda Bouhamzy, hermana de Ibrahim Bouhamzy<br><br>Lateife Bouhamzy | El Sr. Haffez Bouhamzy, primo de Ibrahim, no sabía que Ibrahim guardaba las herramientas en el ático. Es posible que el dato 46 se refiera a lo mismo y que haya aparecido un error, dado que en francés se utiliza la palabra "clef" lo mismo para decir llave que para indicar el principio de un tiro de escaleras. En árabe, que ha tomado muchas palabras técnicas del francés, se utiliza la misma palabra en ambos sentidos. En cualquier caso, en el dato 48 Imad llevaba bastante razón y, en el 46, no se pudieron comprobar los detalles, pero también podría ser correcto. |
| 49.– Había un hornillo de petróleo en su casa. | Majeed Toufic Elawar, Primo del abuelo paterno de Imad | Fuad Bouhamzy | Preguntaron a Imad si tenían un fogón de leña en la casa de la familia anterior y contestó que no, pero que tenían un hornillo de petróleo. Su observación demuestra que no estaba equivocado. Pero el detalle no es nada concreto, ya que en muchas casas de Líbano, incluida la de Imad, hay hornillos de petróleo. |
| 50.– Tenía una cabra con un cabrito.* | | Fuad Bouhamzy | Cuando Ibrahim era joven, su familia tenía un rebaño de cabras. |

\* Mencionado por Imad durante el viaje de Kornayel a Khriby.

354

| Datos | Informadores | Comprobación | Comentarios |
|---|---|---|---|
| 51.– Tenía una oveja.* | | Fuad Bouhamzy | La familia de Ibrahim también tenía ovejas cuando él era joven. |
| 52.– Tenía en total cinco hijos. | | Nabih Bouhamzy | Sin demostrar. Ibrahim no había reconocido públicamente a sus hijos. Nunca estuvo casado, pero tenía, por lo menos, un hijo. El Sr. Nabih Bouhamzy lo oyó reconocer esta paternidad. Cuando Imad hablaba de hijos, enseñaba los cinco dedos para indicar el número de hijos, como respuesta a la pregunta. Es posible que se refiriese a los cinco hijos de su primo y amigo Said Bouhamzy, a quien Ibrahim quería mucho. |
| 53.– Era "rico". | | Haffez Bouhamzy Nabih Bouhamzy | No es un detalle concreto, pero, comparado con muchas familias del pueblo, Ibrahim podía considerarse una persona de fortuna próspera. |
| 54.– Tenía una granja. | | Nabih Bouhamzy | |
| 55.– "Sé hablar inglés".* | | Incorrecto | Incorrecto en el caso de Ibrahim, que hablaba francés, pero nada de inglés. El Sr. Abushdid dijo que Imad hizo esta observación en el coche, cuando nos oyó a él y a mí intercambiar unas frases en inglés. Su padre, que venía entonces en el coche, no oyó |

* Mencionado por Imad durante el viaje de Kornayel a Khriby.

| Datos | Informadores | Comprobación | Comentarios |
|---|---|---|---|
| 55.– *(Continuación)* | | | a Imad hacer esta observación; pero sí lo oyó decir entonces "Sé hablar como usted", refiriéndose al francés, que era la lengua en que solíamos hablar el Sr. Abushdid y yo. Imad había aprendido algo de francés en su primer año de escuela y sabía contar hasta veinte en francés correctamente. Hay bastantes dudas sobre este dato y es posible que Imad no se refiriese entonces a la vida anterior. El padre de Imad no había oído nunca que dijese que sabía hablar inglés. |
| 56.– Se va a Khriby por Hammana. | Naileh Elawar, abuela paterna de Imad | Mapas de carreteras de Líbano | Correcto. Hammana es un pueblo que se encuentra al sudeste de Kornayel y se pasa por él para ir de Khriby a Kornayel. El padre de Imad insistía en que el niño no había salido nunca de Kornayel por este lado del pueblo. Es extraño que la "personalidad de Ibrahim" lo recordase, ya que Hammana está alejado de Khriby. Es más lógico que sirviese como orientación para alguien que viviese en Kornayel y que buscase Khriby en el mapa para ver la carretera que tendría que tomar para ir desde Kornayel. Por tanto, es posible que Imad recibiese esta información al oír hablar a su padre. Lo que sí puede |

\* Mencionado por Imad durante el viaje de Kornayel a Khriby.

| Datos | Informadores | Comprobación | Comentarios |
|---|---|---|---|
| 56.– *(Continuación)* | | | ser importante es que se fijase en este detalle por el gran interés que tenía por Khriby y decía con frecuencia que quería ir allí (ver lo que se dice en el texto sobre la posibilidad de que Imad hubiese estado antes en Khriby). |
| 57.– Reconoció a Salim el Aschkar, de Khriby. | Naileh Elawar | | Salim el Aschkar, natural de Khrikar, estaba casado con una mujer de Kornayel y solía ir algunas veces a este pueblo. Cuando Imad tenía unos dos años, estaba en la calle con su abuela y vio a Salim el Aschkar que venía. Imad salió corriendo en su encuentro y lo abrazó. "¿Me conoces?", preguntó Salim, a lo que Imad respondió: "Sí, eras mi vecino". Este hombre *había* sido vecino de la familia de Ibrahim Bouhamzy, pero ya no vivía en la casa de al lado. |

de que estaba contento por encontrarse en Khriby con estas personas. Lo que más lo emocionó fue una fotografía pequeña de Fuad, hermano de Ibrahim, que encontró alguien por allí y se la llevó para que la viese. Imad la cogió con fuerza y la besó con cariño. Al marcharnos de la casa y despedirnos de los familiares de Ibrahim, no presentó resistencia ni dio muestras de disgusto por la separación.

Ibrahim tenía predilección por su madre, por su hermana Huda y por se hermano Fuad. El reconocimiento que hizo Imad de Huda y de la fotografía de Fuad está completamente de acuerdo con las preferencias de Ibrahim. En cuanto a la madre, que en 1964 ya parecía una señora mayor, tal vez había cambiado más su aspecto físico que el de Huda.

Mientras estuvimos en la casa, cuando Imad no sabía contestar a una pregunta o no reconocía algún objeto que le presentaban, se limitaba a no responder. Podemos pensar que esto es un detalle más de que no estaba sometido a ningún tipo de de sugestión o insinuación que, de haber existido, tal vez hubiese proporcionado más datos de los que se observaron en realidad, aunque hubiesen podido ser incorrectos.

## *Informes y observaciones importantes sobre comportamiento de las personas implicadas*

Además de anotar, antes de salir para Khriby, las observaciones relacionadas con una vida anterior atribuidas a Imad, también anoté algunos datos sobre la forma de ser de Imad, facilitados por sus padres y abuelos, que podrían considerarse como consecuencia de las experiencias y forma de vida de su personalidad anterior.

Bajo esta norma, debemos tener en cuenta, en primer lugar, el interés de Imad por Khriby y por las personas que viven allí. Pidió a sus padres muchas veces que lo llevasen allí y hablaba mucho de varias personas que decía que conocía allí. En mi último viaje a Kornayel, en Agosto de 1964, Imad me pidió que lo llevase a Khriby, porque sus padres, me dijo, no lo llevaban. Una muestra significativa de su interés por Khriby fue el abrazo que dio a Salim el Aschkar cuando se encontró con él en una calle de Kornayel; otra, cuando una mujer pretendió ver su reacción, diciendo, aunque era mentira, que el Sr. Kemal Joumblatt (el estadista druso que Imad decía que había conocido y a quien Ibrahim conocía muy bien) había muerto. Al oírlo, Imad se enfadó mucho y trató de echar de la casa a aquella mujer. Se produjo también un episodio parecido en Diciembre de 1963, cuando llegó a Kornayel la noticia de que había muerto Said Bouhamzy (el segundo vecino de Khriby que tenía este nombre). Imad mostró mucho interés por esta noticia. Al cabo de un rato, dijo pensativo: "Todavía me queda otro hermano". Pensamos que este último comentario lo hizo refiriéndose a Amin o a Kemal, supervivientes del grupo de amigos íntimos de Ibrahim, que se llamaban entre sí "hermano". Yo mismo me di cuenta de la cara de satisfacción que puso Imad cuando le propusimos ir a Khriby. Y en Khriby, quitando dos ocasiones en que se enfadó por algo –no sé con seguridad por qué– dio en todo momento muestras de alegría.

De todas las personas que decía Imad que tenían alguna relación con su vida anterior, Jamileh era la que ocupaba el primer puesto. Su nombre fue la primera palabra que pronunció cuando empezó a hablar y la tenía después muchas veces en sus labios. Hablaba de comprar vestidos de color rojo para ella y comparaba su belleza y sus vestidos con los de su madre que, por ejemplo, no llevaba tacones altos, como hacía Jamileh. No sé cómo lo dijo en árabe; pero, traducido al francés, es: "Maman, faites comme si vous étiez Jamileh" ("Mamá, haga como si fuese Jamileh"). Este episodio se produjo cuando Imad tenía unos tres años y medio.

En el viaje a Khriby, Imad no dijo que quisiese ver a Jamileh, que se había casado hacía mucho tiempo y se había ido a vivir a otro sitio. Este detalle no debe sorprendernos, si recordamos que Jamileh había sido sólo la amante de Ibrahim y que esta relación produjo bastante escándalo en la comunidad. No se podía esperar, por tanto, que Ibrahim (o Imad, bajo la influencia de las experiencias de Ibrahim) hablase de su relación con Jamileh delante de las mujeres de su familia. En Khriby, Imad indicó correctamente la dirección del pueblo donde había vivido Jamileh, pero no pronunció su nombre espontáneamente, como hacía en Kornayel con tanta frecuencia. En Agosto de 1964, me enteré de que Imad tenía reacciones muy fuertes si alguien le tomaba el pelo diciendo que Jamileh había muerto.

Los padres de Imad comentaron que tenía auténtico pánico a los camiones y autobuses desde muy pequeño. Corría y se escondía de estos vehículos, antes de hablar de su miedo. Poco a poco, Imad fue perdiendo el miedo y, cuando tenía cuatro o cinco años, lo había perdido por completo. Los padres de Imad atribuían esta fobia a los vehículos grandes a su vida anterior, suponiendo que había muerto atropellado por un camión. Pero, como hemos visto, fue Said Bouhamzy, y no Ibrahim, quien murió de esta manera. Ibrahim, sin embargo, vivía todavía cuando se produjo el accidente del camión que costó la vida a Said y la muerte de su primo y amigo le afectó mucho. Es más, Ibrahim había conducido tanto un camión como un autobús. En una ocasión, después de bajarse del autobús,

TABLA 2

*Resumen de los comentarios y reconocimientos hechos por Imad en Khriby*

Nota: Los reconocimientos y comentarios siguientes se produjeron en presencia del intérprete o delante de mí, o se nos informó a los pocos minutos de producirse. El Sr. Haffez Bouhamzy, La Srª. Huda Bouhamzy y la Srª. Lateife Bouhamzy confirmaron la exactitud de lo que Imad decía o hacía. Los datos que figuran señalados con un asterisco (*) los presenció personalmente el intérprete; los demás nos los contaron después los testigos.

| Dato | Comentarios |
|---|---|
| 58.– Reconocimiento y situación de la casa anterior.(*) | Después, vimos la casa de Ibrahim. Imad indicó con seguridad la dirección en que se encontraba la casa, desde una distancia de 300 yardas; pero no llegó a identificar la casa concreta. |
| 59.– Reconocimiento de la carretera que va de Baadaran a Khriby.(*) | Observación hecha durante el viaje de Khriby a Baadaran. No es un dato significativo, ya que Imad podría haber visto algún indicador u oído algún comentario sobre la dirección que llevaban. |
| 60.– Reconocimiento del lugar donde Ibrahim Bouhamzy tenía su perro.(*) | En el patio de la casa, se le preguntó a Imad, "Si tenías aquí un perro, ¿dónde estaba?" El indicó correctamente el sitio del patio. |
| 61.– El perro estaba atado con una cuerda.(*) | Al preguntarle cómo tenía atado al perro, Imad dijo: "Con una cuerda". En esta zona muchos perros están atados con cadenas y no con cuerdas. |
| 62.– Reconocimiento de la cama de Ibrahim Bouhamzy.(*) | Había dos camas en la habitación. Imad indicó la de Ibrahim. |
| 63.– Comentario sobre la posición que tenía esta cama.(*) | Preguntaron a Imad: "¿Cómo estaba colocada la cama cuando dormías en ella?" Entonces dijo que la cama solía estar en posición transversal a la que tenía en aquel momento, una posición completamente diferente (ver dato siguiente). |
| 64.– Comentario sobre cómo hablaban con Ibrahim sus amigos.(*) | Durante su enfermedad infecciosa, sus amigos no podían entrar en la habitación donde estaba Ibrahim, por lo que hablaban |

*Datos* | *Comentarios*

**64.– (Continuación)**

con él a través de una ventana y la cama estaba colocada de tal forma que pudiese verlos y hablar con ellos por la ventana. Cuando preguntaron a Imad "¿Cómo hablabas con tus amigos?", señaló la ventana y dijo: "Por ahí".

**65.– Reconocimiento del lugar donde Ibrahim Bouhamzy guardaba su escopeta.(\*)**

Imad, cuando le preguntaron dónde guardaba "su" escopeta, indicó la parte trasera de un armario empotrado. No señaló las puertas, pero sí el armario. La madre de Ibrahim dijo que solamente Ibrahim y ella sabían dónde estaba la escopeta. El Sr. Ḥaffez Bouhamzy, primo de Ibrahim, no lo sabía.

**66.– No reconoció a la madre de Ibrahim Bouhamzy.**

Preguntaron a Imad, delante de la madre de Ibrahim : "¿Reconoces a esta anciana?" El dijo entonces: "No". Entonces le dijeron que se acercase a ella y le dijese "Hola", cosa que hizo. Después le preguntaron si le había gustado y contestó: "Sí, muchísimo".

**67.– Reconocimiento de la hermana de Ibrahim, Huda.**

La hermana de Ibrahim preguntó a Imad "¿Sabes quién soy?", y él contestó: "Huda".

**68.– Reconocimiento de un retrato del hermano de Ibrahim, Fuad.**

Primero le enseñaron a Imad una fotografía pequeña de Fuad en uniforme militar y no lo reconoció; pero, cuando le preguntaron quién aparecía en un óleo grande que colgaba de la pared, contestó: "Fuad".

**69.– Reconocimiento de un retrato de Ibrahim Bouhamzy.**

Cuando le enseñaron una fotografía de tamaño mediano de Ibrahim Bouhamzy y le preguntaron quién era, contestó: "Yo". En este caso, se le insinuó que era de su hermano o de su tío, pero nadie le sugirió que fuese de Ibrahim.

**70.– Comentario sobre las últimas palabras que dijo Ibrahim antes de morir.**

La Sra. Huda Bouhamzy preguntó a Imad: "Antes de morir, dijiste algo. ¿Qué fue?" Imad contestó: "Huda, llama a Fuad". Es correcto, porque Fuad había salido poco

| Datos | Comentarios |
|---|---|
| 70.– *(Continuación)* | antes e Ibrahim quería verlo otra vez, pero murió inmediatamente. |
| 71.– Fuad y Ali eran hermanos de Ibrahim.(*) | Preguntaron a Imad "¿Quiénes son tus hermanos?" y contestó correctamente: "Fuad y Ali". Parece que no se acordó de un tercer hermano, Sami, el más joven. |
| 72.– Comentario sobre dónde vivía Jamileh.(*) | Imad indicó correctamente con el dedo la dirección donde estaba Maaser el Shouf, donde solía vivir Jamileh. |
| 73.– La madre de Ibrahim se machacó una vez un dedo con la puerta que da al patio. | Para este dato he oído testimonios distintos sobre lo que dijo Imad y lo que sucedió, en realidad, en vida de Ibrahim. Un testigo decía que Imad recordaba haberse lesionado "su" dedo (de Ibrahim). La Srª. Huda Bouhamzy decía que Imad recordaba que la madre de Ibrahim se había machacado un dedo con una puerta. Esto sucedió efectivamente y la madre de Ibrahim tenía deformada la punta del dedo cuando yo la vi en uno de mis viajes a Khriby. |

se le soltaron los frenos y se precipitó por una rampa, volcando con su ayudante dentro (Ejemplo 23, Tabla 1). Un informador atestiguó que Ibrahim se volvió inquieto después de este accidente, aunque otro no confirmó este detalle. Aunque Ibrahim no sufrió heridas, este accidente peligroso y la muerte de Said·pudieron muy bien ser la causa del miedo que tenía a los vehículos grandes. Además de éste, Ibrahim tuvo también otro accidente de automóvil. Por eso, la actitud de Imad ante los vehículos parecía la más lógica que se podía esperar por las experiencias de Ibrahim.

Los padres y abuelos de Imad comentaban la sorpresa y alegría que mostraba el niño cuando ampezó a andar. Hacía observaciones como: "Mirad, ahora puedo andar", como si se sorprendiese de poder hacerlo. Una vez más, los padres, durante los años en que pensaban que la personalidad anterior de Imad había tenido las piernas rotas y había muerto atropellado por un camión, justificaban la alegría que sentía al andar diciendo que le costaría trabajo creer que se le habían curado las piernas. Pero, como hemos visto, Ibrahim había estado imposibilitado no sólo poco antes de su muerte, sino durante bastante tiempo, a causa de la tuberculosis. Imad, que no había dicho nada del voto de hacerse sheikh que había hecho Ibrahim a Dios, si lo curaba, parecía no comprender cómo ni por qué podía andar de la forma en que lo hacía. Un día le preguntó a su madre: "Madre, ¿ha tenido usted alguna vez una operación que haya hecho que vuelva a andar otra vez?" Said Bouhamzy tuvo una operación después del accidente que le partió el tronco y las piernas; pero murió a las pocas horas. Ibrahim pudo tener noticia de esto e Imad también demostraba conocer esta operación realizada después del accidente. Resulta posible, por tanto, que él se hubiese hecho a la idea de que se habían solucionado sus problemas después de la operación quirúrgica. También conviene pensar en la posibilidad de que en la mente de Imad se mezclasen las imágenes de los "recuerdos" de la enfermedad de Ibrahim con las del fatal accidente de su amigo Said. Como ya he advertido, parece ser que Imad tenía diversas imágenes en su consciencia y pudo articularlas algunas veces en palabras hablando solo y ante los demás. Sus padres, con toda seguridad, fundían en *sus* mentes las escenas de la muerte de Said Bouhamzy con otras declaraciones de Imad y adjudicaban la muerte violenta de Said a la personalidad anterior de Imad. Una fusión parecida pudo producirse en la mente del mismo Imad.

La suposición que hemos comentado se basa en el detalle de la discusión que hubo entre el conductor del camión y el hombre que murió a causa del atropello (Tabla 1, ejemplo 22) Cuando los padres de Imad comentaban este caso, el niño acusaba al conductor del camión de asesinato voluntario, por haber atropellado intencionadamente a la víctima. Imad había dado detalles de una discusión, asegurando que él (en su vida anterior) había derribado al conductor de un camión (o un autobús). Lo cierto es que el conductor del camión que mató a Said Bouhamzy no había discutido con él y (según dice Sleimann Bouhamzy) el mismo Said Bouhamzy, en su lecho de muerte, liberó de toda culpa al conductor. Pero, como Ibrahim tenía un temperamento pendenciero, su carácter pudo haber atribuido la causa del accidente y la muerte de su amigo a la mala intención del conductor. Hay más personas que lo creen así, pero en el juicio se consideró al conductor culpable de negligencia solamente. Por tanto, la introducción de datos erróneos sobre la disputa con el conductor antes del accidente puede deberse a la fusión, en la mente de Imad, de las imágenes del accidente y de las de la discusión que tuvo Ibrahim con el conductor. O también puede deberse a una interpretación del accidente, hecha por Ibrahim, incorrecta, pero acorde con su carácter beligerante, que se transmitió a la mente de Imad. Y, como tercera explicación, debemos considerar la posibilidad de que los padres de Imad relacionasen la disputa con el accidente, según las versiones de Imad. Según ellos, Imad hablaba mucho más de la discusión que del accidente.

Imad mostraba mucho interés por la caza y le pedía a su padre muchas veces que lo llevase a cazar. Dijo, con todo acierto, que Ibrahim tenía una escopeta y un rifle e indicó el sitio donde los guardaba en la casa. Ya he hablado de lo interesado que estuvo Imad por las perdices que estaban enjauladas en casa de Said Bouhamzy. Las perdices son las principales piezas de caza de aquella zona. Según dice el Sr. Haffez Bouhamzy, a Ibrahim Bouhamzy le gustaba mucho la caza y se dedicaba a ella siempre que podía. Pero tampoco debemos olvidar que el Sr. Mohammed Elawar, padre de Imad, tenía una escopeta y salía de caza, por lo que el interés de Imad puede tener su origen en las actividades de su padre. Lo que más llamaba la atención era la *fuerza* del interés que ponía el niño en la caza.

Anoté las características de la forma de ser de Imad antes de empezar a comprobar sus declaraciones. La familia de Imad comentó algunos datos dignos de mención de su conducta *después* de que yo hubiese oído rasgos similares de Ibrahim Bouhamzy. Mientras nos iba contando cómo era su primo Ibrahim y qué costumbres tenía, el Sr. Haffez Bouhamzy dijo que Ibrahim solía verse con frecuencia envuelto en disputas con otros hombres, generalmente por mujeres. Una vez disparó contra un hombre en una pelea. Ya he hablado del tono utilizado por Imad cuando hablaba de discusiones. Cuando el Padre de Imad oyó que Ibrahim tenía fama de pendenciero se echó a reír y dijo que Imad tenía también un temperamento muy fuerte y agresivo. Imad era muy sensible y se ponía a dar voces cuando se consideraba ofendido. No le gustaba ser joven y se enfadaba si alguien lo decía que era un muchacho. En un baile de niños, en 1964, no le gustaba estar con los niños de su misma edad y quería que le pusiesen ropa propia de muchachos mayores. Imad adoptaba una actitud dominante entre los demás chicos, pretendiendo siempre ser el cabecilla. Su abuelo paterno dijo que, cuando Imad tenía unos dos años, bebía té mate como un hombre mayor y tenía una afición especial por el té amargo y el café. El té mate es una bebida drusa típica de la región donde está Khriby, pero se bebe también en el resto del Líbano, como sucede en el caso de la familia Elawar. Sigue llamando la atención su afición al té y su interés por él a una edad tan joven.

Imad, según dice su familia, estaba muy adelantado en la escuela para su edad, sobre todo en francés. En la familia no había nadie que hablase francés, pero Imad lo había ido aprendiendo con toda rapidez e incluso corregía a su hermana mayor. Ibrahim Bouhamzy hablaba francés bastante bien, pues había estado en el ejército francés, pero no sabía inglés.

## EL CASO DE SLEIMANN BOUHAMZY

### *Resumen del caso y comparación entre la forma de ser de Sleimann Bouhamzy e Imad Elawar, cuando eran niños*

Antes de seguir estudiando el caso de Imad Elawar, quiero presentar un resumen del caso ya mencionado de Sleimann Bouhamzy. Como ya he dicho, en mi segundo viaje a Khriby me enteré de que Sleimann Bouhamzy había venido a Khriby hacía muchos años y había hecho frecuentes viajes desde entonces, convenciendo a todos los interesados con sus pretensiones de que era Said Bouhamzy renacido después de morir en el accidente del camión. Desgraciadamente, los hechos más importantes de este caso habían tenido lugar unos dieciséis años antes de mi visita y no puedo presentarlo con el apoyo de testimonios más recientes, como en el de Imad Elawar. Sin embargo, la primera versión que me dio en Khriby el Sr. Haffez Bouhamzy coincidía, en líneas generales y en casi todos los detalles, con la que me dio en Siria el mismo Sleimann Bouhamzy. Tuve la impresión de que, de haber estado yo en Khriby cuando se produjeron los hechos más importantes del caso, lo hubiese considerado incluso más importante que el de Imad Elawar. Pero, según están ahora las cosas, sólo puedo ofrecer un resumen, cosa que hago, sobre todo, para comparar ciertos detalles de la conducta de Imad Elawar con la de Sleimann Bouhamzy cuando eran niños.

Said Bouhamzy murió el 8 de Junio de 1943, como consecuencia del accidente del camión, que le partió el tronco y las dos piernas. En el hospital sufrió dos operaciones: en la cabeza y en el abdomen. Después recuperó la consciencia lo suficiente para llamar a su esposa e hijos; pero murió a las pocas horas. Said Bouhamzy tenía sólo una hermana, a la que quería mucho. En Diciembre de 1943, esta hermana, que vivía entonces en Siria, donde se había casado con un hombre del mismo apellido, dio a luz a Sleimann Bouhamzy.

En la primavera de 1964, Sleimann Bouhamzy era un joven de veinte años, que contaba con gusto lo que recordaba todavía de su vida anterior como Said Bouhamzy y hablaba de cosas de su propia infancia. Decía que ya había olvidado muchos recuerdos de su vida anterior como Said Bouhamzy. Es más, decía que ya no estaba seguro de si lo que recordaba era en realidad algo que tenía en su memoria de la vida anterior o simplemente lo que le habían dicho otras personas, sus padres, por ejemplo, de lo que él había contado sobre esa vida. Al tratar de confirmar algunos detalles de la vida de Ibrahim Bouhamzy, no podía estar seguro de si lo recordaba por la vida de Said Bouhamzy o por lo que él, Sleimann Bouhamzy, había oído a su madre que, después de todo, era hermana de Said Bouhamzy y prima política de Ibrahim Bouhamzy. En resumen, Sleimann Bouhamzy contaba sus versiones de lo que recordaba de la vida de Said Bouhamzy con bastante inseguridad sobre el origen exacto de los recuerdos que narraba. Con estas cándidas reservas, pues, presento la siguiente versión.

Sleimann Bouhamzy recordaba de la vida de Said Bouhamzy una ocasión en que vino de Líbano a Siria para ver a su hermana. Por entonces se tardaba mucho más en hacer el viaje que en 1964. Recordaba que iba a caballo y llevaba un traje típico sirio, distinto de los del Líbano. También recordaba una vez que Said Bouhamzy, que se encontraba en Homs (al oeste de Asia central), en el ejército francés, recibió la noticia del nacimiento de un hijo. Un buen amigo de Said, que estaba con él en Homs, le dio al niño el nombre de Hassan. Recordaba la boda de un primo, Nejip Bouhamzy, y cómo él (como Said) había llevado a la novia desde el pueblo de Mouktara a Khriby. Recordaba detalles del fatal accidente de Said Bouhamzy y del traslado al hospital y de cómo allí revivió después de estar muerto y preguntó por su esposa y dijo que el conductor no tuvo mala intención en el accidente. No recordaba nada de la disputa anterior al accidente, y decía que éste había sido completamente imprevisto por parte del conductor.

Sleimann Bouhamzy recordaba algunos detalles de su propia forma de ser cuando era niño, relacionados con la vida de Said Bouhamzy. Cuando era muy pequeño, se encontró cinco berenjenas y dos patatas y les puso respectivamente los nombres de los cinco hijos y las dos hermanas de Said. Se enfadaba mucho si alguien tocaba estas hortalizas y quería conservarlas para siempre. Los nombres de los cinco hijos de Said fueron casi las primeras palabras que aprendió a pronunciar.

Recordaba que tenía mucho miedo a los vehículos de motor de cualquier tipo. De pequeño no quería ni siquiera acercarse a un automóvil. Cuando tenía once o doce años, empezó a disminuir este miedo, primero con los vehículos más pequeños y, por fin, con los grandes, como camiones y autobuses.[13] Conservaba todavía, sin embargo, mucho miedo a la sangre y a las vendas. Una vez fue a ver a un amigo a un hospital y, al encontrarlo con la cabeza envuelta en vendas blancas, se desmayó. Según dice Sleimann Bouhamzy, Said Bouhamzy estuvo envuelto en vendas blancas después del accidente. El Sr. Fuad Bouhamzy vio el cuerpo de Said Bouhamzy poco después de morir y estaba rodeado de vendas.

Sleimann Bouhamzy recordó también que le gustaba mucho Khriby y se encontraba muy bien allí. Todavía solía ir a Khriby con frecuencia y el Sr. Haffez Bouhamzy confirmó el placer que sentía Sleimann Bouhamzy cuando estaba en Khriby, donde pasaba largas temporadas en verano hasta que regresaba, con visible pesar, a Raha, en Siria. En realidad, Khriby tenía tanto atractivo para Sleimann que se hubiese trasladado allí si hubiese encontrado las misma oportunidades escolares que en Raha, donde seguía sus estudios.

---

13.– Aparecen dos detalles de interés psicológico, al atenuarse la fobia por los vehículos de motor que tenía Sleimann Bouhamzy. El primero, que mantuvo su miedo por ellos mucho más tiempo que Imad Elawar, que los había perdido a la edad de cuatro o cinco años. Esto coincide con las declaraciones de los dos muchachos de haber muerto en un accidente de un camión, el uno, y de tener un amigo que había muerto en accidente, además de estar involucrado en un accidente de autobús, el otro. El segundo detalle es que la pérdida del miedo a los estímulos ante los cuales se ha producido la generalización (vehículo pequeño), antes de que se pierda el miedo al agente traumático original (vehículo grande), se ajusta a las observaciones experimentales de extinción después de una preparación para evitar el traumatismo. Ver, como ejemplo, Fleshler, M. y Hoffman, H.S.: "Stimulus Generalization of Conditioned Suppression", Vol. 133, 1961, pp. 753-755. Pero algunos experimentos han dado resultados discrepantes.

Cuando Sleimann Bouhamzy era pequeño fue a Khriby por primera vez[14] y reconoció y dio los nombres correctos de todos los miembros de la familia de Said Bouhamzy, lo mismo que los de algunos vecinos del pueblo. También dijo con exactitud los límites de las propiedades de los vecinos del pueblo y de las granjas y viñedos de los alrededores. El Sr. Haffez Bouhamzy presenció la narración que hizo, cuando era pequeño, Sleimann Bouhamzy de los detalles del accidente y muerte de Said Bouhamzy. También fue testigo del reconocimiento de los hijos de Said Bouhamzy, de él mismo, y de otros miembros de la familia y vecinos pueblo. También recordó que el niño Sleimann, que estaba en el centro de Khriby, siguió, sin ninguna ayuda, el camino hasta la casa de Said Bouhamzy, donde reconoció no sólo a varias personas, sino también objetos que pertenecieron a Said Bouhamzy, como un revólver y un tipo especial de capa que tenía. Sleimann, que era por entonces un niño, adoptó una actitud paternal con los hijos de Said, que eran mucho más viejos que él. Llamó a su propia madre (hermana de Said Bouhamzy) "hermana", en vez de "madre". El Sr. Haffez Bouhamzy, penúltimo hijo de Said Bouhamzy, tenía entonces unos once años.

Sleimann Bouhamzy me dijo que había reconocido en su viaje a Khriby al Sr. Milhem Abouhassan, un buen amigo de Said Bouhamzy, que vivía en el pueblo de Baadaran, cerca e Khriby. El Sr. Haffez Bouhamzy confirmó este reconocimiento. Lo mismo hizo el Sr. Milhem Abouhassan, quien dijo que Sleimann Bouhamzy pronunció su nombre correctamente cuando se vieron por primera vez, en unas circunstancias que (según me contó) descartaban, en su opinión, la posibilidad de que alguien le hubiese dicho su nombre al niño. Sleimann Bouhamzy seguía teniendo gran afecto al Sr. Abouhassan, cosa difícil de explicar basándose en las experiencias comunes o relaciones de amistad de la vida de Sleimann Bouhamzy, teniendo en cuenta además, como él mismo reconoció, que había entre ellos una diferencia de edad de cuarenta años.

La familia de Said Bouhamzy aceptó abiertamente a Sleimann Bouhamzy como la reencarnación de su padre. Lo recibían en su casa con placer, le hacían regalos y decidieron colaborar en su educación. El interés de los hijos de Said Bouhamzy por él sobrepasaba con mucho el que se puede esperar en el trato con un primo.[15]

---

14.– Hubo discrepancia en los testimonios, al hablar de la edad de Sleimann Bouhamzy cuando estuvo por primera vez en Khriby. El Sr. Haffez Bouhamzy decía que Sleimann tenía "tres o cuatro años", mientras que el mismo Sleimann Bouhamzy decía que por entonces tenía "seis o siete años".

15.– En Mayo de 1972 volví a ver a Sleimann Bouhamzy en Aley, Líbano. Se había

Volvamos ahora al caso de Imad Elawar.

## Comentarios sobre la evidencia de conocimiento paranormal por parte de Imad Elawar

En este caso, podemos descartar rotundamente una posibilidad que aparece en muchos casos de posible reencarnación. Me refiero a los errores de memoria retrospectivos, al reconstruir después con exactitud lo que el niño había dicho antes de comprobar las declaraciones que se le atribuyen. Antes de empezar ninguna comprobación, anoté por escrito casi todas la declaraciones que se le atribuían a Imad. El intérprete y yo fuimos testigos, los dos, de casi todo lo que sucedió cuando Imad visitó la casa de Khriby y tomé nota de ello inmediatamente. En las pocas excepciones que no observé directamente, anoté con un retraso de pocos minutos lo que los testigos me decían que había sucedido. Sea lo que sea, yo confío en que no se trata de una reconstrucción retrospectiva de unas manifestaciones y unos hechos imaginarios.

Quiero centrar la atención también en que el padre de Imad, mi primer intérprete, y yo fuimos a Khriby en el primer viaje, esperando que todo lo que había dicho Imad guardase relación con la vida de Said Bouhamzy; pero, al final, esta suposición resultó errónea. Según esto, pienso que no se puede decir que se haya seguido el caso haciendo que las observaciones del niño se ajusten al caso concreto de una persona fallecida.

Pero también hemos de tener en cuenta la posibilidad de que los padres de Imad alterasen o falsificasen de algún modo la información atribuida a él. Entre los musulmanes y cristianos de su entorno, los drusos tienen una fama extraordinaria de personas honestas, reputación que no vale de mucho en culturas que no dan mucho valor a esta virtud. Sin embargo, estamos obligados a analizar detenidamente las posibilidades de fraude. Ante esta hipótesis, tenemos que pensar inmediatamente en una conspiración, de la que forman parte los padres de Imad, sus abuelos y dos primos, todos los que dieron testimonio, en mayor o menor grado, de las afirmaciones atribuidas a Imad o de su forma de ser. Habría que pensar también en una preparación previa de Imad para realizar los reconocimientos que hizo en casa de Ibrahim Bouhamzy.

---

trasladado a Aley desde Siria en 1965 y, en 1972, estaba dando clases en una escuela de allí. Decía que había conservado todos o la mayoría de los recuerdos de la vida anterior que tenía cuando nos vimos por primera vez en 1963. Iba a Khriby con frecuencia y seguía estando muy apegado a la familia de Said Bouhamzy. Le tenía todavía bastante miedo a los vehículos grandes, como camiones y autobuses.

También podríamos sospechar que los intérpretes estuviesen implicados en la conspiración; pero esta hipótesis tropieza con dos objeciones serias. La primera es que cada uno de los tres primeros intérpretes, incluido el conductor que me ayudó la primera tarde, se eligieron en el último momento y no tuvieron ninguna posibilidad de prepararse, a no ser que fuesen actores consumados. Y, la primera vez que vine a Líbano, en Marzo de 1964, conocí al Dr. Makarem, pero no pensé entonces que quisiese o pudiese hacer de intérprete para mí en Agosto. Que yo sepa, él no conocía entonces, hasta Agosto, a ninguno de los intérpretes que trabajaron conmigo en Marzo. La segunda objeción es que, si hubiesen formado una conspiración, hubiesen tenido que participar en ella unos diecisiete miembros de las dos familias implicadas, que vivían en pueblos diferentes, uno, de Líbano, y otro, de Siria.

Al margen de estas consideraciones, el caso tiene otras características que hacen casi improbable la hipótesis del fraude.

En primer lugar, y es lo menos importante, está la posición que tiene la familia Elawar en su comunidad. Algunos miembros de esta familia han alcanzado puestos de responsabilidad en Líbano, como profesionales, periodistas y hombres de negocios. Un miembro de esta familia representó al distrito en el Parlamento de Líbano. La familia Bouhamzy de Khriby gozaba de una posición similar en aquella comunidad. Tanto los Elawar como los Bouhamzy no tenían nada que ganar y sí mucho que perder inventando un caso así. Todos sabían que yo conocía a los principales miembros de la comunidad drusa de Beirut. Después se enteraron de que yo estaba tratando de corroborar y contrastar los testimonios y que cualquier indicio de falta de honestidad ante mis preguntas hubiese conmovido a la comunidad drusa. Sin embargo, el rango, la posición y la reputación no son garantías infalibles de honestidad y, por eso, paso a otros factores que me parecen de más peso para determinar la autenticidad del caso.

Entre estos factores, podemos advertir, en primer lugar, algunos detalles que darían poco crédito a la familia de Imad y que no tienen cabida en un caso inventado. Me refiero concretamente al papel de Jamileh. Los padres de Imad decían que pensaban que Jamileh era la esposa de un respetable sheikh druso, pero, según la identificación de los testigos de Khriby, no era más que la amante de Ibrahim Bouhamzy, que, a su vez, tenía fama de ser un muchacho pueblerino, pendenciero y mujeriego. Al volver a Kornayel, después de mi segundo viaje a Khriby, me vi obligado a decir a la madre de Imad que Jamileh, lejos de ser la distinguida esposa de un sheikh, había sido la amante de su primo. Esta noticia produjo una expresión de desagrado y simpatía, al mismo tiempo, en el rostro de la madre de Imad, lo que me convenció de que era la primera vez que oía tal cosa. Imad contaba una disputa y una pelea que decía haber tenido en la vida anterior, un hecho que decía poco a favor de él o de su familia, pero que, aunque no esté perfectamente confirmado, era característico de Ibrahim.

Además de esto, los auténticos errores de los padres de Imad en sus deducciones demuestran su ignorancia de los verdaderos detalles de la vida de Ibrahim Bouhamzy. Al margen de su error en cuanto a la posición social de Jamileh, cometieron más errores al decir que el perro que tenía la personalidad anterior era de caza, al decir que Amin era un juez de Trípoli cuando sólo era un empleado de aquel juzgado y al atribuir el fatal accidente de camión a la personalidad anterior. Si hubiesen tenido un conocimiento previo de los hechos, no me hubiesen pasado la información que atribuían a Imad. Finalmente, no hubiesen dado la impresión de creer que la personalidad anterior que relacionaban con Imad había muerto atropellada por un camión, ni lo hubiesen llevado a Khriby dando la impresión de que lo creían así, si hubiesen sabido que otra persona (Sleimann Bouhamzy) había asegurado ya que era la reencarnación de Said Bouhamzy. Si los padres de Imad hubiesen hecho las suficientes averiguaciones secretas en Khriby para conocer los detalles privados comentados por Imad correctamente (o atribuidos a él), se hubiesen enterado inevitablemente de que existía esta otra persona que decía ser Said Bouhamzy renacido. Cualquier caso inventado, relacionado con un Bouhamzy de Khriby, se hubiese centrado en una sola persona y no hubiese mezclado datos de dos vidas distintas.

Finalmente, la hipótesis del fraude tiene que decirnos cómo podría haber recibido la familia de Imad la información correcta que demostró tener el niño —o que le atribuyeron— sobre la vida de Ibrahim Bouhamzy. Según la madre del Sr. Haffez Bouhamzy, viuda de Said Bouhamzy (tal como me contó el Sr. Haffez Bouhamzy), no apareció ninguna reseña del fatal accidente de 1943 en los periódicos. Tampoco recordaban haber oído hablar por entonces de la muerte de Said Bouhamzy, ni los padres de Imad (que eran muy jóvenes y podrían haberlo olvidado) ni sus abuelos. Es posible que invitasen a alguien del pueblo al funeral, pero no se acordaban. Pero, aun suponiendo que llegase alguna noticia de la muerte de Said Bouhamzy a Kornayel, quedan muchos detalles íntimos de la vida y la casa de Ibrahim Bouhamzy que se deben a Imad. La casa de Ibrahim Bouhamzy estuvo cerrada y sin habitar durante mucho tiempo y los "pozos" cerrados y abandonados. Las mujeres de la familia de Ibrahim, su madre y su hermana, vivieron después, pero los hombres extraños no tienen acceso para preguntar a las mujeres drusas. Es más, los detalles que sabía Imad se dieron a conocer al cabo de algún tiempo. Imad conocía no sólo las últimas palabras de Ibrahim antes de morir, sino también que le había pegado a un perro, algo que debió suceder, por lo menos, seis meses antes de su muerte, ya que pasó ese tiempo en el sanatorio antituberculoso hasta que regresó a casa para morir. Imad sabía también que Ibrahim tenía un coche pequeño amarillo, un autobús y un camión, pero Ibrahim tuvo estos vehículos en distintas épocas de su vida, no al mismo tiempo. Imad conocía detalles del fatal accidente que mató a Said Bouhamzy, que sucedió seis años antes de la muerte del propio Ibrahim. Tenía noticias de Jamileh, la amante de Ibrahim cuando estaba sano, y también del nuevo jardín con cerezos y manzanos, que estaban haciendo cuando murió Ibrahim. En resumen, el conocimiento que tenía no se limitaba a un periodo de la vida de Ibrahim; era una idea general de diversos acontecimiento de distintos momentos de su vida. No pienso que exagere si insisto en que un conocimiento tan extenso y detallado sólo podría haberlo adquirido por medios normales preguntando durante mucho tiempo a la familia Bouhamzy o a algunos amigos y vecinos. Los amigos y vecinos más íntimos, como el mismo Sr. Haffez Bouhamzy, no sabían que Ibrahim Bouhamzy guardaba sus herramientas en la buhardilla de su casa ni dónde tenía la escopeta. Puedo asegurar con toda certeza que en cualquier conspiración para inventar el caso tendría que estar implicada la familia Bouhamzy. Pero esta familia, como ya he dicho, disfrutaba de no menos prestigio que la familia Elawar. Tampoco tenían ningún motivo para plantearse que un muchacho que vivía en un pueblo que estaba a veinticinco millas fuese la reencarnación de Ibrahim Bouhamzy y volviese a dar publicidad a su conducta, hasta cierto punto escandalosa para la comunidad.

Antes de que yo las juntase en Khriby, las dos familias aseguraban que no se conocían y ni siquiera tenían noticia de la existencia de la otra. El Sr. Mohammed Elawar me dijo que había ido por primera vez a Khriby con su tío en Diciembre de 1963, para asistir al funeral del segundo Said Bouhamzy, en parte movido por la curiosidad de lo que había dicho su hijo durante los últimos años. En aquella ocasión, dice, estuvo visitando al Sr. Kassim el Aschkar, que vivía en las afueras, al norte del pueblo. En el funeral le indicaron dos personas, Talal y Adil, que estaban identificadas como parientes del hombre que murió en el accidente del camión (el primer Said Bouhamzy). Después no volvió a ver a estas personas ni a nadie más de la familia de Said Bouhamzy ni de la de Ibrahim. Las personas que le indicaron no eran, en realidad, más que parientes lejanos. Ahora tengo que hacer algunas observaciones sobre si el Sr. Mohammed Elawar había estado en Khriby antes de esta visita de Diciembre de 1963.

Como ya he dicho, cuando íbamos hacia Khriby, Imad hizo algunas observaciones que parecían relacionadas con la vida anterior. Además de estas observaciones, el intérprete (el Sr. Abushdid, en esta ocasión) oyó que Imad decía:

"En Barouk podéis tomar una coca-cola". Barouk es un pueblo que está de camino entre Kornayel y Khriby, pero está mucho más cerca de Khriby. El padre de Imad nos había dicho, poco antes de esta observación, que Imad no había salido de Kornayel nunca en la dirección de Khriby ni, lógicamente, la de Barouk. Lo que dijo Imad nos hace pensar en que ya conocía Barouk, lo que podría contradecir lo que había dicho su padre. Como vemos en la Tabla n°. 1 (ejemplo 56), Imad sabía que había otro pueblo, Hammana, entre Kornayel y Khriby. Su conocimiento de la existencia de estos dos pueblos, que están entre Kornayel y Khriby, puede deberse a la información procedente de la vida anterior o también a que hubiese oído a sus padres hablar de ellos.

A pesar de todo, también había una posibilidad de que Imad hubiese viajado antes a Khriby con su padre. El intérprete me había preguntado si sólo tenía que hacer las preguntas que yo le dijese o podía preguntar por su cuenta a los testigos cuando pensase que valía la pena. Con la idea de que se conseguiría más información con un diálogo espontáneo, lo auto- ricé a añadir las preguntas que él creyese que ayudarían a estudiar el caso. Sin embargo, yo no estaba preparado para una pregunta que le hizo el Sr. Abushdid a Imad, cuando su padre se bajó del coche al llegar a Khriby para preguntar por dónde teníamos que seguir. El Sr. Abushdid se volvió hacia Imad y le prometió una botella muy grande de coca-cola si decía que ya había estado antes en Khriby. A esto contestó Imad que había ido allí una vez en coche con su padre y su madre. La tentación de ofrecer a un muchacho sediento semejante soborno hace que sea posible que Imad mintiese por complacer al Sr. Abushdid. Pero el Sr. Abushdid, al principio, pensó que lo que decía Imad contradecía la afirmación de su padre de que el niño no había estado nunca en Khriby.

Mientras tanto, en cambio, el Sr. Mohammed Elawar, que había baja- do del coche para preguntar, hacía gestos que parecían propios de una persona que está confusa y desorientada. No podía estar seguro de reco- nocer la casa del Sr. Kassim el Aschkar, donde, según había dicho él mismo, había estado sólo tres meses antes, en el funeral de Said Bou- hamzy, que murió en Diciembre de 1963. Ni Imad ni su padre dieron pruebas de reconocer la casa de Ibrahim ni la de Said Bouhamzy, aunque pasamos por delante de una y muy cerca de la otra. Desde el otro lado del pequeño valle que hay pasado el pueblo, Imad señaló correctamente dónde se encontraban las casas, pero el Sr. Mohammed Elawar no dio pruebas de reconocerlas, ni siquiera después de esta indicación. Al día siguiente, cuando Imad y su padre se juntaron con el Sr. Haffez Bouhamzy, todos se comportaron como si se viesen por primera vez. El Sr. Abushdid, que hablaba árabe, tenía más posibilidades que yo para captar la perplejidad del Sr. Mohammed Elawar al poder orientarse por Khriby. El Sr. Abuhsdid dijo lleno de satisfacción que el Sr. Elawar no conocía bien el pueblo y que no podía haber estado allí nada más que en Diciembre de 1963, con motivo del funeral. Pero, si esto era cierto, entonces las indicaciones de Imad de que había ido antes a Khriby en un coche con su padre y su madre no podían referirse a la vida "actual" de Imad. Entre los drusos, las mujeres no van a los funerales de otros pueblos. Por tanto, la madre de Imad no pudo ir al funeral en Diciembre de 1963. Y, si ésta era la única vez que el Sr. Elawar había ido a Khriby, pudiera ser que la declaración de Imad fuese una mentira para ganarse la botella de coca-cola que le había prometido el Sr. Abushdid. O también podría referirse a la vida anterior, ya que es posible que Ibrahim Bouhamzy hubiese ido con sus padres a Khriby en coche. No pienso que sea cuestión de decidir entre estas dos posibilidades para llegar a una conclusión; pero confío en que el Sr. y la Srª. Elawar decían la verdad cuando aseguraban que el Sr. Elawar sólo había ido una vez a Khriby, en Diciembre de 1963, que la Srª. Elawar no había ido nunca y que Imad tampoco lo había hecho antes de Marzo de 1964.

Nos queda ver si Imad había adquirido parte o toda la información que demostraba tener sobre la vida anterior de Ibrahim por alguna persona, distinta de sus padres, que hubiese venido a Kornayel. Ya he dicho que sólo había tres personas, que yo supiese, que podían haberle dado esta información. La primera era el Sr. Salim el Aschkar, nacido en Khriby y casado con una muchacha de Kornayel y que tenía también un tío que vivía allí. De vez en cuando iba a Kornayel, a casa de su tío o a la de la familia de su mujer. Tenía cierta confianza con la familia de Imad y había estado en casa de los Elawar una vez, antes de nacer Imad, pero, desde entonces, no había vuelto más. La familia de Imad decía que desde entonces no habían vuelto a verlo, excepto una vez que Imad lo vio en la calle y salió corriendo a darle un abrazo (Tabla 1, ejemplo nº. 57). La familia de Imad también conocía a una mujer que vivía en Maaser el Shouf, el pueblo cercano a Khriby, donde había vivido Jamileh. Esta mujer iba algunas veces a ver a su hija, que vivía con su marido en Kornayel. El Sr. y la Sr². Elawar la vieron por primera y única vez en el otoño de 1962. Por entonces ya les confirmó algunas de las declaraciones hechas por Imad, pero su información era tan limitada que no facilitó una identificación aproximada de la verdadera personalidad previa ni de todas las observaciones que hacía Imad. Es más, como por entonces ya llevaba Imad dos años hablando de la vida anterior, ella no pudo ser para él una fuente de información, si creemos a sus padres cuando dicen que hasta aquella fecha no la habían visto nunca.

La tercera posibilidad de que hubiese alguien que le transmitiese información es el Sr. Faris Amin Elawar, que conocía muy bien a la familia de Imad y era pariente lejano de ellos. Había estado en Baadaran y en esta zona llegó a conocer a algunos miembros de la familia Bouhamzy; pero la familia de Imad no ha hablado con él de la familia Bouhamzy ni de las declaraciones de Imad, antes de mi primer viaje a Kornayel, en Marzo de 1964, y, cuando lo hicieron, el Sr. Faris Elawar pudo confirmar lo que había dicho Imad sobre el accidente, pero nada más.

Hasta ahora he dedicado trabajo y espacio a presentar los detalles de los testimonios de este caso. La fiabilidad de las personas implicadas y el hecho de que las declaraciones del muchacho estaban anotadas antes de cualquier comprobación hacen que el caso parezca más auténtico que otros muchos de esta índole. Y esto demuestra, además, que nos molestamos en analizar todas las posibilidades que pueda haber de que haya podido llegar a Imad Elawar información sobre Ibrahim Bouhamzy por medio normales.

Pero si uno confía, como hago yo, en la honestidad de las personas implicadas, entonces la principal hipótesis normal que nos queda es la criptomnesia, combinada con una usurpación, por parte de Imad, de la personalidad anterior. Aquí es donde me parece que los errores de las deducciones hechas por los padres de Imad al tratar de organizar sus declaraciones no sólo están en contra del fraude, sino también contra la criptomnesia. Si tenemos en cuenta que Imad empezó a hablar de su vida anterior cuando tenía entre un año y año y medio (es de suponer que, a esa edad, estuviese en todo momento acompañado de su madre, de su abuela o de ambas), no podemos imaginarnos cómo hubiese podido adquirir una información tan importante directamente de alguien de fuera de su familia, sin que sus padres supiesen quién era esa persona. En resumen, para que sea válida la teoría de la criptomnesia en este caso, como en la mayoría de los que cuentan con la intervención de niños muy pequeños, hay que suponer que los padres tenían la información, la pasaron al niño de algún modo y después olvidaron por completo que habían tenido esa información, que aparecía ahora, tras un periodo de incubación, en labios del niño. Pero hay personas que leen libros y después aseguran que no los han leído y más tarde encuentran notas o datos evidentes que demuestran claramente que los han leído. En nuestro caso, la información que demostró tener Imad no estaba escrita en libros ni periódicos, pero sus padres pudieron haberla oído a algún conocido o de otras personas y olvidarse después. Sin embargo, parece más verosímil que los padres de Imad pudiesen haber tenido noticias de toda esta información, que llega hasta unos setenta datos, en un momento y no reconocer ninguno de ellos al reaparecer en boca de Imad al cabo de un año aproximadamente. Y la prueba de que no lo han reconocido después está en que han hecho muchas deducciones erróneas al tratar de organizar la narración de Imad. Por ejemplo, si hubiesen sabido que no fue Mahmoud, sino Said Bouhamzy, el que murió atropellado por el camión, seguramente hubiesen corregido a Imad en vez de contarme la deducción que se imaginaron. Del mismo modo, se hubiesen dado cuenta de diferencias como la relación con Jamileh, el trabajo de Amin como "juez" y que el perro era de caza". Estos errores, hemos de tenerlo en cuenta, no son errores de imaginación por parte de Imad, como pueden ser otros. Los padres confesaron después que ellos mismos habían hecho sus conjeturas, con el fin de encontrar un sentido lógico a sus narraciones.

Además de estos detalles, ya he explicado por qué pienso que es virtualmente imposible que la familia Elawar haya conseguido una información tan detallada e íntima de la vida de Ibrahim Bouhamzy, como la que demostraba tener Imad, sin llegar a hacer una investigación deliberada. Esta línea de pensamiento nos hace volver de la criptomnesia al fraude, que ya he rechazado antes como hipótesis carente de lógica.

Si podemos descartar el fraude y la criptomnesia como hipótesis válidas para este caso, no quedan más contendientes para su justificación que algún tipo de percepción extrasensorial con usurpación de personalidad, la posesión y la reencarnación. Analizaré estas hipótesis en profundidad en el Análisis General que hay al final del libro.

## Dos últimas entrevistas con otros informadores distintos

En Marzo de 1968 logré entrevistarme con el Sr. Faris Amin Elawar y su hijo, Sallem, en Kornayel. El Sr. Faris Amin Elawar iba a Khriby de vez en cuando y tenía trato con un primo de Ibrahim Bouhamzy, pero no podía recordar (si lo supo alguna vez) de qué murió. Decía que no tenía trato íntimo con la familia Bouhamzy de Khriby. Concretamente, en contra del testimonio que hemos visto de su primo, Kassim Elawar, negaba tener noticias del accidente de autobús de Baadaran.

Sallem Elawar recordaba la muerte de Said Bouhamzy y dijo que había ido de Kornayel a Khriby, con otros cuatro o cinco miembros de su familia, para asistir al funeral de Said Bouhamzy. Recordaba que conoció en el funeral a algunos miembros de la familia del difunto, pero no se acordaba de Ibrahim precisamente. Sólo pudo dar el nombre de otro miembro de la familia, Selhab Bouhamzy, que, sin embargo, no figura en los comentarios de Imad. No había oído hablar nunca de Jamileh.

Estas dos últimas entrevistas me hicieron pensar en que había habido muchos más viajes entre Kornayel y Khriby de los que yo pensaba. Al mismo tiempo, reforzaron mi conclusión de que personas conocidas por la familia de Imad no sabían los detalles de la vida íntima de la familia Bouhamzy.

No puedo explicarme la discrepancia que hay entre las declaraciones del abuelo de Imad de que Faris Amin Elawar había confirmado algunos detalles del accidente de autobús en el que estuvo involucrado Ibrahim Bouhamzy y las de Faris Amin Elawar, cuatro años después, en las que negaba tener ningún conocimiento de tal accidente. Es posible que se le olvidase en esos cuatro años y no recordase ni siquiera que lo había sabido. También es posible que la confirmación del accidente se la hiciese al abuelo de Imad otra persona y estuviese en un error.

## La evolución posterior de Imad

Entre 1964 y 1968 no volví a ver a Imad ni a su familia; pero volví a verlos en 1968 y en posteriores viajes a Líbano, en 1969, 1972 y 1973.

En Marzo de 1968, Imad tenía nueve años y unos meses. En aquella ocasión sólo ví a él y a su madre, pues su padre se había ausentado. Imad iba bien en la escuela. Su madre decía que seguía hablando de su vida anterior y que, en su opinión, hablaba "incluso más que antes". Esto no coincidía con la impresión que yo tenía de que cuando más hablaba sobre la vida anterior era cuando estuve yo allí en 1964, aproximadamente. Imad estaba molesto porque el hermano mayor de Ibrahim Bouhamzy, Fuad, no había ido nunca a verlo a Kornayel.

Imad hablaba con frecuencia de Jamileh y decía que quería verla. Se había casado y vivía en Aley, a unas ocho millas de Kornayel. Se acordaba de la relación que tuvo Ibrahim con ella y decía que él (Ibrahim) había estado dispuesto a fugarse con ella y que ya tenían la documentación, pero su familia la encontró y la se la rompió. Imad decía que la familia de Ibrahim no le dejaba que se casase con ella, porque era de una familia que pertenecía a una secta de los drusos opuesta a la de ellos. Los Bouhamzy pertenecían a rama joumblati de los drusos, mientras que Jamileh era de los yazbaki, lo mismo que son, por casualidad, los Elawar. El abuelo materno de Imad, que presenció parte de la entrevista, dijo que pensaba que no le habían dejado a Ibrahim casarse con Jamileh porque era de clase inferior a él, pues los Bouhamzy de Khriby eran personas importantes y de prestigio; pero, como él era de Kornayel y no de Khriby, creo que su opinión sobre esta tema no era directa, sino de segunda mano.

Imad estuvo preguntando también por el rifle de Ibrahim y decía que era suyo. ¡Decía que lo había comprado él personalmente! Seguía gustándole la caza tanto como siempre y había perdido por completo el miedo a los camiones que había tenido antes.

La familia de Imad quería dejar que olvidase la vida anterior y no le sacaban la conversación. Era él quien empezaba a hablar de Jamileh; pero no ellos. La madre de Imad daba ejemplos de su continua identificación con Ibrahim Bouhamzy. Uno de estos ejemplos se vio claro cuando Imad demostró su disgusto por la muerte de un jumblati. En otra ocasión en que alguien de su familia habló mal de Kemal Joumblat (el jefe de los joumblatis), Imad saltó: "Maldito sea *vuestro* Bashir Elawar". Bashir Elawar, de Kornayel, era un político importante que fue diputado del parlamento libanés y, más tarde, ministro. Al resaltar el "vuestro", Imad marcaba una diferencia entre él, como joumblati, y su familia, que eran yazbakis. Un tercer ejemplo de que Imad seguía conservando sus recuerdos se produjo en mi presencia en este mismo viaje. Se habló de llevarlo otra vez a Khriby, donde no había estado desde que fue conmigo, en 1964. Cuando lo oyó, dijo: "¡Y a Aley, también!" Daba a entender que quería ver allí a Jamileh.

Cuando volví a ver a Imad y a su familia de nuevo en Febrero de 1969, su madre me dijo que seguía hablando de la vida anterior, en especial de Jamileh, a quien quería ver. Todavía no la había visto. En cierto modo, Imad había cambiado de planes y ahora decía que quería casarse con su hija. Seguía gustándole la caza y le pedía a su padre que le comprase una escopeta.

Por entonces, su familia procuraba evitar que hablase de la vida anterior, pero parece ser que no tenía mucho éxito.

En Febrero y Marzo de 1972 tuve otros dos encuentros con Imad y su familia. En este viaje también vi a algunos de los primeros informadores del caso por parte de los Bouhamzy: el Sr. Haffez Bouhamzy y el Sr.

Fuad Bouhamzy, y otro informador nuevo, el Sr. Mahmoud Bouhamzy, tío de Ibrahim por línea materna.

Por entonces, Imad tenía unos trece años y tres meses. Hacía el quinto curso en la escuela y decía que era el quinto o el sexto en una clase de veinticinco alumnos. Sus padres me dijeron que estaba "a todas horas" hablando de Khriby. Cuando pregunté a Imad si se le borraban los recuerdos, dijo que no había olvidado nada. En realidad, como veremos bien claro más adelante, estaba olvidando mucho o ya lo había olvidado.

También aseguraba que seguía recordando detalles de la "vida intermedia", que decía que la pasó en Dahr el Ahmar, entre la muerte de Ibrahim y su propio nacimiento. El Sr. Fuad Bouhamzy me dijo en 1969 que Imad había hablado de esta vida intermedia en su primer viaje a Khriby, en 1964. El no estaba presente cuando Imad fue a Khriby en aquella ocasión y, por tanto, su información era de segunda mano; pero voy a contar lo que dijo para demostrar que Imad había comentado ya detalles de su "vida intermedia" antes de 1972. Imad relacionaba ahora los nombres de Adil (Tabla 1, ejemplo n°. 11) y Talal (Tabla 1, ejemplo n°. 12) con esta "vida intermedia". Decía que habían sido sus hermanos en esa vida. Son nombres muy corrientes en Líbano y se puede pensar en la posibilidad de que hubiese personas que se llamasen así, tanto en la "vida intermedia", si la hubo, como en la de Ibrahim Bouhamzy. Imad no podía recordar cómo se llamaba en Dahr el Ahmar ni la causa de su muerte. Los datos que aportaba eran insuficientes para justificar ningún intento de seguir la pista de esta "vida intermedia".

En el verano de 1970, Imad conoció al Sr. Mahmoud Bouhamzy, tío de Ibrahim por línea materna. Cuando le Presentaron a Imad al Sr. Mahmoud Bouhamzy, le preguntaron si podía reconocerlo, pero no pudo. Entonces le enseñaron una fotografía vieja del Sr. Mahmoud Bouhamzy, tomada cuando llevaba bigote, que ya se había quitado. Imad dijo que la fotografía era "de mi tío Mahmoud". El Sr. Mahmoud Bouhamzy invitó a Imad a pasar unos días con él en Khriby. No había estado allí desde que yo lo llevé en 1964. En Khriby, Imad se encontraba como en casa y salía a cazar con el hijo del Sr. Fuad Bouhamzy, utilizando el viejo rifle de Ibrahim. Tenía un gran apego hacia el Sr. Fuad Bouhamzy y estaba con él a todas horas, incluso cuando éste (el Sr. Fuad Bouhamzy) estuvo enfermo en cama.

Se produjo un episodio en este viaje a Khriby que impresionó mucho al Sr. Mahmoud Bouhamzy, que es quien me lo ha contado. Un día, Imad reconoció por la calle a un hombre y le pidió permiso al Sr. Mahmoud Bouhamzy para hablar con él. El Sr. Mahmoud Bouhamzy le preguntó a

Imad: "¿De qué quieres hablar con ese hombre? Es un viejo soldado". Imad contestó que era por eso precisamente por lo que quería hablar con él. Dijo su nombre, pero el Sr. Mahmoud Bouhamzy lo había olvidado ya en 1972. Imad y aquel hombre estuvieron hablando un buen rato y el hombre dijo que estaba muy satisfecho con lo que Imad le decía. Confirmó al Sr. Mahmoud Bouhamzy que Ibrahim y él entraron en el ejército (francés) el mismo día y que fueron buenos compañeros durante su servicio militar.

Todos estos incidentes parecen confirmar las pretensiones de Imad de conservar recuerdos de la vida anterior; pero hay otros ejemplos que demuestran que estaba perdiendo claridad y se mezclaban los detalles. Sus padres hablaron de otros dos casos –una declaración y un reconocimiento– que hizo Imad en Khriby en 1970.

Imad estaba presente cuando dijeron esto y dio su aprobación tácita a lo que sus padres estaban diciendo que había hecho; pero el Sr. Fuad Bouhamzy, que estaba en Khriby durante el viaje de Imad, no confirmó el relato de los padres de Imad.

La confusión de los recuerdos de Imad empezó a hacerse más patente a partir del tercer caso que traté de comprobar por mí mismo. Los padres de Imad (en presencia de él) me dijeron que habían oído que había muerto hacía poco un tal Abu Naim en el pueblo de Maaser el Shouf. Maaser el Shouf está en el distrito de Shouf de Líbano, donde está Khriby y, por consiguiente, en "territorio" de los joumblati y los Bouhamzy. Cuando Imad oyó esto, dijo: "¡Pobre amigo! Era un tendero cojo que tenía una pierna de madera". La familia de Imad no hubiese comprobado este detalle; pero yo decidí intentarlo.

El Sr. Haffez Bouhamzy, parecía recordar que había oído hablar de la muerte reciente de un tal Abu Naim de Maaser el Shouf y dijo que tenía una pierna de madera. Otro informador de Khriby, también tendero, dijo que él también había oído que un tendero llamado Abu Naim, que tenía una pierna de madera, había muerto en Maaser el shouf; pero, cuando fui a Maaser el Shouf, no pude encontrar ni rastro de Abu Naim ni de un tendero de cualquier otro nombre, que hubiese muerto últimamente, cojo o no cojo. Había habido una muerte en el pueblo, hacía unos dos meses, pero el fallecido no era ni tendero ni cojo.

El Sr. Mahmoud Bouhamzy, cuando le pregunté sobre este tema, me dijo que recordaba que, cuando vivía Ibrahim, había un tendero que tenía una pierna de madera y vivía en Mrasti (Mrasti está cerca de Khriby, en dirección a Baadaran). El Sr. Fuad Bouhamzy me habló de otra persona que podía estar implicada en este caso. Era un tendero, llamado Abu

Hassan Naim, que vivía en Goiedih, otro pueblo del distrito de Shouf. Lo habían asesinado el verano anterior y no tenía una pierna de madera. El Sr. Fuad Bouhamzy conocía también a un zapatero, que se llamaba Lebien (no estoy seguro de haber tomado bien el nombre) que vivía en Maaser el Shouf y tenía una pierna de madera, pero vivía todavía.

Estoy estudiando a fondo este caso, para demostrar que los datos de las declaraciones de Imad podrían muy bien tener su origen en personas reales conocidas por Ibrahim. Es posible que, cuando Imad oyese hablar de la muerte del hombre que vivía en Maaser el Shouf, se formase en su mente toda una cadena de asociaciones y que él fundiese y mezclase las imágenes que venían a su consciencia. Esto había sucedido, hasta cierto punto, mucho antes, sobre todo al confundir la muerte de Said Bouhamzy (en el accidente de camión), como si le hubiese sucedido a Ibrahim; pero, siendo justo con Imad, he de decir que, por lo menos en algunos casos que parecían confusos en 1964, sus padres habían producido esa confusión, sacando deducciones erróneas de lo que él les había dicho.

Como resumen de los datos que nos hacen pensar que Imad conservaba recuerdos cuando tenía casi catorce años, he de decir que dio indicios bastante fiables de que seguía recordando imágenes, basándome en su capacidad para reconocer a personas conocidas por Ibrahim Bouhamzy. Sin duda es un caso raro, incluso entre los drusos, donde los recuerdos de vidas anteriores (por razones que no pretendo comprender) se desvanecen de una forma más lenta que en personas de otras culturas. Al mismo tiempo, se comprobó que no era cierto lo que decía Imad de que conservaba perfectamente todos los recuerdos. Era, por decirlo así, condescendiente, cuando sus padres le atribuyeron tres casos que no pude comprobar. Si tenemos en cuenta la considerable exactitud que tuvo en 1964 con detalles de la vida anterior, su nivel de éxito ha bajado considerablemente.

En Abril de 1973 estuve de nuevo en Kornayel con Imad y su familia. Imad estaba entonces en el primer curso de la escuela secundaria. Seguía estando entre los cinco primero alumnos de una clase de veintidós. Seguía queriendo ir a Khriby y quedarse allí más tiempo del que estuvo en 1972, y casarse con la hija de Jamileh, aunque aún no había visto a Jamileh ni a su hija. Hacía unos meses que había muerto Lateife Bouhamzy, la madre de Ibrahim Bouhamzy. A Imad no lo invitaron al funeral, pues entre los drusos en los  funerales de las mujeres no se invita a tantas personas de fuera de la familia. Se disgustó mucho con su muerte y se enfadó porque no lo invitaron al funeral. Al hablar de la muerte de Lateife Bouhamzy lo invadía una ola de amargura y se le saltaban las lágrimas, demostrando así que seguía muy apegado a su familia anterior.

Los drusos no hacen distinciones con las personas que tienen recuerdos de una vida anterior, ya que estos casos son muy frecuentes. En 1972 y 1973, que yo sepa, Imad llevaba la vida normal de un muchacho de su edad.

VII     Análisis de los resultados
       obtenidos en las últimas entrevistas


Antes de empezar un estudio general de las interpretaciones alternativas de estos casos, quiero analizar las aportaciones que pueden proporcionar las últimas entrevistas para comprenderlos y evaluarlos mejor. Las últimas entrevistas pueden ayudarnos de formas muy diversas; pero quiero prestar especial atención solamente a tres aspectos de los casos, que creo que ayudaron bastante a aclarar las cosas, aunque no digo tampoco que hayan resuelto todos los problemas propios de estos tópicos.

En primer lugar, está el problema de la confianza que podamos tener en el testimonio de los testigos. Yo me pregunto –y algunos lectores también lo harán– si en los periodos, más bien breves, de mis primeras investigaciones podría hacer una apreciación suficiente de la integridad de los informadores y, aceptada dicha integridad, de la posibilidad de que cometiesen graves errores en sus recuerdos o tuviesen prejuicios al ofrecerme su información. De forma casi invariable, en todas las primeras entrevistas suele haber cierta reserva por ambas partes. Además, he encontrado siempre en los informadores un marcado deseo de estar complacientes conmigo, que tal vez influyese en sus testimonios. Es posible que haya sucedido así; pero no pienso que muchos informadores pudiesen saber qué era lo que yo quería, cuando a veces ni yo mismo estaba seguro de ello. Además, en las primeras entrevistas los informadores mostraban a veces cierta vacilación o mayores reservas. al hablar de los aspectos menos admirables de la conducta del sujeto o de la de su correspondiente personalidad anterior. Estas reservas hacen que se manifiesten generalmente de forma favorable para el sujeto. En las últimas conversaciones he encontrado a los informadores mucho más relajados y podían dar detalles que se les habían olvidado antes y los he visto generalmente más abiertos y con una actitud más franca para discutir la conducta del sujeto o la personalidad anterior correspondiente al caso.[1]

Las últimas visitas me han proporcionado una información adicional sobre la responsabilidad de los informadores. Quien lea estos informes debe basarse en la valoración que yo haga de este factor. Por tanto, puede ser muy importante para mí que nada de lo que haya descubierto en las últimas entrevistas me haga cambiar la opinión que tenía de que los informadores, que a veces fallan en los detalles, me han dado su mejor información, verdadera y digna de crédito en los aspectos esenciales.

En segundo lugar, las últimas entrevistas me han permitido valorar con más firmeza las personalidades de los sujetos de los casos. Algunos lectores de la primera edición de este libro me han dicho que les gustaría tener más información sobre los sujetos. Yo no he tenido siempre claro qué información adicional era la que podría serles útil, pero lo que más me pedían eran datos sobre su salud mental. Algunas personas que critican casos de este tipo creen que la persona que imagina que ha vivido ya antes debe ser –casi por definición– un enfermo mental. Piensan que, por lo menos, debe tener algún síntoma de estado disociado, si no de esquizofrenia. Por otra parte, otras personas, que tienden a aceptar que la reencarnación es lo que mejor justifica estos casos, demuestran cierta preocupación por los efectos que puedan tener en quienes recuerdan una vida anterior. Se preguntan si estos recuerdos no serán a veces terribles cargas que retrasan la maduración y adaptación de los sujetos.

En mis investigaciones originales de estos casos no he conseguido nunca ningún dato que me hiciese pensar que los sujetos padeciesen alguna enfermedad mental. Para estar seguros, podría pensarse que un niño pequeño que habla como si su presente fuese la vida de otra persona y hace comentarios como "Me pregunto qué será de mis hijos, puede que tengan hambre", se encuentra, por lo menos hasta cierto nivel, en un estado disociado al hacer estas observaciones, pues, por lo menos en esta ocasión, parece que se ha olvidado de su situación actual. Pero en otras ocasiones, y casi permanentemente, los sujetos son perfectamente conscientes de su situación real, como cuando se quejan

---

1.– Tuve más de una entrevista con muchos de los sujetos y sus familias antes de la publicación de la primera edición de este libro. Estas entrevistas repetidas o múltiples realizadas antes de la publicación se hicieron en tres casos de la India, en tres de Alaska y en el de Imad Elawar, del Líbano.

de sus familias actuales al compararlas con las que tuvieron en sus vidas anteriores. Podríamos decir que estos niños tienen, en cierto modo, una perturbación emocional; pero eso no justifica ni descarta, de ningún modo, sus declaraciones verificables y otras conductas que guarden relación con las vidas anteriores que dicen recordar.

Esto no quiere decir que yo esté satisfecho con la información obtenida en cuanto a las personalidades de los sujetos de estos casos o con la que haya conseguido en posteriores estudios de otros. Concretamente, espero que, con más descubrimientos y ayuda, podré empezar a realizar comprobaciones psicológicas sistemáticas de algunos de los sujetos en casos recientes que esperan su estudio. Pero pienso que lo más importante de toda la información que podamos tener sobre alguna persona no nos llega por nuestras observaciones inmediatas, sino por la consideración del curso de su última vida. Si estos niños tuviesen problemas mentales durante el periodo en que más hablan de sus vidas anteriores −generalmente entre las edades de tres y siete años− indudablemente acabarían teniendo una incapacidad para adaptarse posteriormente o una enfermedad clara y manifiesta. ¿Qué pasa después con la salud mental de los sujetos de estos casos? Si consideramos el transcurso de toda una vida, un periodo de ocho a diez años es muy poco para sacar conclusiones, pero puede ofrecer algunos datos útiles para hacer un análisis posterior, aunque no se pueda dar nada por sentado. Algunos de los sujetos eran ya adultos cuando los conocí, así que ya teníamos datos sobre su desarrollo en este punto. Me complace decir que quince de los dieciocho sujetos que pude ver en entrevistas posteriores se comportaban perfectamente bien y no daban muestras de padecer ninguna enfermedad mental. De los que eran niños cuando los conocí, los más jóvenes habían llegado ya a la adolescencia y los mayores ya tenían más de veinte años. Algunos de ellos habían sufrido los trastornos propios de esas edades; pero, en general, se adaptaban tan bien como otra persona normal a cualquier situación y hasta me pareció que algunos se comportaban mejor que el término medio. Uno (Parmod) confirmó que sus recuerdos de una vida anterior le daban una visión más amplia de las cosas y una posición para enfrentarse a las vicisitudes de la vida más aventajada y sensata que la de cualquier otra persona normal que tuviese la "visión de una sola vida", y pienso que algunos de los demás sujetos han disfrutado de una situación similar.

Tres de los dieciocho sujetos han padecido enfermedades psíquicas a lo largo de su vida. Estos son Wijeratne, de Ceilán, y Paulo Lorenz y Marta Lorenz, de Brasil. En los informes de las últimas entrevistas doy detalles de sus enfermedades. Lo que hay que plantearse aquí es si había alguna relación significativa entre la enfermedad mental que padecían y sus vidas anteriores que recordaban o con el hecho en sí de recordar vidas anteriores. Pienso que no hay pruebas de que recordasen vidas anteriores porque fuesen enfermos mentales, pues, cuando recordaban, de niños, vidas anteriores, no tenían problemas mentales, a no ser que lleguemos a la conclusión, injustificada para mí, de que el mero hecho de recordar vidas pasadas ya es un indicio de trastorno mental. No pienso que tuviesen trastornos mentales por recordar vidas pasadas, pero sí veo en cada caso una relación importante entre la vida anterior que recordaban y la enfermedad mental que padecieron después.

En el caso de Paulo, la relación se ve en la forma de adaptarse a las tensiones de la vida. La persona (Emilia) cuya vida recordaba se suicidó, lo mismo que hizo él.[2]

Marta sufrió cuando tenía una edad mediana una depresión fuerte que hizo que la ingresasen en un hospital durante tres semanas. Esta enfermedad se agravó con el suicidio de su hermano Paulo. No creo que tuviese esto ninguna relación directa con la vida anterior que Marta recordaba, a no ser con que Sinhá había sido depresiva y suicida y Marta presentaba las mismas tendencias, como he dicho antes en el informe de la última entrevista que mantuve con ella.

En el caso de Wijeratne apareció una relación, en parte diferente, entre su enfermedad mental y los recuerdos de una vida anterior, por el hecho de que un factor que influyó en la esquizofrenia que padeció cuando tenía poco más de veinte años fue que lo rechazó (o así le pareció a él) una joven por la que sentía mucho atractivo. La personalidad anterior cuya vida recordaba (Ratran Hami) también había sufrido el rechazo de una mujer (Podi Menike) y la asesinó, por lo que fue detenido arrestado, condenado y ahorcado.

En cuanto a si el hecho de tener recuerdos de una vida anterior impide la maduración del sujeto, creo que puedo dar una respuesta negativa. La mayoría de los sujetos olvidan sus recuerdos de vidas anteriores entre los cinco y los diez años, aunque esta edad puede variar mucho, como veremos más adelante. Tras esta fase, el niño conserva (en la consciencia) solamente los recuerdos de su propia infancia, aunque queden en su forma de ser algunos rasgos propios de su vida anterior

---

2.– En otros muchos casos en los que la personalidad anterior correspondiente se había suicidado, el sujeto mostraba tendencia al suicidio. Ver la información de las últimas entrevistas de Marta Lorenz en este libro y el informe del caso de Faruq Faris Elawar (Stevenson, I.: *Cases of the Reincarnation Type*, en preparación).

que pueden perdurar más que los recuerdos de imágenes. Como los recuerdos de imágenes empiezan a desaparecer generalmente cuando se inicia la escolarización del niño (y, en mi opinión, este factor hace que se acelere el olvido), no encuentra problemas casi nunca para su adaptación a la escuela o cualquier otra actividad social que se inicie entre los cinco y los diez años. Pero en otras ocasiones se nota que la preocupación del sujeto por los recuerdos de la vida anterior dificultan su adaptación. Ya he dicho antes que Parmod creía que recordar una vida anterior le había dado cierta serenidad, pero su madre tenía ya una opinión más bien distinta de esta influencia. Echaba las culpas de las dificultades escolares de Parmod a que había estado perdido en sus recuerdos de la vida anterior entre los cuatro y los siete años de edad –jugando a vender galletas y soda– y no había puesto el interés necesario en lo que tenía que haber aprendido en la escuela o en cualquier otro lugar. En otro caso que no figura en este volumen, una madre opinaba algo parecido sobre un sujeto que parecía soñar despierto en la escuela, envuelto en sus recuerdos de la vida anterior. Pero estos ejemplos sólo parecen ser una pequeña minoría entre todos los casos.

En tercer lugar, las últimas entrevistas han aportado algo de claridad sobre los factores que influyen en la conservación o la desaparición de los recuerdos de imágenes de vidas anteriores. Si estudiamos la información que he preparado sobre este tema de la evolución posterior de los sujetos, podremos ver que muchos de ellos dicen, cuando se les hacen las últimas entrevistas, que han olvidado por completo las vidas anteriores que recordaban; pero otros aseguran que conservan sus recuerdos casi intactos. La tabla que hay a continuación nos facilita datos resumidos de dieciséis sujetos sobre la duración de sus recuerdos y la identificación del sujeto con su aparente personalidad anterior, cuya vida recordaba.

Las declaraciones que hacen los sujetos sobre este tema merecen un estudio cuidadoso; pero yo creo que no debemos darles siempre un valor indiscutible sin investigar e informarnos de otras personas. En general, si un sujeto dice que ya no tiene consciencia de recuerdos de la vida anterior, podemos creer que es cierto; pero, incluso en este caso, encontramos a veces excepciones o motivos de duda. Un niño de tres o cinco años no suele tener inhibiciones (al menos en Asia) para decir que tiene esposa e hijos; pero, al llegar a la infancia o a la pubertad, bien sea por pudor o por miedo a que se rían de él, suele dejar de hablar de la vida anterior, aunque conserve los recuerdos en su consciencia. Es posible que entonces diga que ha olvidado todo, sencillamente para evitar preguntas que pueden llegar a ser molestas y hasta vejatorias. He conocido casos en los que ha sucedido esto y el de Sukla, que figura en este volumen, podría servirnos de ejemplo, aunque no estoy seguro de si es correcto lo que dijo de que había olvidado hacia los quince años todos los recuerdos de la vida anterior que había tenido antes.

Por otro lado, si un sujeto dice que conserva intactos los recuerdos de vidas anteriores, hay que hacer una investigación responsable. Algunos pueden dar pruebas aisladas de que conservan por lo menos algunos recuerdos anteriores a su infancia. Por ejemplo, Gnanatilleka me convenció cuando tenía catorce años de que había reconocido correctamente a una persona que conoció en la personalidad anterior de Tillekeratne, e Imad Elawar, cuando tenía doce años, reconoció una fotografía y a una persona que tenían relación con la vida anterior que decía que recordaba todavía. En otros detalles que decía recordar se equivocó, demostrando que, aunque conservaba algunos recuerdos, había perdido otros.

Si el sujeto o su familia no aportan pruebas evidentes que demuestren que se conservan los recuerdos, veo muy difícil que se pueda tener seguridad de que no han desaparecido. No se debe negar por norma lo que asegura el sujeto, pero nos gustaría tener siempre pruebas en que apoyarnos, por la razón siguiente: algunos sujetos que han llegado a adultos me han contado con palabras distintas, pero muy parecidas, que "En la actualidad, no recuerdo directamente nada de la vida anterior. Todo lo que recuerdo es lo que mi familia me ha contado que yo decía cuando era joven". Lo que sucede en este caso es que, al repetir muchas veces la familia delante del niño lo que decía cuando era más joven, se pueden haber perdido los recuerdos originales, cubiertos por los comentarios de lo que decía, que sí se recuerdan. Estos recuerdos proceden de la infancia del niño y no de la vida anterior que recordaba en principio. Algunos sujetos pueden distinguir claramente los dos tipos de recuerdos, pero hay otros que creen que pueden hacerlo, cuando en realidad no son capaces de ello.

Ya he dicho que la desaparición de los recuerdos, cuando se producen, coincide muchas veces (al menos en su inicio) con la escolarización del niño, que suele estar entre los cuatro y los seis años. Yo creo que esto es lo que podemos esperar. Hasta ese momento, el niño ha estado limitado en lo físico al ambiente de su propia casa y, en lo social, a su propia familia. Ha vivido en el mismo sitio, aunque con distintos niveles de libertad, y ha tenido muy pocas veces necesidad de adaptarse a los demás. Si quiere, puede remontarse a recuerdos de otra vida, sin grandes interrupciones o interferencias. Pero en la escuela cambia la situación: hay que asistir con regularidad a un lugar fuera de casa, hay que atender con disciplina a lo que dice el profesor y se requiere una adaptación social para convivir con compañeros extraños, muy distintos de las personas que ha tratado normalmente en su familia. Estos cambios obligan al sujeto, a veces de forma violenta, a tener una visión mejor de su verdadera posición en la vida. Las nuevas y variadas experiencias que va conociendo el niño poco a poco (o de repente) en esta época cubren, creo yo, los recuerdos de la vida anterior.

Hay más factores que pueden influir en el niño para que conserve los recuerdos. Uno de ellos es la repetición frecuente de sus comentarios ante personas de la familia o de fuera de ella. Tengo la impresión de que la mayoría de los casos de adultos que mantienen estos recuerdos los encontramos entre sujetos a los que, tanto su familia como observadores curiosos o periodistas, prestaron más atención en su infancia. Estas personas, al pedir al niño en muchas ocasiones que contase lo que ya había repetido una y otra vez, contribuían con estas repeticiones a que se fijasen sus recuerdos. Pero esta deducción que estoy haciendo no se basa en una comparación sistemática de estos casos con los de niños que no han contado con la misma atención. Es más, una repetición tan frecuente en la infancia podría muy bien hacer que se conservasen falsos recuerdos, que tienen su origen en lo que el niño decía que recordaba cuando era más joven, pensando que son recuerdos de imágenes de una vida anterior.

Con las frecuentes visitas de las familias implicadas aparece otro factor que puede conservar los recuerdos, tanto los reales como los falsos. Yo creo que puedo detectar una relación, al menos ligera, entre la afirmación de que se conservan recuerdos y las visitas frecuentes entre las familias. Podemos ver una tendencia en este sentido al estudiar los ocho casos de Asia que figuran en este volumen, en los que se identificó la personalidad anterior y pertenecía a una familia distinta de la del sujeto. En cuatro de estos casos, el sujeto dijo en las últimas entrevistas que los recuerdos se le habían borrado en parte o por completo (Sukla, Parmod, Ravi Shankar y Gnanatilleka). En tres de estos cuatro casos, las visitas de las dos familias habían sido esporádicas y hasta poco frecuentes. La excepción era Parmod, que decía que había perdido sólo parte de los recuerdos, pero que seguía visitando a la familia anterior con bastante frecuencia. Como contrapartida, había otros cuatro sujetos que decían que conservaban sus recuerdos casi por completo

## TABLA

### Duración de los recuerdos y de la identificación

| Sujeto | Edad a la que empezaron las declaraciones y comportamiento propios de la personalidad anterior | Edad a la que empezaron a desaparecer los principales rasgos de información y comportamiento del caso (Entre 1961 y 1964) | Duración de los signos principales de identificación | Desaparición o persistencia de los recuerdos en las últimas entrevistas (Entre 1969 y 1972) |
|---|---|---|---|---|
| Prakash | 4'5 años | Continúan a los 10 años | 5 años | Asegura que no lo ha olvidado, a la edad de 20 años, en 1971 |
| Jasbir | 3'5 años | Continúan a los 10 años | 7 años | Asegura que no lo ha olvidado, a la edad de 20 años, en 1971 |
| Sukla | 1'5 años | Continúan a los 7 años, empezando a desaparecer | 5 años | Dice que lo ha olvidado todo, a la edad de 16 años, en 1970 |
| Swarnlata | 3'5 años | Continúan a los 13 años | 10 años | Asegura que no lo ha olvidado, a la edad de 23 años, en 1971 |
| Ravi Shankar | 2'5 años | Terminaron casi por completo a los 11 años | 7 años | Dice que lo ha olvidado todo, a la eedad de 18 años, en 1969 |
| Mallika | 4 años | Terminaron a los 6 años | 2 años | Sin información de últimas entrevistas |
| Parmod | 2'5 años | Disminuyeron bastante los comentarios espontáneos a los 12 años, pero conservaba la facultad de recordar. | 10 años | Conservaba algunos recuerdos, a la edad de 27 años, en 1971 |
| Gnanatilleka | 2 años | Terminaron a los 6 años. | 4 años | Perdió casi todos los recuerdos, aunque no todos, hacia los 15 años, en 1970 |

| | | | | |
|---|---|---|---|---|
| Wijeratne | 2 años | Los detalles empezaron a desaparecer a los 5'5 años, pero mantuvo identificación hasta los 14 | 12 años | Olvidó casi todos los recuerdos, aunque conservaba algunos, a la edad de 21 años, en 1968 |
| Ranjith | 2 años | Continúan a los 18 años | 16 años | Asegura que no lo ha olvidado, a los 26 años de edad, en 1968 |
| Marta | 2'5 años | Conserva algunos recuerdos a los 44 años, en 1962, pero desaparecieron muchos a los 10 años. | 7 años | En 1972, con 54 años de edad, había perdido algunos recuerdos, pero conservaba otros. |
| Paulo | 2 años | Conserva rasgos de comportamiento en 1962, con 39 años, pero los incidentes más importantes desaparecen a los 5 años de edad. | 3 años | No hay información final sobre la continuidad de los recuerdos |
| Jimmy | 2 años | Empezaron a disminuir a los 3 años; desaparecieron por completo a los 9 | 4 años | No han vuelto los recuerdos desde 1972, cuando tenía 19 años. |
| William | 3'5 años | Desaparecieron a los 11 años. | 7 años | Sin información de últimas entrevistas |
| Corlis | 1'5 años | Desaparecen muchos a los 9 años | 7 años | Olvido total a los 25 años, en 1972 |
| Imad | 1'5 años | Se conservaban, aunque reducidos, en 1964, con 5'5 años de edad | 4 años | Dice que conserva algunos recuerdos, pero otros desaparecieron en 1972, cuando tenía 14 años. |
| Promedio | 2'6 años | | 6'9 años | |
| Media | 2'3 años | | 7 años | |

Nota: No se incluyen en esta tabla datos sobre otros casos por no disponer de ellos o por no considerarlos de interés.

(Swarnlata, Jasbir, Prakash e Imad). En tres de estos otros cuatro casos, los sujetos seguían visitando con regularidad a las familias anteriores. Dentro de este grupo, Imad era la excepción, ya que las familias no se visitaron entre 1964 y 1970 y él daba pruebas de conservar, al menos en parte, sus recuerdos de la vida anterior, hasta la edad de doce años, en 1970.

Con mucha precaución, podríamos sacar conclusiones de esta pequeña serie o incluso de otra mucho más amplia. Intervienen otros muchos factores en el proceso que rige la desaparición o la conservación de estos recuerdos. Entre todos ellos, podemos dar una importancia especial a la actitud de los padres de los sujetos. Muchos padres tratan de evitar que sus hijos hablen de la vida anterior, otros los animan a que lo hagan y hay otros que no hacen ni una cosa ni otra. En todos los casos, estas actitudes tienen, casi con toda seguridad, alguna influencia en la pérdida o conservación de los recuerdos, aunque esta influencia sea menor de lo que piensan a veces los padres. Creo que es aún más importante el contenido que tienen los mismos recuerdos. He publicado en otro lugar datos que demuestran la gran coincidencia de casos de este tipo con personas que han tenido una muerte violenta.[3] Un hombre que iban a ejecutar, dijo: "Esto va a ser para mí una lección muy importante". Podría haber sido una lección si hubiese sobrevivido. Para mí es completamente razonable pensar que una experiencia muy fuerte, como puede ser una muerte violenta, puede en cierto modo "fijar" los recuerdos de tal modo que se conservan mucho mejor en la consciencia o tienen un acceso más fácil a ella. Esta suposición coincide con lo que muchos psicólogos consideran como un factor importante del aprendizaje normal: la intensidad que tiene una experiencia para el sujeto.[4] La única característica nueva que se introduce aquí es la

---

3.– Stevenson, I.: "Cultural Patterns in Cases Suggestive of Reincarnation among the Tlingit Indian of Southeastern Alaska", *Journal A.S.P.R.*, Vol. 60, julio, pp. 229-243; Stevenson, I.: "Characteristics of Cases of the Reincarnation Type in Turkey and their Comparison with Cases in Two other Cultures", *International Journal of Comparative Sociology*, Vol. 11, 1970, pp. 1-17.

4.– Se puede ver una declaración de este principio, vieja, pero todavía válida para mí, en Thorndike, E.L.: *The Elements of Psychology*, A.G. Seller, Nueva York, 1905: "La posibilidad de que se produzca un estado o acto mental en respuesta a cualquier situación es proporcional a su frecuencia, al tiempo que haya transcurrido, a *su intensidad y la satisfacción que produzca* [las cursivas son del autor] su relación con esa situación o con alguna parte de ella y con el esquema mental global en que se siente esa situación" (p. 207).

aplicación de este principio a los recuerdos que se pueden pasar de una vida a otra. El principio podría aplicarse también cuando resulte más conveniente interpretar estos casos no como justificación de la reencarnación, sino como un ejemplo de percepción extrasensorial por parte de un sujeto vivo. En cualquiera de los dos casos, el sujeto podría tener un acceso más fácil a los recuerdos o acontecimientos que se han visto acompañados de fuertes emociones, como una muerte violenta.

Para resumir lo que me han enseñado las últimas entrevistas sobre la desaparición o conservación de los recuerdos, puedo repetir que algunos sujetos dicen que han olvidado todo lo relacionado con vidas anteriores y, en la mayoría de los casos, pienso que debemos creerlos. Otros dicen que siguen recordando las vidas anteriores y pienso que, como norma general, deberíamos tener mucho cuidado con sus manifestaciones sin rechazarlas de antemano. Los procesos que influyen en la conservación o la pérdida de los recuerdos son mucho más complicados de lo que yo había pensado en principio; pero necesitamos un estudio mucho más sistemático de otros casos recientes de larga investigación y la evaluación de tantos factores múltiples como nos sea posible. Sólo entonces conseguiremos una información que justifique conclusiones más fiables.

En lo que hemos visto, he tenido en cuenta la desaparición de los recuerdos de la consciencia del sujeto y de su capacidad para traer estos recuerdos a la consciencia; pero hay temas también muy importantes, o incluso más, que se deducen de la poca información de que disponemos sobre la disminución o permanencia, según sea el caso, de lo que yo llamo recuerdos de conducta –la conducta insólita que a veces acompaña a las afirmaciones del sujeto sobre la vida anterior y que, con raras excepciones, parece propia de la persona cuya vida recuerda el sujeto. La intensidad y la persistencia de esta conducta guarda solamente una relación muy ligera con la abundancia y la insistencia de las declaraciones del sujeto sobre la vida anterior. Algunas veces, el sujeto tiene mucho que decir sobre la vida anterior, pero mantiene una conducta casi o completamente normal, mientras que, en el otro extremo, otros hacen pocas observaciones, o ninguna, sobre una vida anterior, aunque su conducta demuestra características extrañas para una edad tan joven, rasgos que parecen inexplicables si pensamos en influencias hereditarias o del entorno, pero que podrían tener su origen en una vida anterior. En cuanto a la persistencia de rasgos de conducta, he observado que en algunos casos, como en el de Ravi Shankar, se siguen manteniendo algunos de estos hábitos, que parecen guardar alguna relación con la vida anterior, después de desaparecer por completo los recuerdos de imágenes. En otros casos, los dos tipos de recuerdos (imágenes y conducta) desaparecen al mismo tiempo.

Análisis general

## Introducción

Aunque me propongo tener en cuenta en este análisis los veinte casos que he expuesto en este libro y algunos más cuando sea conveniente, no creo que tengamos que encontrar una hipótesis que los justifique a todos. Pienso que deberíamos contar con la posibilidad de que surjan hipótesis diferentes que se ajusten a los diversos casos; pero tenemos que encontrar una explicación satisfactoria *cada uno* de ellos. Si en un caso vemos que se trata de un fraude, tenemos que pasar al siguiente y buscarle una explicación, que podría ser criptomnesia; pero entonces tendríamos que estudiar el siguiente, y así sucesivamente. Además, al estudiar cada caso, hemos de tener en cuenta *todos* los fenómenos admitidos en él y no solamente algunos.

Si valoramos cada caso independientemente, podremos buscar también esquemas de características similares en algunos de ellos.

## Hipótesis normales

### Fraude

El fraude parece la primera teoría seria que hay que excluir en estos casos. Ya he hecho alusión a la posibilidad de fraude al presentar los datos de los casos aislados y, por tanto, voy a limitarme a resumir aquí mis opiniones sobre la probabilidad de que se haya producido. Hemos de tener en cuenta tanto los motivos del fraude como sus oportunidades. Según mis noticias, ninguno de los niños de estos casos ni sus padres han recibido ninguna compensación económica como consecuencia de las manifestaciones de haber vivido antes ni de la publicidad que esto hubiese podido reportarles. En algunas ocasiones, los niños y los padres de algunos casos, como el de Swarnlata, han tenido una publicidad favorable que no les molestaba; pero casi todos los demás niños y familias han encontrado una publicidad vejatoria. Esa publicidad favorable, cuando la ha habido, no creo que haya llegado nunca a compensar el sacrificio que supone montar una farsa. Es más, si los padres han preparado los casos de modo fraudulento, han tenido que estar decididos a esperar muchos años hasta recibir la recompensa de la publicidad, ya que en algunos casos, como los de Prakash y Wijeratne, algunos testigos han asegurado que lo conocían años antes de que pasase a dominio público o a conocimiento de la prensa.

Los críticos de estos casos sugieren a veces que los niños compensan la pobreza o los malos tratos que sufren con sus familias reales imaginándose que pertenecen a otras familias más ricas, de una casta superior, o que tienen unos padres más benévolos. Ni qué decir tiene que esta teoría no justifica los conocimientos que demuestra tener el niño de la personalidad anterior; pero, si pasamos por alto, de momento, este aspecto, la teoría podría ser válida si se aplica a las motivaciones de los niños en los casos presentes nada más. Lo que pasa es que en algunos de ellos, la familia de la presunta personalidad previa disfrutaba de unas circunstancias de posición social, riqueza y vivienda que superaba a las que tenía el niño que aseguraba tener los recuerdos. Sin embargo, he estudiado bastantes casos (sin publicar todavía) en los que la vida anterior se desarrollaba en unas circunstancias menos favorables que la actual. Es más, en muchos de estos casos, las diferencias existentes entre las dos familias parecen insignificantes y no tendrían fuerza suficiente para justificar un fraude por parte del niño. En el caso de Swarnlata, había mucha diferencia entre la opulencia de la familia Pathak, de Katno, y la situación relativamente humilde de la familia Mishra, de Chhatarpur. Swarnlata pensaba a veces con anhelo en la vida próspera y feliz de Biya con la familia Pathak; pero no hacía nada por volver con ellos y sabía que en su casa (actual) contaba con todo el cariño de sus padres y hermanos. Es más, Sri M.L. Mishra, su padre, rechazó ofertas de ayuda económica de la familia Pathak, que quería colaborar en la educación de Swarnlata.

Tampoco podemos identificar más motivos que el dinero, como explicación razonable para que se produjese un fraude. Unos pocos niños de Asia han recibido atención especial en sus pueblos por parte de los vecinos que piensan con ingenuidad que un niño que recuerda una vida anterior ha de tener también, por fuerza, poderes curativos o mánticos. Esta adulación, sin embargo, es esporádica y transitoria y en algunos sitios, como Alaska o Brasil, no se conoce. No parece verosímil que sólo con esto se pueda justificar el trabajo de montar un caso fraudulento. En las pocas ocasiones en que se han visto verdaderas pruebas de fraude, los conspiradores tratan de asegurarse la veneración del público e inventan el regreso de una personalidad de prestigio reconocido, como Mahatma Gandhi o cualquier santo importante. Las personalidades anteriores de estos casos y de la mayoría de los que hacen pensar en un renacimiento con datos verídicos han llevado una vida oscura. Es más, la vida y conducta de algunas de estas personalidades, como Ratran Hami, el ajusticiado asesino del caso de Wijeratne, difícilmente podría ganarse la simpatía de sus compañeros o dar prestigio a sus familias.

Aparte de que no se encuentren para nada o sean insuficientes los motivos de fraude de estos casos, las oportunidades de que se haya producido parecen despreciables. Conociendo las ciudades y pueblos de la India, Ceilán y Alaska, como yo los conozco, pienso que podemos descartar la posibilidad de que un niño monte un engaño de este tipo por sí mismo. Solamente podría conseguirlo con la ayuda y el asesoramiento de sus padres y quien dirigiese todo este truco –fuesen los padres o el niño– tendría que haber recopilado muchísima información detallada sobre la vida y situación de la otra familia. Algunos de estos recuerdos podrían deducirse o tener su origen en una a información de dominio público; pero otra gran parte de ellos se refería a la intimidad o a detalles de la vida la familia que no parece posible que trascendiesen fuera del entorno familiar. Un fraude de este tipo, en el que se contase con tal información, tendría que involucrar en la conspiración con toda seguridad a miembros de la familia anterior. Además, las pruebas de reconocimiento (y nos referimos aquí a las que no suponen preguntas sagaces ni sugerencias de otro tipo) necesitarían para tener éxito un entrenamiento previo de todas las personas que pudiesen aparecer como cómplices.

A estas dificultades hemos de añadir la organización y montaje de escenas de fuerte carga emocional que he presenciado yo mismo en los pueblos. No creo que gente sencilla de estos pueblos tengan tiempo ni facultades para ensayar unos dramas como el que se produjo en Chhatta cuando la familia de Prakash pensaba –o decía que pensaba– que yo pretendía que el niño volviese con la otra familia. La complejidad del comportamiento en estos casos hace pensar por fuerza en que el fraude está completamente descartado, por lo que prefiero pasar a otra explicación más verosímil para justificarlos.

## Criptomnesia

De las hipótesis que se pueden aplicar normalmente en estos casos, la criptomnesia me parece mucho más verosímil que el fraude. Según esta teoría, el niño podría haber conocido de algún modo a alguien o cualquier fuente de información que tuviese los conocimientos que "recordaba" más tarde sobre la supuesta familia anterior. El niño podría haber estado en contacto con esa persona o con esa información, olvidándose después de su origen y del hecho de haberla recibido, para recordarla posteriormente y presentarla de forma espectacular como algo que procede de una vida anterior. Sus padres podrían no tener conocimiento de la persona u objeto que le ha facilitado tal información en su momento o podrían haber olvidado después el conocimiento que tuvieron, quedándose asombrados de verdad ante las declaraciones del niño.

Pero, en casi todos los casos de este grupo, tendría que haber sido una *persona* la que le hubiese dado al niño la información necesaria para este proceso. En primer lugar, en los pueblos de Asia y de Alaska, se da el caso (con raras excepciones) de que no hay reseñas impresas (ni radiadas) sobre la vida y la muerte de las personalidades anteriores. Los periódicos de Asia no suelen conocerse en absoluto fuera de las grandes ciudades. En segundo lugar, si hubiese reseñas públicas, los niños no sabrían leerlas a la edad (generalmente menos de tres años) a la que empiezan a hacer sus principales declaraciones sobre vidas anteriores (ver tabla de las pp. 390-391). La radio era casi completamente desconocida en los pueblos de la India y Ceilán y la televisión estaba en sus comienzos, incluso en Delhi, en los años 60.

En algunos casos, como los de Wijeratne, Marta, William George Jr., Norman Despert y Corliss Chotkin Jr, los miembros de sus familias ya conocían todos o casi todos los datos aportados por los niños. La criptomnesia puede bastar en estos casos para explicar todos o casi todos los aspectos relacionados con la *información*, pero no es suficiente, en mi opinión, para justificar otras facetas de algunos de estos casos, como los hábitos de comportamiento y las marcas de nacimiento.

Pero, en otros casos, la criptomnesia no sirve para justificar ni siquiera los condiciones de la información, a no ser que podamos imaginar cómo pudo llegar la información al niño. La forma de vida de los pueblos de Asia y Alaska descarta virtualmente la posibilidad de que haya un contacto entre un niño pequeño y un adulto extraño sin conocimiento de sus padres. Sobre todo, los niños asiáticos están bajo una vigilancia constante de sus padres. Suelen jugar con sus hermanos en el patio de la casa; pero es raro que se aparten de la zona de su domicilio si no van acompañados de un adulto y las niñas no lo hacen casi nunca. La hipótesis de la criptomnesia, si la aplicamos a los casos de niños pequeños de los pueblos de Asia, obliga a pensar que en algún momento tuvieron que conocer los padres a la persona que transmite al niño la información sobre la vida anterior.

Si descartamos el fraude como explicación satisfactoria, tendremos que creer que los padres y demás testigos están diciendo la verdad cuando aseguran que no conocen para nada a la familia correspondiente del otro pueblo o ciudad. Cuando los testigos son solamente unas pocas personas, como en el caso de Mallika, podemos pensar que hay errores de memoria que hacen que olviden contactos previos entre familias; pero en otros casos los testigos entrevistados son varias o muchas personas de cada familia y resulta difícil creer que hayan olvidado que conocían a personas de otra familia o de otro pueblo.

Algunos críticos pueden argumentar que bastaría con un contacto breve y casi casual entre el niño y el extraño para comunicar la información que después se consideraría como recuerdos del niño; pero estos contactos breves no bastan, estoy seguro, por dos razones. La primera es que la información comunicada es muchas veces muy amplia y minuciosa. Además, como ya he dicho, suele tener detalles muy íntimos de la familia de la vida anterior y esta información no es posible que se la comunique un adulto a un niño que pertenece a otra familia, y mucho menos en la India, donde hay un abismo social que separa a los niños de los adultos, sobre todo si son de familia diferente.

La segunda razón es que el simple paso de información por casualidad no explica los reconocimientos correctos de personas y lugares de la vida anterior, hechos por los niños. Dejando a un lado los reconocimientos realizados porque se haya sugerido la respuesta en la forma de preguntar, se han producido en estos casos otros dos tipos de reconocimiento. Unos han sido espontáneos, dirigiéndose el niño a alguien que iba por la calle o estaba entre una multitud, llamándolo por su nombre. Estos reconocimientos espontáneos se han dado, por ejemplo, en los casos de Gnanatilleka, Imad, Corliss Chotkin Jr., y Swarnlata. Ha habido también otros reconocimientos en los que alguien hacía al niño una pregunta que no le daba ninguna pista ni se prestaba a insinuaciones por parte de los presentes para dar la respuesta, como "¿Sabes quién soy?" o "¿Qué relación teníamos en tu vida anterior?" Ha habido reconocimientos de este tipo, por ejemplo, en los casos de Gnanatilleka, Imad, Swarnlata, Sukla y Marta. Si podemos descartar comentarios *en voz baja* al oído del niño, los reconocimientos de este tipo y los espontáneos requieren o bien (*a*) un fuerte estudio de la información necesaria para realizar el reconocimiento instantáneamente, (*b*) grandes facultades de percepción extrasensorial o (*c*) una familiarización previa con las personas o lugares reconocidos. Esa familiarización se podría conseguir con una simple reencarnación o por posesión, y esta característica no permitiría una elección entre las dos hipótesis. Todo esto se discutirá más adelante.

Creo que, para comprender en el futuro casos de este tipo, habrá que darle mucha importancia a las pruebas de reconocimiento, si se hacen bien. Cuando se hacen los reconocimientos en unas circunstancias dignas de confianza, dudo mucho que se puedan explicar como un simple paso de información de los testigos al sujeto, ya sea por los medios normales de comunicación o por percepción extrasensorial. Para reconocer a alguien se necesita tener una reserva de información, de la que el que reconoce hace una correcta selección como respuesta a un estímulo concreto. No creo que sepamos hasta dónde podemos llegar intentando y realizando reconocimientos sin tener una verdadera familiarización con el sujeto que se reconoce después. La situación más parecida en que podemos pensar la vemos en los trabajos de los investigadores de un crimen para reconocer a un asesino fugitivo, partiendo de la descripción verbal del presunto asesino que han hecho los testigos. En las pruebas de este tipo que yo he visto, un artista pasa la descripción verbal que han dado los testigos a un esbozo que se publica en los periódicos y lo estudia otro departamento de policía. Creo que está demostrado que este método tiende una extensa red sobre muchos sospechosos a los que tiene que escrutar la policía por otros medios. No hay duda de que se dan excepciones cuando, tanto el criminal como el sospechoso, tienen una señal de identificación muy marcada, como una cicatriz grande.

Polanyi[1] ha interpretado los reconocimientos de otras personas como ejemplos de un conocimiento tácito, comparable, en lo tácito y complejo, al dominio de un arte. Al hablar de las dificultades para reconocer a otra persona partiendo de una descripción verbal o de una fotografía, dice:

Cualquier descripción que podamos dar de una persona se podrá aplicar generalmente a millones de individuos, de entre los cuales podríamos distinguir a

---

1.– Polanyi, M.: "Tacit Knowing", *Reviews of Modern Physics*, Vol. 34, 1962, pp. 601-616.

esa persona a primera vista [si la conociésemos]. El número de elementos que intervienen en un escrutinio así se puede ver por el sistema que tiene la policía británica para hacer el retrato robot de la persona que ha visto el testigo. Utilizan un fichero de diapositivas con 550 rasgos faciales distintos, como diferentes juegos de ojos, labios y barbillas. El testigo elige la característica individual que más se parece a la idea que tiene del rostro del criminal y, partiendo de esta selección, se va montando una figura compuesta. Aun así, ese retrato sólo puede servir de orientación entre otros, pues la identificación de una persona es una operación tan delicada que hasta una fotografía auténtica podría ser insuficiente... Es posible que un testigo no reconozca a una persona por una fotografía y sí lo haga en una rueda de identificación (p. 603).

El trabajo de reconocimiento resulta más fácil cuando la persona que hay que reconocer tiene algunos rasgos anormales. Jasbir, por ejemplo, reconoció a un primo de Sobha Ram que tenía unas orejas muy grandes, por lo que le pusieron el apodo de "Gandhiji". No podemos dar a este reconocimiento tanta importancia como a los de personas que no tenían ningún detalle que los distinguiese.

Hemos de confesar la dificultad que encontramos en la vida diaria para identificar a una persona desconocida, limitando algunas circunstancias cuando queremos encontrarnos con ella. Podemos hacerlo por su atuendo (lleva un traje azul) o por el lugar de la cita (debajo del reloj de la estación). Incluso teniendo más pistas, podemos encontrar dificultad, como me ha pasado a mí, para identificar a un desconocido, y hasta pueden fallarnos todas las pistas, menos el recurso final de dirigirnos a una persona que parece estar esperando a alguien. Los niños de los casos que estamos estudiando tienen que reconocer el rostro u otros atributos de la persona y dar su nombre o establecer una relación con dicha persona.[2]

He dado especial importancia a las pruebas de reconocimiento, porque creo que es lo que más dificulta la aplicación de la criptomnesia como explicación de los casos en que se dan esos reconocimientos. La criptomnesia puede llegar a justificar otros casos en los que el niño ofrece muy poca información sobre la vida anterior, pero no sirve en estos casos de reconocimiento. Cualquiera que sea el origen de la información de que dispone el niño, para los reconocimientos necesita

---

2.– Puede que el asunto tenga la importancia suficiente como para justificar los experimentos que intentan comprobar los límites de los reconocimentos sólo por descripciones verbales de otras personas.

una información muy amplia, con independencia de cómo la reciba. Que le llegue por medio de percepción extrasensorial es otra posibilidad que estudiaremos más adelante. Por ahora, sólo quiero aclarar que para los reconocimientos se necesita disponer de mucha información.

Todo estudiante de psicología anormal o investigación psíquica conoce muchos casos que demuestran que se produce la criptomnesia. Hay personas que han repetido, a veces al cabo de años, fragmentos de libros o información de otro tipo que habían aprendido muchos años antes y se habían olvidado de que lo habían aprendido. El caso de Coleridge es un ejemplo magistral, tanto de criptomnesia como de búsqueda diligente de las fuentes de la información que demostró tener, de forma espectacular, años después.[3] Martín estudió detalladamente el caso de la Señora Adela Albertelli, que escribía estando en trance largos pasajes en distintas lenguas que desconocía en estado de vigilia. Martín situó el origen de algunos (no todŏs) pasajes escritos en libros o artículos de revistas que podría haber visto la señora Albertelli en alguna ocasión.[4] Myers[5] y Sidis[6] escribieron también sobre otro caso de escritura en estado de trance que podría ser ejemplo de criptomnesia, ya que los investigadores encontraron una fuente para los versos escritos en inglés, aunque no pasó lo mismo con algunas palabras escritas en latín junto a otras en inglés formando unos versos muy ramplones.

La mayoría de los casos de criptomnesia en que se ha *identificado* el origen de los datos, no constan más que de una reproducción recitada de un texto aprendido de antemano. El sujeto suelta unos datos hablados o escritos, sin adaptar su información a las circunstancias actuales, tal como requiere una buena prueba de reconocimiento. Es posible que haya otros ejemplos de criptomnesia que muestren una gama máʳ amplia y flexible en el uso de la información adquirida. Tal vez pueda resultar que alguno de estos casos que nos hacen pensar en la reencarnación sea un ejemplo de los otros.

―――――――――

3.– Coleridge, S.T.: *Biographia Literaria*, The Macmillan Company, Nueva York, 1926, pp. 70-72 (1ª edición, publicada en 1817).

4.– Martín, J.: Entrevista personal. En 1962, en Rosario, Argentina, tuve la oportunidad de observar a la Señora Albertelli en uno de sus trances, en el que escribía lenta, pero claramente, un texto en inglés (no pude saber su origen). Cuando estaba consciente no sabía nada de inglés y en sus trances no podía comunicarse *de un modo razonable* en inglés.

5.– Myers, F.W.H.: *Human Personality and its Survival of Bodily Death*, Longmans, Green and Co., Londres, 1903, Vol I, pp. 354-360.

6.– Sidis, B.: *The Psychology of Suggestion*, Appleton, Nueva York, 1898, pp. 285-289.

En un pequeño número de casos reconocidos como de criptomnesia han aparecido elementos de absorción de personalidad. Por ejemplo, en el caso que nos cuenta Dickinson,[7] la segunda personalidad del medium dio una convincente absorción de personalidad de una tal "Blanche Poynings", una dama de la corte del rey Ricardo II. En sus líneas generales, es un caso típico de comunicación con un espíritu y no de recuerdos de vidas anteriores; pero no creo que esto importe mucho para ver lo que se puede justificar con la *criptomnesia*.

Después se vio que casi toda la información, hábilmente escenificada por la mente subconsciente del sujeto, se encontraba en un libro, *Countess Maud*, que había leído cuando tenía doce años y lo había olvidado por completo. En este caso hubo algo de absorción de personalidad y escenificación; pues el sujeto aseguraba que estaba en contacto con un "comunicador", cuyos componentes tal vez procedían únicamente de sus recuerdos de un libro memorizado y escenificado en las partes subconscientes de su propia personalidad. Pero en este caso falta algo que vemos en los demás que se exponen aquí, que es la fusión de dos personalidades de tal forma que la personalidad presente está permanentemente en contacto con su entorno normal y obtiene (de donde sea) el conocimiento de la personalidad anterior. La información y el comportamiento de "Blanche Poynings" aparecían solamente cuando el sujeto estaba hipnotizado o trabajaba con una tablilla. Tenemos que comprobar esto con la fusión total o parcial de personalidades en el estado de vigilia y en la vida diaria que llevan los sujetos de los casos que figuran aquí.

Pickford ponía también otro ejemplo de absorción de personalidad de comunicadores y de información que podría proceder por completo de fuentes normales.[8] El presunto medium de este caso establecía contactos con compositores famosos, como Weber y Beethoven, pero (posiblemente en estados disociados) había leído mucho sobre la vida de estos personajes. Una vez más la personificación y la identificación quedan limitadas, aquí también, a los periodos de disociación, en los que los grandes compositores podían "comunicar" durante los trances del sujeto. El sujeto no se identificaba con estos compositores en otros momentos.

---

7.– Dickinson, G.L.: "A Case of Emergence of a Latent Memory Under Hypnosis", *Proc. S.P.R.*, Vol. 25, 1911, pp. 455-467.

8.– Pickford, R.W.: "An 'Hysterical' Medium", *British Journal of Medical Psychology*, Vol. 19, 1943, pp. 363-366.

En el caso que cuenta Bose,[9] un niño de diez años dice que recuerda el suicidio de una mujer en otro pueblo, cuyo nombre da. Con el tiempo, la investigación descubrió la información que recordaba el niño en un recorte de periódico que apareció en casa de unos familiares, donde había estado el niño unos años antes. El suicidio de esta mujer se produjo hacía unos años, pero ya en vida del niño. El no decía que hubiese presenciado el suicidio ni que se hubiese enterado de él en una vida anterior, lo mismo que nadie dijo que hubiese visto en el muchacho alteración de la personalidad. Este caso, en resumen, es un ejemplo de ilusiones de la memoria. Se parece a otro caso interesante que cita Hyslop[10] de un hombre que decía recordar la campaña presidencial de William Henry Harrison, que tuvo lugar en 1840. Cuando alguien le advirtió que había nacido en 1847, se dio cuenta de que lo que recordaba en realidad eran las vivas narraciones que hacía su tío de esta campaña, que él había confundido con recuerdos propios suyos.

No pienso que podamos rechazar siempre de forma absoluta cualquier comunicación normal de información a estos niños. Estoy de acuerdo con Chari[11, 12] en que, si no lo hacemos, siempre queda alguna posibilidad de que la criptomnesia sirva de justificación; pero esta posibilidad es muy reducida, creo yo, por la imposibilidad de encontrar hasta ahora un caso que pueda servir de modelo de que la criptomnesia pueda justificar todos los aspectos de los casos que se exponen aquí. Dicho caso debería tener las siguientes características: (*a*) que se encontrase su fuente de información en un libro o en una o varias personas que tuviesen la información sin que el niño ni sus padres recordasen cuáles eran sus orígenes, (*b*) que apareciese esa información como respuestas lógicas a estímulos normales en un estado normal de consciencia y (*c*) escenificación de la información en un personaje lo suficientemente convincente como para persuadir a los demás con las respuestas emocionales y de conducta apropiadas que se podrían esperar de la personalidad anterior.

---

9.– Bose, S.K.: "A Critique of the Methodology of Studying Parapsychology", *Journal of Psychological Researches* Vol. 3, 1959, pp. 8-12.

10.– Hyslop, J.H.: *Borderland of Psychical Research*, Small, Maynard and Co., Boston, 1906, p. 372.

11.– Chari, C.T.K.: "'Buried Memories' in Survivalist Research", *International Journal of Parapsychology*, Vol. 4, 1962, pp. 40-61.

12.– Chari, C.T.K.: "Paranormal Cognition, Survival and Reincarnation", *Journal A.S.P.R.*, Vol. 56, octubre, 1962, pp. 158-183.

Si los juzgamos con estos criterios, los casos conocidos o publicados de criptomnesia no se ajustan bien a algún requisito de los casos de renacimiento. Los ejemplos de criptomnesia recitativa no llegan a satisfacer los requisitos segundo y tercero y los de mediumnidad o los inducidos artificialmente por hipnosis crearon "personalidades anteriores" que no satisfacían el segundo criterio.

Sólo conozco un caso que haga pensar en la reencarnación publicado en el que la fuente de información que parece recordar el sujeto está identificada con claridad. Me refiero a un artículo que publiqué yo mismo[13] tratando el caso de un oficial del ejército inglés que tuvo con su esposa la experiencia de reconocer un estanque que había al lado de un camino, en el campo. Tanto el oficial como su esposa identificaron varios detalles y llegaron a estar convencidos de que habían vivido por aquella zona, aunque no tenían seguridad de haber estado por allí. Después se acordaron de que habían visto en una galería de arte un estanque parecido al que habían "reconocido" en el campo. En este caso no hubo más experiencia que la de *déjà vu* compartida por el matrimonio, y no aparecieron tampoco detalles de información verídica. Era un ejemplo de *fausse reconnaissance à deux*. Conozco un caso de renacimiento en el que la identificación con la personalidad anterior se prolongó durante años y el origen de la información que parecía recordar el sujeto estaba identificado con toda claridad. En los casos en que las dos personalidades concurren en la misma familia, como el de Wijeratne, o en los que la última familia conocía a la personalidad anterior, como en el de Marta, podemos pensar en que se haya podido producir criptomnesia. Y esto puede haber ocurrido también en otros casos en los que las familias de las dos personalidades no se conocían antes de empezar a comprobar las declaraciones del niño; pero asegurar esto es como dar algo por supuesto y, para dar algo por supuesto, se necesita contar con un caso concreto en el que se haya visto que la criptomnesia justifica todos los fenómenos de información del caso con elementos verídicos.

Algunos casos que parecen cumplir este primer criterio necesario para pensar en la criptomnesia, en realidad, no lo hacen. Por eso podemos decir que las extraordinarias pruebas lingüísticas y la personalidad

---

13.– Stevenson, I.: "The Evidence for Survival from Claimed Memories of Former Incarnations, Part 2. Analysis of the Data and Suggestions for Further Investigations", *Journal A.S.P.R.*, Vol. 54, julio, 1960, pp. 95-117 (el caso lo trató en un principio L.S. Lewis en el *London Morning Post*, 5 de noviembre de 1936).

viva de Patience Worth[14, 15] se deben a una combinación de criptomnesia y escenificación subconsciente por parte de Mrs. Curran, el sujeto de este caso. Pero nadie ha aportado pruebas para demostrar cómo ha adquirido Mrs. Curran su conocimiento del inglés antiguo. Del mismo modo, han fracasado todos los intentos de desacreditar la posible influencia de elementos paranormales en el caso de Bridey Murphy[16] para atribuirlo a criptomnesia, en opinión de Ducasse,[17] opinión que yo comparto.[18] Esto no quiere decir que *todos* los datos oscuros y recónditos comunicados por Bridey Murphy tengan, por fuerza, un origen paranormal; pero los intentos de atribuir todos estos datos a un conocimiento anterior o familiarización por parte del sujeto, Mrs. Tighe, con amigos y familiares de Irlanda ha ido en contra de unos datos y ha ignorado otros. Lo que han aportado algunas personas que han estudiado el caso no son más que *suposiciones* de posibles fuentes de información de Bridey Murphy; pero no **pruebas** de que hayan sido éstas efectivamente las fuentes.

Especular con posibles fuentes de información es una cosa y demostrar que hay una correspondencia justa entre las declaraciones del sujeto y una fuente de información concreta que facilita todos los componentes de estas declaraciones es otra cosa muy distinta. Las críticas sobre el caso de Bridey Murphy no cumplían este segundo requisito; pero las investigaciones de Coleridge[19] y Dickinson[20], que son más serias, sí que lo cumplían.

Tampoco satisfacen mejor los experimentos de Zolik[21, 22] nuestras necesidades de tener un modelo válido de criptomnesia. Zolik producía

---

14.– Prince, W.F.: *The Case of Patience Worth*, Boston Society for Psychic Research, Boston, 1929.

15.– Yost, C.: *Patience Worth*, Patience Worth Publishing, Co., Nueva York, 1925.

16.– Bernstein, M.: *The Search for Bridey Murphy*, Doubleday and Company, Nueva York, 1956.

17.– Ducasse, D.J.: "How the Case of *The Search for Bridey Murphy* Stands Today", *Journal A.S.P.R.*, Vol. 54, enero, 1960; 3-22.

18.– Stevenson, I.: Review of *A Scientific Report on "The Search for Bridey Murphy"* (ed. Kline, M.V., The Julian Press, Nueva York, 1956), *Journal A.S.P.R.*, Vol. 51, enero, 1957, pp. 35-37.

19.– Coleridge, S.T.: *Obra citada*, n. 3.

20.– Dickinson, G.L.: *Obra citada*, n. 7.

21.– Zolik, E.: "An Experimental Investigation of the Psychodynamic Implications of the Hypnotic 'Previous Existence' Fantasy", *Journal of Clinical Psychology*, Vol. 14, 1958, pp. 178-183. También se presentaron informes de casos no publicados en el encuentro de la American Psychological Association, 1958.

22.– Zolik, E.: "'Reincarnation' Phenomena in Hypnotic States", *International Journal of Parapsychology*, Vol. 4, 1962, pp. 66-75.

fantasía de "vida anterior" en sujetos hipnotizados, regresados o preparados para recordar una "vida anterior". En las últimas sesiones con el sujeto hipnotizado, aunque no regresado, Zolik llegó a encontrar el origen de parte de la información y parte de los rasgos de personalidad que aparecían en la fantasía de "vida anterior", en personas, libros o representaciones teatrales que había conocido el sujeto. Por fin llegó a la conclusión de que el tema de la fantasía de la "vida anterior" descubría conflictos significativos identificados con el sujeto. Pero estos experimentos no nos dan el modelo de criptomnesia que estamos buscando.

En primer lugar, las personalidades evocadas en la fantasía de la "vida anterior" eran construcciones *ad hoc* producidas bajo la dirección del hipnotizador, en vez de ser manifestaciones espontáneas del sujeto. Pero no quiero darle demasiada importancia a este detalle, ya que habremos de tener en cuenta después si las absorciones que hacen los niños de estos casos de otras personalidades podrían habérselas impuesto sus padres de un modo parecido o incluso más sutil.

En segundo lugar, las personalidades regresadas por hipnotismo (no sólo las de los experimentos de Zolik, sino todas ellas) se presentan únicamente en estado de hipnosis (algunas veces poco después) y no en circunstancias normales. Esta manifestación limitada contrasta con las identificaciones con una personalidad anterior que ofrecen los niños que vemos aquí, que han mantenido estas identificaciones en algunas ocasiones durante años.

En tercer lugar, Zolik no consiguió nada que mostrase una correspondencia exacta de los detalles de las fantasías de la "vida anterior" con las supuestas fuentes de estos detalles, que deberían estar en personas, libros, representaciones, etc., todo ello real y conocido por el sujeto. El hecho de que haya cierta semejanza entre el tema de una película y el de una fantasía de "vida anterior" no quiere decir por fuerza que la información que se ofrece en la fantasía de la "vida anterior" procede únicamente y por completo de la fuente que tenemos identificada.

Suponiendo que se dé la reencarnación, la película o la obra de teatro podrían haberse marcado con fuerza en la memoria del niño por estar en resonancia con algunos recuerdos reales de una vida anterior. Después de este impacto, el sujeto podría sacar este material y estos temas en ocasiones posteriores. Por ejemplo, conozco muy bien dos casos en los que una película ha servido para hacer que aparezcan supuestos recuerdos de una vida anterior que tenían características verídicas. Se ha estudiado mucho el entramado de recuerdos enterrados que han aparecido después, a lo largo de la vida, en producciones que son, al mismo tiempo, artísticas y psicopatológicas. Lowes, por ejemplo, con constancia llegó a descubrir el origen de muchas imágenes de la poesía de Coleridge en libros que había leído el poeta en años anteriores;[23] pero Coleridge no se identificó con el Viejo Marinero, como hizo Sukla con Mana, por ejemplo.

En cuarto lugar, en caso de que se produzca la reencarnación, lo que podemos esperar es exactamente que haya una similitud de personalidad entre el "héroe" de la vida anterior y las tendencias normales de la personalidad del sujeto, sobre todo las inconscientes, por lo que esa similitud no nos asegura bajo ningún concepto que los temas de la narración de la vida anterior surjan solamente en experiencias de la vida del sujeto. No quiero insistir en estas dos teorías; pero las planteo porque necesitamos recordar que algunos de los fenómenos observados pueden admitir explicaciones normales que no discrepan con la reencarnación. La posibilidad de que se pueda dar una justificación por medios normales no significa que ésta sea la correcta. Por otro lado, nos dice que debemos buscar otras pruebas definitivas que nos permitan decidir entre las explicaciones normales y las paranormales.

No quiero decir, con todas estas críticas, que haya que negar el valor que tiene la hipnosis para escudriñar en los primeros años de la vida del sujeto en busca de posibles fuentes normales de información que se pudiesen haber utilizado para fabricar una "personalidad anterior"; sino que tenemos que interpretar con precaución los resultados negativos, ya que al pasarlos por nuestra criba podríamos perder fuentes normales de información. Hace unos años estudié una "personalidad anterior" inducida por hipnotismo y después se volvió a vivir meticulosamente toda la vida del sujeto (bajo hipnosis, pero sin regresión) buscando vestigios del contenido y temas de la "personalidad anterior". En este caso, la "personalidad anterior" tenía unas características poco convincentes y creo que la mayoría de sus componentes proceden de la fantasía; pero no pude salvo en raras ocasiones, descubrir los verdaderos orígenes del material utilizado en la fantasía.[24]

Nos serviría de mucho tener la ocasión de estudiar un caso que satisfaga los tres requisitos que hemos comentado; pero, hasta que esto

23.– Lowes, J.L.: *The Road to Xanadu: A Study in the Ways of the Imagination*, Constable and Company, Londres, 1927.

24.– He publicado un breve relato de este caso en "Xenoglossy: A Review and Report of a Case", *Proc. A.S.P.R.*, Vol. 31, 1974, pp. 1-268 (publicado también por la University Press of Virginia, Charlottesville, 1974).

suceda, la teoría de la criptomnesia me parece una explicación posible, aunque no convincente, de los casos que nos hacen pensar en el renacimiento en que hay (*a*) mucha información correcta sobre una personalidad anterior, a la que aparentemente no tiene acceso el niño ni su familia por medios normales, y (*b*) identificación con la personalidad anterior durante varios años y en todo momento de la vida cotidiana.

## *"Memoria" genética*

Según la teoría de la "memoria" genética, los supuestos recuerdos de vidas anteriores aparecen al aflorar experiencias de los antepasados del sujeto. Este "recuerda", mediante visualización u otro tipo de imaginación, lo que ha sucedido a sus antepasados, lo mismo que, por ejemplo, un pájaro podría "recordar" lo que hay que hacer para volar cuando le empujan fuera del nido. En esta interpretación, los recuerdos de vidas anteriores se convierten en curiosidades interesantes por sus detalles, pero no tienen más importancia que otros aspectos de la conducta que atribuimos a la herencia y llamamos "instinto".

Esta teoría podría servir en dos tipos de casos. Los primeros son los casos en que el cuerpo físico de una personalidad desciende en línea directa del cuerpo de la personalidad anterior, como en el caso de William George Jr. Podríamos invocar la teoría de la "memoria" genética en esta ocasión para justificar no sólo los lunares que tenía en el brazo William George Jr., sino también sus recuerdos más bien inconexos de la vida de su abuelo, suponiendo que no los recibió de sus padres por medios normales de comunicación. Sin embargo, estos casos son muy pocos en el conjunto de todos los que nos hacen pensar en la reencarnación, ya que casi siempre las dos personalidades han vivido con pocos años de diferencia y en líneas genéticas que no solían guardar entre sí ninguna relación. En estos casos, la segunda personalidad podría no haber ocupado un cuerpo que descendiese genéticamente del cuerpo de la personalidad anterior.

La explicación de la "memoria" genética puede servir también para los casos en que las dos personalidades están separadas por largos periodos de tiempo, a veces siglos. En este libro no figura ningún caso de este tipo, que suelen ser raros. Cuando sucede esto, podemos especular con parentesco genético entre los cuerpos físicos de las dos personalidades; pero, si no se da esa descendencia genética, tendremos que preguntarnos para qué sirve esta teoría en casos de este tipo. Lo que parece es que se pretende atribuir a la herencia unos poderes de transmisión de imagen (imágenes recordadas, por ejemplo) mucho mayores de lo que nos hubiésemos atrevido a asignarle antes.

## Percepción extrasensorial y absorción de la personalidad

### *Razones para considerar conjuntamente la Percepción Extrasensorial y la Absorción de Personalidad*

Cuando los críticos no han logrado dar una explicación adecuada para casos de reencarnación documentando (o imaginando) medios normales de comunicación entre las dos personalidades, han dado a entender muchas veces que podríamos explicar los hechos aceptados del caso suponiendo la existencia de un enlace extrasensorial entre las dos personalidades. Yo estoy de acuerdo en que debemos tomar muy en serio esta posibilidad, pero no se pueden justificar solamente con la percepción extrasensorial *todos* los aspectos de muchos de estos casos. Me refiero a los importantes rasgos de conducta y a los elementos de identificación que se dan en muchos de ellos. Tenemos que pensar aquí en algo más que en la mera transmisión de una información adquirida de algún modo. El sujeto atribuye esta información a una personalidad con la que se él identifica. Yo creo que es difícil que una persona que no esté familiarizada directamente con estos casos imagine la magnitud de estos rasgos de conducta y absorción de personalidad. Yo mismo me encontré con el problema de la falta de preparación ante lo que veía cuando fui por primera vez a la India. He supuesto que los detalles de la información merecen por sí solos atención y necesitan una explicación; pero, después de observar estos elementos de conducta en diferentes casos, he llegado a concederles más importancia, por dos razones: la primera, que yo creo que esos rasgos de conducta dan a los casos una prueba más de autenticidad; la segunda, como ya he comentado antes, que pienso que hacen mucho menos convincente la explicación de la criptomnesia. En cualquier explicación que atribuya la información que tiene el niño sobre la vida anterior a la percepción extrasensorial, tenemos que justificar también los rasgos de conducta de los casos. Por esta razón, prefiero pensar en una teoría que yo llamo "percepción extrasensorial y absorción de personalidad".

Esta teoría supone que el sujeto de esos casos adquiere la información que tiene sobre una vida anterior por percepción extrasensorial y que asimila esa información y se identifica con ella hasta tal punto que llega a creer que él y la otra persona son lo mismo y convence también a los demás de esa identidad.

La teoría de la percepción extrasensorial y la absorción de personalidad no tiene que encontrarse con una de las dificultades de la teoría de la criptomnesia. No necesita pensar de antemano en ningún contacto personal entre el niño y alguna persona familiarizada con los actos de una personalidad anterior. Atribuye al niño la facultad de adquirir esa información por percepción extrasensorial. Además, debemos dejar que la percepción extrasensorial pueda transcender el tiempo y facilitar información del pasado, lo mismo que del presente. Tenemos pruebas aisladas y suficientes de retrocognición[25, 26] para poder ampliar la hipótesis y considerarla como una posibilidad. Además, no necesitamos imaginar un agente encargado directamente de pretender transmitir la información. En algunos casos de los que presenta Osty, por ejemplo, parece que el agente ha estado pasivo y el receptor activo y, si se necesita algún tipo de enlace entre la dos familias para facilitar la percepción extrasensorial, podremos encontrar muchas veces una persona que cumpla este papel. Por ejemplo, en los casos de Sukla, Parmod, Imad y Jasbir, me enteré al final de que había personas que habían tratado a las dos familias implicadas, aunque estas familias no se conociesen entre sí. En el caso de Marta, las dos familias se conocían antes de que naciese Marta. He encontrado personas que podrían servir como enlaces telepáticos en otros casos que no figuran en estas series. En el caso de Shanti Devi, por ejemplo, que comento en otro lugar,[27] me he enterado de que el marido de la personalidad anterior viajaba con frecuencia desde la ciudad donde nació (Mathura) a Delhi para comprar ropas para su tienda y que, cuando estaba en Delhi, solía frecuentar una confitería que había a pocas yardas de la casa de Shanti Devi. Ella lo vio allí un día, cuando pasaba por la calle al volver de la escuela. Tengo la impresión de que, cuanto más se introduce uno en estos casos, más interés se tiene al final por encontrar alguna o varias personas que hayan conocido a ambas familias o, si no se puede, que hayan conocido las dos regiones y, por tanto, puedan haber servido de enlace telepático

---

25.– Osty, E.: *La connaissaince supra-normale*, Librairie Félix Alcan, París, 1923.

26.– Prince, W.F.: "Psychometric Experiments with Señora María Reyes de Z", *Proc. A.S.P.R.*, Vol. 15, 1921, pp.189-314.

27.– Stevenson, I.: "The Evidence for Survival from Claimed Memories of Former Incarnations, Part I, Review of Data", *Journal A.S.P.R.*, Vol. 54, abril, 1960, pp. 51-71.

entre la familia de la personalidad anterior y la de la actual. Me inclino a pensar que sería mejor admitir esta posibilidad para todos los casos y tener en cuenta que los méritos de la hipótesis telepática no están en la posibilidad de que existan esos enlaces, sino en que la telepatía pueda, de cualquier forma, dar una explicación a todos los fenómenos de los mejores casos, sin admitir de antemano una percepción extrasensorial muy amplia y extraordinaria. Es más, como diré más adelante (ver pag. 423 y sig.), la teoría de la percepción extrasensorial con absorción de personalidad no necesita esos enlaces, ya que la supuesta percepción extrasensorial podría darse sin ellos. Al analizar esta teoría, empezaré por comentar su éxito para justificar las circunstancias de la información de los casos y, después, su importancia para explicar los rasgos de comportamiento.

## La Percepción Extrasensorial y la Absorción de personalidad, aplicadas a las características de información de los casos

Esta teoría tropieza con algunas dificultades para justificar las características de información de un caso. En primer lugar, no es lo único que explica la selección de un objetivo para la información recibida por medios extrasensoriales. Cuando la familia conoce ya la personalidad anterior, que puede haber sido otro miembro de la familia, la selección del objetivo puede deberse a lo que piensa la familia sobre el miembro fallecido y a su deseo de que regrese. Pero ¿cómo nos explicamos la selección de la persona con quien se tiene la identificación, si las familias no han tenido (según sus declaraciones) ningún contacto anterior? ¿Por qué el modelo de dicha identificación tiene que ser una persona concreta fallecida y no otra? Algunos dirán que lo que nosotros sabemos no justifica de un modo satisfactorio que una personalidad pueda renacer como otra distinta, si efectivamente ocurre así; pero la teoría de la reencarnación no va por este camino. Se limita a suponer que una personalidad que ha dejado un cuerpo físico al morir, al cabo de un tiempo, activa otro cuerpo para seguir evolucionando en él. La segunda personalidad de la entidad que se reencarna evoluciona así, como una capa que se forma alrededor de la personalidad anterior que, a su vez, encerraba ya dentro de ella otras capas anteriores. Las personalidades van evolucionando como los anillos del tronco de un árbol o la concha de una ostra. Estas comparaciones toscas simplifican los cambios de forma ridícula y podría darse el caso de que una personalidad fallecida permanezca mucho tiempo sin cambiar o sufra una degradación de tal forma que lo que queda es una coleción de disposiciones y aptitudes, a las que podemos llamar individualidad, en vez de los auténticos hábitos y habilidades, a los que llamamos personalidad.[28] Pero la idea que yo quiero comunicar ahora es que, según la teoría de la reencarnación, hay alguna organización, bien sea personalidad o individualidad, que se mantiene de una vida terrestre a otra, manteniendo esencialmente una secuencia continua. No se trata, por tanto, de un cambio brusco de personalidad, por lo que no existe el problema de tener que seleccionar para identificar una personalidad en vez de otra. Pero ese problema sí que se da con la teoría de la percepción extrasensorial con absorción de personalidad.

El caso de Jasbir tal vez sea el mejor ejemplo de la diferencia que hay entre estas dos teorías. Según la teoría de la reencarnación,[29] Sobha Ram murió en un accidente de un carro y, poco después, se vio viviendo, pero como prisionero en un cuerpo mucho más pequeño, a cuyo ocupante sus padres llamaban Jasbir. La personalidad llamada Sobha Ram no llegó a convertirse en la personalidad llamada Jasbir: ocupaba el cuerpo de Jasbir y siguió desarrollándose después, adaptando su vida a las circunstancias con que ya contaba Jasbir. Poco a poco, fue amoldándose a esas circunstancias nuevas, como es la aceptación del nombre, la familia y todo el entorno de Jasbir en el pueblo de Rasulpur; pero seguía conservando varios recuerdos, actitudes y gustos de Sobha Ram. La razón de que Sobha Ram eligiese el cuerpo de Jasbir para ocuparlo, cuando pudo haber encontrado otros cuerpos disponibles o incluso haber empezado en uno nuevo, sigue siendo un misterio; pero esto no es lo que hay que explicar ahora, según la teoría de la reencarnación, pues esta teoría no dice que Sobha Ram se convirtiese en Jasbir, sino que se limita a decir que Sobha Ram ocupó el cuerpo libre de Jasbir y asumió las circunstancias de su vida. La teoría de la

---

28.– Ducasse, C.J.: *Nature, Mind and Death*, The Open Court Publishing Company, LaSalle, Illinois, 1951, capítulo 21, "Some Theoretically Possible Forms of Survival", establece una distinción entre personalidad e individualidad.

29.– No olvido que el cuerpo de Jasbir tenía unos tres años y medio cuando parecía muerto y recobró la vida casi de inmediato, cambiando su personalidad por la de Sobha Ram. Si se acepta la interpretación paranormal de los casos, pertenece al grupo conocido como "prakaya pravesh" en hindí y "posesión" en la bibliografía de la investigación psíquica occidental. Sin embargo, el punto que se trata aquí no se ve afectado por esta característica del caso. Además, parece un ejemplo bastante apropiado para el estudio, porque el cambio de personalidad se hizo con bastante rapidez.

percepción extrasensorial con absorción de personalidad, por otro lado, precisa una explicación de la elección que hizo Jasbir de la personalidad de Sobha Ram para identificarse con ella, ya que, según esta teoría, Jasbir seguía ocupando su cuerpo después de despertar de su muerte aparente; pero entonces sufrió un profundo cambio de personalidad, que suponía la asunción, por su parte, de la personalidad de cualquier otro individuo que hubiese muerto por entonces, sin que ni él ni su familia tuviesen ningún conocimiento por aquel momento.

Sigue habiendo otro punto flaco en la teoría de la percepción extrasensorial con absorción de personalidad, en cuanto a la información recopilada, al parecer, mediante percepción extrasensorial. Efectivamente, todo lo que se ha comprobado de la información dada por un niño concreto sobre la personalidad fallecida con la que se ha identificado estaba disponible en las mentes de otras personas vivas. Sin embargo, en el caso de Swarnlata y en algunos más (no publicados) de mi colección, toda la información conocida por el niño no estaba en la mente de una sola persona viva.

En tales casos, según la teoría de la percepción extrasensorial con absorción de personalidad, habría que conseguirla de dos o más mentes, cada una de las cuales tendría solamente una parte de la información disponible. En resumen, se necesitarían muchos medios de información para explicar estos casos con la percepción extrasensorial. Podemos suponer, sin embargo, que estos niños no necesitan ningún medio, sino que consiguen su información por clarividencia, aunque algunas veces la obtengan de las mentes de otras personas o de otras fuentes.

El caso de Swarnlata es el ejemplo de esta colección en el que mejor se ve esta dificultad. Los hermanos Pathak conocían los cambios que se habían producido en la casa que tenían los Pathak en Katni y casi todos los demás datos que parecía recordar Swarnlata sobre hechos ocurridos en este pueblo, aunque ellos no supiesen que su hermana, Biya, tenía fundas de oro en los dientes; pero resulta muy difícil que se enterasen del episodio de la·letrina que le comentó Swarnlata a Srimati Agnihotri, lo mismo que ocurre con el dinero que le cogió a Biya su marido. Como es lógico, él no había comentado nada con nadie. En cambio, es posible que Swarnlata consiguiese diferentes datos de información por diversas personas, actuando cada una de ellas como agente independiente para uno o varios datos y no para los demás. De momento, esto no admite toda la considerable información que Swarnlata había revelado antes de que ella o su familia tuviesen ningún contacto conocido, bien fuese con miembros de la familia Pathak directamente o con personas que los conociesen. Podría haber conocido así, de cada persona por separado y mediante la percepción extrasensorial, algo que esa persona supiese y también lo hubiese sabido Biya.

Pero lo que llama la atención entonces es el *esquema* de la información conseguida de este modo por Swarnlata. Ella no dijo en estas declaraciones ninguna cosa que no conociese Biya o que hubiese sucedido después de su muerte.[30] Tenemos que encontrar de algún modo una explicación, no sólo a la transferencia de información a Swarnlata, sino a la forma de organizar la información en su mente, muy parecida a la de la mente de Biya. La percepción extrasensorial puede justificar el paso de la información; pero no creo que sea lo único que pueda explicar la selección y organización de la información siguiendo normas propias de Biya, ya que, si Swarnlata conseguía su información por percepción extrasensorial, ¿por qué no daba los nombres de personas desconocidas por Biya cuando las veía por primera vez? Una percepción extrasensorial de la magnitud que se plantea aquí no distinguiría objetivos, a menos que estuviese guiada por un principio de organización que indicase las personas u objetos reconocidos. Me parece que debemos suponer que la personalidad de Biya confirió los esquemas de su mente a la mente de Swarnlata.

En principio, este problema no es distinto del que se planteó cuando "G. P.", el comunicador de Mrs. Piper, logró reconocer a tantos amigos. De 150 personas que se le presentaron a Mrs. Piper en estado de trance, reconoció correctamente a treinta que habían sido amigos de G. P., no se equivocó en ninguno (con una posible excepción) y solamente dejó de reconocer a una muchacha que era muy joven cuando G. P. la conoció y había cambiado mucho en los ocho o nueve años transcurridos.[31] En este caso, como en el de Swarnlata, es el *esquema* de todos los reconocimientos, más que el hecho en sí, lo que requiere una explicación adicional de la percepción extrasensorial. Otros sujetos de esta coleción presentaban organizaciones similares de la información disponible, según esquemas propios de la personalidad anterior, como, por ejemplo, cuando hacían algún comentario sobre el cambio del aspecto

---

30.– Rara vez los sujetos de estos casos (Marta es la única de esta serie) conocen lo que ha sucedido después de la muerte de la personalidad anterior, como la muerte de un hermano; pero, incluso en estos ejemplos, el conocimiento está dentro de la órbita del interés de la personalidad anterior.

31.– Hodgson, R.: "A Further Record of Observations of Certain Phenomena of Trance", *Proc. S.P.R.*, Vol. 13, 1898, 284-582. Para los reconocimientos de "G.P.", ver pp. 323-328.

de un edificio o de una persona desde la muerte de la personalidad anterior. Además de Swarnlata, otros muchachos, como Prakash, Parmod, Gnanatilleka y Sukla, hicieron comentarios sobre cambios en el aspecto de algunos edificios desde la muerte de la correspondiente personalidad anterior o dieron muestras de confusión cuando vieron los edificios tan cambiados.

En la organización o esquema de la información dada por los sujetos vemos cómo las características de la información y las de comportamiento se van entrelazando en los casos. Ahora paso a analizar otros rasgos de comportamiento que aparecen en ellos.

## El significado de las descripciones de las experiencias tenidas como recuerdos

Antes de analizar otros rasgos de comportamiento de los niños que dicen haber vivido otra vida, voy a hacer un paréntesis para ver el significado de la afirmación que hacen estos niños de que lo que cuentan son *recuerdos* de hechos reales de sus propias vidas anteriores. Al tratar este tema, quiero dejar sentado de antemano que no estoy hablando de la *exactitud* de los teóricos recuerdos. Si se producen errores e ilusiones de la memoria cuando recordamos algo de esta propia vida, no hay duda de que también pueden producirse al recordar algo de vidas anteriores. Pero el hecho de que se produzcan estos errores y omisiones no quiere decir que vayamos a negar al existencia de algo a lo que llamamos memoria, que es por lo que podemos volver a sentir (y comunicar a los demás) la experiencia de hechos pasados. Efectivamente, el conjunto de recuerdos y, por consiguiente, de respuestas que ha tenido cada persona individualmente puede confirmar finalmente nuestra mejor definición de personalidad.[32] La cuestión es,' por tanto, saber hasta qué punto, si se puede, debemos dejar que la afirmación de tener recuerdos haga que estos casos sean distintos de otros que no sean típicos de reencarnación.

Creo que no deberíamos aceptar las declaraciones de tener recuerdos como el *único* punto para distinguir los casos y deberíamos buscar otras diferencias empíricas entre los que tienen esta peculiaridad y los

---

32.– En *A Critical Examination of the Belief in a Life After Death* (Charles C. Thomas, Springfield, Illinois, 1961), D. J. Ducasse trata la utilización de recuerdos (no el recuerdo, sino todos los residuos de experiencias pasadas) como signos de la identidad de una personalidad distinta a otra (capítulo 26, pp. 304-307). No sugiero (y seguro que Ducasse tampoco) que la personalidad se forma *sólo* de recuerdos. Me refiero a los medios que tenemos para distinguir una personalidad de otra.

que no la tienen. Pero no pienso que debamos despreciar completamente la reivindicación de recuerdos, como algo que no tiene importancia para nuestra valoración de los casos. Si descartamos la afirmación de que hay recuerdos, como rasgo distintivo de los casos, nos queda todavía por explicar por qué, de los casos de percepción extrasensorial de una personalidad anterior, unos se producen con recuerdos y otros, no. Sobre este tema, hay personas que proponen la teoría de que las influencias culturales hacen que unos casos entren en el grupo de los de reencarnación y otros pasen a otro distinto, como en la forma de comunicaciones no encarnadas. Pero hay una correlación bastante grande entre la aparición de casos que hacen pensar en la reencarnación y las actitudes culturales que fomentan la narración de "recuerdos" de vidas anteriores. Tendremos que dejar para otra ocasión una revisión a fondo de los datos y las posibles explicaciones de esta correlación. Aquí sólo quiero llamar la atención sobre la aparición de *algunos* casos que hacen pensar en el renacimiento en culturas de creencias muy distintas a la idea de renacimiento, pues muchos casos se dan en occidente y en familias que no han oído hablar nunca de la reencarnación o no creen en ella. Por ejemplo, en mi colección figuran bastantes casos de Estados Unidos, Canadá y Gran Bretaña. En estos países la cultura tiene una tendencia contraria a la reencarnación y hay muchas personas que no han oído nunca hablar de ella, mientras que otros sí han oído, pero sólo como una superstición maniática de los asiáticos. He investigado directamente con entrevistas personales treinta y cinco casos de niños americanos que aseguraban recordar una vida anterior. La información era escasa por lo general y, en la mayoría de los casos, no se podían confirmar las declaraciones de los niños; aunque los casos tuviesen importantes rasgos de conducta. Les falta, por tanto, la riqueza de detalles que tienen los casos de Asia, pero se parecen mucho a ellos en la *forma*. Pienso que la mayoría de las familias implicadas recibieron las declaraciones del niño con sorpresa o incluso con incredulidad. Algo parecido ha sucedido en la India, en casos esporádicos entre musulmanes que no creen en la reencarnación y niegan su existencia. Puede haber alguien que diga que en la sociedad occidental hay pequeños grupos aislados de personas que creen en la reencarnación (lo que sin duda es cierto) o que una familia abiertamente contraria a la reencarnación puede fomentar inconscientemente relatos de una vida anterior en uno de sus hijos; pero esos argumentos me hacen pensar en una extensión de la idea de las influencias culturales por encima o incluso en contra de los datos disponibles en los casos que se producen fuera de las culturas partidarias de la reencarnación. No creo que debamos ampliar nuestras teorías para que cubran cualquier discrepancia, sino que deberíamos confirmarlas con las excepciones.

Si alguien tiene información susceptible de comprobación sobre una vida anterior y, en la medida en que podamos decirlo, no pudo conseguirla por medios normales, sino que la presenta como algo que le ha llegado como recuerdo de una vida anterior, es posible que verdaderamente tenga ese recuerdo de esa vida anterior. Si existe el renacimiento, entonces podríamos esperar que se presentase información sobre la vida anterior en forma de recuerdos y lo sorprendente sería que se nos presentase de otra manera. Sin duda podemos preguntarnos si un niño ha dicho alguna vez que la información que tiene sobre la vida anterior pertenece a alguna persona que no estaba encarnada entonces, cuando otras pruebas sugieren que describe una personalidad que tiene continuidad con la suya propia. El caso ideal de este tipo hipotético tendría también marcas muy concretas y similares entre las dos personas, como las de Corliss Chotkin, Jr.; pero, en un caso tan hipotético, el niño podría insistir en que la información que tiene sobre la personalidad anterior procede de la comunicación con un espíritu y no de su propia memoria. Un caso así, si lo encontrásemos, sacudiría con fuerza nuestra confianza en la experiencia subjetiva de la memoria como guía para distinguir un grupo de casos de otro.

En el análisis de la experiencia de imágenes de una aparente vida anterior mencionado anteriormente, he tenido presente, sobre todo, casos en los que había datos verídicos y base suficiente para creer que el receptor no ha podido conseguir su información sobre la vida anterior por medios normales; pero hemos de tener en cuenta también el número, mucho mayor, de personas que han experimentado imágenes distintas que les parecen recuerdos de una vida anterior, aunque no tengan detalles que se puedan comprobar. Estas imágenes suelen producirse de forma concisa, unas veces en estado de vigilia y otras, en sueños. El receptor siente la experiencia de ser partícipe (a veces mero observador) de una escena de otro tiempo anterior a la vida actual, sin poder encontrar una explicación a dichas imágenes con los recuerdos de la vida actual. Espero publicar algún día más detalles sobre tales casos, no verídicos, que nos hacen pensar en la reencarnación. Aquí los menciono solamente por la relación que tienen con el problema que plantean esas imágenes al presentarse casi siempre como "recuerdos".

Hay un pequeño número de estos casos que presentan contradicciones o anacronismos y pueden hacernos dudar o inducirnos a descartarlos, lo mismo que también podemos pensar que hay otros casos que proceden de una imaginación viva que actúa movida por una ávida intención de recordar alguna existencia anterior romántica. Pero no podemos descartar la mayoría de estos casos tan fácilmente o, si lo hacemos, corremos el riesgo de sacrificar datos por culpa de prejuicios teóricos. Pero este amplio número (de mi colección) procede de personas inteligentes (a veces, aunque no siempre, cultas) que suelen testificar que las imágenes les han llegado involuntariamente y sin que ellos pretendiesen ni intentasen recordar el pasado. Ha habido unos pocos receptores que han intentado hacerlo conscientemente, mediante técnicas introspectivas o de meditación; pero siempre han captado las imágenes como recuerdos de algo que ya han vivido. Algunos han dudado de que sus propias experiencias de las imágenes fuesen "recuerdos". Han querido rechazar o no dar crédito a esta idea, aunque sinceramente han dicho que estas imágenes se les presentaban en forma de recuerdos, o sea, como si las tuviesen localizadas en el pasado, como imágenes de experiencias ocurridas en la vida "presente".

Yo sé que algunos receptores se confunden en la situación temporal de las imágenes que perciben. También sé que las personas sensitivas o mediums dicen equivocadamente que pueden distinguir entre los "recuerdos" de sus "vidas anteriores" y "comunicaciones con los espíritus" o de lo perciben sobre los actos de la vida actual o de "vidas pasadas" de otras personas. El caso de Hélène Smith estudiado por Flourny[33] nos demuestra la falta de pruebas objetivas para defender la afirmación de un medio de distinguir entre lo que él llama recuerdos de una "vida anterior" y supuestos comunicadores no encarnados. Pero yo pienso que es importante no exagerar la frecuencia de la paramnesia. La dislocación temporal de imágenes puede producirse en estado hipnótico y de trance, pero muy pocas veces se da en estado normal de consciencia. Si los casi mil doscientos casos que nos hacen pensar en la reencarnación (considerando toda la colección que se está estudiando) fuesen todos ellos ejemplos de paramnesia, entonces esta condición se produciría de una forma mucho más generalizada de lo que han creído hasta ahora los que se dedican a la psicología patológica y los investigadores psíquicos. Y uno podría suponer que ha visto otros ejemplos de paramnesia en las vidas anteriores de los sujetos o ha oído hablar de ellos; pero ese no es mi caso. Tampoco han atribuido a los sujetos estos errores de

---

33.– Flournoy, T.: *Des Indes à la planète Mars. Étude sur un cas de somnambulisme avec glossolalie*, Lib. Fischbacher, Paris, 1899, 4ª. ed.

memoria los miembros de sus familias, con los que he hablado personalmente varias veces. Difícilmente podemos decir en un caso cualquiera que no se produce paramnesia: estamos tratando de posibilidades solamente. Pero tampoco parece muy difícil que todos o incluso un pequeño número de casos sean consecuencia de la paramnesia.[34] Y, de ser así, aumentaría nuestra confianza en los relatos de "recuerdos" dados por personas inteligentes y críticas. Tenemos que admitir la posibilidad de que hasta la persona más inteligente y sensata puede dislocar sus imágenes temporalmente; pero, en el caso de la mayoría, hemos de pensar que tal vez debamos respetar la convicción de muchos de estos receptores, cuando describen sus experiencias como "recuerdos".[35]

## La proyección de imágenes

En casi todos los casos en que se asegura que hay recuerdos de una vida anterior, el sujeto se identifica con las imágenes correspondientes a los recuerdos que dice tener y asegura que los hechos descritos le han sucedido a él y que se ve en ellos a sí mismo como un actor; pero, en otro número más reducido de casos, las imágenes se proyectan de tal forma que el sujeto ve su vida anterior como otra persona que está fuera de él, a la que observa, algo así como ver su propio cuerpo o su

---

34.– El estudio de las imaginaciones mentales apuntan hacia la paramnesia como algo _común_. Por ejemplo, las imágenes de los versos aprendidos aparecen tal como se leen (en los idiomas occidentales), de izquierda a derecha y de arriba a abajo. La persona que los recuerda normalmente no puede llegar a la última palabra de una línea si no recuerda antes la primera. No puede "decir de un tirón" todas las palabras desde el final hasta el principio, como haría si estuviese viendo una reproducción externa de los versos. En la memoria panorámica y en los recuerdos que se tienen en una intoxicación con drogas como el ácido lisérgico y la mescalina, encontramos un orden temporal parecido. La ordenación de los recuerdos, en correspondencia temporal con el orden de los acontecimientos que representan, nos parece casi por completo una característica de la memoria. No quiero negar que hay excepciones ni quitarles importancia (ver, por ejemplo, Luria, A. R., _The Mind of a Mnemonist_, traducción de L. Solotaroff. Londres: Jonathan Cape, 1969); sino que sólo pretendo recalcar que se puede exagerar la frecuencia y la importancia de la paramnesia de un modo desproporcionado, para aplicarla a la totalidad de nuestra experiencia de recuerdos.

35.– Los lectores que quieran estudiar lo que cuentan quienes han tenido la experiencia de parecer que han recordado una vida anterior encontrarán ejemplos excelentes en Grant, J.: _Far Memory_ Harper & Brothers, Nueva York, 1956 y en Osborn, A.W.: _The Superphysical_, Ivor Nicholson and Watson, Londres, 1937. Osbort trató el estado de estas experiencias como recuerdos en "Correspondences", _Journal S.P.R._, Vol, 42, junio, 1963, pp. 89-91.

doble.[36] Durante experiencias de este tipo, Hélène Smith[37] y Pole[38] tuvieron la experiencia de captar por primera vez a una persona aparentemente distinta de ellos mismos. El receptor parecía fundido con esta otra persona, hasta el punto de tener la sensación de estar viviendo de nuevo directamente una vida anterior.[39] En algunas enfermedades mentales se producen proyecciones similares de aspectos de la personalidad del sujeto, como sucede en algunos casos de esquizofrenia y personalidad múltiple. La forma de los recuerdos reivindicados, por lo que se refiere a si están proyectados o no, no parece aportar ningún rasgo distintivo para diferenciar los casos.

En resumen, la reivindicación de un recuerdo de una vida anterior no nos dice nada por sí misma sobre su veracidad y, si va acompañada de pruebas de autenticidad o veracidad, esta experiencia por sí sola no puede distinguir entre la percepción extrasensorial y un "verdadero" recuerdo de una vida anterior. Sin embargo, el hecho de que parezca que se producen muchas experiencias coherentes de personalidades anteriores bajo la forma de recuerdos de una vida anterior merece todo respeto. Nuestro conocimiento actual de las influencias culturales no puede servir para explicar la aparición de experiencias de este tipo en muchas partes del mundo en las que la reencarnación es algo extraño para su cultura. Tampoco resulta verosímil que todos o, por lo menos, muchos casos de recuerdos aparentes de vidas anteriores sean ejemplo de paramnesia, ya que no tenemos otras pruebas de que los sujetos hayan hecho una dislocación tan fuerte de los hechos en el tiempo.

---

36.– El tema, también importante, de las experiencias de "fuera del cuerpo" no guarda una relación directa con lo que estamos tratando ahora, aunque pueden tenerla en que hay algunas pruebas de estas experiencias que hacen pensar en la existencia de un cuerpo independiente del cuerpo físico reconocido y que este otro cuerpo puede actuar como vehículo estructural para una personalidad entre dos encarnaciones. Este tema lo ha estudiado Whiteman, J.H.M. (*The Mystical Life*, Londres:Farber and Farber, 1961) y Eastman, M. ("Out-of-the-Body Experiences". *Proc. S.P.R.*, Vol. 53, 1962, 287-309). Shirley, R. (*The Mystery of the Human Double*, Londres: Rider and Co., n.d., tal vez en 1938) y Lhermitte, J. (*Les hallucinations*, París: G. Doin et Cie., 1951) nos dan ejemplos de experiencias de ver al propio doble.

37.– Flournoy, T.: *Obra citada*, n. 33, pp. 260-264.

38.– Pole, W.T.: *The Silent Road*, Neville Spearman, Londres, 1960.

39.– En uno de mis experimentos con regresión hipnótica, el sujeto, al principio, captó una "personalidad anterior" evocada con imágenes de un niño pequeño al que veía jugando y en otras actividades. En un principio, las imágenes del niño no tenían nada que ver con el narrador; pero, después, el sujeto se identificó con el niño y siguió la narración de la "vida anterior" hablando en primera persona de lo que le pasaba a este niño, que se suponía que era ella misma en una vida anterior.

Después de esta divagación, vuelvo al tema de si los niños que aseguran recordar una vida anterior son distintos en su comportamiento de las demás personas que demuestran tener percepción extrasensorial, pero no estos recuerdos. Si pudiésemos encontrar similitudes y no diferencias importantes entre los dos grupos, nuestra confianza en la teoría de la percepción extrasensorial con absorción de personalidad se vería reforzada, a pesar de su debilidad.

## Otras pruebas de percepción extrasensorial en los sujetos

He encontrado pocas pruebas de que algunos de estos niños hayan presentados muestras de percepción extrasensorial sin que éstas guardasen ninguna relación con la personalidad anterior. Las pruebas aportadas por las familias de estos niños eran generalmente relatos de conocimiento precognitivo o telepático de acontecimientos que sucedían a otros familiares o amigos que se encontraban separados por alguna distancia. Las familias de Gnanatilleka, Sukla y Marta contaron incidentes de este tipo; pero casi todas las demás han dicho que no han observado nada parecido y han insistido en que las declaraciones sobre la vida anterior eran la única prueba de que el niño tuviese percepción extrasensorial.

La familia de Marta le atribuía impresionantes poderes como medium antes de casarse; pero no conseguí ninguna prueba de ello. En un caso que cita Delanne,[40] Blanche Courtain, de Pont-à-Celles, Bélgica, ofrecía una información aparentemente verídica sobre una vida anterior y parecía que tenía facultades como medium, ya que decía que tenía contacto con espíritus no encarnados. Como resumen de la posibilidad de que los niños tengan facultades para la percepción extrasensorial fuera del área de los recuerdos de la vida anterior, podemos decir que la mayoría de ellos no ofrecen ninguna prueba de tener estos poderes; unos pocos sí tienen esas pruebas, pero son poco consistentes, y un grupo aún menor que el anterior demuestra tener un comportamiento parecido al de los mediums adultos. Que yo sepa, con la posible excepción de Marta, ningún niño ha dado pruebas de conseguir una información importante sobre otra persona (viva o muerta) que no esté relacionada con la personalidad de la vida anterior. En resumen, si estos niños hubiesen recopilado su información mediante la percepción

---

40.– Delanne, G.: *Documents pour servir à l'étude de la réincarnation*, Editions de la B.P.S., París, 1924, pp. 315-316.

extrasensorial, podrían localizar perfectamente los objetos que podían captar o, por lo menos, decían que captaban.

Pero hemos de tener en cuenta algo todavía más importante relacionado con este tema. ¿Tienen los mediums adultos "normales" tan limitado el conocimiento conseguido mediante la percepción extrasensorial? ¿No resulta poco frecuente que tengan poderes solamente para lo que guarda relación con una persona o con un grupo concreto, tal como sucedería a estos niños si hubiesen recibido su información sobre la personalidad anterior mediante la percepción extrasensorial? La mayoría de los mediums "normales" cambian el centro de su atención y la fuente de su información, por lo que sus facultades se manifiestan con una gama muy amplia de fuentes de información. Sin embargo, hay un pequeño número de personas que demuestran tener facultades para la percepción extrasensorial limitadas a una sola persona o grupo. Mrs. Claughton, de la que nos habla Myers, es un ejemplo de este tipo de medium.[41] Podemos decir que estas personas aparecen raras veces en los anales de la investigación psíquica; pero lo hacen en algunas ocasiones y es posible que se sumen a este número los niños que recuerdan vidas anteriores.

## Circunstancias en que se producen las declaraciones de los sujetos

Volviendo a las circunstancias en que los niños hacen sus declaraciones, encontramos una dificultad parecida para asegurar que son completamente distintas a las condiciones de los mediums normales. Es cierto que la mayoría de los mediums facilitan información sobre una persona ausente solamente cuando entran en contacto con alguien que conoce a esta persona o con un objeto que ha estado en contacto con ella; pero puede bastar con un contacto muy ligero. Las personas con sensibilidad psíquica de que habla Osty proporcionaban una información increíblemente acertada sobre una persona ausente tocando un pañuelo o una carta cerrada en un sobre opaco.[42] En alguno de los casos que se tratan en esta monografía se han producido ligeros contactos

---

41.– Myers, F.W.H.: "The Subliminal Self: The Relation of Supernormal Phenomena to Time". *Proc S.P.R.* Vol. 11, 1895, p. 547 (capítulo 9, Precognition). Myers no da mucha información sobre la Sra. Claughton, aparte de sus percepciones relacionadas con una casa en la que vivía y con sus moradores. Pudo haber tenido otras experiencias parecidas que Myers desconociese o no haya comentado.

42.– Osty, E.: *Obra citada*, n. 25.

entre los dos pueblos implicados y en pocas ocasiones las familias correspondientes, aunque no supiesen nada de la otra, tenían conocidos
comunes. Si tomamos los experimentos de Osty para poder considerar
prácticamente cualquier persona o cosa como posible enlace "psicométrico" cargado de información sobre los seres con quienes hayan entrado en contacto, podríamos imaginar que los que viajan entre dos ciudades importantes podrían haber llevado con ellos y dejado tras sí esos
objetos que podrían servir de focos de percepción extrasensorial sobre
vidas anteriores para los niños implicados. Como en cada uno de los
casos he encontrado algunas pruebas, aunque a veces insignificantes,
de este tráfico entre ciudades (no entre familias), no podemos descartar
abiertamente esta posibilidad. Pero, en realidad, ni siquiera necesitamos plantearnos un enlace psicométrico o el conocimiento personal
para la comunicación de información. Algunos mediums han conseguido información acertada sobre personas ausentes, cuando ninguno de
los presentes, ni ellos ni los que lo acompañaban, tenían idea de la
existencia de la persona a quien se refería la información comunicada.
La literatura existente sobre investigación psíquica contiene bastantes
informes sobre estos comunicadores que "se dejan caer" por sesiones a
las que no los invitan, pero después se identifican. Ya se han publicado
algunos informes sobre estos que "se dejan caer".[43, 44, 45, 46] El A.S.P.R.
publicaba una serie más bien larga de comunicaciones de este tipo que
se manifestaron durante un periodo de varios años (de 1929 a 1935).[47]
El S.P.R. ha publicado también un grupo de casos de estos, investigados por Gauld.[48] En mi opinión, los casos auténticos de este tipo
aportan una contribución importante a las pruebas de supervivencia, ya
que no podemos justificarlos fácilmente basándonos en la percepción

43.– Tyrrell, G.N.M.: "Case: A Communicator Introduced in Automatic Script", *Journal S.P.R.*,
Vol. 31, julio, 1939, pp. 91-95.

44.– Gibbes, E.B.: "Have We Indisputable Evidence of Survival?" *Journal A.S.P.R.*, Vol. 31,
marzo, 1937, pp. 65-79.

45.– Stevenson, I.: "A Communicator Unknown to Medium and Sitters: The Case of Rober
Passanah", *Journal A.S.P.R.*, Vol. 64, Janurary, 1970, pp. 53-65.

46.– Stevenson, I.: "A Communicator of the 'Drop In' Type in France: The Case of Robert
Marie", *Journal A.S.P.R.*, Vol. 67, enero, 1973, pp. 47-76.

47.– Bird, J.M.: "A Series of Psychical Experiments", *Journal A.S.P.R.*, Vol. 23, abril, 1929, pp.
209-232 (continúa en los volúmenes sucesivos con el título "Le Livre de Revenants"). Ver también
una crítica de esta serie en Prince, W.F.: "A Certain type of Psychic Research", *Bulletin*, Boston
Society for Psychic Research, Nº 21, 1933, pp. 1-30.

48.– Gauld, A.: "A Series of 'Drop-In' Communicators", *Proc. S.P.R.*, Vol. 55, 1971, pp. 273-
340.

extrasensorial de los vivos. En la mayoría de estos casos no hay ningún representante u otra persona u "objeto psicométrico" que pueda servir de enlace entre el medium y el comunicador;[49] aunque contribuyen a dar pruebas de la supervivencia, estos casos de los que "se dejan caer" dificultan la evaluación de los casos de reencarnación, ya que hacen que podamos suponer que los niños podrían haber adquirido la información que tenían sobre las personalidades anteriores mediante la percepción extrasensorial, sin intervención de ninguna persona ni objeto de ningún tipo.

Pensando en esta posibilidad, deberíamos tener en cuenta el comportamiento de los niños y compararlo con el de las demás personas que aparentemente obtienen información sobre individuos fallecidos mediante la percepción extrasensorial. La edad, por sí sola, no distingue los casos de renacimiento de los ejemplos de mediumnismo, ya que aparentemente las comunicaciones de personalidades fallecidas sirviéndose de mediums se producen entre niños, aunque sean menos frecuentes. Myers cita algunos ejemplos[50] y Westwood ha descrito uno con bastantes detalles.[51]

A continuación vuelvo a analizar las diferencias que hay en el estado de consciencia de los sensitivos, cuando facilitan la información sobre otras personas, con el fin de averiguar si se producen diferencias normales entre los que aseguran recordar una vida anterior y los que no lo hacen. Si nos fijamos solamente en los casos espontáneos de recuerdos de vidas anteriores (dejando a un lado los de hipnotismo), vemos que las personas que tienen esta facultad hacen sus declaraciones, salvo raras excepciones, en estados normales de consciencia y en situaciones normales de la vida. Al decir "estados normales de consciencia" quiero dar a entender que para los demás observadores esta persona parece mantener un comportamiento normal y que, en opinión de éstos, en caso de que lo llamasen por su nombre o le hiciesen una

---

49.– En un caso de este tipo que nos cuenta Hill, J.A. (*Psychical Investigatios*. Nueva York: George H. Doran Co., 1917), a la comunicadora, "Ruth Robertshaw", no la conocía el anfitrión (Hill) ni tampoco, según parece, el medium (Wilkinson); pero una amiga de Hill, una señorita llamada North, que lo había visitado hacía poco tiempo, conocía a Ruth Robertshaw (que era su prima) y confirmó la información que había comunicado ésta. La señorita North puede haber actuado como eslabón o haber dejado un "objeto psicométrico" en casa de Hill, donde se celebró la sesión; pero en otros casos no se encontró ese eslabón de personas u objetos ni hay indicios razonables de que lo hubiese.

50.– Myers, F.W.H.: *Obra citada*, n. 5, pp. 484-486.

51.– Westwood, H: *There is a Psychic World*, Crown Publishers, Nueva York, 1949.

pregunta, podría responder de inmediato y de forma consciente. La mayoría de los niños de los casos que nos hacen pensar en el renacimiento se comportan así practicamente en todo momento. Hablan de vidas pasadas, de vez en cuando y en cualquier lugar, sin interrumpir sus juegos ni su trabajo. Hay algo que les recuerda algún acontecimiento de la vida anterior y estimula un breve relato sobre la ella, desapareciendo después. Y, al margen de la influencia que pueda tener en su forma de actuar la reivindicación de recuerdos de una vida anterior, los padres no han advertido nada extraño en la conducta del niño, ni entonces ni en cualquier otro momento. Muchas veces se ha notado una tendencia a la seriedad de carácter y a la precocidad; pero nada que pueda considerarse como verdaderamente psicopatológico. Esta normalidad general de comportamiento contrasta bastante, como es lógico, con la actitud de otros mediums que, al entrar en trance, presentan un cambio más o menos completo de personalidad y no suelen contestar cuando los llaman por sus propios nombres ni, mucho menos, pueden atender los asuntos de su vida de una forma inteligente y responsable.

Nuestro trabajo resultaría muy sencillo si todos los casos importantes cayesen en alguno de estos extremos. Desgraciadamente, hay muchos que no lo hacen. Algunas veces los niños se quedan como ensimismados al estar en el ambiente de la vida anterior o cuando parece que la recuerdan. Estos cambios no han llegado nunca a una completa disociación de la personalidad; pero tal vez hayan andado camino de ella, hasta cierto nivel. Tenemos que preguntarnos si ese nivel sería mayor de lo que cualquiera podría admitir cuando se concentra intencionadamente para recordar acontecimientos de fuerte carga emotiva ocurridos en el pasado y vivirlos de nuevo en su mente. En ese caso, tenemos que tener en cuenta los casos, más bien raros, de mediums como A. Wilkinson[52] y Mrs. Wiltt,[53] que transmitían información de asombrosa exactitud sobre personas fallecidas, encontrándose en estados que variaban muy poco (o en nada) del estado normal de consciencia. Estas diferencias, como las que parece que hay entre los mediums y los sujetos de estos casos, podría parecer que no están en sus respectivos estados de consciencia, sino en la identificación de los sujetos con las personalidades fallecidas y la duración del periodo en que mantienen esta identificación. Ya hablaré más adelante de esta identificación.

---

52.– Hill, J.A.: *Obra citada*, n. 49.
53.– Balfour, G.: "A Study of the Psychological Aspects of Mrs. Willett's Mediumship", *Proc. S.P.R.*, Vol. 43, 1935, pp. 43-314.

## La identificación de los sujetos con las personalidades anteriores

Si comparamos la identificación de los sujetos con las personalidades de las que tienen información, no encontramos una clara diferencia entre los casos que aseguran haber renacido y los demás, teniendo en cuenta que vemos los casos sólo durante un *breve* periodo de tiempo. La fuerza de la identificación de personas que dicen recordar una vida anterior con la personalidad anterior varía. Algunos niños hablan en pretérito cuando se refieren a la vida anterior. Dicen, por ejemplo, "Yo me llamaba fulano", pero sólo admiten sus nombres actuales. Otros luchan contra la identidad de la vida actual y dicen, por ejemplo, "No me llaméis Fred. Me llamo John. Vosotros no sois mis padres. Mi padre y mi madre viven lejos de aquí". Hasta los niños que tienen una identificación bastante fuerte con una personalidad anterior, como éste último, suelen distinguir normalmente los acontecimientos de la vida anterior considerándolos como algo que pertenece al pasado. Por eso, suelen decir: "Eso me pasó cuando era mayor". Generalmente no vuelven a vivir el pasado como si estuviese sucediendo ahora. Pero esto sucede en muchos sueños que sugieren algo de una vida anterior. Es característico de estos sueños que el sujeto se vea con una identidad distinta viviendo una escena en el pasado y en otro lugar. Mientras dura el sueño, y a veces durante más tiempo, se ve como una personalidad distinta. Algunos sujetos que tienen estos sueños de una "vida anterior" se miran al espejo cuando se levantan para comprobar, por ejemplo, si tienen barba o no la tienen.[54] Una repetición parecida de fuertes vivencias se produce en las regresiones a una vida anterior inducidas por hipnosis y también en los procesos en que una persona recuerda hechos pasados con la experiencia de vivir en realidad ese acontecimiento tal como sucedió la primera vez, aunque se comporta como si pensase que sucede en el presente.[55]

---

54.– He reunido y estoy analizando muchos de estos sueños que sugieren una vida anterior. Algunos contienen información verificable y verificada; pero la mayoría, no. Algunas características de estos sueños se repiten en muchos de ellos y justifican un estudio detallado de los modelos que presentan.

55.– Como ejemplos de revivir experiencias pasadas como si los sujetos estuvieran viviendo los hechos pasados en el presente, ver Dane, P.G. y Whitaker, L.H.: "Hypnosis in the Treatment of Traumatic Neurosis", *Diseases of the Nervous System*, Vol. 13, 1952, pp. 67-76; y Schneck, J.M.: "Hypnotherapy in a Case of Claustrophobia and its Implications for Psychotherapy in General", *Journal of Clinical and Experimental Hypnosis*, Vol. 2, 1954, pp. 251-260.

Entre los casos espontáneos que nos hacen pensar en el renacimiento, se da a veces esta repetición de vivencias. El lector recordará que Prakash, por la noche, parecía regresar a la personalidad de Nirmal y, medio dormido, se escapaba de la casa de Chhatta para ir a Kosi Kalan. Y los primeros indicios de identificación de Sukla con Mana fueron acunar un madero como si fuese un niño, repitiendo el nombre de "Minu" una y otra vez. En esos momentos, tanto Prakash como Sukla parecían vivir de nuevo una experiencia del pasado en el presente.

Sin embargo algunos sensitivos o mediums sienten también una especie de identificación con las personas, vivas o difuntas, sobre las que reciben información. Suelen hablar en primera persona cuando se refieren a experiencias de la persona representada. Un ejemplo claro de todo esto lo tenemos en la biografía de Joan Grant.[56] Se ponía una medalla vieja en la frente y parecía recordar una batalla naval de las guerras de Napoleón, diciendo: "Subo a la popa. Doy orden de quedar al pairo y mando un bote para aceptar su rendición... Su capitán es Don Phillipo de Rodríguez... Hace una reverencia y me entrega su espada. Lo llevo a mi camarote y le ofrezco de beber". La medalla había pertenecido a un capitán de Nelson. Prince[57] y Osty[58] daban también otros ejemplos del uso de la primera persona y del presente para hablar de experiencias de otras personas. En uno de los casos de Osty, los aspectos físicos de una enfermedad grave (cáncer de hígado) conocidos por una persona sensitiva, se mantuvieron después durante diez días en esta persona. Al recibir información de un accidente mortal de alpinismo, Mrs. Willet mezclaba el presente y el pretérito, diciendo: "¡Ay! ¡Me caigo, me caigo! ¡Ay! ¡Mi cabeza, mi cabeza, mi cabeza, Ay, Ay Ay! (Gemidos) ¡Ay, ay ay, me he dado un golpe en la cabeza! ¡Me lo he dado aquí! (poniéndose las manos en la parte posterior, debajo de los oídos)".[59]

En otro ejemplo instructivo, el receptor (evidentemente poco acostumbrado a experiencias psíquicas, pero que, en esta ocasión, se encontraba en un estado de perturbación emocional leve) parecía estar bajo una posesión parcial, recibiendo comunicaciones verídicas de una señora fallecida.[60] El receptor utilizaba la primera persona para describir

---

56.– Grant, J.: *Far Memory*, Harper & Brothers, Nueva York, 1956, pp. 173-174.

57.– Prince, W.F.: *Obra citada*, n. 26.

58.– Osty, E.: *Obra citada*, n. 25.

59.– Balfour, G.: *Obra citada*, n.53, p. 103.

60.– Green, C.: "Report on Enquiry into Spontaneous Cases", *Proc. S.P.R.*, Vol. 53, 1960, pp. 83-161 (caso E. 687, pp. 156-168).

parte de su experiencia, pero seguía estando consciente de su propia identidad. Es posible que sintiese las percepciones como recuerdos de una vida anterior del receptor, pero no eran. Yo pienso que esto se debía a que, aunque parece que se produjeron algunas mezclas de personalidades, desaparecieron, con excepción de una *fusión* de personalidades que daba la sensación de que había continuidad y unidad entre ellas.

Pero, en general, no encontramos diferencias entre las identificaciones que dicen tener en los casos de renacimiento y las que sienten las personas sensitivas que aparentemente describen a otras personas, si observamos los casos en un corto intervalo de tiempo. La mayoría de las personas que dicen recordar vidas pasadas se distinguen, sin embargo, por la duración del fenómeno, que suele extenderse durante años en los que mantienen la reivindicación de estar identificados con la otra personalidad, y en la limitación de la identificación a una sola personalidad distinta (en raras ocasiones, dos o más).

Esto me hace pensar con más atención en la absorción de personalidad por parte del sujeto de la personalidad anterior. Veremos primero en qué consiste esto en la mayoría de los casos de este tipo.

## Características de la identificación en casos que sugieren la idea de reencarnación

En primer lugar, el niño (o adulto, con menos frecuencia) asegura (o sugiere con su comportamiento) tener una continuidad de su personalidad con la de otra persona que ha muerto. Como ya he dicho, son pocos los casos en que la identificación con la personalidad anterior es tan fuerte que el niño no admite el nombre que le han puesto sus padres actuales y pretende hacer que utilicen el anterior; pero en la mayoría de ellos el sujeto siente la persona anterior como algo *continuo* con su personalidad actual, no como algo que la sustituye. Sin embargo, en los casos de renacimiento se da algunas veces el tipo de identificación sustitutiva, cosa que suele suceder algunas veces en regresiones inducidas por hipnotismo y, casi siempre, en trances de mediums. También se produce, más o menos, en casos "normales" de personalidad múltiple, sin que digan que se trata de una vida anterior.

No digo aquí nada del nivel de plenitud de la fusión o sustitución de una personalidad por otra. Es cierto que, en casos de personalidad múltiple, la sustitución de una personalidad por otra puede ser mucho menos completa de lo que pueda pensar el mismo sujeto o los observadores. Por ejemplo, las pruebas psicológicas de un caso de personalidad múltiple con amnesia entre componentes presentó la persistencia de importantes similitudes y diferencias entre las dos "personas".[61] Se encuentra la misma falta de sustitución total en las regresiones a "vidas anteriores" inducidas por hipnotismo y en muchos (si no en la mayoría o todos) fenómenos de personalidades que se "comunican" en trances de mediums. No obstante, lo más importante de todo esto es que, en casos de personalidad múltiple "ordinaria", la separación y posterior fusión de dos personalidades, cuando se produce, se encuentra "en sentido vertical" entre los dos aspectos de la personalidad actual. En cambio, en casi todos los casos espontáneos, la separación y posterior fusión de las personalidades parece encontrarse a lo largo de una línea "horizontal" o temporal. De esta forma, para la mayoría de los sujetos, la sensación de continuidad entre la personalidad actual y las anteriores se parece mucho a la sensación de continuidad que tenemos cada uno de nosotros en la relación que hay entre nuestra personalidad actual y la que teníamos cuando éramos niños.

## Rasgos de comportamiento de los casos

Los signos externos que me inducen a aplicar las palabras "absorción de personalidad" e "identificación" al comportamiento de los niños y averiguar si este comportamiento tiene cabida en cualquier explicación que comprenda los casos de renacimiento en que hay afirmaciones verídicas son los siguientes: (a) repetición de expresiones orales por parte del sujeto de la identificación; (b) presentación repetida de la información sobre la personalidad anterior, como algo que llega al sujeto en forma de recuerdos de experiencias vividas o de personas conocidas; (c) peticiones de ir a la casa anterior, bien sea de visita o para vivir en ella permanentemente; (d) la forma de tratar a su familia y su comportamiento con los adultos y niños relacionados con la personalidad anterior, según el grado de parentesco y las costumbres sociales, que serían adecuados si el niño hubiese tenido verdaderamente la relación que asegura haber tenido con dichas personas; (e) respuestas emocionales, como llanto, alegría, afecto, miedo o resentimiento, coincidiendo con la relación y la actitud que tenía la personalidad anterior hacia otras personas u objetos, y (f) ademanes, costumbres y habilidades propios de la personalidad anterior.

---

61.– Congdon, M.H., Hain, J. y Stevenson, I.: "A Case of Multiple Personality Illustrating the Transition Role-Playing", *Journal of Nervous and Mental Disease*, Vol. 132, 1961, pp. 497-504.

En la mayoría de los casos, no veo estos rasgos de conducta (en la medida en que el observador pueda suponer que se ajustan a otros similares de la personalidad anterior) como *pruebas* de adquisición paranormal de información sobre la personalidad anterior. Estas pruebas casi siempre se deben solamente a los aspectos de información de la conducta del sujeto. Resulta demasiado fácil para sus familiares decir que el llanto o la risa de un niño se parece "exactamente" a los de la personalidad anterior, si es esto lo que esperan o quieren. El mismo riesgo corren los que aceptan la identidad de los comunicadores durante un trance, basándose en detalles personales, como una voz igual que la de la otra persona. Hay otros detalles personales, como habilidades concretas, que se pueden identificar con más objetividad como propias o impropias de la personalidad anterior. Espero que futuras investigaciones sobre las correlaciones existentes entre los rasgos de personalidad actual y la anterior de los casos de este tipo harán que algunos de estos rasgos puedan identificarse con objetividad, estableciendo sus correlaciones; pero, por ahora, no veo los rasgos de comportamiento como una prueba de identificación con *la* personalidad anterior, sino como prueba de una identificación con *alguna* personalidad anterior, cosa que necesita una explicación. Pero deberíamos tener en cuenta que los observadores casi siempre dicen que la absorción de personalidad se ajusta a lo que recuerdan de la personalidad anterior. Pocas veces he encontrado un caso en el que los testigos digan que el comportamiento del niño *no* era parecido al de la personalidad anterior o no se ajustaba a lo que se podría esperar de ella, si hubiese sobrevivido.

En segundo lugar, esta sensación de identificación que vemos en los casos que nos hacen pensar en la reencarnación suelen durar muchos años. En la tabla que hay en las páginas 390-391 he puesto la duración, según mis datos, de los principales rasgos del comportamiento de los sujetos, incluyendo su identificación con las personalidades anteriores. El promedio de duración de esta absorción de personalidad era de unos siete años. Como algunas de estas características de los sujetos todavía se mantenían cuando yo hacía mis observaciones, el verdadero promedio de duración es más largo de lo calculado. Un estudio de los datos de una serie mucho más amplia de casos (en el que figuran los de esta y los de otras series) demuestra que el fenómeno de absorción de personalidad se extiende normalmente durante toda la infancia y empiezan a desaparecer los aparentes recuerdos al inicio de la escolarización, antes de los diez años de edad. Lo primero es que el niño deja de hablar espontáneamente de la vida anterior, pero sigue haciendo comentarios con la gente si se le pregunta; después, suele decir que no recuerda nada o sólo episodios sueltos. Los rasgos de comportamiento desaparecen normalmente al final de la adolescencia. Tanto la información como estos rasgos empiezan a desaparecer al mismo tiempo, aunque no siempre. Por ejemplo, Ravi Shankar seguía teniendo miedo a los asesinos de Munna hasta el final de su infancia, cuando no recordaba por qué les tenía miedo ni que en otro tiempo había dicho que ellos lo habían asesinado en su vida anterior. Paulo Lorenz conservaba una marcada tendencia hacia una identificación femenina, muchos años después del breve periodo de sus relatos sobre Emilia.

## Absorción de personalidad y percepción extrasensorial en casos de otro tipo

Son pocos los casos de percepción extrasensorial en niños que han recibido un estudio meticuloso. Los ejemplos que cita Burlingham[62] sólo dan unos datos sueltos; pero, en cualquier caso, los niños mencionados por ella parecen presentar solamente ligeros destellos de percepción extrasensorial. Ya se han ido publicando de vez en cuando investigaciones más profundas de otros niños que presentaban pruebas de percepción extrasensorial con uno de los padres como agente. En los casos de Ilga,[63] Bo,[64] y Lisa,[65] los informes no dieron pruebas de identificación de estos niños con personas distintas de sus padres.

Los ejemplos de niños que demuestran tener percepción extrasensorial y absorción de personalidad, además de supuestas comunicaciones

---

62.– Burlingham, D.: "Child Analysis and the Mother", *Psychoanalytic Quarterly*, Vol. 4, 1935, pp. 69-92.

63.– Bender, H.: "A Phenomenon of Unusual Perception", *Journal of Parapsychology*, Vol. 2, 1938, pp. 5-22. Parece que los fenómenos principales de este caso se deben a la hiperestesia acústica, pero al menos algo de este fenómeno debe ser paranormal.

64.– Drake, R.M.: "An Unusual Case of Extrasensory Perception", *Journal of Parapsychology*, Vol. 2, 1938, pp. 184-198.

65.– Schwarz, B.E.: "Telepathic Events in a Child Between 1 and 3.5 Years of Age", *International Journal of Parapsychology*, Vol. 3, N° 4, 1961, pp. 5-47. Como respuesta a una pregunta, el Dr. Schwarz me escribió diciendo que Lisa nunca dijo que hubiese recordado una vida anterior. De este caso tenemos también información adicional de que la familia no había perdido recientemente por fallecimiento ningún familiar con quien Lisa pudiese haberse identificado. Además, su identificación con sus padres seguía con normalidad. Se puede encontrar más información sobre ejemplos de telepatía entre Lisa y otros miembros de su familia en Schwarz, B.E.: *Parent–Child Telepathy: Five Hundred and Five Possible Episodes in a Family*, Garrett Publications, Nueva York, 1971.

de personalidades no encarnadas, son aún mas raros. Los casos citados por Myers[66] eran los que presentaban "informaciones" más escasas. En cambio, el más rico que yo he conocido, dentro de los de este tipo, es el que cuenta Westwood, que estudió el comportamiento mediúmnico de su hija adoptiva, Anna, durante un periodo de varios años.[67] El informe de Westwood no da todos los detalles que nosotros querríamos, pero nos descubre que era un observador atento y crítico, capaz de caer en los errores normales de la interpretación de pruebas de aparente percepción extrasensorial. Por tanto, pienso que podemos confiar en su narración de lo que observó y comparar a Anna con los niños de estos casos. Anna empezó a demostrar facultades para la percepción extrasensorial cuando tenía once años y los fenómenos observados se repitieron durante algunos más (Westwood no concreta exactamente cuánto tiempo duraron). Sufrió cambios de personalidad parecidos a los de los mediums adultos. Westwood habla de seis "comunicadores" que absorbieron la personalidad de ella y dice que hubo algunos más que no figuran en este informe. A algunos de estos comunicadores los conocía Westwood y a otros, no. La absorción de la personalidad de Anna por un comunicador, un niño a quien Westwood conocía muy bien, le pareció muy realista y viva.

Algunos aspectos de los fenómenos que presentaba Anna pueden compararse con los detalles similares de niños que aseguran recordar una vida anterior. El número de absorciones de personalidad es mucho mayor que el de cualquier niño que diga que recuerda una vida anterior; pero esto no puede servirnos para poder distinguir, lo mismo que tampoco sirve el estado de consciencia de Anna, pues Anna, que empezó su "mediumnidad" con una tablilla, pasó rápidamente a una situación en la que los comunicadores utilizaban su voz; pero, a diferencia de la mayoría de los trances de mediums adultos (y pareciéndose en este sentido a la Sr.ª Willett y al Sr. Wilkinson), Anna no perdió la consciencia de sí misma durante estas absorciones de personalidad. Se mantenía "al margen", por decirlo así, con posibilidad de volver a asumir casi de inmediato su personalidad normal. Westwood lo cuenta de esta forma: "Lo mismo que variaba el acento y la entonación, dependiendo de quién fuese la personalidad que hablaba, el registro y el timbre de la voz de Anna no cambiaba. Es más, seguía teniendo el mismo control de sí misma que antes. Podía, por decirlo de algún modo,

---

66.– Myers, F.W.H.: *Obra citada*, n. 5, pp. 485–486.
67.– Westwood, H.: *Obra citada*, n. 51.

desconectarse instantáneamente para hacer cualquier comentario que quisiese, con la misma facilidad con que podía darle otra vez al interruptor para reanudar el experimento interrumpido". (pp. 71-72) En cuanto a la conservación de la consciencia esencialmente y, al menos, potencialmente normal para su comportamiento habitual, la actitud de Anna en este periodo se parecía a la de los niños que decían que habían vivido antes. Donde había alguna diferencia, y yo creo que era significativa, era en la falta de identificación con cualquiera de las personalidades que se comunicaban. A pesar de los rápidos cambios de absorción de personalidad, Anna nunca se "mezcló" con otras entidades ni dijo que en alguna ocasión, cuando no se manifestaban, fuese ella en realidad la misma persona que cualquiera de las entidades que se comunicaban o una continuación de ellas. Pero esta identificación de la persona presente con la anterior (con continuidad entre las dos personalidades) es exactamente lo que aseguran los niños de estos casos, confirmándolo con su forma de actuar.

El caso de "el Niño",[68] aunque sucedió con un adulto, presentó rasgos de comportamiento parecidos a los de Anna. "El Niño" podía presentar los más dramáticos cambios de personalidad casi de forma instantánea, siendo en un momento él mismo y, en otro, uno de "los Hermanos", los diferentes comunicadores que se manifestaban por medio de él. No vamos a hablar aquí de la situación de "los Hermanos" como comunicadores, sino solamente de los repentinos y rápidos cambios de personalidad que presentaba "el Niño". La aparición del cambio se realizaba en él con mucha más lentitud que en Anna, e incluso la entrada en el cambio era algo más lenta; aunque seguía siendo rápida. "El Niño" solía olvidar todo lo que ocurría durante este periodo de "control", mientras que Anna lo recordaba algunas veces; pero "el Niño", lo mismo que Anna, no dijo nunca que su identidad se uniese a la de ninguno de "los Hermanos". Aquí también parece que, en vez de una fusión, se produjo una sustitución de personalidad.

Hay que advertir que se producen estados de transición en los que ambas personalidades parecen mezclarse y manifestar juntas aspectos de cualquiera de ellas. Es lo que se dice en el caso de Lurancy Vennum durante la reaparición de la personalidad de Lurancy después de la manifestación principal de "Mary Roff".[69] También ocurrió esto algunas

---

68.– Swami Omananda Puri: *The Boy and the Brothers*, Ed. inglesa, Victor Gollancz, Londres, 1959; edición estadounidense, Doubleday & Co., Nueva York, 1960.

69.– Hodgson, R.: En "Report of Meeting of S.P.R.", *Journal S.P.R.* Vol. 10, 1901, pp. 99-104.

veces con "el Niño". Comunicadores que se han manifestado por mediums como la Sr$^a$. Leonard se han quejado a veces de que la voz del médium no respetaba, por decirlo así, el sonido de las voces que tenían cuando estaban vivos, como si se hubiese producido una combinación de las cualidades vocales.[70] En la cita antes mencionada, Westwood se refiere al claro, aunque parcial, cambio de la voz de Anna durante la manifestación de uno de los comunicadores, "Blue Hide", que decía que era un indio americano y demostró conocer bastantes cosas propias de este indio. Pero, aparte de las etapas de transición y teniendo en cuenta que el comunicador tenía que utilizar todavía el aparato vocal del médium, los cambios de personalidad de Anna, "el Niño" y Lurancy Vennum parecían muy completos. Con esto quiero decir que, para otros observadores, todas, o casi todas, las respuestas habituales y las bases de información, sobre las que parecen apoyarse esas respuestas, parecían desvanecerse, para dejar su puesto a otra serie de respuestas, aparentemente organizadas en torno a un grupo diferente de experiencias. Como ya he dicho, es esta organización diferente de respuestas, basada en experiencias que son diferentes y únicas para cada persona y en sus recuerdos, lo que nos aporta nuestros medios empíricos cotidianos para distinguir una personalidad de otra.

No parece que se produzca una substitución tan completa de una personalidad por otra en los casos que hacen pensar en la reencarnación en los que se produjo la muerte de una personalidad anterior antes del nacimiento del organismo físico de la segunda. El caso de Jasbir queda fuera de este grupo y parece que en él se produjo un cambio de personalidad rápido, prácticamente total y definitivo. En los casos que hacen pensar en la reencarnación se produce también una sustitución breve y aparentemente total de una personalidad por otra en (*a*) algunos ejemplos de regresión hipnótica inducida y (*b*) en algunos ejemplos (antes mencionados) de alteraciones de identidad durante los sueños. Me refiero ahora a la sustitución completa de la personalidad en circunstancias normales de la vida en estado de vigilia.

Queda la posibilidad de que los sujetos *adquieran* su información en alguna situación de disociación parecida al trance (o en sueños); pero sólo se lo *comunican* después a los demás cuando han recuperado su personalidad normal. No puedo descartar esta posibilidad y es posible que haya ocurrido algo así en algunos casos. Por ejemplo, Marta

---

70.– M. Radclyffe-Hall and U. Troubridge: "On a Series of Sittingis with Mrs. Osborne Leonard", *Proc S.P.R.*, Vol. 30, 1920, pp. 339-554 (ver p. 480).

contaba cómo *recordaba* la silla de montar que había pertenecido a Sinhá, pero decía que no *habló* con nadie de ello hasta un día que vio ensillar un caballo. Sin embargo, en la mayoría de los casos, los testigos decían que de repente el sujeto hacía un comentario, cuando algún detalle de la conversación o cualquier otra cosa que sucediese en un momento le recordase aparentemente algo de la vida anterior que comentaba entonces a los que estaban presentes.

Donde encuentro la mayor diferencia entre los casos normales que hacen pensar en la reencarnación y otros casos de parecido nivel de percepción extrasensorial es en la forma de mantener la identificación con una personalidad durante años, reivindicando la continuidad y la unidad de la personalidad anterior y la actual. A esto tenemos que añadir que, durante estos años, el sujeto parece completamente normal a los demás observadores, excepto en aquello en lo que dice que se identifica con la personalidad anterior y, concretamente, no muestra indicios de alteración de personalidad durante estos años.

## Motivos del sujeto para identificarse con la otra personalidad

Ahora tenemos que preguntarnos (y contestar si podemos) cómo este tipo de identificaciones duraderas pueden empezar y mantenerse durante años, demostrando que, sea como sea, el niño adquiere (por medios normales o mediante percepción extrasensorial) la información que necesita para mantener esa absorción de personalidad. En otras palabras, supongamos que el niño *puede* asumir una personalidad anterior permanentemente y durante varios años. ¿Por qué *podría* hacerlo? Un principio de la psicología moderna (con el que estoy de acuerdo) es que muchas formas de comportamiento, sobre todo las que se mantienen durante mucho tiempo, necesitan una motivación que las apoye. ¿Dónde está la motivación para que estos niños mantengan esas personalidades durante tiempo?

Podemos buscarla dentro del mismo niño. Ya lo hemos hecho al considerar la posibilidad de fraude o de criptomnesia. Al hablar de esto, ya dije que no conocía ninguna prueba que demostrase que las posibles ventajas de esa identificación justificasen las dificultades y complejidades que producía la absorción de personalidad en la vida del niño. Podríamos pensar que hay cierto poder para mitigar la inquietud en las fantasías de una vida anterior que se ha vivido en mejores circunstancias; pero esos niños no se quedan en las fantasías. Actúan según sus creencias y se ven envueltos en complicadas relaciones con ambas familias. Swarnlata, por ejemplo, si se hubiese limitado a imaginar que había tenido una vez padres ricos, podría haber vivido mejor de lo que vivió pensando que era realidad (como ella creía) y conociendo a la familia anterior y estando, además, separada de ella. Pero Swarnlata disfrutaba de su vida actual, si la comparamos con algunos de los demás niños. Jasbir y Ranjith se convirtieron en extraños dentro de sus familias por sus reivindicaciones de vidas anteriores; Prakash y Ravi Shankar se ganaron hasta palizas por hablar de ellas y Wijeratne no mejoró la estima que le tenían en el pueblo por decir que era el asesino Ratran Hami que había vuelto para vivir entre ellos.

Pero, tras la identificación con la personalidad anterior, puede haber otros motivos, además del deseo de mejorar la situación material. Parece posible que aprendamos en gran parte mediante la identificación con personas mayores. Puede ser que, para adquirir madurez, los niños tengan que identificarse hasta cierto punto con una o varias personas mayores. Pero, si se bloquea el medio de identificación con los padres, el niño puede elegir para su identificación a otras personas que crea que se adaptan mejor a sus necesidades. Y, si se da el caso de que el niño tiene facultades para la percepción extrasensorial, puede escoger a una persona lejana, de quien no ha oído ni siquiera hablar jamás. Desgraciadamente, los datos de que disponemos en estos casos no se ajustan a esta interpretación. Aunque había unos pocos niños, como Jasbir y Prakash, que parecían descontentos en sus casas actuales, parece que lo normal es que se mantengan unas relaciones normales entre la mayoría de los demás niños y sus padres. Algunas veces, aunque pocas, he tenido oportunidad de conocer las relaciones que había entre los padres y los hijos; pero en otros casos, como Swarnlata e Imad, he podido observar (durante uno o varios días) una relación cariñosa entre los niños y los demás miembros de la familia.[71] Además, como muchos

---

71.– De los estudios complementarios de las personas que cuando eran niños decían que habían vivido antes, que ahora son adultos, se pueden extraer más pruebas de la falta de graves interferencias con la identificación de estos niños con sus padres. En los casos que se tratan en este libro, tres de Alaska y cuatro de la India pueden servirnos de ejemplo. He estudiado otros casos en la India de personas que, cuando eran niños, afirmaban recordar una vida anterior y que ahora son adultos. Aunque algunos de estos sujetos muestran en la edad adulta restos importantes del comportamiento de la "personalidad anterior", la mayoría han evolucionado con normalidad, han llegado a los puestos que se esperaba en la sociedad adulta y no han mostrado ningún síntoma de enfermedad mental. La información extraída de las últimas entrevistas complementarias con los sujetos de los casos de este libro confirma esta idea en los dieciocho casos en los que se realizaron estas entrevistas, con excepción de tres.

niños se separan de sus padres, tanto en Asia como en Occidente, según esta teoría, tendríamos que pensar que muchos de estos niños buscan identificaciones con personas fallecidas; pero, en realidad, esto sucede muy pocas veces, aunque se disponga de muchos medios para la identificación, como retratos y otros recuerdos de los abuelos muertos. Es más, como ya he dicho, algunos niños que dan pruebas de tener facultades para la percepción extrasensorial, como Ilga, Bo y Lisa, de quienes ya he hablado antes, no presentan indicios (o no hay noticia de que lo hayan hecho) de identificación significativa con ningún adulto distinto de sus padres.

No pienso que podamos encontrar una motivación suficiente para estas absorciones de personalidad buscando solamente en los niños, aunque creo que deberíamos seguir investigando; sino que habría que tratar de encontrar otras influencias, sobre todo en las actitudes de los padres de los niños.

## Motivación y capacidad de los padres para imponer a sus hijos una nueva identificación

Se han hecho muchos estudios que han demostrado la influencia que pueden tener los padres en la forma de ser de sus hijos. Algunas veces los padres influyen en ellos abiertamente y sin ambages para inclinarlos hacia el comportamiento que quieren fomentar; pero lo más normal es que lo hagan de modo encubierto, inconscientemente y, muchas veces, con gran sutileza. Los padres de los niños que sufren esta influencia suelen negar, casi sin excepción y con toda sinceridad, que hayan orientado la conducta de sus hijos en la dirección que han tomado. Efectivamente, pueden manifestar horror y repulsión ante la conducta del niño, llegando en algunas ocasiones a castigarlo. Pero hay otra prueba, a la que se llega algunas veces después de muchas horas de entrevistas, que nos demuestra que, a pesar de todo, los padres han sido inconscientemente los responsables de fomentar el comportamiento que condenan en el niño.[72, 73] La prueba principal la tenemos en que el niño sigue comportándose igual, hasta que los padres se dan cuenta de que están fomentando su conducta y dejan de hacerlo. Cuando sucede esto, suele cambiar la conducta del niño, si es lo suficientemente joven y no

---

72.– Johnson, A.M.: "Factors in the Etiology of Fixations and Symptom Choice", *Psychoanalytic Quarterly*, Vol. 22, 1953, pp. 475-496.

73.– Johnson, A.M. y Szurek, S.A.: "Etiology of Antisocial Behavior in Delinquents and Psychopaths", *Journal of the American Medical Association*, Vol. 154, 1954, pp. 814-817.

está todavía bajo la influencia de otras personas que se encarguen de fomentar este comportamiento indeseable.

Algunas investigaciones han demostrado que las influencias paternas pueden iniciar y reforzar una amplia gama de síntomas físicos y de comportamiento, como piromanía, cleptomanía, incontinencia o estreñimiento. Entre los casos citados por Johnson, estaba el de un niño de seis años con tendencias al travestismo, mencionado en el informe del caso de Paulo Lorenz. En conversaciones con la madre se descubrieron pruebas de que ella tenía odio a los hombres y la predilección que mostraba por su hija de dos años hizo que influyese en el niño para que prefiriese (o, al menos, llevase) ropas de mujer. En este fenómeno clínico de llevar ropas propias del sexo opuesto, este caso se parece al de Paulo Lorenz cuando tenía menos de cinco años. En todo lo demás son muy distintos y Johnson decía que su paciente "en realidad quería ser el bebé de la familia [lo que era su hermana], más que ser niña". Pero los estudios de Johnson y sus colegas no dejan lugar a duda de que los padres pueden ejercer una influencia muy fuerte en el comportamiento de sus hijos.[74] Lo que no sabemos es hasta dónde puede llegar esa influencia y si llega hasta tal punto que el niño cree realmente que es otra persona, bien sea viva, como un tío que está vivo, o muerta, como un tío fallecido, cuya reencarnación dice que es.

Lo padres pueden reforzar la conducta que en apariencia condenan, identificando repetidas veces al niño, por ejemplo, con un tío delincuente. Si una madre de esta índole sorprende a su hijo cogiéndole calderilla del monedero, puede reprenderle diciendo: "¿Quieres ser como el hermano de tu padre, que estuvo en la cárcel por robar?" Entonces la madre puede contar el horrible destino y las aventureras escapadas de Tío Timothy. El niño escucha con los ojos abiertos y con una mezcla de miedo y admiración por Tío Timothy, que la madre fomenta, aunque no lo reconoce ni ante ella ni ante nadie. En el caso de Ranjith Makalanda, parece que se da una situación similar de ambivalencia en la actitud de su padre de fuerte repulsión consciente por los ingleses, al mismo tiempo que tenía una admiración secreta por ellos. Esto pudo

---

74.– En relación con el tema de la influencia humana en el sentido de la propia identidad de otra persona, están los experimentos de M. Erickson ("Experimental Demonstrations of the Psychopathology of Everyday Life" *Psychoanalytic Quarterly*, Vol. 8, 1939, pp. 338-353), con instrucción para que un sujeto hipnotizado asuma la identidad de otra persona. El sujeto siguió esta instrucción de un modo impresionante, utilizando con habilidad detalles de la información del hombre cuya personalidad ha asumido, que recogió en una conversación del día anterior. Erickson decía que los experimentos de este tipo podrían esclarecer el tema de las influencias paternas en los niños.

hacer que inconscientemente empujase a Ranjith cada vez más hacia todo lo inglés.

Pero vuelvo a la pregunta: ¿Hasta dónde puede llegar esta influencia? ¿Puede decir un niño, sometido a ella, que *ha sido* o *es* Tío Timothy? Y hemos de tener claro que esto es precisamente lo que hacen niños como Ranjith, pues él creía ciegamente en su identidad con otra persona que había vivido en Inglaterra. No se trata de que se pareciese a cualquier otra persona en algunos detalles, sino de que había una sensación de continuidad entre esa otra persona y él mismo. Los lectores pueden haberse dado cuenta ya de que Ranjith lo sentía así de una forma tan viva que algunas veces utilizaba el presente cuando hablaba de la vida anterior. Solía decir: "Tengo un padre y una madre en Inglaterra" o "Mi madre me llama 'darling' y algunas veces 'cariño'". Estas declaraciones se refieren a la existencia actual, no a estados pasados. En estos casos hay más niños que han utilizado el presente con la misma insistencia.

Respondiendo a la pregunta anterior, sólo puedo decir que, exceptuando a los niños de los casos del tipo de reencarnación, no he oído nunca hablar de un niño que se identificase con otra personalidad y que dijese durante mucho tiempo que creía que había una unidad entre su personalidad y la otra, como hacen muchos niños que dicen que han vivido antes. Esto sucede en psicópatas adultos, que algunas veces dicen que tienen otra identidad; pero las psicosis de cualquier tipo son muy raras entre los niños y la ilusoria identificación falsa con otra persona parece más rara todavía. He discutido este tema con dos psiquiatras infantiles, uno de ellos, sobre todo, experto en esquizofrenia infantil. Ninguno ha oído nunca hablar de un caso en el que un niño dijese que era otra persona. Los niños suelen identificarse, por poco tiempo y en sus juegos, con otras personas o animales y algunos niños psicóticos se han identificado con máquinas; pero no he conocido en los libros de psiquiatría ningún caso en que un niño mantuviese durante mucho tiempo que tenía otra identidad, con la excepción de los casos que estamos tratando.[75] Es posible que otros psiquiatras que tienen más experiencia que yo en la psiquiatría infantil hayan llegado a conocer estos casos y, si pudiesen comunicármelos para su estudio, facilitarían un material

75.– Kanner, L.: *Child Psychiatry*, Charls C. Thomas, Springield, Illinois, 1957 (3ª edición); Bradley, C.: *Schizophrenia in Childhood*, The Macmillan Company, Nueva York, 1941; Potter, H.W.: "Schizophrenia in Children", *American Journal of Psychiatry*, Vol, 89, 1933, pp.1253-1270; Despert, J.L.: "A Comparative Study of Thinking in Schizophrenic Children and in Children of Preschool Age", *American Journal of Psychiatry*, Vol. 97, 1940, pp. 189-213; Bradley, C. y Bowen,

muy importante para hacer comparaciones con los de los niños que dicen que han vivido antes. Podríamos descubrir que niños como Ranjith son un subtipo de los que tienen identificaciones erróneas, con la diferencia de que dicen que han vivido antes, mientras que los demás dicen que son otras personas, que no es necesario que estén muertas. El desvanecimiento de la información y de los rasgos de comportamiento de estos casos plantea otra dificultad para atribuir la identificación del niño con otra personalidad anterior a la influencia de sus padres, pues, en los casos del informe de Johnson y sus colegas, los síntomas inducidos o fomentados por los padres no desaparecieron *en ningún caso* hasta que los padres dejaron de fomentarlos. Como la influencia paterna era casi siempre inconsciente, trataba de mantenerse,

---

M.: "Behaviour Characteristics of Schizophrenic Children", *Psychiatric Quarterly*, Vol. 15, 1941, pp. 296-315.

Kubie, L.S. e Israel, H.A. ("Say You're Sorry", *Psychoanalytic Study of the Child*, Vol. 10, pp. 290-299) hablaban de una niña psicótica de Nueva York, de cinco años de edad, que durante algún tiempo se negó a contestar por su nombre e insistía en que su nombre era el de una niña, o un niño, vivo que conocía. Parece que esta negación de su identidad duró menos de un año.

Des Lauriers, A.M.: (*The Experience of Reality in Childhood Schizophrenia*, International Universities Press, Inc., Nueva York, 1962) describió un caso bastante típico del alcance limitado de las ideas erróneas de identidad diferente, que se da en los niños esquizofrénicos. El paciente, un niño de catorce años, decía que era Superman y solía imitar su postura. "Había momentos en los que era Frankenstein o Sansón y luchaba con los demás pacientes interpretando estos papeles".

Alexander, V.K.: ("A Case Study of a Multiple Personality", *Journal of Abnormal and Social Psychology*, Vol. 52, 1956, pp. 272-276) informaba del caso de una niña de quince años del sur de Asia que daba muestras de tener cambios de personalidad (con amnesia) en los que asumía la de dos "espíritus", Uno de ellos era el de su difunta tía-abuela. El caso no tenía ninguna característica paranormal y su *forma* era del tipo de posesión, no del de reencarnación.

Los occidentales que oyen hablar por primera vez de los casos que hacen pensar en la reencarnación suelen pensar inmediatamente que los niños de los casos han debido tener ilusiones. Estos juicios rápidos demuestran una total ignorancia, no sólo de los casos, sino también de la psicología del niño. Lo cierto es que las psicosis, de cualquier tipo, son raras en los niños, y las ilusiones, más aún. Potter (*obra citada*) decía: "Los niños no tienen la capacidad de expresar sus sentimientos por completo, ni pueden hacer abstracciones complicadas. Por tanto, la formación de ilusiones en la infancia es relativamente simple y su simbolización bastante ingenua" (p. 1.253). Y Bradley (*obra citada*), después de citar otros autores, dijo: "Casi todos los autores coinciden en que las formas paranoides de la esquizofrenia son muy raras en la infancia, lo que es una prueba más de que no hay ilusiones a esta edad" (pp. 35-36). El hecho de que sean muy poco frecuentes las ilusiones de identidad durante la infancia no evita que los casos de este grupo (u otros parecidos de posible reencarnación) sean ejemplos de esas ilusiones. Si pudiésemos explicar mejor estos casos mediante la cripnomnesia o la percepción extrasensorial con paramnesia e identificación, entonces los niños sufrirían los errores de indentidad; pero esto lo debemos decidir tras una inspección meticulosa de los datos de los casos individuales, no por juicios *a priori* hechos a cierta distancia (teórica y geográfica) de los casos.

hasta que una prolongada terapia con los padres descubrió los orígenes de sus correspondientes impulsos y cambiaron las motivaciones que tenían para influir en sus hijos de forma encubierta. En resumen, si la influencia paterna es lo suficientemente fuerte como para fomentar la aparición de síntomas, entonces tiene fuerza para mantenerse durante varios años; pero la hipótesis de que los padres de estos casos hayan impuesto a los niños una identificación con una personalidad anterior hace pensar también en que las razones de los padres hayan cambiado espontáneamente al cabo de los años, permitiendo así que desaparezcan en los niños los recuerdos aparentes y la absorción de personalidad.

En mi investigaciones de estos casos he preguntado muchas veces a los padres de los niños su actitud ante lo que dicen o, como suelen verlo ellos, la realidad de un renacimiento en su familia. En algunos casos pude detectar fácilmente motivos para hacer que el niño adoptase el comportamiento de la persona fallecida. La madre de Jimmy Svenson y los padres de William George Jr. sentían la muerte de un familiar y querían que volviese. Es de suponer que ellos pudiesen reforzar la conducta del niño inclinándolo hacia una semejanza mayor con las personas fallecidas que querían que volviesen. Podemos también estar casi seguros de que, al cabo del tiempo, si no desde el principio, empezaron a hacer, abiertamente y en presencia del niño, comparaciones entre el niño y el pariente fallecido. En el caso de Norman Despers hemos visto que su familia intentó fomentar la identificación con su tío muerto, poniéndole su nombre y hablando con frecuencia de su tío en su presencia. Evidentemente, creían que su tío se había reencarnado como Norman; pero éste se resistió a sus presiones, ya que sus recuerdos aparentes se referían a su abuelo y no a su tío.

En cualquier caso, las cosas cambian por completo cuando las dos familias no se conocen. Lo que menos podían desear los padres de Prakash, Sukla, Parmod, Imad y Jasbir era tener un hijo que amenazase con escaparse a otro pueblo o incluso lo intentase. ¿Tiene algún sentido, por ejemplo, pensar que el padre de Jasbir llorase la muerte aparente de su hijo por viruela un día y, al cabo de unas semanas, empezase (incluso inconscientemente) a fomentar que su hijo no quisiese comer con su familia porque en realidad pertenecía a una casta superior? ¿Y qué interés podría tener por el renacimiento de un extraño total de otro pueblo? El difunto no era ningún ser amado a quien quisiese ver de nuevo, sino una persona completamente extraña. Y, aunque pensemos que los padres fomentaban inconscientemente el comportamiento de los niños (suposición que nos permite después descartar sus negativas de intención) nos queda por ver cómo adquirir el conocimiento que podrían necesitar para conseguir del niño un comportamiento que impresionase a la otra familia. En resumen, para mantener esta teoría, tenemos que volver a la idea del fraude o atribuir a los padres unos poderes de percepción extrasensorial tan grandes como los que ya hemos estudiado al atribuirlos al niño. Y, si los padres tienen estas facultades extrasensoriales tan extraordinarias, ¿por qué no dan pruebas de ellas en otras cosas? ¿y por qué no se imaginan una vida anterior basándose en la información de que disponen?

Chari[76] ha propuesto que una *combinación* de cognición paranormal con paramnesia, con algo de criptomnesia y precognición tal vez, puede explicar los casos que hacen pensar en la reencarnación en los que uno solo de estos mecanismos no puede dar una explicación satisfactoria. No debemos dar de lado a esta teoría, simplemente porque parece compleja y tiene varios ingredientes, pero, en la medida en que admite la percepción extrasensorial, se encuentra (en los casos más ricos) con las objeciones que he mencionado antes. La principal de todas ellas es la dificultad que tiene esta teoría para justificar la limitación de las percepciones extrasensoriales a información sobre una persona concreta y la organización de la información en un esquema característico de esta persona determinada.

Las dificultades de la teoría de la percepción extrasensorial con absorción de personalidad me parecen muy grandes en algunos casos. Admito la credibilidad de la hipótesis para casos más débiles, en los que hay pocos detalles y la familia espera el renacimiento de un pariente fallecido. Una combinación de criptomnesia (los padres transmiten al niño más información de la que se dan cuenta o recuerdan), percepción extrasensorial o influencia inconsciente de los padres en pro de la absorción de personalidad de la persona conocida y amada que ha fallecido *puede* justificar estos casos más débiles. Y también podría servir para otros casos más extensos y mejor documentados. Si admitimos esta explicación para un caso, ¿por qué hemos de rechazarla en

76.– Chari, C.T.K.: "Paramnesia and Reincarnation", *Proc. S.P.R.*, Vol. 53, 1962, pp. 264-286. Murphy. G. ("Body-Mind Thoery as a Factor in Survival Research" *Journal A.S.P.R.*, Vol. 59, abril, 1965, pp. 148-156) ha hecho una interpretación de casos de reencarnación, en la que dice que son una combinación de fuerzas culturales y cogniciones paranormales. Para profundizar en las ideas de Murphy sobre estos casos, ver Murphy, G.: "A Caringtonian Approach to Ian Stevenson's *Twenty Cases Suggestive of Reincarnation*", *Journal A.S.P.R.*, Vol. 67, abril, 1973, pp. 117-129. Un tratamiento más profundo aparece en Stevenson, I.: "Carington's Theory as Applied to Cases of the Reincarnation Type: A Reply to Gardne Murphy", *Journal A.S.P.R.*, Vol. 67, abril, 1973, pp. 130-146.

otros? A esto respondo que no estoy seguro de que pueda servir ni siquiera para los casos menores. Su aplicación transciende lo que sabemos sobre la facultad de los padres para influir en la sensación de identidad de los niños y, aunque demos esta explicación a los casos en que los padres conocen a la personalidad anterior y lloran su muerte, hemos de preguntarnos por qué no se producen estas identificaciones con más frecuencia, ya que el dolor por un familiar fallecido y el deseo de que vuelva es algo generalizado en todas partes.

Al llegar a casos mejor documentados,[77] como los de Gnanatilleka, Imad, Jasbir, Prakash, Parmod, Swarnlata y Sukla, esta explicación resulta mucho más difícil, ya que, si pensamos que los padres no conocían al principio a la otra familia, ¿cómo podemos suponer que son capaces de acoplar todos los detalles de comportamiento del caso, a no ser que admitamos que estén dotados de extraordinarias facultades de percepción extrasensorial? Seguiríamos también sin saber cuáles eran las razones de que los padres tuviesen esa influencia y los hijos la aceptasen.

## Demostración de habilidades especiales

Hay otra característica de algunos casos que no puede justificarse con la teoría de la percepción extrasensorial con absorción de personalidad. Me refiero a la demostración de habilidades especiales o idiosincráticas que no se sabe que la personalidad actual haya tenido oportunidad de adquirir en la vida presente. En esta serie de casos no hay ninguno que dé una prueba satisfactoria de esta habilidad. En el caso de Paulo Lorenz figuran observaciones de que tenía una habilidad concreta (la costura) antes de recibir ninguna instrucción en esta vida; pero, en este caso, la posibilidad de que heredasen la misma facultad dos miembros de la misma familia complica su interpretación. En Alaska, los casos de William George, Jr. y Corliss Chotkin, Jr. (que demostraron habilidades para la pesca con redes y para el manejo de motores, respectivamente) nos hacen pensar en la aparición de habilidades antes de recibir instrucción en esta vida. Lo mismo sucede con la precocidad de Imad para aprender francés, aunque en este caso se nos habla de la rapidez con que se adquiere una habilidad; no de su posesión antes de recibir instrucción. Sin embargo, a estos tres casos les faltan las oportunas declaraciones detalladas de los que presenciaron la demostración

---

77.– Por casos "más ricos" entiendo los que tienen más detalles de declaraciones, reconocimientos y características de comportamiento que relacionan al niño con la personalidad anterior.

hecha por los niños de que tenían estas facultades. Se limitan a hacernos un comentario de un caso del *tipo* del que el de Paulo Lorenz es el ejemplo más decisivo.

Llegados a este punto y como los demás casos no nos aportan ninguna prueba evidente de la posesión de habilidades no aprendidas en esta vida, no voy a seguir extendiéndome en el análisis de este tópico; pero hay que comentarlo, porque, en principio, los casos en que se ve claramente la aparición de habilidades antes de aprenderlas en esta vida nos ofrecen una oportunidad para tener una prueba decisiva de la supervivencia, ya que, en mi opinión, superan los límites de lo que se puede explicar recurriendo solamente a la percepción extrasensorial.[78]

## Resumen de objeciones a la teoría de la percepción extrasensorial con absorción de personalidad

La percepción extrasensorial por sí sola no puede justificar todas las características de los casos más documentados, sobre todo los rasgos de comportamiento, incluido el mantenimiento de una identificación del sujeto con la personalidad anterior. Por tanto, tenemos que considerar la percepción extrasensorial junto con la absorción de personalidad, ya que hemos de justificar tanto las características de la información como las del comportamiento de los casos.

Los datos individuales de información declarados por los sujetos pueden deberse a percepción extrasensorial con viajeros desconocidos o miembros de la familia de la personalidad anterior que actúan como agentes (o "enlaces psicométricos") para esta percepción extrasensorial. Pero la percepción extrasensorial no justifica por sí sola la organización de la información adquirida por el sujeto siguiendo un esquema que es característico de la personalidad fallecida.

Los rasgos de comportamiento que requieren una explicación son ante todo pruebas diversas de que se mantiene una identificación con una personalidad anterior. Las dos personalidades se sienten como una fusión o continuidad; no como algo discontinuo ni como una sustitución de una por otra. No se ha descubierto en los sujetos implicados ninguna razón con fuerza suficiente para justificar esta especie de identificación mantenida. Las complicaciones que ha producido la identificación en las vidas de los sujetos nos hacen pensar que, si comparamos,

---

78.– Como caso que sirve de ejemplo de este principio y como tratamiento más profundo, ver Stevenson, I.: "Xenoglossy: A Review and a Report of a Case", *Obra citada*, n. 24.

es mucho más lo que pierden que lo que ganan con las identificaciones anormales. Pueden tener razones para imponer una identificación así a los niños algunos padres que han sufrido la pérdida de un familiar o amigo íntimo y quieren que vuelva y creen que puede hacerlo. Pero, aparte de estos casos y otros similares, no se conocen ejemplos de influencia paterna que hayan llegado a hacer que el niño reivindique otra identidad. Es más, muchos de los casos más ricos que nos hacen pensar en la reencarnación se han producido sin que se conociesen para nada las familias de las dos personalidades antes de la comprobación. Los padres del niño no podrían tener interés por que regresase una personalidad extraña ni por conocer ninguna fuente de información sobre esta personalidad para poder hacerse una imagen de ella, con la esperanza de crearla en el niño. Aun suponiendo que los padres consigan esta información mediante la percepción extrasensorial, queda la pregunta de por qué no dan otras pruebas de esos poderes.

La teoría de la percepción extrasensorial con absorción de personalidad no me parece que justifique debidam *todos* los factores de los casos más ricos. Yo, personalmente, prefiero para estos casos otras hipótesis que pueden explicar mejor la organización de la información y los rasgos de comportamiento, poniendo su origen fuera del niño, en la vida actual y en su familia normal. Esto nos lleva a los conceptos, íntimamente relacionados, de posesión y reencarnación.

## Hipótesis que admiten la supervivencia

Deberíamos aceptar las teorías que admiten la supervivencia de la personalidad después de la muerte física, solamente cuando las teorías de los medios normales y de la percepción extrasensorial (para las que tenemos pruebas objetivas) no consigan justificar todos los datos de un caso. En las secciones anteriores me he fijado en algunos fallos de teorías que no contemplan la supervivencia y he dicho que, en algunos casos, todos los datos quedan mejor justificados si se supone que hay una influencia continua de la personalidad anterior después de la muerte. En esta sección voy a tener en cuenta, ante todo, si debemos considerar que esta influencia, en la medida en que los datos apuntan hacia ella en algunos casos, constituye posesión o indica reencarnación. También quiero fijar mi atención en un tipo de pruebas (marcas de nacimiento y deformaciones congénitas) que tampoco podemos justificar mediante la hipótesis de la percepción extrasensorial y que, de ser aceptable, sólo podrían explicarse por alguna influencia ejercida sobre el organismo físico antes del nacimiento.

Voy a empezar definiendo la diferencia que hay entre posesión y reencarnación; pero, para ello, voy a demostrar que podemos establecer gradaciones de los casos siguiendo una continuidad en la que resulta difícil distinguir entre reencarnación y posesión.

## Diferencias y casos intermedios entre reencarnación y posesión

La diferencia entre reencarnación y posesión se encuentra en el alcance del desplazamiento de la personalidad primaria conseguido por la influencia de la personalidad "que entra". La posesión supone o bien una influencia parcial de la personalidad primaria, que continúa para mantener cierto control del cuerpo físico, o bien un control temporal (si es aparentemente completo) del organismo físico, con regreso posterior a la personalidad original.

El caso de Thompson-Gifford nos proporciona uno de los ejemplos de posesión aparente mejor documentados.[79, 80] Thompson, un grabador, quedó impresionado por un deseo, o más bien un poderoso impulso o compulsión, de pintar algunas escenas que surgieron con fuerza en su mente. Tenía poco interés por la pintura y no se le conocían facultades para ella; pero cedió al impulso y pintó inspirado en alucinaciones, por decirlo así, escenas que parecían íntimamente relacionadas con un pintor fallecido o que las había pintado éste. Dicho pintor era Robert Swain Gifford, que murió unos seis meses antes de que empezase Thompson a tener estas experiencias. Aunque Thompson sabía algo de Gifford y había tenido con él un trato personal muy superficial, no se había enterado de su muerte cuando empezaron sus experiencias.

La semejanza que hay entre las pinturas de Thompson y las fotografías publicadas de escenas frecuentadas o pintadas por Gifford, así como otras muchas pruebas, dan pie para pensar que Thompson se encontraba de algún modo bajo la influencia de la personalidad no encarnada de Gifford. Para sacar alguna conclusión, los lectores tendrían que leer con atención los datos originales; pero yo menciono aquí el caso únicamente para poner de relieve las semejanzas y diferencias que

79.– Hyslop, J.H.: "A Case of Veridical Hallucinations", *Proc. A.S.P.R.*, Vol. 3, 1909, pp. 1-469.
80.– Hyslop, J.H.: *Contact With the Other World*, The Century Co., Nueva York, 1919.

hay entre el caso de Thompson (y otros similares) y los que nos hacen pensar en la reencarnación. Yo diría que las diferencias están en el alcance de la identificación, más que en otros rasgos. En su resumen autobiográfico de sus experiencias, Thompson escribía (refiriéndose a su impulso para pintar): "...recuerdo que, cuando estaba haciendo los bocetos, tenía la sensación de que era el mismo Sr. Gifford y solía decir a mi esposa antes de empezar que el Sr. Gifford quería ponerse a dibujar, aunque por entonces no sabía que había muerto a primeros de año". A partir de entonces, Thompson oía de vez en cuando una voz que lo animaba para dibujar y pintar. Esta influencia llegó a tener serias consecuencias en las ocupaciones normales de Thompson. Hasta emprendió viajes a otras regiones del país, movido por el impulso de pintar algunos paisajes favoritos de Gifford. En la mayoría de estas experiencias, Thompson seguía consciente de su propia identidad, a pesar de que se veía impulsado a pintar, casi siempre bajo la influencia de voces o imágenes de alucinación. En una ocasión (y posiblemente en varias) atravesó un periodo de amnesia de lo que había hecho cuando parecía estar bajo la influencia de la personalidad de Gifford. No dijo nunca que fuese Gifford ni hubo nunca ninguna comunicación directa de Gifford para cualquier otra persona por medio de Thompson, como si hablase el mismo Gifford por boca de Thompson.[81]

El caso de Lurancy Vennum, ya mencionado, nos hace pensar en una posesión más completa. En este caso, durante varios meses (y a veces después) la personalidad de "Mary Roff" (que murió cuando Lurancy Vennum tenía un año) desplazó por completo a la de Lurancy Vennum y aparentemente ocupó el cuerpo vacío de esta muchacha. Al cabo de varios meses, "Mary Roff" se marchó y Lurancy Vennum recuperó el control.[82, 83, 84] Durante su posesión del cuerpo, si podemos

---

81.– El caso se parece al de la Sra. H. Weisz-Roos, del que ya he hecho un informe (Stevenson, I.: "The Evidence for Survival From Claimed Memories of Former Incarnations, Part I. Review of the Data", *Journal A.S.P.R.*, Vol. 54, abril, 1960, pp. 51-71). En las entrevistas que tuve después con la Sra. Weisz-Roos me dijo que había habido más momentos en los que le parecía que pintaba mientras estaba poseída por "Goya". En estas experiencias no tenía ningún conocimiento especial de "Goya". La prueba de que "Goya" influía en ella procede de otros datos. Por entonces pintaba muy rápido, sin esfuerzo y con una habilidad que creía que sobrepasaba su capacidad normal.

82.– Stevens, E.W.: *The Watseka Wonder. A Narrative of Startling Phenomena Occurring in the Case of Mary Lurancy Vennum*, Religio-Philosophical Publishing House, Chicago, 1887.

83.– James, W.: *The Principles of Psychology*, Henry Holt and Co., Nueva York, 1890 (Vol. I, p. 396).

84.– Hodgson, R.: *Loc. cit.*, n. 69.

llamar así a su manifestación, "Mary Roff" no dijo nunca que fuese Lurancy Vennum. Decía solamente que era ella, Mary Roff, que ocupaba el cuerpo, temporalmente disponible, de Lurancy Vennum.

El caso de Jasbir, que figura en este libro, se aproxima más al caso normal que hace pensar en la reencarnación. Después de producirse en él el cambio de personalidad, negaba que fuese Jasbir y aquella personalidad no volvió a dar más indicios de ser ella. El "ocupante" del cuerpo de Jasbir decía entonces que era Sobha Ram, actuaba como Sobha Ram y fue aceptando poco a poco el cuerpo y las circunstancias de la vida de Jasbir. Al final, la personalidad nueva acabó aceptando la situación, encontrándose a sí misma y ocupando su puesto en la mesa familiar, tanto en sentido literal como en el figurado. La personalidad de "Mary Roff" no sufrió nunca ese cambio, sino que conservó plenamente su identidad durante la manifestación. El claramente encarnado Sobha Ram conservó su identidad en el cuerpo de Jasbir durante mucho más tiempo: durante año y medio, si contamos su negativa a comer con la familia, y por muchos años, si tenemos en cuenta la continua sensación de ser un extraño que tenía en Rasulpur, en contraste con la felicidad que sentía con la familia Tyagi, en Vehedi.

En unos pocos casos más de mi colección (ninguno de ellos figura en este libro) un niño asegura que es una persona que, en realidad, había muerto *después* de su nacimiento. En uno de estos casos (India) el intervalo fue de cuatro días y medio; en otro (Tailandia), dieciocho horas, y en otro (Alemania), cinco semanas.

El caso de Ravi Shankar es un ejemplo de cambio de personalidades anterior todavía. Ravi Shankar nació unos seis meses después de la muerte de Munna, quien decía que había sido. No hay duda de que el cuerpo de Ravi Shankar ya había empezado a formarse como embrión antes de que muriese Munna.[85]

Si, de momento, tomamos todos estos casos por su valor aparente, nos encontramos con una progresión continua entre casos de posesión temporal parcial (Thompson); posesión temporal completa (Vennum); posesión completa permanente que empieza unos años después del nacimiento (Jasbir); posesión completa permanente que aparece un día o varias semanas después del nacimiento del organismo físico (casos no

---

85.– Como ya he dicho, en la India no suele haber ningún registro público o privado en el que aparezcan los nacimientos y las defunciones. Con fecuencia sólo podemos estar seguros del mes de nacimiento o de defunción sin tener información precisa del día. Algunas veces ni siquiera podemos asegurar el mes exacto. Estas incertidumbres se dan, por ejemplo en la fecha de defunción y de nacimiento de las dos personalidades de los casos de Jasbir y Ravi Shankar.

publicados); posesión completa permanente, que se produce despúes de
la concepción y antes del nacimiento (Ravi Shankar), y muerte producida antes de la concepción, con supuesta "posesión" en el momento
de la concepción. En estos dos últimos grupos de casos figuran los más
normales en que se reivindica la continuidad con una personalidad anterior y a los que solemos aplicar la palabra "reencarnación". En resumen, si parece que la personalidad anterior entra en relación con el
organismo físico en el momento de la concepción o durante el desarrollo del feto, hablamos de reencarnación; si la asociación de la personalidad anterior y el organismo físico se produce con posterioridad, hablamos de posesión.

Pero, al hablar de estos casos, no debemos tomarlos por su valor
aparente ni dejar que los informes subjetivos de experiencias se con-
viertan en el único criterio para distinguirlos. Puede suceder que casos
del tipo de reencarnación sean en realidad ejemplos del tipo de Thompson-Gifford, con la variante de que (*a*) la personalidad fallecida ha
muerto antes del nacimiento de la personalidad "poseída" y (*b*) la influencia posesiva es mayor que en el caso de Thompson-Gifford, hasta
el punto de que se produce una sensación completa y mantenida de
continuidad con la personalidad anterior. Esta hipótesis explica casi
todos los hechos y supera todas las dificultades que encuentra la teoría
de la percepción extrasensorial con absorción de personalidad al pretender justificar las características de la absorción de personalidad en
los casos que hacen pensar en el renacimiento. Sin embargo, también
tropieza con otras dificultades.

## Limitaciones de la teoría de la posesión en muchos casos que hacen pensar en la reencarnación

Aunque la teoría de la posesión justifica claramente el hecho de que
parezca que algunos niños recuerdan a personas y lugares tal como eran
cuando vivía la personalidad anterior, no justifica satisfactoriamente
un detalle de los aspectos informativos de los casos. Me refiero a la
coincidencia común de un incremento de los recuerdos cuando el niño
vuelve al lugar donde vivió la personalidad anterior. Por eso, algunos
niños, como Sukla, Jasbir, Prakash, Parmod, Swarnlata, Gnanatilleka e
Imad, después de ver la casa y el pueblo de su vida anterior, reconocieron a personas y lugares que no habían mencionado antes. No pienso
que podamos justificar plenamente este marcado aumento de datos, que
parecen recordar, por (*a*) un mayor interés de las declaraciones del niño

y (*b*) las preguntas (y estímulos) que hacen los adultos al niño en algunas ocasiones. Esa mayor intensidad de la investigación por parte de los adultos del entorno podría explicar parte de las mayores acumulaciones de información de estas visitas; pero había otros datos de la información que fluían espontáneamente del niño, como si se produjesen por asociación de imágenes. Ahora bien, sabemos, por muchas observaciones y experiencias sobre la memoria, que el reconocimiento supera al recuerdo y también que un estímulo activa otros recuerdos por asociaciones que concatenan nuestras evocaciones. Por estas dos razones, deberíamos esperar que surgiesen con más facilidad los verdaderos recuerdos al visitar un lugar donde se hubiese vivido antes verdaderamente. No nos sorprendemos de recordar cosas de la infancia cuando vamos a una casa donde hemos pasado aquellos años y, por tanto, este mismo principio puede explicar este aspecto del comportamiento de los niños que estudiamos aquí. La hipótesis de la posesión, en mi opinión, no abarca por completo estas observaciones, ya que una personalidad no encarnada, que tiene influencia sobre otra encarnada y se manifiesta por medio de ella, tendría acceso sin duda a su conocimiento de su propia vida encarnada, con independencia de la situación física de la persona sobre la cual ejerce influencia. Podemos preguntarnos por qué una personalidad no encarnada conoce más detalles de la ciudad donde vivió antes que de la ciudad donde vive la persona en la que influye. Pero ante esto podemos plantear una objeción. Podemos suponer que la personalidad que ejerce la posesión se parece en algo a un fantasma. Pero los fantasmas, a diferencia de otras apariciones, no abandonan los lugares de las existencias encarnadas con las que tienen relación. Es más, muchas veces repiten de forma rutinaria e invariable algunos actos de la correspondiente existencia encarnada, como los últimos acontecimientos que produjeron un asesinato. Se comportan como personas vivas con unas neurosis obsesivas y compulsivas, repitiendo sin fin alguna acción que vuelve a representar en parte algo sucedido en el pasado. Pero los casos de posesión aparente no suelen parecerse a los de fantasmas. Sin embargo, es posible que haya un tipo intermedio de personalidad no encarnada. Podría estar unida a algo del entorno de su vida anterior; pero con facultades para vagar e influir en otras personas que se encuentran a distancia del lugar que más le interesa. Una personalidad así podría muy bien aumentar el poder de su fuerza cuando ella y la persona en quien influye se acerquen a la base principal, por decirlo de algún modo, de su existencia anterior encarnada. Para dar más consistencia a esta hipótesis, deberíamos buscar un caso de posesión aparente, sin reivindicación de reencarnación, en el que la fuerza de la posesión aumentase con el regreso de la persona influida a los lugares preferidos por la personalidad de la posesión aparente. El caso mejor atestiguado de posesión aparente, el de Thompson-Gifford, no mantiene, en este aspecto, lo que yo llamaría teoría de la posesión de lugar. Hyslop (y el mismo Thompson en su diario) decía que no se advertía ningún aumento de la aparente influencia de la personalidad de Gifford cuando Thompson visitaba los lugares con los que Gifford estaba familiarizado, como el estudio que tenía en una isla de la costa de Nueva Inglaterra, que le gustaba a Gifford y donde solía dibujar y pintar.

La teoría de la posesión de lugar parece muy poco cualificada, sobre todo para explicar algunos casos menores en los que la poca información que da el niño la da como respuesta a un estímulo concreto que parece que produce asociaciones de ideas. En el caso de Mallika, por ejemplo, esta teoría tendría que suponer que un espíritu posesivo, en este caso diríamos que el de Devi, anda rondando en torno a Mallika, en espera de expresar algo tan pronto como se presente la ocasión. Pero estas ocasiones de expresarse dependían en gran parte de otras personas. Algo parecido sucedía con Swarnlata, que, siendo ya adulta, seguía cantando canciones bengalíes cuando alguien se lo pedía. Estas canciones guardaban alguna relación con una vida que decía que había tenido en Bengala, de la que sólo tenía una información escasa y confusa. Admitiendo que estas canciones bengalíes tuvieses *algún* origen paranormal, ¿hemos de suponer que un espíritu no encarnado que las conociese esperase, hasta que un visitante le pidiese por casualidad a Swarnlata que las cantase, para retirarse una vez cantadas? Dudo que esta teoría pueda admitirse en casos como éste, aunque se aplique correctamente en otros.

En general, no he admitido en el análisis de estos casos ninguna comunicación, transmitida por mediums y procedente de aparentes comunicadores no encarnados, relacionada con los resultados que intervienen en la decisión entre las hipótesis que se refieren a los casos. Sin embargo, quiero hacer una excepción para mencionar algunas comunicaciones de mediums, de las que informa Wickland.[86] Algunos comunicadores que se dirigían a Wickland, con su esposa como medium, aseguraban que habían "poseído", por error, el cuerpo de una personalidad encarnada, con la idea equivocada de que tenían que reencarnarse.

---

86.– Wickland, C.A.: *Thirty Years Among the Dead*, Spiritualist Press, Londres, 1924.

Cuando descubrieron sus errores, se excusaron y se marcharon. Pero, aun suponiendo que estos comunicadores fuesen personalidades no encarnadas que han vivido alguna vez, podríamos asegurar que el verdadero error que habían cometido no era que se hubiese producido la reencarnación o no, sino el tiempo y las circunstancias de sus propias reencarnaciones. Por eso habían caído en un cuerpo que todavía estaba ocupado, como decía Thompson que había hecho Gifford con él. Sin embargo, queda la posibilidad de que algunos casos que hacen pensar en la reencarnación se deban a actividades de personalidades no encarnadas de este tipo general.

Otra dificultad que puede encontrar la hipótesis de la posesión está en las irregularidades de la información que parece recordar el niño. Si el espíritu que efectúa la posesión influye en una personalidad hasta el punto de que pueda hablarse de un cambio de identificación, ¿por qué no parece que la personalidad poseedora recuerda todo lo de la vida anterior? No debemos esperar un recuerdo tan completo en los casos parciales de posesión aparente, como ocurrió en el de Thompson-Gifford; pero sí podemos esperarlo en los casos en que hay un cambio completo de personalidad y de identidad. La posesora "Mary Roff" parecía que tenía un conocimiento completo de todo lo relacionado con la fallecida Mary Roff y sabía mucho más de ella que de Lurancy Vennum. La posesora "Mary Roff" no sabía nada de la familia de Lurancy Vennum cuando tomaba el control; pero reconocía a los familiares y amigos de Mary Roff. Esto contrasta con la mayoría de estos casos, en los que los sujetos muestran solamente un conocimiento parcial de la vida y época de la personalidad anterior y el conocimiento que demostraban tener seguía los esquemas tradicionales de la organización de recuerdos sobre acontecimientos de fuerte carga emocional.

Los casos de Wijeratne, Parmod, Sukla, Swarnlata e Imad son una muestra de esta peculiaridad. Por ejemplo, Sukla parecía recordar a la familia de su marido de la vida anterior, pero (salvo una excepción) no a los miembros de la familia biológica con la que Mana (la personalidad anterior de este caso) había vivido la mayor parte de su vida. Pero he encontrado pruebas de que la relación de la vida de Mana con la familia de su marido estuvo sometida a muchas más cargas emocionales que la que mantuvo con su familia natural. Las fuertes emociones influyen en la posibilidad de acceso de los recuerdos, tanto para su permanencia en la consciencia como para su represión. Nosotros, concretamente, recordamos u olvidamos cosas que nos han producido una emoción fuerte. Las diferencias de los recuerdos de estos casos que hacen pensar en el renacimiento se parecen a las fluctuaciones normales de la memoria. Por eso, en esta ocasión, las características psicológicas de estos casos parecen adaptarse a los procesos psicológicos normales. Pero no tenemos ningún motivo para suponer que estos procesos psicológicos sean distintos para un individuo que haya sobrevivido a la muerte. También podría encontrar lagunas en sus recuerdos y una tendencia a agruparlos en torno a acontecimientos que estuvieron acompañados por una emoción fuerte cuando se produjeron. Pienso, por tanto, que en este segundo punto no podemos esperar ninguna diferencia entre posesión y reencarnación.

Del mismo modo, la aparición de una habilidad concreta que no ha aprendido el sujeto en esta vida no nos permite distinguir entre posesión y reencarnación. Thompson (en el caso Thompson-Gifford ya citado) demostraba tener una habilidad artística para pintar que superaba con mucho a lo que se había visto o se podía esperar en él; pero, con toda seguridad, *no* era un caso de reencarnación (ya que Gifford murió cuando Thompson era adulto), sino que *prima facie* era un caso de posesión.

La teoría de la posesión tampoco puede justificar correctamente el conocimiento demostrado por algunos niños sobre la situación de los edificios o el aspecto que tenían las personas durante la vida de la personalidad anterior. Imad, Sukla, Prakash, Swarnlata, Parmod y Corliss Chotkin, Jr. tenían todos ellos este conocimiento. Si una personalidad posesora no encarnada está "revoloteando" por el lugar donde se desarrolló su vida terrenal, ¿por qué no actualiza los cambios que se producen en los edificios y en las personas? De vez en cuando un niño de un caso de estos demuestra tener conocimiento de hechos ocurridos después de la muerte de la personalidad anterior. Marta es un ejemplo que figura en este libro; pero esos casos son muy raros. Sin embargo, es posible que esas personalidades posesoras, como las consideramos aquí, estén atrapadas en sus propios recuerdos y no se hayan puesto al corriente de los cambios producidos desde la muerte de sus cuerpos físicos. Sabemos que muchos enfermos mentales se aferran a recuerdos de acontecimientos dolorosos y los años siguientes tienen para ellos poca influencia o ninguna. También tenemos pruebas, por otras fuentes (comunicaciones de mediums y apariciones de fantasmas), de que las personalidades no encarnadas pueden detenerse en el tiempo. Pero recurrir a estas pruebas sería como volver al principio, ya que lo que estamos planteando aquí es la supervivencia a la muerte física y no deberíamos dar por sentado que esto ocurra.

Otro problema de la hipótesis de la posesión está en la falta de motivos aparentes de las personalidades no encarnadas de estos casos para influir en la personalidad terrestre. En el caso típico de posesión con el que estoy familiarizado (cualesquiera que sean la pruebas de paranormalidad), generalmente podemos discernir (o deducir) algunos motivos para la aparente posesión, bien sea por parte de la personalidad primaria (expresar otros impulsos inhibidos) o por parte de la supuesta personalidad posesora (tomarse una venganza, tener la tumba descuidada, etc). No logro ver motivos de este tipo en los casos de este grupo; pero admito abiertamente que no tuve ni aproveché oportunidades de comprobar estos motivos ni en los niños de estos casos ni en las personalidades anteriores correspondientes. Sólo puedo decir que en el escrutinio de estos casos no aparecieron motivos de esta índole, que suelen verse en los de posesión.

No creo que ninguno de los argumentos expuestos puedan hacernos decidir entre la reencarnación y la posesión al explicar un caso normal de reencarnación. Hace doscientos años, Swedenborg dijo que los casos aparentes de reencarnación eran en realidad ejemplos de influencias ejercidas sobre un ser vivo por personalidades no encarnadas:

Un ángel o un espíritu no tiene permiso para hablar con un hombre por su propia memoria, sino por la del hombre, pues los ángeles y los espíritus tienen memoria, igual que los hombres. Si un espíritu hablase con un hombre por su propia memoria, entonces el hombre sólo pensaría que las cosas que pensaba eran suyas, siendo, en cambio del espíritu. Es como el recuerdo de una cosa que el hombre no ha visto ni oído nunca. Así es cómo se me ha dado a mí conocer por la experiencia. Por esta razón, algunos antiguos tenían la opinión de que, al cabo de miles de años, volverían a la vida que tuvieron, con todos sus actos, y también que han vuelto. Llegaron a esta conclusión porque algunas veces tuvieron recuerdos, por decirlo así, de cosas que nunca habían visto ni oído. Y esto sucedió porque los espíritus pasaron de su propia memoria a sus ideas o pensamiento.[87]

El argumento de Swedenborg sigue teniendo lógica en nuestros días y puede encontrar una base en el caso de Jasbir, en el que podemos pensar que la personalidad fallecida que influía en la conducta de Jasbir (o en su cuerpo, por lo menos) había muerto algunos años *después*

---

87.– Swedenborg, E.: *Heaven and Its Wonders and Hell* (publicado primero en latín, Londres, 1758), edición de Rotch, New-Church Union, Boston, 1906 (párrafo 256, p. 155).

del nacimiento del cuerpo de Jasbir. Otros casos de este mismo grupo pueden ser ejemplos de "influencias posesorias" similares, en los que la personalidad anterior había muerto antes de nacer el cuerpo de la personalidad presente.

Queda, sin embargo, un grupo de casos que pueden permitir una distinción clara (en estos casos) entre posesión y reencarnación. Me refiero a los casos que hacen pensar en la reencarnación en los que hay marcas de nacimiento o deformaciones congénitas. Además de los diversos casos de este tipo de los que he hablado, he tenido oportunidad de investigar personalmente otros muchos parecidos, examinando también las marcas de nacimiento. En mi opinión, casos así nos hacen pensar en que algún día podamos descubrir uno ideal que nos permita decidir con seguridad entre reencarnación y posesión, al menos en ese caso. En algunos de ellos, la marca de nacimiento puede explicar la historia de una vida anterior, inventada de acuerdo con la marca. Estoy preparado para cuando me entere de ese caso, aunque aún no ha llegado el momento; pero nos quedaría el trabajo de justificar la propia marca de nacimiento. Es posible que la historia del renacimiento tenga su origen en la marca de nacimiento; pero no puede ser, a la inversa, que la marca de nacimiento tenga su origen en la historia, ya que se trata de una influencia prenatal en el feto, mientras se desarrolla. Pero, por definición, una marca de nacimiento tiene por fuerza su principio antes de nacer el niño. Si la marca de nacimiento y los recuerdos aparentes de una vida anterior coinciden para justificar la marca de nacimiento, en el caso de que los recuerdos aparentes de la vida anterior sean verídicos, podemos descartar una posesión del tipo que hemos estudiado, ya que la marca de nacimiento se debe a una influencia prenatal, mientras que la posesión ejerce esa influencia después, tratando de desplazar, en parte o por completo, a la personalidad que participó en la formación del organismo físico antes del nacimiento. También podemos descartar la teoría de percepción extrasensorial con absorción de personalidad para justificar todos los hechos, ya que está claro que esta teoría no puede justificar la marca de nacimiento.

La literatura popular ha hablado mucho de la posible influencia de las ideas de una mujer embarazada en los tejidos, especialmente los cutáneos, del niño que lleva en el útero.* Parece que hay algunos casos perfectamente documentados que justifican que nos tomemos este tema en serio y se haga después un estudio. Podríamos pensar que una mujer

---

*Nota del T.: Estas manchas se conocen con el nombre de antojos.

que se ha enterado de la muerte de una persona concreta y de las heridas o cicatrices que tenía podría influir en el desarrollo del feto y reproducir las mismas figuras en el cuerpo del bebé, que se convertiría en la personalidad presente relacionada con la fallecida. Esta teoría de "psicocinesis materna" *puede* aplicarse a casos de marcas de nacimiento en los que la madre de la personalidad actual conoce detalles de la muerte y las marcas de la personalidad anterior. Pero no veo forma de aplicarla con facilidad a estos casos en los que la madre no tenía un conocimiento normal de la personalidad fallecida cuando nació el niño con las marcas de nacimiento.

## Resumen de las observaciones

Antes de terminar, quiero resumir los principales razonamientos del análisis anterior.

1.– Un análisis del amplio número de testigos de muchos casos y de la falta de razones aparentes y oportunidades de fraude hacen que la hipótesis del fraude esté casi por completo fuera de lógica en los casos que figuran aquí.

2.– La criptomnesia puede justificar algunos casos menos importantes, cuando la familia del sujeto conocía ya a la personalidad anterior. Los casos que se atribuyen a la criptomnesia o se inclinan hacia ella no tienen los rasgos de comportamiento de los más ricos de esta serie. En estos casos el niño mantiene una identificación con la personalidad anterior durante un periodo medio de unos siete años; pero sin más alteraciones claras de consciencia o de personalidad. Es más, en los casos más ricos, la criptomnesia no puede justificar la transmisión de mucha información íntima sobre una familia a un niño de otra, sin admitir que ha habido entre las dos familias un contacto mucho mayor de lo que pueda recordar ninguna de ellas.

3.– La percepción extrasensorial con absorción de personalidad puede justificar algunos casos; pero es difícil ampliar su cobertura para que abarque todos los acontecimientos de los casos más ricos. La percepción extrasensorial por sí sola no justifica satisfactoriamente la organización de la información de que dispone el sujeto siguiendo un esquema propio de la personalidad fallecida, lo mismo que tampoco puede justificar la existencia de habilidades que no se han aprendido en la vida presente. Esta teoría tampoco justifica la larga duración de varios años de la identificación del niño con la personalidad anterior. No he descubierto en el niño motivos para una identificación tan prolongada. Tampoco he notado que los padres tuviesen (excepto en pocos casos) ni motivos ni la información necesaria para influir en el niño induciéndolo a una identificación con personas extrañas desconocidas. Además, podemos dudar de que las influencias paternas lleguen a producir por sí solas una auténtica reivindicación de alteración de personalidad, desconocida casi por completo o totalmente entre los niños (incluso entre los psicóticos), a no ser en los casos que hacen pensar en el renacimiento.

4.– Los casos en que aparece una habilidad de una peculiaridad especial o idiosincrática que el sujeto no ha podido heredar ni adquirir en la vida presente requieren una explicación basada en la supervivencia, bien sea por la posesión o por la reencarnación; pero no podemos elegir entre estas dos posibilidades basándonos en el estudio de la habilidad solamente.

5.– La mayoría de los demás detalles de los casos tampoco permiten decidir con seguridad entre las hipótesis de posesión y de reencarnación. La conformidad de los recuerdos aparentes de muchos casos con la "ley" psicológica de que el reconocimiento supera al recuerdo da ventaja a la hipótesis de la reencarnación sobre la de la posesión.

6.– Los casos que hacen pensar en el renacimiento en que hay deformaciones o marcas de nacimiento congénitas, siempre que estén comprobadas, van a favor de una explicación basada en la reencarnación, y no de la posesión; pero no tiene que ser así también en otros casos de renacimiento. En este grupo no hay casos de marcas de nacimiento tan bien comprobados o tan libres de posibles cauces de comunicación normal como algunos de los demás casos de renacimiento en los que no hay marcas de nacimiento. Sin embargo, hay casos que sirven de ejemplo de las posibilidades que pueden ofrecernos para hacer una distinción clara entre percepción extrasensorial, posesión y reencarnación.

## Observaciones finales

En 1960 terminé mi revisión de casos que hacen pensar en la reencarnación sin optar decididamente por ninguna teoría que los justificase todos. Sigo manteniendo la misma posición en general. Podemos encontrar algunos casos que se explican mejor atribuyéndolos a fraude, criptomnesia o percepción extrasensorial con absorción de personalidad (tal vez con algo de telepatía y retrocognición). En otros casos, podemos inclinarnos por explicaciones basadas en la supervivencia, como la posesión y la reencarnación.

En lo que a nosotros se refiere, en cuanto a las pruebas de supervivencia, no estamos obligados a creer que *todo* caso que hace pensar en la reencarnación tenga que explicarse como un ejemplo de ella. Lo que nos planteamos es si hay *algunos* casos (o por lo menos *un* caso) en el que no haya ninguna explicación que parezca mejor que la reencarnación para justificar todos sus datos.

Dudo que muchos lectores estén de acuerdo en un solo caso, ya que en estos temas, lo mismo que en todos, cada uno de nosotros deduce sus creencia y sus convicciones según distintos niveles de exposición a las pruebas, al mismo tiempo que también hay diversidad de opiniones en cuanto a lo que podríamos llamar pruebas. Pienso, sin embargo, que las pruebas en pro de la reencarnación han aumentado desde mis publicaciones de 1960. Este aumento procede de diferentes tipos de observaciones y casos; pero, sobre todo, de las observaciones del comportamiento de los niños que dicen que tienen recuerdos y del estudio de casos que tienen habilidades concretas o idiosincráticas y deformaciones y marcas de nacimiento congénitas.

Pienso que hay una solución al problema de la supervivencia en la observación de *esquemas* de una personalidad u organismo que no han sido ni han podido ser heredados ni adquiridos en la vida presente de esta personalidad.[88] Si resulta después que el esquema observado en la personalidad actual corresponde al de una persona *concreta* fallecida, entonces tendremos que demostrar también que hay una semejanza de esquemas entre la personalidad presente y la anterior. Esos esquemas pueden ser de varios tipos diferentes.

El caso de "Lethe"[89] es un ejemplo de la observación de un esquema así: el del conocimiento y uso de los estudios clásicos que tuvo en vida F. W. H. Myers y que se han manifestado, según la opinión de

---

88.– C.J. Ducasse ha señalado este principio en "What Would Constitute Conclusive Evidence of Survival After Death?" (*Journal S.P.R.*, Vol. 41, diciembre, 1962, pp.401-406). He ampliado la aplicación del principio para incluir la reproducción de esquemas en el organismo físico. Para profundizar en este tópico importante, ver Stevenson, I.: "Xenoglossy: A Review and Report of a Case", *Obra citada*, n.24.

89.– Lodge, O.: "Evidence of Classical Scholarship and of Cross-Correspondence in Some New Automatic Writings", *Proc. S.P.R.*, Vol. 25, 1911, pp. 113-175.

algunos, después de su muerte, por medio del organismo de la Srª. Piper y la Srª. Willet en una de las mejores correspondencias cruzadas de S.P.R.

En el caso de "Lethe", el esquema de información correspondiente estaba formado por la erudición escolástica; pero el esquema de información puede tener cualquier contenido, siempre que el que se presenta de modo paranormal no sea característico de un conocimiento del sujeto y *sea* propio de alguna personalidad anterior. Por tanto, podríamos considerar bajo este título los esquemas de información sobre personas y lugares (relacionados con las correspondientes personalidades anteriores) que demostraron, por ejemplo, Swarnlata, Parmod, Prakash, Sukla, Jasbir, Imad, Gnanatilleka y (para poner un caso del mismo grupo menos documentado) Corliss Chotkin, Jr. El esquema está compuesto por información sobre personas y lugares conocidos por una personalidad fallecida y descarta la información desconocida por esta personalidad. Estos casos dan ejemplos de *esquemas de información* que corresponden a personalidades concretas fallecidas.

También podemos identificar los *esquemas de comportamiento* que están relacionados con personalidades fallecidas y que no corresponden a la conducta normal de la personalidad actual. Los ejemplos más importantes de estos esquemas de comportamiento se dan cuando se demuestran claramente habilidades determinadas que los sujetos no han podido aprender por medios normales. En esta serie de casos, el de Paulo, en Brasil, es el único que nos da un ejemplo debidamente atestiguado de una habilidad de este tipo, mientras que otros, como el de Corliss Chotkin Jr. y el de William George Jr. nos dan indicios de esas habilidades e invitan a buscar ejemplos mejores. Es más, estos esquemas de comportamiento se extienden por encima de las habilidades peculiares y abarcan muchos rasgos como ademanes, temores, aficiones y aversiones. Mis colegas y yo tenemos en proyecto realizar un estudio sistemático (y objetivo) de las correlaciones de esquemas de rasgos de personalidad entre las personalidades actuales y las anteriores en casos del tipo de reencarnación.

Finalmente, podemos identificar *esquemas físicos* concretos que tienen correspondencia en las dos personalidades: en la actual y en la anterior. Estos ejemplos los vemos en los casos de marcas de nacimiento o deformaciones. En esta ocasión, el esquema se marca en el organismo físico y se descubre al nacer. En alguno de estos casos de marcas de nacimiento, no se ha encontrado a ninguna persona que tuviese concretamente ninguna señal que correspondiese a la marca (o marcas) de nacimiento del sujeto. Pero esta coincidencia la advirtieron los testigos de los casos de Ravi Shankar y Corliss Chotkin, Jr. En el caso de Ravi Shankar, la marca de nacimiento parecida a una cicatriz que tenía alrededor del cuello puede hacernos pensar en alguien a quien le hubiesen dado un corte en la garganta. Algunas personas pueden pensar que no hay parecido muy exacto entre la marca de nacimiento de Ravi Shankar y la herida de Munna. Sin embargo, encontramos más exactitud en el caso de Corliss Chotkin, Jr. pues, aunque era muy difícil que hubiese otra persona que tuviese dos cicatrices de la misma forma y en la misma parte del cuerpo que Victor Vincent, resulta que, según nuestros informadores del caso, aparecieron en el cuerpo de Corliss Chotkin, Jr. marcas de nacimiento del mismo aspecto y con la misma situación.[90]

En los casos de esta colección tenemos pruebas de la aparición de esquemas que no se sabe que la personalidad actual haya heredado ni adquirido después de nacer a la vida presente y, en algunos casos, estos esquemas coinciden con algunos rasgos concretos de una personalidad identificada que ha fallecido. En esos casos tenemos en principio, creo yo, alguna prueba de que el hombre sobrevive a la muerte física. Digo *en principio*, porque sigo siendo consciente de la poca fuerza que tienen; pero, si es correcto el principio adoptado aquí, tenemos que remontarnos hacia atrás, hasta plantearnos la cuestión de la autenticidad, para sacar una conclusión sobre la aportación de estos casos a la convicción de la supervivencia. Pienso que algunos de ellos (no todos) están bastante documentados para permitirnos determinar si los hechos descritos han sucedido tal como han declarado los testigos o no, ya que esto es básico para conocer su autenticidad; pero, al mismo tiempo, la principal contribución de estos casos puede ser que son ejemplos de los *tipos* de casos que, si los consiguiésemos con más abundancia y los estudiásemos más a fondo, podrían, basándose en el principio adoptado aquí, dar pruebas indiscutibles de la supervivencia.

---

90.– Hay un caso de Thailandia, que todavía se está investigando y del que se hará un informe, que se parece al de Corliss Chotkin, Jr., aunque falta la predicción del renacimiento que hizo la personalidad anterior. El sujeto da pruebas bastante bien atestiguadas de conocimiento paranormal de la vida de la personalidad anterior. Tenía dos marcas de nacimiento que correspondían exactamente en forma y situación a dos lesiones que los testigos vieron en el cuerpo de la personalidad anterior. Como en el caso de Corliss Chotkin, Jr., es bastante improbable que los dos organismos físicos tuviesen por casualidad dos marcas tan parecidas (unas, adquiridas, y otras, cóngénitas).